法治建设与法学理论研究部级科研项目成果

Selection and Reconstruction for Criminal Policy of Cyber Crime

网络犯罪刑事政策的取舍与重构

徐然 赵国玲 等 / 著

中国检察出版社

图书在版编目（CIP）数据

网络犯罪刑事政策的取舍与重构／徐然等著. —北京：中国检察出版社，
2017. 9
ISBN 978 – 7 – 5102 – 1893 – 4

Ⅰ. ①网…　Ⅱ. ①徐…　Ⅲ. ①互联网络－计算机犯罪－刑事政策－研究－中国
Ⅳ. ①D924. 364

中国版本图书馆 CIP 数据核字（2017）第 101990 号

网络犯罪刑事政策的取舍与重构

徐　然　赵国玲　等／著

出版发行：中国检察出版社

社　　址：北京市石景山区香山南路 109 号　（100144）

网　　址：中国检察出版社（www. zgjccbs. com）

编辑电话：(010)86423704

发行电话：(010)86423726　86423727　86423728
　　　　　　(010)86423730　68650016

经　　销：新华书店

印　　刷：保定市中画美凯印刷有限公司

开　　本：710 mm×960 mm　16 开

印　　张：19. 75

字　　数：360 千字

版　　次：2017 年 9 月第一版　　2017 年 9 月第一次印刷

书　　号：ISBN 978 – 7 – 5102 – 1893 – 4

定　　价：60. 00 元

序

几何级迅猛提升的数字技术，为千万年来习惯于现实物理世界的人类，提供了另外一种生活的可能。在这种生活中，人、机、物以数字网络化的形式被紧密地联系在了一起，所有的交流与互动都不同程度地依赖于统一数字编码与各类终端媒介。为了区别现实物理世界，人们将之称为"虚拟网络空间"。计算机及其系统的发明者很难预料到，数十年后的今天，人们已经熟稔地在现实物理世界和虚拟网络空间之间自由地切换——与现实物理世界相对应的虚拟网络空间，早已不是"犹抱琵琶半遮面"，而是已经登堂入室，"飞入寻常百姓家"了，网络在人类社会和日常生活中已经发挥着难以替代的作用。换言之，人类社会的治理不再是单一的物理维度了，而是同时指向虚拟维度，这就是所谓的"双层社会"的治理。

然而，我们的刑事法体系显然没有做好充分准备以应对虚拟网络空间所带来的挑战和冲击。传统刑法规范是以现实物理世界的现象作为对象的，相应地，其所保护的法益载体通常是有体物，而其所规制的行为往往受到了有形力的支配。于是，虚拟网络空间中大量以电子数据存在的信息和代码，由于难以归入有体物的范畴，因而被排斥在法益保护的范围之外。同样，由于不具有具体有形力的投入，诸如非法侵入或者破坏计算机系统的典型黑客行为，甚至很难将其在传统的"侵入"和"破坏"概念中加以涵摄。那么，我们是否可以对之袖手旁观，任其成为"法外之地"？

很显然，答案是否定的。原因可以从两方面加以解读：一方面，虚拟网络空间中的电子数据，既是人类智慧的产物，又承载着满足人类需要的信息，也因此具有了价值和经济因素。由于刑法的任务在于保护人类生活中的重要利益，因而没有任何理由将以电子数据形式存在的信息排除在刑法保护范围之外。换言之，完善虚拟网络空间的法益保护，是刑法任务和功能的内在要求。另一方面，网络空间的跨国性、遍在性等特性与潜滋暗长的不确定技术风险一旦结合，其危害后果则会超出任何一个国家的承受范围，从而引发波及世界各国的全球性危机。可以说，网络技术风险所带来的不可承受之重的危害后果，是推动各国将法律体系延伸到虚拟网络空间的外在动因。

在加强网络犯罪规制，提升网络安全方面，我国立法和司法可谓积极应对：1997年《刑法》修订时增设了第285条非法侵入计算机信息系统罪、第286条破坏计算机信息系统罪和第287条利用计算机实施有关犯罪的规定；2009年《刑法修正案（七）》增设了非法获取计算机信息系统数据、非法控制计算机信息系统罪和提供侵入、非法控制计算机信息系统的程序、工具罪；2015年《刑法修正案（九）》将网络犯罪主体扩展至单位，增设了拒不履行信息网络安全管理义务罪、非法利用信息网络罪、帮助信息网络犯罪活动罪和编造、故意传播虚假信息罪。2016年11月全国人大常委会更是通过了维护网络运行安全、关键信息基础设施的运行安全以及网络信息安全为主要内容的《网络安全法》。此外，与此相关配套司法解释相继或即将出台，对于应对网络犯罪的蔓延、完善刑事法网而言，都是重要且及时的。

尽管如此，我们认为，在组织对网络犯罪的反应上，相应的刑事政策仍然缺乏系统性建构，处在被动应对状态，因而往往"头痛医头，脚痛医脚"，部分刑事立法和司法解释的正当性和合理性仍不乏商榷之处。正因如此，本书希冀通过积极的建构、合理的组织、系统的安排，去力图实现有理性、有效能、有节制地对网络空间的犯罪治理。在研究方法上，本书尝试着突破传统思辨的研究范式，以实证研究方法作为研究的主要进路，旨在甄别和发现网络犯罪态势和规制中的相关"真"问题，从而为我国网络犯罪刑事政策的重构提供可靠的素材，完成从问题发现向理论提炼转化的惊险一跃。具体而言，我们对中国裁判文书网和北大法宝司法案例库中1997年《刑法》修订后至2015年2月6日所发布的以"计算机"、"网络"、"软件"等为关键词的35606件案件予以人工筛选，获得有效案例共计3765件，其中，纯正型网络犯罪为179件，非纯正型网络犯罪为3586件。在对纯正型网络犯罪进行全样本分析的同时，考虑到非纯正型网络犯罪数量庞大，我们在每类罪名下采取随机起点等距抽样的筛选方法，共抽取380个案件，其中包括329件工具型网络犯罪和51件内容型网络犯罪。根据"一人犯一罪为一条样本信息"的标准，课题组通过SPSS软件录入，最终获得383例纯正网络犯罪样本（对象型网络犯罪）和749例不纯正网络犯罪样本（667例工具型和82例内容型网络犯罪）。

本书以网络犯罪刑事政策为主要研究对象，即通过对国际网络犯罪刑事政策利弊分析和对我国当前网络犯罪刑事政策的检讨取舍，为我国网络犯罪的应然重构提供切实可行的理论方案。本书结构分为三大部分，合计十二章。

第一部分属于概念界定和背景介绍的导论篇，包括"网络时代与网络犯罪"和"网络犯罪的刑事政策"两章。其中，"网络时代与网络犯罪"从宏观上描述了我们所处的这个时代——网络和大数据时代的演进，同时，对计算机犯罪和网络犯罪的概念加以清晰界定，并对网络犯罪给传统刑事法提出的挑战及其特点进行了归纳。"网络犯罪的刑事政策"在回顾我国总体刑事政策演变的同时，对本书的网络犯罪刑事政策的内涵和机理加以界定，强调了"犯罪化的建构"、"刑罚策略的选择"以及"程序法的保障"是网络犯罪刑事政策的重要基点。

第二部分属于国际网络犯罪刑事政策述评与取舍权衡的借鉴篇，由"国际网络犯罪刑事政策组成及其典型文本"、"典型国际网络犯罪刑事政策特点及其评析"、"国际网络犯罪刑事政策与中国的抉择"等三章构成。该部分通过对国际网络犯罪刑事政策的演进组成与典型文本的考察和检讨，客观评述国际网络犯罪刑事政策的利弊得失，为我国参与相关国际刑事政策建构奠定基本立场、设定基本模式。

第三部分属于我国网络犯罪刑事政策重构的对策篇，首先回顾和梳理"我国网络犯罪刑事立法的内容体系"，其次以科学抽样的判决书为实证样本，呈现"我国网络犯罪刑事司法的实证现状"。在此基础上，通过总纲式的"中国网络犯罪刑事政策本体性重构"和分论式的"对象型网络犯罪的刑事政策应对"、"工具型网络犯罪的刑事政策应对"、"内容型网络犯罪的刑事政策应对"以及"网络犯罪的国际刑事司法应对"等章节形成了重构我国网络犯罪刑事政策的系统性思路。其中"中国网络犯罪刑事政策的本体性重构"从基本理念、立法和司法选择等方面为刑事政策的重构提供了总体性应对方案，主张合理、理性地组织对网络犯罪的反应。而分论式的四章，则分别从对象型、工具型与内容型网络犯罪，以及国际协作和管辖权规则等方面，具体地阐述了本书关于网络犯罪应然刑事政策的立场和建议。

数字技术的"去中心化"与网络空间的"去领土化"，不能成为放任虚拟网络空间沦为网络犯罪者天堂、无政府主义者乐园的理由。但同时也应看到，这种技术特性对于传统法律理念和制度直接延伸至虚拟网络空间构成了重大障碍。事实上，在网络犯罪的应对问题上，各国都在围绕着虚拟网络空间的"再主权化"和"特别规制"建构着刑事政策。虚拟网络空间的"再主权化"，意味着民族国家开始对全球性的网络空间进行类国境线式的划分，这是各国法律对网络空间实现有效管辖的前提。而"特别规制"意味着不能依赖于传统的思维和方式来治理：对内而言，一种区别于传统刑事法制的网络刑事法制初露端倪；对外而言，一种世界性的"全球治理"成为了可预见的发展趋势。对此，我们乐见一个良好治理、安全有序虚拟网络空间的形成，人类可以更为便捷地穿行并生活在现实与虚拟之中，进而尽最大可能地享受现代科技所带来的福祉。我们希望本书能够实现其理论和实践的双重使命，文中良莠得失，敬盼读者臧否。

目　录

第三篇　我国网络犯罪刑事政策重构

信线路汇集到一台中心计算机进行集中处理，从而开创了把计算机技术和通信技术相结合的尝试。这类简单的"终端—通信线路—计算机"系统，成了计算机网络的雏形。严格地说，联机系统与以后发展成熟的计算机网络相比，存在根本的区别。这样的系统除了一台中心计算机外，其余的终端设备都没有自主处理的功能，因而还不能算作计算机网络。为了更明确地区别后来发展的多个计算机互连的计算机网络，故特别将这种系统称为面向终端的计算机网络。

20 世纪 60 年代中期，出现了由若干个计算机互连的系统，开创了"计算机—计算机"通信的时代，并呈现出多处理中心的特点，这标志着目前所称的计算机网络的兴起。此后，计算机网络得到了迅猛的发展，各大计算机公司都相继推出了自己的网络体系结构和相应的软、硬件产品。用户只要购买计算机公司提供的网络产品，就可以通过专用或租用通信线路组建计算机网络。

虽然已有大量各自研制的计算机网络正在运行和提供服务，但仍存在不少弊病，主要原因是这些各自研制的网络没有统一的网络体系结构，难以实现互连。这种自成体系的系统称为"封闭"系统。为此，人们迫切希望建立一系列的国际标准，渴望得到一个"开放"的系统。这也是推动计算机网络走向国际标准化的一个重要因素。正是出于这种动机，国际社会开始了对"开放"系统互连的研究。国际标准化组织（International Standards Organization，ISO）于 1984 年正式颁布了一个称为"开放系统互连基本参考模型"（Open System Interconnection Basic Reference Model）。该模型的提出，开创了一个具有统一的网络体系结构、遵循国际标准化协议的计算机网络新时代。①

由此可见，计算机网络发展的前提是具有大量运算功能的计算机的出现，而其发展径路则是经由计算机与计算机之间的系统关联，实现了计算机之间的网络化，并将这种原本限于计算机系统的网络予以开放，得以将各类终端、载体以及数据信息一体纳入网络之中。而正是由于最后一个阶段开放式标准化网络的建设，使计算机数字和网络技术发展迅猛、影响深远，最终得以奠定了今天计算机网络在人类生活中举足轻重的地位，人类也因此进入所谓的"网络时代"。

（二）从网络时代的进化到大数据时代的来临

1. 网络时代的进化

自开放式标准化网络推广以来的十数年间，其同样经历了代际的变迁，大体上经历了由"网络 1.0"时代向"网络 2.0"时代的进化，并随着移动终端

———

① 参见杨鹏：《计算机网络的发展现状及网络体系结构涵义分析》，载《计算机科学》2007 年第 3 期。

第一章　网络时代与网络犯罪

我们处于何种时代？这个时代又是如何缘起的？以及这个时代是怎样影响犯罪，并赋予其何种时代特点？对这一系列问题的追问，是所有刑事政策所不可忽略的前提性问题。的确，有的犯罪亘古不变，"杀人者死，伤人及盗抵罪"。然而，时代变迁中的文化思想、技术手段、生活方式等因素不仅会改变犯罪的行为方式和实施手段，而且会滋生出前所未有的犯罪形式和难以想象的损害后果，铁器、枪炮、核武器的相继发明，不正是通过变换古老的杀人罪的行为方式，实现了无限放大了杀伤的效果吗？基于此，本书首先探究我们所处的时代，并试图描述为这个时代所深刻影响的犯罪及其所带来的挑战。

第一节　我们所处的时代

一、计算机网络发展概况

（一）从计算机系统产生到开放性网络的形成

从现代计算机网络发展历史来看，大致存在四个重要的时点：首先是 20 世纪 60 年代末和 70 年代初，计算机网络属于实验性网络研究；其次是 70 年代中后期，计算机网络形成了集中式、闭关性网络应用；再次是 80 年代中后期，计算机网络出现了局部开放的应用；最后则是 90 年代以来，出现了计算机网络开放式地大规模推广。① 与这四个时点相对照，计算机网络的代际演化，经历了"面向终端的计算机网络"、"计算机—计算机网络"和"开放式标准化网络"三个阶段：

以单个计算机为中心的远程联机系统，构成面向终端的计算机网络。所谓联机系统，就是由一台中央主计算机连接大量的地理上处于分散位置的终端。早在 50 年代初，美国就将远距离的雷达和其他测量控制设备的信息，通过通

---

① 参见顾冠群、冯径：《现代计算机网络发展》，载《东南大学学报》1999 年第 5 期。

第一篇
导　论

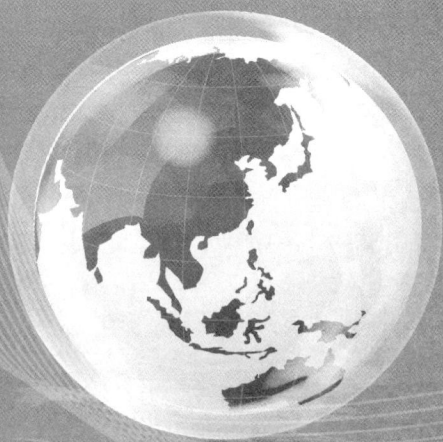

的网络化程度有向"网络3.0"时代迈进的趋势。① 这种进化可以从以下三个方面加以说明：

首先，网络实现了以"联"为主到以"互"为主的过渡。所谓的"联"与"互"是借用了网络的另一种称谓"互联网"而来的，也即"网络1.0"时代重于计算机系统与计算机系统之间、数据信息与数据信息之间的"联"，而"网络2.0"时代则强于"互"——网络参与者与参与者就数据信息的交换与互动。

其次，网络实现了从"信息服务"向"内容服务"的过渡。在"网络1.0"时代，网络于全球各国而言，是一种基于信息媒介的娱乐学习平台，其作为工具的属性可见一斑。然而，进入"网络2.0"时代，则其工具性日减、本体性日增，即通过对人、物、机的网络化，从"信息媒介"摇身一变成为了"内容服务"的载体，人们可以在网络中完成大多数现实世界的事务，使一个相对独立的虚拟网络空间得以形成。换言之，网络在技术的虚拟之外，发展出了某种生活的现实，这意味着网络代际的进化，在现实世界之外，再造了一个生活空间。

最后，网络实现了从"人机互动"到"人人互动"的过渡。在"网络1.0"时代，网络空间中的主体是网络商业机构，其通过门户网站（面），向诸多计算机用户（点）传播各类信息。这是一种"面对点"的关系，大量的计算机用户只是网络信息的被动接受者，因缺乏必要的互动和参与，从而不具有主体资格。而在升级后的"网络2.0"时代，计算机用户一跃成为了网络空间的主体，因而带来了两方面的变革。一方面，传统积极传输与被动接受的"面对点"关系，逐渐开始出现互动，例如门户网站各类新闻信息之下的评论区；另一方面，区别于"面对点"的"点对点"模式开始盛行，各类网络即时通讯工具、虚拟社区平台等便是明证。

2. 大数据时代的来临

伴随着网络代际的变迁进化，以互联网、物联网、云计算等为代表的IT和通信技术的迅猛发展，现实世界被迅速地"网络化"，也因此由计算机及网络处理的数据呈现出爆炸性增长的态势，人类社会进入一个被称为"大数据"（Big Data）的时代。一般意义上，所谓的大数据是指无法在一定时间内用常规机器和软硬件工具对其进行感知、获取、管理、处理和服务的数据集合，而网络大数据则是基于"人、机、物"三元世界在网络空间中的彼此交互与融

---

① 网络的过渡和代际变化，参见于志刚、于冲：《网络犯罪的裁判经验与学理思辨》，中国法制出版社2013年版，第12页以下。

合而产生的,并在互联网上可获得的网络信息。① 大数据通过两个维度加以形成,即横向聚合和纵向深化,前者是指以大量非结构化数据的聚合和算法挖掘等形式产生的海量数据支撑,其现实价值是服务于数据应用和数据决策;而后者则是通过"一切皆可量化"的技术操作,实现了网络信息数据对现实生活的支配和控制。②

目前工业界普遍认为大数据具有"4V+1C"的特征:(1)数据量大(Volume)。存储的数据量巨大,拍字节级别是常态,因而对其分析的计算量也大。(2)多样(Variety)。数据的来源及格式多样,数据格式除了传统的格式化数据外,还包括半结构化或非结构化数据,比如用户上传的音频和视频内容,而随着人类的活动的进一步拓宽,数据的来源更加多样。(3)快速(Velocity)。数据增长速度快,同时要求对数据的处理速度也要快,以便能够从数据中及时地提取知识,发现价值。(4)价值密度低(Value)。需要对大量的数据处理挖掘其潜在的价值,因而,大数据对我们提出的明确要求是设计一种在成本可接受的条件下,通过快速采集、发现和分析从大量、多种类别的数据中提取价值的体系架构。(5)复杂度(Complexity)。对数据的处理和分析难度大。③ 可以想见,在现代科学技术推动下的大数据时代的降临,意味着以信息数据为中心的,以信息产生、传输、保存、处理以及安全等为内容的变革的开始,其必将对人类社会的生产和生活方式,带来具有广泛且深刻的影响。在此意义上,"当世界开始迈向大数据时代时,社会也将经历类似的地壳运动"④。

二、我国计算机网络发展现状

(一)我国计算机网络发展阶段

我国计算机网络起步于20世纪80年代,有学者认为,1987年至1994年是我国网络的探索阶段,1995年至1996年是网络蓄势待发阶段,1997年至1998年是网络空前活跃阶段,而1999年至2002年底是网络普及与应用快速增长阶段;2003年至今则属于多元化与走向繁荣阶段。⑤ 还有研究认为,1994年至1995年是我国网络发展的萌芽阶段,1996年至1998年是探索阶段,1999年至2000年是网络发展的大跃进阶段,自2001年至2002年是继续壮大阶段,2003

① 参见王元卓等:《网络大数据:现状与展望》,载《计算机学报》2013年第6期。
② 参见王健主编:《网络法的域外经验与中国路径》,中国法制出版社2014年版,第74页。
③ 参见刘鹏等:《大数据:正在发生的深刻变革》,载《中兴通讯技术》2013年第4期。
④ [美]维克多·迈尔·舍恩伯格、肯尼斯·库克耶:《大数据时代:生活、工作与思维的大变革》,盛杨燕、周涛译,浙江人民出版社2013年版,第219页。
⑤ 参见钟瑛:《我国互联网发展现状及其竞争格局》,载《新闻与传播研究》2006年第4期。

年之后则为跨越发展阶段。① 由此可见，2000 年前后是我国网络发展的萌芽、探索和蓄势待发阶段，在这一时期积累了大量的网络技术，既完成了大容量安全互联网的技术升级，也完成了对网络用户的最初聚集。2003 年前后是我国网络发展的一个重要节点，自此，我国的网络发展到了日新月异的跨越式发展阶段。以"网络 1.0"和"网络 2.0"的代际对应来看，大致而言 21 世纪初是二者的分界，也即我国在 2000 年至 2003 年，经历了所谓的网络时代的变迁与升级。

（二）我国计算机网络发展态势

根据我国计算机中国互联网络信息中心（CNNIC）2016 年 1 月发布的第 37 次调查报告显示："截至 2015 年 12 月，中国网民规模达到 6.88 亿，互联网普及率达到 50.3%，中国居民上网人数已过半。其中，2015 年新增网民 3951 万人，增长率为 6.1%，较 2014 年提升 1.1 个百分点，网民规模增速有所提升。网民的上网设备正在向手机端集中，手机成为拉动网民规模增长的主要因素。截至 2015 年 12 月，我国手机网民规模达 6.20 亿，有 90.1% 的网民通过手机上网。只使用手机上网的网民达到 1.27 亿人，占整体网民规模的 18.5%。"② 由此可以看出，我国对于信息网络的应用与需求正在与日俱增，互联网在短短 20 年内广泛普及，为我国国民信息共享与交流提供极大便利。如图 1 所示，在调查报告所列的我国网民规模与互联网普及率图表中可以看出，与 2005 年的网民人数与互联网普及率相比，短短 10 年内，我国互联网极度快速的发展与普及，此势头还将继续延续下去。③

（三）我国计算机网络发展预期

作为对网络代际进化和大数据时代的回应，早在 2001 年《"十五"计划纲要》关于"加速发展信息产业，大力推进信息化"的部分，我国便提出了通过促进电信、电视、计算机等终端的三网融合，来建立健全我国信息网络体系。④ 这里所言的"三网融合"，是指我国相关行业的约定俗成的说法，即在数字技术革命推动下，电信网、广播电视网、计算机互联网的相关技术和业务相互渗透融合，进而促成了同样的应用和内容，可以通过不同的终端及其网络

---

① 参见彭兰：《中国网络媒体的第一个十年》，清华大学出版社 2005 年版，第 2 页。

② 参见中国互联网络信息中心第 37 次调查报告，网址：http://www.cnnic.cn/gywm/xwzx/rdxw/2016/201601/W020160122639198410766.pdf，最后访问时间：2016 年 6 月 12 日。

③ 参见中国互联网络信息中心第 37 次调查报告，网址：http://www.cnnic.cn/gywm/xwzx/rdxw/2016/201601/W020160122639198410766.pdf，最后访问时间：2016 年 6 月 12 日。

④ 《中华人民共和国国民经济和社会发展第十个五年计划纲要》，网址：http://www.npc.gov.cn/wxzl/gongbao/2001-03/19/content_5134505.htm，最后访问时间：2016 年 6 月 12 日。

体系实现有效互动和传输的过程和现象。[①]

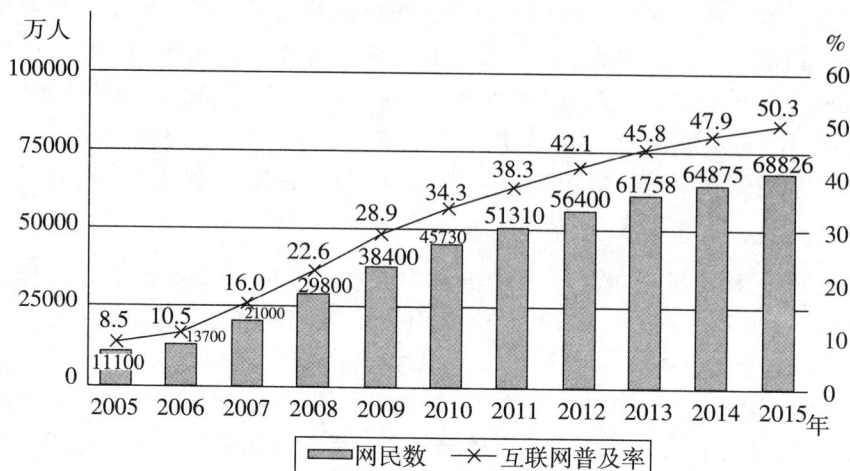

资料来源：CNNIC中国互联网络发展状况统计调查。　　　　2015.12

"三网融合"的前提和保障是数字技术的迅速发展和全面采用，其核心是电信、电视和计算机共享了所谓的数字特性这一本质属性，即将语音、数据和图像信号编码成"0"或"1"的符号加以传输，使其成为电信、电视和计算机的共同语言。同时，乘着数字压缩技术和宽带技术的发展，使得上述三个终端的任何一个网络都可以实现对语音、电视和数据的传输。[②] 而"三网融合"的目标和内容则是业务融合，从而实现"广电和电信业务的交叉和延伸"、"在融合性宽带网络上产生的新的业务形态"、"固定网与移动网之间产生的新的业务形态（FMC）"。[③] 自20世纪90年代以来，国际上多个国家和地区相继解除了电信业务和广播电视业务市场准入的限制，并开放互联网业务市场，逐步推动电信网、广播电视网、互联网在发展过程中技术功能趋于一致，业务范围趋于相同，网络互联互通、资源共享，为用户提供话音、数据和广播电视等多种服务。为了适应技术发展趋势和产业发展要求，各国政府积极创新和调整监管模式，加大政策扶持和市场开放力度，不断释放市场活力，引导各类市场主体积极参与和推进三网融合发展。美国1996年推出的《新电信法》，最重要的两个改变是取消了电信业和有线电视业之间以及长途电话和地方市话业之

[①] 参见汪向东：《三网融合中的规制政策：国际发展趋势与评论》，载《中国信息界》2006年第14期。

[②] 参见刘颖悟：《三网融合与政府规制》，中国经济出版社2005年版，第1~2页。

[③] 参见王健主编：《网络法的域外经验与中国路径》，中国法制出版社2014年版，第297页。

间业务相互禁入的限制，以保持电信业的潜在可进入性，形成潜在竞争压力。2003 年英国推出了新的《通信法》，明确规定准许传统广电和电信双向进入。同时对电信业采取竞争开放监管办法，对于经营电信业务实行一般授权制，对广电业的准入相对严格。对融合性业务形态，广电企业和电信企业都可以经营。[①]

我国政府积极顺应全球三网融合发展大趋势。2010 年 1 月 13 日，国务院召开常务会议，决定加快推进电信网、广播电视网和互联网三网融合。会议上明确了三网融合的时间表，标志着我国政府将推动三网融合工作正式纳入工作日程：会议提出了推进三网融合的阶段性目标。2010 年至 2012 年，重点开展广电和电信业务双向进入试点，探索形成保障三网融合规范有序开展的政策体系和体制机制。2013 年至 2015 年，总结推广试点经验，全面实现三网融合发展，普及应用融合业务，基本形成适度竞争的网络产业格局，基本建立适应三网融合的体制机制和职责清晰、协调顺畅、决策科学、管理高效的新型监管体系。[②] 2015 年 9 月 4 日，国务院办公厅印发《三网融合推广方案》，要求各地区相关部门在总结试点经验的基础上，加快在全国推进三网融合。[③] 基于此，可以预期，以庞大数据信息为内容的，多网融合的超大型网络空间的"现实网络化"、"物质数据化"的局面，将会快速形成，并会在我国国家和国民生活中扮演极为重要的角色。

第二节　网络犯罪的概念

随着计算机的发明与计算机信息技术的进步，人类将计算机功能不断升级，发明了覆盖面逐步扩大至全球各地、联通各处的计算机的互联网络。人类进入网络时代，计算机网络信息更加庞杂，通过网络而实施的犯罪数量急剧增加。然而，什么是网络犯罪，却并不是能够一言以蔽之的问题。从网络犯罪相关概念的学说史上看，计算机犯罪概念产生在先，网络犯罪概念出现在后，因

---

① 参见中国信息通信研究院：《三网融合推广方案有哪些亮点》，网址：http://www.cnii.com.cn/hygl/2015-10/08/content_1635453.htm，最后访问时间：2016 年 6 月 12 日。

② 参见国务院办公厅：《温家宝主持召开国务院常务会议决定加快推进电信网广播电视网互联网三网融合》，网址：http://www.gov.cn/ldhd/2010-01/13/content_1509622.htm，最后访问时间：2016 年 6 月 12 日。

③ 参见《国务院办公厅印发〈三网融合推广方案〉》，网址：http://finance.people.com.cn/n/2015/0904/c1004-27544558.html，最后访问时间：2016 年 6 月 12 日。

而有对这两个概念一体加以梳理的必要。

一、计算机犯罪定义

与计算机、计算机网络相关的犯罪行为，被冠之以"计算机犯罪"（Computer Crime）的称谓，最早是由国外学者基于犯罪学的角度所提出的。尽管同时存在"与计算机相关的犯罪"（Crime Related to Computer 或 Computer Related Crime）、高科技犯罪（High‐Tech Crime）以及信息犯罪（Information Crime）等概念，但从随后的发展来看，"计算机犯罪"这一概念逐渐成为国外正式或非正式文献中约定俗成用以描述与计算机及其系统有关的词汇，因而得到了广泛的运用。①

从理论上看，"计算机犯罪"这一概念大致存在广义、中义和狭义三类定义：广义概念是将与计算机犯罪有关的所有犯罪都视为计算机犯罪，如"计算机犯罪是指与计算机相关联的一切反社会行为"②或者"计算机犯罪是指把有关计算机知识作为不可或缺要素的不正当行为"③。中义概念则是对所谓的"相关"加以限缩的定义方式，如"计算机犯罪是指利用电子计算机处理设备作为作案工具的犯罪行为或者是把数据处理设备作为作案对象的犯罪行为"④。而狭义概念主要针对以计算机系统和数据为对象的犯罪，即计算机犯罪是指以故意篡改、毁损、无权取得或无权利用计算机资料、程序或计算设备，进而侵犯相关法益的行为⑤。

以上三种定义对于刑事立法和司法实务具有不同的影响：广义概念更接近于形式化的定义，对其内涵不加限定，因而外延甚广，从而极易导致与现行立法中的罪名和司法中的认定产生矛盾，如以计算机作为直接客体的毁损行为，属于典型的故意毁坏财物，但在广义概念中便成为计算机犯罪，显然这一称谓并不妥当，其概念失之过宽。与之不同的是，中义和狭义概念均根据计算机的特性，对计算机犯罪的内涵加以规范性地限定。其中，中义概念通过类型化的处理，将计算机犯罪分类为两种——针对计算机数据或者计算机系统的犯罪，以及利用计算机所实施的犯罪，从而较为适当地限定了"计算机犯罪"这一概念的辐射场域。至于狭义概念则是仅将中义概念中的第一类型——侵害计算

---

① 参见皮勇：《网络安全法原论》，中国人民公安大学出版社 2008 年版，第 4 页。

② ［日］板仓宏：《电脑与刑法》，载《法学论坛》1982 年第 7 期。

③ ［日］高石义：《电脑犯罪的防止技术》，载《法学家》1985 年第 4 期。

④ ［德］汉斯·约阿希姆·施奈德：《犯罪学》，吴鑫涛、马君玉译，中国人民公安大学出版社 1990 年版，第 70 页。

⑤ 参见赵秉志、于志刚：《计算机犯罪比较研究》，法律出版社 2004 年版，第 140 页。

机数据和系统的犯罪视为计算机犯罪，进一步对"计算机犯罪"的内涵加以限缩表述。值得注意的是，这里的中义和狭义的概念之争，是下文将要论述的纯正网络犯罪和不纯正网络犯罪、对象型、工具型以及内容型网络犯罪的前身和雏形。

二、网络犯罪的提出

2001 年 11 月欧洲理事会通过的《网络犯罪公约》并未沿用学术和实务界惯习深谙的"计算机犯罪"，转而开宗明义地使用了"网络犯罪"（Cyber-crime）一词，从其所规制的内容来看，主要包括四类：一是侵害计算机数据和计算机系统保密性、完整性和可用性的犯罪，包括非法侵入、非法截取、数据干扰、系统干扰和不正当使用设备等行为类型；二是与计算机相关的犯罪，包括伪造和诈骗两类行为；三是与内容相关的犯罪，公约只规定了儿童色情犯罪；四是侵犯著作权和邻接权的犯罪。仅就上述规制的行为而言，网络犯罪的内涵与前述中义的计算机犯罪并无二致："侵害计算机数据和计算机系统保密性、完整性和可用性的犯罪"便是"针对计算机数据或者计算机系统的犯罪"，而"与计算机有关的犯罪"、"与内容相关的犯罪"以及"侵犯著作权和邻接权的犯罪"实质上就是计算机犯罪中所谓的"利用计算机实施的犯罪"三种类型。

二者真正的区别只能从其英文前缀"Cyber"以及中文译语"网络"中去探寻。"Cyber"源于希腊语单词"Kubernetes"，意为舵手、控制。加拿大科幻小说家威廉·吉布森（W. Gibson）于 20 世纪 80 年代中叶，在其名为"Neuromancer"（类神经人种，1984）及"Count Zero"（归零，1987）的著作中描写了因计算机网络化而产生的全球的人、机器、信息源互相联结的新时代，昭示了一种区别于传统物理空间的社会生活和交往的新型空间，并将此命名为"Cyberspace"。① 此后，以"Cyber"为前缀的词汇迅速流行，逐渐频繁地出现在国际相关会议、政府文件报告之中。而中文中，"网络"的核心含义是"有许多互相交错的分支组成的系统"②，是具有典型的网状结构特性的事物。引申到计算机领域，"网络"就成为以数字技术为手段，信息和服务为内容的，将人们与计算机终端等众多分支联结成的系统。由此可见，作为英文前缀词的"Cyber"与我国"网络"的对应，非常妥帖，在内涵和外延上大体上

---

① 参见赵秉志、于志刚：《计算机犯罪比较研究》，法律出版社 2004 年版，第 163 页。

② 中国社会科学院语言研究所词典编辑室编：《现代汉语词典》（2002 年增补本），商务印书馆 2002 年版，第 1302 页。

是一致的。

正如前文所述，计算机网络技术经历了单个计算机终端及其系统、计算机之间的系统网络和开放式网络的发展阶段，犯罪也因而呈现出对应的变化：从针对单台计算机系统，到计算机局域网络，再到国际互联网。换言之，由于数字技术的迅猛发展，计算机系统之间、计算机系统与其他终端系统之间的互动越来越频繁，从而导致了互联网的全球化和计算机的网络化，相关的犯罪因而也日益全球化和网络化。在这个意义上，"网络犯罪"（Cybercrime）恰恰是"计算机犯罪"（Computer Crime）适应技术发展和时代潮流的产物。也正因如此，以"网络犯罪"为名的学术著作、期刊在21世纪以来也大行其道，而"计算机犯罪"却面临逐渐边缘化，乃至被取代的局面。

三、网络犯罪的内涵

关于本书的概念选择问题，即采取"网络犯罪"还是"计算机犯罪"？我们认为，"网络犯罪"更加适宜、更为妥当，原因在于：其一，"网络犯罪"侧重于对象的动态面——网络的连接与互动，"计算机犯罪"注重于对象的静态面——计算机系统及其数据。脱离网络存在的单一计算机系统及其数据，其值得保护性，远远低于由一系列终端组成的网络空间，因而从动态面的角度来描述，更为符合当代数字技术的特点。其二，"网络犯罪"以"网络"作为定语，"计算机犯罪"则以"计算机"作为修饰语，其中前者更为符合网络化的时代趋势，因而就更具有包容力和开放性，计算机以外的其他终端，例如手机、传真机、电视等，同样可以在"网络犯罪"的定义中，被纳入保护视野范围之内。其三，基于实务和理论的双重考量，即一方面是以《网络犯罪公约》为代表的国际趋势使然；另一方面是国内外学术著作对"网络犯罪"的广泛使用，两方面因素的合流造就了这样一种现状，即"网络犯罪"已经到了足以取代"计算机犯罪"的程度。

与"计算机犯罪"相似，根据内涵限定的不同，"网络犯罪"围绕着"网络相关性"、"作为工具的网络犯罪"以及"作为对象的网络犯罪"等争议，也呈现出广义、中义和狭义的概念。事实上，就广义的网络犯罪而言，由于"网络相关性"这一标准的模糊，很难对网络犯罪的行为进行类型化处理，对其采取过于宽泛的理解，反过来不利于建构一个轮廓清晰的"网络犯罪"概念，因而并不可取。至于中义和狭义的取舍，"作为对象的网络犯罪"显然是"网络犯罪"的题中之义，但这并不意味着"作为工具的网络犯罪"超出了"网络犯罪"的语义范围。本书保持与《网络犯罪公约》相同的立场，在中义的维度使用"网络犯罪"的概念，即既包括以计算机系统及网络为直接侵害对象的犯罪类型，也包括借由计算机系统和网络为工具实施的犯罪类型。

具体而言，本书将"网络犯罪"区分为纯正网络犯罪（以计算机系统及网络为直接侵害对象）和不纯正网络犯罪（借由计算机系统和网络为工具实施）这两类。① 其中，前者可以称为对象型网络犯罪，后者则又可以侵害方式的不同，分为工具型网络犯罪和内容型网络犯罪。工具型网络犯罪是指以网络或计算机作为犯罪工具而实施的犯罪，主要对应的是财产和经济犯罪领域的网络异化的传统犯罪；而内容型网络犯罪则是指因内容的不法而侵害特定法益的犯罪，主要对应的是侵犯版权类犯罪、传播淫秽色情、恐怖主义、仇恨言论类犯罪。需要注意的是，由于内容型网络犯罪同样是以网络或计算机作为传播和侵犯法益的载体，与工具型网络犯罪存在外延上的交叉与重合，例如在网络直播平台进行淫秽色情表演，从形式上看，这既符合内容型网络犯罪的定义，也不与工具型网络犯罪的概念相冲突。

尽管如此，我们认为，工具型和内容型的区分仍然是有意义的：工具型网络犯罪中，尤其是财产类犯罪，其刑事不法的评价核心，是对他人所支配财物的不当获取。换言之，不结合行为人的主观目的，其网络利用行为从外观上看可以是合法中立的，即便是在其利用网络实施伪造签名等不法行为的场合，也仅仅构成手段的不法，只有真正对财物实现不法取得，才属于主观的不法，从而使得该行为置于刑法的规制之下。内容型网络犯罪则不同，其通过网络展现或传输的内容本身的法益侵害性构成了该类行为不法的基础。在内容型网络犯罪中，手段行为（利用网络）和目的行为（传播不当内容）是合一的，利用网络本身就足够征表不法目的。换言之，该行为本身不可能是合法中立的。二者的区别，类似于刑法中关于断绝结果犯和短缩二行为犯的界分：前者中超过的主观要素（通常是指目的），是通过构成要件行为即可同时实现，而在后者中，单纯的构成要件行为不足以实现其主观要素，其需要配合该行为结束后的其他行为，方能实现。② 鉴于此，本书径直以《网络犯罪公约》所划定四类犯罪行为类型为对应，则第一类属于对象型网络犯罪，第二类属于工具型网络犯罪，而第三类和第四类属于内容型网络犯罪。

---

① 纯正和不纯正网络犯罪的分类，同样可参见许秀中：《网络与网络犯罪》，中信出版社2003年版，第276页；于志刚、于冲：《网络犯罪的裁判经验与学理思辨》，中国法制出版社2013年版，第19页。

② 关于断绝的结果犯和短缩的二行为犯的相关定义，可参见张明楷：《刑法学》（第4版），法律出版社2011年版，第275页。

第三节　网络犯罪的挑战

随着社会的进步与发展，计算机与网络作为人类创新发明的工具被人类广泛使用。计算机与网络的存在为人们的工作以及生活带来了各种方便与快捷，同时也为网络犯罪提供了手段方式及实施场域。在法律制度不断完善，打击预防犯罪水平不断提高的现在，犯罪人的思维能力与犯罪技能同样不断提高，随着新的工具与技术的发明与提高，不法分子同样会升级既有的犯罪手段，提升作案效率，冲破现有的防控措施，逃避作案后的追查与惩处。传统作案手段方法不断革新，传统犯罪发生异变，新型犯罪不断产生，犯罪智能化程度的明显提升构成了当前和今后很长一段时期犯罪蓝图的"新常态"。随着网络犯罪手段与技术的不断升级，犯罪的实施变得日益简便，犯罪的获利也不断增多，这些智能化犯罪为犯罪人带来的"好处"无疑会加倍刺激犯罪人的犯罪欲望，增强其犯罪动机和犯罪意图。

一、网络犯罪的风险和实害被成倍地放大

前已述及，网络犯罪既包含利用计算机网络实施传统犯罪的活动，也包括随着网络信息技术的发展创新而衍生出的新型犯罪活动。与我们所熟知的传统犯罪相比，网络犯罪有许多自身独有的特点。

首先，网络犯罪具有智能性和高科技性。网络犯罪是行为人利用自身所掌握的计算机网络信息知识与技术，通过互联网络而实施的犯罪行为，这使得网络犯罪具有极强的智能性。网络犯罪行为人的网络知识与网络应用技术越先进、越娴熟，其对于网络犯罪的实行也就越迅捷，危害就越大，同时也更加容易逃脱法律追究。网络犯罪人需要不断地随着科学技术发展而更新现有知识体系与技术能力，确保犯罪手段的智能性始终处于社会前端，唯有如此，才可以在实施网络犯罪时有能力突破不断严密的网络安全屏障，找到互联网络存在的缺陷与漏洞，完成网络犯罪，并逃避追查、掩盖罪行。现实中网络犯罪往往手段复杂、作案迅速，甚至不留痕迹，这种智能化、专业化的犯罪形式给案件追查与审理带来了巨大的挑战。换言之，网络犯罪所具备的智能性和高科技性，是网络自身特性所决定的，因此也使网络犯罪的升级和严重往往与网络技术的发展及其在全球各国中发挥的作用直接相关。

其次，网络犯罪具有隐蔽性。网络社会是联通的、开放的，是依赖于现实社会而存在的，为人类在现实世界中的沟通、娱乐以及知识获取等活动提供服

务，但网络社会本身是由电子和数据组成的不同于传统社会的虚拟世界，在这个虚拟世界中每个人的身份信息也都是相对隐匿的，网络犯罪行为人在虚拟的网络世界中实施不法行为，经常是等危害结果无限放大、危害范围广泛延伸之后才能被发现。此时进行追查，许多犯罪痕迹早已消失在网络世界的时空中，从而给案件的侦查增添难度。网络犯罪行为人匿名隐藏在网络世界背后，利用自身专业知识与专业技能，通过自己的联网设备，输入指令实施对网络数据的盗窃、篡改或是破坏等不法活动，由于实施犯罪行为以虚拟的网络信息与数据为对象，而并不直接作用于现实中的硬件或者信息载体，因而使得网络犯罪隐蔽性极强，难以被立即察觉，这也是此类案件侦破率始终较低的一个重要原因。例如，在被公安部列为2014年十大网络犯罪案件之一的"江苏淮安：'8·7'特大网络诈骗案"中，犯罪嫌疑人就是通过不断变换使用江苏南京、扬州、淮安等地的多个无线上网卡，一直非常隐蔽地登录、维护、管理他们虚构的46所虚假高等教育院校网站，以实现制作销售这些高校虚假学历、学位证书牟利的目的。①

　　再次，网络犯罪的危害具有广泛性和遍在性。网络世界的存在在一定程度上是超越时空的，它有着远超想象的延伸力，可以将数据和信息传递至有网络覆盖下的任何互联网角落，数据信息可以通过网络的承载在瞬间冲破现实世界中存在的地域界限达致互联网可以访问的任何地方。这一特性使网络犯罪的实施不存在地域与国界的限制，这为网络犯罪行为人跨地域跨时空实施犯罪提供了可能性，同时也极大地增加了侦查难度，提高了网络犯罪自身的危害性。除去地域上的无界性与国际化特征以外，相对于传统犯罪，网络犯罪也同时涉及社会中的各行各业。起初，网络犯罪大多只涉及金融犯罪，随着网络应用的普及以及网络信息技术的日趋进步，网络犯罪的触手已然蔓延至个人隐私、商业机密、军事机密，甚至是国家安全等领域，在今天，可以说网络犯罪威胁着所有互联的行业。例如，公安部公布的2014年网络犯罪十大经典案例中"王某、孙某盗窃韩国网民银行存款案"就非常典型地反映了网络犯罪危害的广泛性。在该案中，由王某联系黑客入侵韩国网站植入木马，当韩国网民浏览被入侵网站时，木马将自动植入网民使用的计算机，并窃取网民的网银账号和密码；然后，再由孙某登录受害人网银，将卡内存款直接转移至洗钱团伙提供的韩国银行卡并通过 ATM 取现，或者购买游戏点卡、充值卡等方式变相提现。据统计，仅半年时间，该犯罪团伙就先后对100余家韩国网站实施入侵，受到木马感染

---

① 参见辛闻：《公安部公布网络犯罪十大典型案例》，网址：http://news.cpd.com.cn/n3559/c26248627/ content. html，最后访问日期：2016年6月12日。

的计算机达千余台，盗窃韩国网民银行账号密码 4000 余组，盗窃资金折合人民币 1000 余万元。①

最后，网络犯罪在主体和对象上具有复杂性和结果的不可预知性。网络犯罪是借由网络连接的两台或多台设备终端的数据交流而实现的，网络犯罪的主体、客体与对象方面均具有复杂性的特点。第一，从主体方面来看，网络犯罪的行为人是具备了网络信息相关方面的专业知识与专业技术的人员，但其所处地区、国家并无限制，行为人可能存在于任何一个地区，从事任何职业，只要其拥有实施网络犯罪的工具与技术，就有可能成为网络犯罪的行为主体。第二，网络犯罪的对象也具有复杂性。网络犯罪对象概括来说是指网络犯罪所侵犯的计算机网络系统的信息与数据，与传统犯罪相比，网络犯罪在实施当时一般并不直接侵犯人身或可见的有形物。随着科技社会进步，网络犯罪状况不断加剧，其侵犯对象的具体内容也变得越发繁多复杂。而在客体方面，网络犯罪所侵犯的客体一般为复杂客体，这也是区别于传统犯罪的一个重要特性。这种情况主要源于计算机信息网络的特殊性。如果网络犯罪行为对于计算机网络的信息与数据实施了侵害，则这一行为所侵犯的客体不仅有对于网络所保护的数据信息所有者合法权益的侵害，还有对于网络运行安全性与网络信息数据完整性的侵害，可以讲，网络犯罪的危害结果是很难被预知的。例如，在"湖南长沙：'5·25'攻击敲诈香港金融网站案"中，由于受到威胁的香港 16 家金银及证券投资公司每日成交量总计至少达 440 亿港元以上，如果网站安全受到攻击，网络交易数据发生紊乱，将会造成多大的金融损失和社会动荡，都很难预测和评估，后果将是非常可怕的。②

除此之外，迅速发展的网络犯罪还具有危害巨大、低成本、低侦破率、犯罪人低龄化等特点，这些特点不断挑战着我国对于网络犯罪活动的研究与应对能力，不断为我们提升网络犯罪应对能力带来新的挑战与问题。

二、网络犯罪主观罪过的多样性与复杂性

刑法中的主观罪过的组成要素既包括认识性因素，也包括意志性因素，这两个组成要素同样存在于网络犯罪的主观罪过之中，而且表现得更为多样和复杂。首先是认识性因素方面，网络犯罪的行为人在实施网络犯罪行为时对于犯

---

① 参见辛闻：《公安部公布网络犯罪十大典型案例》，网址：http：//news. cpd. com. cn/n3559/c26248627/content. html，最后访问日期：2016 年 6 月 12 日。

② 参见辛闻：《公安部公布网络犯罪十大典型案例》，网址：http：//news. cpd. com. cn/n3559/c26248627/content. html，最后访问日期：2016 年 6 月 12 日。

罪事实具备一定认知，凭借自身的常识或专业知识可以认识到犯罪结果具有发生的可能性。而在网络犯罪的意志性因素方面，我们认为网络犯罪更多地表现为积极追求相应犯罪结果的发生。例如，在网络犯罪行为人编写代码制造木马病毒侵入他人或机构的计算机进而窃取机密信息的犯罪过程中，行为人对于犯罪结果的心理无疑是积极的希望态度。网络犯罪行为的行为人大多数是利用自己的网络知识与网络技术对于刑法所保护的法益加以侵害，破坏网络信息的管理秩序。从这一角度来看，网络犯罪行为大多是直接故意的、蓄意的。当然，也需要注意到，同样存在在一些特殊情况下网络犯罪行为人只具有放任、容忍的意志的情形。例如，如果行为人的行为目的是要侵犯特定某单位的网络信息平台，而其应用的侵入程序会对于某单位所在整片区域的网络造成损害，行为人对于这种损害结果在认识上是明知的，但是为了达到特定目的而放任了大面积损害结果的发生，这种情况下行为人对于某单位以外区域的损害结果的心态不是希望与积极推动的，只是一种放任的、容忍的心态。在这种情况下，主观罪过就表现为故意的认识性因素和过失的意志性因素的结合，从而难以直接涵摄到现行刑法中故意和过失的定义之中。

换言之，关于故意和过失的传统教义学的界分在网络犯罪中愈加模糊，事实上有必要在直接故意、间接故意、过于自信过失以及疏忽大意的过失之中，增加新型的主观罪过类型，以应对网络犯罪主观罪过多样化的现状。以网络诽谤为例，当行为人在网络平台上发表真实性并不确定的信息，而该信息被转发超过 500 次的时候，根据 2013 年出台的司法解释①，行为人的行为构成诽谤罪。在这种情况之下，行为人对于犯罪危害结果也就是被大量转发的可能性应当具有一定认识，但是对于这种结果行为人并不一定是希望出现的，可能行为人对于结果的发生是出于放任的心态，也有可能是基于过于自信不会产生结果的心态。我们认为对于行为人的这种心态用英美法系中的"轻率"心理加以概括可能会更为妥当。所谓的轻率，是英美法系刑法中的主观不法要素，系指"行为人意识到了犯罪结果或是危险的存在或是将会存在却自觉漠视了这种危险，虽然主观上不持肯定态度却还是贸然实施了行为"②。由此可见，主观罪过的多元复杂化，对仅有故意和过失两种主观不法的中国刑法而言，不啻为一种严峻的挑战。

---

① 最高人民法院、最高人民检察院关于办理利用信息网络实施诽谤等刑事案件的司法解释规定，利用信息网络诽谤他人，同一诽谤信息实际被点击、浏览次数达到 5000 次以上，或者被转发次数达到 500 次以上的，应当认定为《刑法》第 246 条第 1 款规定的"情节严重"，可构成诽谤罪。

② 参见美国《模范刑法典》关于犯罪心态模式的规定。

三、网络犯罪中因果关系的认定趋于复杂

从上述网络犯罪与传统犯罪相比所具有的特点可以看出，网络犯罪具有隐蔽性的特点。网络犯罪对于直接客体（犯罪对象）和保护客体（法益）的侵害与作用与绝大多数人们所认知的传统犯罪不同，其手段和方法不同于传统犯罪行为的当场性和直接性。详言之，典型网络犯罪是依托计算机网络技术，对计算机系统及网络信息加以攻击，其作用的原理通常围绕着计算机源代码的修改而展开的，因而其作用力往往与物理世界的力量投入不同，犯罪分子可以远在异国他乡、千里之外实施网络犯罪。这种特殊的手段特点和作用特性，对我们认定犯罪行为的样态、确认损害结果与犯罪行为之间的因果关系等提出了新的课题。对此，如何将因果关系的理论与网络犯罪的特性相结合，对于规制网络犯罪的态势、有效惩处网络犯罪分子具有极其重要的实践意义。

目前，我国刑法学晚近以来的理论对于因果关系的判断一般分为两个阶段，判断犯罪行为与犯罪结果之间是否存在着"没有该犯罪行为就没有该结果"的"事实因果关系"是因果判断的第一阶段；判断已经具有事实关系的犯罪行为与犯罪结果之间是否存在着"必然地"或"盖然地"法律因果关系作为第二阶段。在第一阶段当中，网络犯罪的行为与结果之间毫无疑问存在着事实的因果关系，毕竟二者之间存在着"若无 A 就无 B"的条件关系。接下来进行第二阶段的分析判断，即"通常会这样"的相当因果关系的判断。在此我们认为，尽管相应的犯罪结果是由行为人借助计算机及其系统、网络等媒介加以促成的，但只要其行为和结果之间存在着紧密而完整的因果链条，便可以认定其实行行为与犯罪结果之间的相当因果关系。

具体而言，网络犯罪因果关系与传统犯罪的因果关系相比有一些独有的特点，首先，在因果关系的条件性方面，虽然网络犯罪行为与结果之间存在着"无 A 就无 B"的条件关系，但这种条件关系的存在却有着一定的不确定性，比如行为人植入的木马需要时间或其他条件才能激活，这个条件存在着时间上没有到来或者条件没有成熟就不能发生危害作用的不确定性。其次，网络犯罪因果关系存在着间接性，即网络犯罪因果关系与传统犯罪因果关系不同，网络犯罪行为的实施往往在行为人寻找到网络信息系统漏洞的情况下实施，而传统犯罪则不然。最后，网络犯罪因果关系还具有隐蔽性，这是伴随着互联网虚拟特性而产生的，相对于传统犯罪中因果关系的一目了然，网络犯罪因果关系虽然存在着紧密而相当的因果联系，但仍然需要在个案中仔细分析才能准确加以认定。

四、网络犯罪对刑事程序法的考验与挑战

前三点分别对应的是法益保护、主观要素与因果关系等方面的内容，因而可以视为网络犯罪对刑事实体法的冲击。同样地，由于网络空间与网络犯罪某些特性，刑事程序法亦面临类似的考验与挑战。计算机系统与网络已经成为了世界各国政界、商界和日常生活的有力工具，但其本身的技术特点，也无形中导致了安全问题，从而加剧了刑事侦查和证据认定的难度。[①] 首先，网络数据是无形的，其所体现的利益和价值迥异于现实世界的有形物，除了个别领域针对版权、商业秘密等专项保护外，这些无形法益的保护，尚难以引起检控方、甚至是被害人的发觉。其次，网络数据是转瞬即逝的，尽管网络的使用者会在网络内部的各个系统中留下可以被用来追踪其的往来数据（traffic data），但由于不存在明确的法律义务以及技术上的限制，相关往来数据往往会被立即删除。再次，网络数据是全球性的，即便是在同一个国家的两台计算机之间进行一个简单的数据交换，只要是通过因特网的方式，便会在国际范围内产生影响。原因在于，若直接联系并非最有效的沟通方式，那么数据经由因特网而发生的联系，可能会顺便借道一个或数个与服务器相关的国家。最后，网络数据是隐秘的，这一方面是现代计算机巨大的数据存储量、数据的加密和计算机系统的多样化；另一方面则是网络空间的使用者往往是匿名的、分散的。

网络及其数据的这些特性，给以传统犯罪为模型建构起来的刑事诉讼法提出了如下挑战：其一，以何种标准对网络犯罪确立管辖；其二，以何种方式对网络犯罪加以预控和侦查；其三，以何种规则对网络犯罪的证据进行认定。

首先，关于网络犯罪的刑事管辖权问题。在这一问题上，存在着有限管辖理论、扩大地域管辖理论、网址管辖基础理论、侵害法益的关联性理论以及网络自治理论等分歧和主张[②]，足见其问题复杂性和挑战的严峻性。该问题的解决，对网络犯罪的规制具有双重的意义：其一，在管辖的消极层面上，对于层出不穷的新型网络犯罪，不确立某种具有共识性管辖标准，则容易出现管辖落空的现象，进而滋生更多的网络犯罪，使得该地成为全球网络犯罪的温床和天堂。其二，从管辖的积极层面来看，对于实务常见的典型网络犯罪，若不确立某种具有共识性的管辖标准，则极易出现管辖争议导致多国争相管辖的局面，由于涉及国家主权的维护，管辖权的竞合，往往会引发不必要的国与国的对

---

① 参见［德］乌尔里希·齐白：《全球风险社会与信息社会中的刑法》，周遵友、江溯等译，中国法制出版社 2012 年版，第 303 页以下。

② 参见陈结淼：《关于我国网络犯罪刑事管辖权立法的思考》，载《现代法学》2008 年第 3 期。

立，从而消解了在网络空间形成共同治理的氛围和努力。

其次，关于网络犯罪的刑事侦查权问题。在这一问题上，以美国为代表的网络发达国家走在了前面，但也因此更早面临着争议和反对。美国联邦调查局建构了一整套打击计算机网络犯罪的技术侦查体系，除设立专门的网络犯罪侦查机构之外，还相继着手研发了以"肉食者"、"棱镜"为代号的，旨在对网络通讯进行监控的软件系统。由于在网络犯罪侦查中，刻意模糊了传统侦查的某些界限以扩张强化侦查权力，例如不再对侦查措施明确界分侵犯内容信息还是非内容信息、已经形成的犯罪信息还是正在形成的犯罪信息等[①]，这些应对举措既无法符合宪法基本权利保护的要求，也不能通过法治国家的比例性原则的审查，因而在这一问题上推行任何的革新举措，往往都会因为饱受上述方面的诟病而举步维艰。

最后，关于网络犯罪的网络证据认定问题。与传统电子证据相比，网络证据在证据的收集方法、场所、数据电文的查证、核实以及证明力的审查等方面，存在明显的特殊性。[②] 也正因如此，在普通法系国家，网络犯罪中的电子证据的认定规则，已经有突破传统证据规则限制的趋势：针对"最佳证据规则"，其新设了"系统完整性"来解决电子证据只能复制而难以寻求原件的要求；针对"鉴证规则"，则只要求对电子记录系统的完整性和可靠性加以验证；而针对"传闻规则"，则根据网络电子证据的特性，对宣誓和交叉询问作出了新规定。[③] 作为网络发展中国家，我国刑事诉讼制度，尤其是传统证据规则方面，同样经受着因时代网络化、世界虚拟化而带来的冲击和挑战。

---

① 参见陈永生：《计算机网络犯罪对刑事诉讼的挑战与制度应对》，载《法律科学》2014 年第 3 期。
② 参见熊志海：《网络证据的特殊性及研究价值》，载《河北法学》2008 年第 6 期。
③ 参见刘颖、李静：《加拿大电子证据法对英美传统证据规则的突破》，载《河北法学》2006 年第 1 期。

第二章　网络犯罪的刑事政策

第一节　刑事政策概述

一、刑事政策的基本概念

关于刑事政策的基本内涵，学界内各执一词、聚讼不已，因而存在多种不同的定义。以下三种定义代表了 20 世纪八九十年代我国学术界对刑事政策的权威看法：以马克昌先生为代表的学者认为，刑事政策是国家或社会团体对犯罪、犯罪者以及犯罪诸现象，根据以镇压、压制或抑制和预防犯罪为目的原则，采取有效的、有指导意义的活动或措施。[1] 以高铭暄和王作富先生为代表的学者认为，刑事政策是运用刑法武器同犯罪斗争的策略、方法、原则，是我国刑事立法和刑事司法工作的灵魂。[2] 而储槐植先生则认为，刑事政策是国家、社会依据犯罪态势对犯罪行为和犯罪人运用刑罚和诸多处遇手段以期有效地实现惩罚和预防犯罪目的的方略。[3] 简言之，传统观点大多认为，刑事政策内涵系由主体和目的决定的，其中，主体应当是国家立法和司法机关，而目的则是预防、惩罚犯罪以及矫正罪犯。自晚近以来，刑法学界对刑事政策的研究进一步深入，以陈兴良教授为代表的学者认为，"刑事政策是一定社会对犯罪反应的集中体现"，"刑事政策并非只是单纯的刑法问题，而是一个社会公共政策的问题"[4]。换言之，刑事政策不单是包括刑事立法和司法在内的刑法对策问题，而是与国家治理能力、治理方式以及公共政策选择等一系列更为宏大问题紧密相关。在总结国内外关于刑事政策基本概念的论争之上，卢建平教授将刑事政策之定义概括为"刑事政策学超越了作为纯规范科学的刑法学、刑

---

[1]　参见马克昌：《中国刑事政策学》，武汉大学出版社 1992 年版，第 5 页。

[2]　参见高铭暄、王作富：《新中国刑法的理论与实践》，河北人民出版社 1998 年版，第 67 页。

[3]　参见储怀植：《刑事一体化》，法律出版社 2004 年版，第 258 页。

[4]　陈兴良：《宽严相济刑事政策研究》，载《法学杂志》2006 年第 1 期。

事诉讼法学,既超越了专门研究犯罪现象和犯罪人的犯罪学,也超越了以犯罪人的改造、矫正和治理措施为研究对象的刑罚学。刑事政策学是一门综合以上诸学科的跨学科的决策科学,是介于法学、政治学(决策学)、社会学之间的一门综合性学科"①。

更为具体而言,曲新久教授认为,尽管刑事政策的定义可以存在广义和狭义之分,但是关于刑事政策概念的界定则应当立于广义论的立场上进行,而不应当狭义地理解,因为只有在前者的视域中,预防犯罪不是刑法孤立应对的问题,而是必须将传统的刑罚惩罚政策与现代社会政策结合起来,必须在关注刑罚问题的同时,也关注社会问题和社会政策。② 基于此,刑事政策的合理定义应当是:"国家基于预防犯罪、控制犯罪以保障自由、维持秩序、实现正义的目的而制定、实施的准则、策略、方针、计划以及具体措施的总称。"③ 除了广义刑事政策和狭义刑事政策的对立之外,还存在"应然的刑事政策"和"实然的刑事政策"的范畴,根据梁根林教授的界定,所谓应然的刑事政策,"是应当如此的刑事政策,是人类根据对犯罪现象客观规律的认识和把握而提出的合目的和合理的预防和控制犯罪的准则、方略或措施。而实然的刑事政策是实际如此、现实应用的刑事政策,即国家与社会针对犯罪问题实际所采用的刑事政策,包括以刑事司法为手段与刑事司法以外的其他措施为达致控制犯罪的目的所进行的国家活动"④。

从上述五花八门的刑事政策概念的界定可以看出,尽管在刑事政策定义的立场上存在着广义和狭义、应然和实然之分,在具体内涵上存在着各式各样的理解路径,但依然可以清晰地把握住所谓刑事政策的核心要素。换言之,通过约取最大公约数的方式,可以发掘出我国学界对刑事政策的基本共识和认知。首先,政策的制定和执行需要特定的主体,这些主体在一群学者那里被明确规定为"国家"或"社会团体",而在另一群学者中则被概括为"国家"或"社会"。此外,虽然在一些学者那里没有明确叙述该主体是哪一些,但是从其文字逻辑、存在价值和职能权限方面可以推出至少包括"国家"这一主体。换言之,"国家"作为刑事政策的主体地位,是多数理论的共识。其次,所有的定义基本上都赋予了刑事政策以积极的目的性和正面的价值性,无论是"同犯罪做斗争",还是"预防并惩罚犯罪",抑或是"恢复法秩序、保障个人

---

① 卢建平等:《刑事政策的概念与方法》,载《中南大学学报》2004 年第 1 期。
② 参见曲新久:《刑事政策之概念界定与学科建构》,载《法学》2004 年第 2 期。
③ 曲新久:《刑事政策的权力分析》,中国政法大学出版社 2002 年版,第 68~69 页。
④ 梁根林:《刑事政策:立场与范畴》,法律出版社 2005 年版,第 23 页、第 42 页。

自由、实现法正义"，都是将刑事政策视为实现更高位阶法之目的和价值的手段方式，是一种工具理性的存在。最后，刑事政策必须具有可以外化的载体和形式，这既可以表现为"采取有效的具有指导意义的活动或措施"，也可以是"得以制定、实施的准则、策略、方针以及具体措施等各种对策"，无疑刑事政策必须通过某种公开的方式加以呈现。有鉴于此，我们可以认为，如果某种定义的内涵不包括特定主体、目的和方式要素，就不是科学的完整的刑事政策的设计与阐释。

对此，需要简要阐明本书所持的"刑事政策"的立场：首先，在主体方面，仅限于国家，即所谓的刑事政策是国家层面对犯罪的适度合理反应，而并不包括社会、行业以及个人为主体的相关反应主体。具体来说，本书刑事政策的主体是指承担国家刑事立法和刑事司法的相关机关。其次，在目的方面，刑事政策的工具理性不仅体现在运用刑事法律武器同犯罪作斗争，预防被害、惩罚犯罪和矫正处遇之上，而且包括防范因国家过度反应而带来的社会控制本身的危险。换言之，刑事政策既是社会控制手段，也是抑制社会控制的手段，其核心便在于目的和价值——以权衡防控犯罪与基本人权、安全秩序与自由价值等利益为目的的。最后，在方式方面，我们所构思的具体政策包括犯罪政策、刑罚政策、刑事诉讼政策、刑事证据政策等，从而以这些政策作为实现上述目标的主要载体和手段。

二、我国刑事政策的历史演进

(一) 惩办与宽大相结合的刑事政策

由于我国的刑事政策经历了一个长期的发展时期，因而在不同的历史年代呈现出不同的特点。在新中国成立初期，随着国民党旧有法统秩序被彻底废除，中国社会的治理进入了一个全新的时期，在旧法已然失效、新法尚未出台之前，政策理所当然地扮演了社会治理的重要角色。当时的刑事政策承袭了新民主主义革命以来中国共产党的"区别对待"、"镇压与宽大相结合"等斗争经验和智慧，提出了"惩办与教育相结合，镇压与宽大相结合"的政策方针。例如，针对当时社会反响较大，人民普遍关心的贪污、盗窃等犯罪行为的惩治问题，中央在《关于惩治贪污条例草案的说明》中就明确表示，为达到惩前毖后和除恶务尽的目的，"我们在处理贪污、盗窃案件时，必须贯彻执行毛主席所指示的过去从宽、今后从严，多数从宽、少数从严，坦白从宽、抗拒从严和对国家工作人员从严、对非国家工作人员（除小部分罪大恶极者外）从宽的原则"。"在处理违法工商户时，不仅要对过去从宽、今后从严，多数从宽、少数从严，坦白从宽、抗拒从严而且要对工业从宽、商业从严，普通商业从宽、投机商业从严。"① 随着国家的基本稳定，在社会主义改造基本完成之后，我国的刑事政策完成了从"镇压和宽大相结合"到"惩办与宽大相结合"的巨大转变，这标志着"一个从政治斗争策略到刑事政策的转变过程"②。1979年7月第五届全国人民代表大会第二次会议通过的《中华人民共和国刑法》第1条则明确将"惩办与宽大相结合的政策"规定为基本原则。

（二）从严从快的刑事政策

面对伴随着改革开放而来的复杂的社会形势和急剧增加的犯罪数量和犯罪危害，1983年8月25日中共中央出台了《关于严厉打击刑事犯罪活动的决定》，该决定指出："严厉打击刑事犯罪活动，是政治领域中一场严重的敌我斗争。为迅速扭转社会治安的不正常状况，中共中央决定，以三年为期，组织一次、两次、三次战役，按照依法'从重从快，一网打尽'的精神，对刑事犯罪分子予以坚决打击。"严打的全面展开标志着我国刑事政策的重大转向，在我国刑事政策的发展史上留下了浓重的一笔，它在直接打击犯罪，有效地缓解当时犯罪率居高不下的客观现状的同时，也带来了较大的争议，引起了学界广泛的讨论和研究。为了配合当时严打的政策定位，出现了大量的修订刑法的单行条例和附属刑法，这在很长一段时间内成为我国刑事立法的一大特色。

（三）预防为主的打防结合刑事政策

中国共产党第十五次代表大会报告指出，"加强社会治安综合治理，打防结合，预防为主……"③ 从而确立了区别于从严从快打击严重犯罪的严打重罚的"打防结合、预防为主"的刑事政策。该政策旨在通过建立打防一体化的策略，以"最小"侵害换取"最大"的社会治安效益，进而实现犯罪问题的标本兼治和社会治安的长效治理。这实际上是对严打刑事政策的纠偏，开始从一味追求刑罚效果、遏制犯罪势头向犯罪的预防控制、社会治理的标本兼治的转向，从而在事实上，为后来的宽严相济刑事政策奠定了良好的基础。

三、我国当前宽严相济的刑事政策

2005年12月5日至6日召开的全国政法工作会议将"宽严相济的刑事政

---

① 中共中央文献编辑委员会：《彭真文选（1941－1990）》，人民出版社1991年版，第211页、第232~235页。

② 陈兴良：《刑事法治视野中的刑事政策》，载陈兴良主编：《中国刑事政策的检讨》，中国检察出版社2004年版，第120页。

③ 《高举邓小平理论伟大旗帜，把建设有中国特色社会主义事业全面推向二十一世纪》，载 http://news.xinhuanet.com/zhengfu/2004－04/29/content_1447509.htm，最后访问日期：2016年6月12日。

策"正式确定为我国在维护社会治安的长期实践中形成的基本刑事政策。2006 年 10 月 11 日通过的《中共中央关于构建社会主义和谐社会若干重大问题的决定》则进一步明确指出，应当"实施宽严相济的刑事司法政策"，至此，宽严相济的刑事政策在我国刑事政策的发展史上被正式确立，它标志着我国刑事政策的发展进入了一个全新的历史时期。

宽严相济刑事政策包含"严"的一面，因此，宽严相济刑事政策与历史上反复出现过好几次的"严打"刑事政策到底是什么关系，值得研究。应当说，两者是完全不同的刑事政策，"严打"强调的是对犯罪一律给予"重"的刑罚，而宽严相济刑事政策强调的是"该轻的轻，该重的重"，强调"宽严相济，罚当其罪"①。因此，"尽管惩办与宽大相结合刑事政策包括了惩办与宽大两个方面，但它并不是惩办政策与宽大政策的简单相加，而是惩办政策与宽大政策的有机结合，这种结合才是它的本质之所在。严打虽然可以从逻辑上包含在惩办的范畴之内，但它过分强调了从重从快，将惩办政策的一面张扬到了一个极端，这势必会影响到宽大政策的落实"②。

在我国刑事政策历史演进中，出现过"惩办与宽大相结合"的刑事政策。由于该刑事政策也强调不一味地从重，而是要将"惩"和"宽"相"结合"，因此，宽严相济刑事政策与这一刑事政策是什么样的关系，就值得分析。对此，我国学者黄京平教授曾经提出过系统的阐释，他认为，宽严相济刑事政策与"惩办与宽大相结合"的刑事政策主要存在下列区别③：其一，表述方式存在不同。由于"惩办与宽大相结合"将"惩办"放在"宽大"前面，而宽严相济刑事政策则将"宽"放于"严"之前，这说明两者在基本价值导向上存在着明显的不同，"并非是文字游戏，而是反映了表述的重心所在。位序上的变化在规范学中有着特殊的意义"。其二，两者侧重的基点不同。"具体到实际内容，'惩办与宽大相结合'政策强调的是犯罪化、重刑化和监禁刑化，而'宽严相济'政策强调更多的是非犯罪化、轻刑化和非监禁。"其三，司法倾向存在不同。在"惩办与宽大相结合"刑事政策指导下，大量地出现了"可捕可不捕的捕、可诉可不诉的诉、可判可不判的判"的现象，而在宽严相济刑事政策的指导之下，面对疑难案件时通常会从有利于行为人的立场出发做出处理。其四，两个刑事政策关注的重点不同。"惩办与宽大相结合"刑事政策强调刑法的"工具作用"，而"宽严相济刑事政策的提出，是对刑法工具论的

---

① 高铭暄：《宽严相济刑事政策与酌定量刑情节的适用》，载《法学杂志》2007 年第 1 期。
② 陈兴良：《宽严相济刑事政策研究》，载《法学杂志》2006 年第 1 期。
③ 参见黄京平：《宽严相济刑事政策的时代含义以及实现方式》，载《法学杂志》2006 年第 4 期。

扬弃，其目的不仅在于要通过贯彻这一政策来维持社会治安，还要保持社会的稳定与良性运行，有利于和谐社会的构建，为社会发展进步提供保障"。

在宽严相济的刑事政策的指导之下，我们国家的刑事司法与刑事执法在不断进步着，刑事法规与刑事诉讼过程正日益变得更加科学、合理，与社会发展更加同步。刑罚结构随着刑事政策的调整而逐步发生一些良性转变。从宏观历史演变的角度来观察，刑罚趋轻与合理化是刑罚变化的必然趋势。[①] 随着我国刑法刑罚结构与体系的不断调整，我们国家死刑在逐步被减少与限制，刑罚种类也在不断丰富，刑罚幅度与量刑方法也在日趋合理化的过程之中。在具体个案上，更多的案件可以实现罪刑相适应，从而既实现了刑罚特殊预防的目的，又有利于提高刑罚效益。[②]

第二节　网络犯罪刑事政策的内涵与机理

承上所述，网络犯罪刑事政策，是总体刑事政策的下位概念，是国家以预防、控制、惩罚网络犯罪行为为主要内容的，以刑事法律的制定和运用为主要方式的对网络犯罪加以反应和制裁的策略和方法总和。从目前来看，我国刑事实体法通过刑法典和两个修正案的方式，初步确定了网络犯罪的罪名和制裁体系。而就我国刑事程序法而言，其应对网络犯罪的速度则相对滞后和缓慢，直至 2012 年我国《刑事诉讼法》的第二次修正时，才以法律形式明确了电子数据的证据地位，并规定了调查网络犯罪的特别程序，至于相关电子数据证据的认证规则，则依然阙如。[③] 换言之，网络犯罪刑事政策主要是由刑事立法和司法运用两大部分构成的，同时由于网络犯罪的跨国性和全球性的特质，因而完善并实现国际间的协调和合作也成为了网络犯罪刑事政策的内涵之一。当然，因本书著者的专业偏好和学术能力，无法在更为宏大的视野下，展开跨部门法，甚至跨学科的研究，因此采纳了最为狭义的以刑事法为核心的网络犯罪刑事政策的概念，从而在研究的主要内容上侧重于不法行为的犯罪化并为之配置妥当法定刑罚以及完善刑事司法体系等。特别应该加以声明的是，除上述本文所研究的内容之外，应对网络犯罪的策略尚有多种选择：传统刑事政策较为核

---

① 参见储槐植：《刑事一体化与关系刑法论》，北京大学出版社 1997 年版，第 90 页。

② 参见卢建平：《刑事政策与刑法变革》，中国人民公安大学出版社 2011 年版，第 132 页。

③ 相关网络犯罪刑事法立法方面的内容，可参见本书第六章"我国网络犯罪刑事立法的内容体系"。

心的行刑处遇政策、网络技术层面的防控策略、网络运营商及其行业的自律和防范、网络的使用者和参与者的警惕和揭发等同样发挥着抑制网络犯罪的作用。事实上，更为完整和妥当的网络犯罪刑事政策，理应是国家、社会、行业及国民全体参与下的共同治理，从而实现网络空间的标本兼治与长治久安。

一、网络犯罪刑事政策的前提——犯罪化的建构

面对大量具有法益侵害性的网络不法行为，网络犯罪刑事政策的首要任务便是对其进行梳理，通过对这些行为的犯罪化，确定网络犯罪刑事政策的规制对象，因而犯罪化的建构，是网络犯罪刑事政策的前提。所谓犯罪化，是指将原本不是犯罪的行为，在法律的规定、解释或者适用上确定为犯罪类型，使其具有可罚性，并进而成为刑法法律所威吓制裁的对象。根据日本学者大谷实的理解，犯罪化可以分为立法上的犯罪化和司法上的犯罪化，前者是指将侵害法益的行为规定为刑法上值得处罚的行为类型，而后者是指在解释和适用刑法之际，将现行刑法适用于迄今为止未被作为犯罪予以取缔的事实，进一步可以分为以扩大解释为限度的"解释上的犯罪化"和以对刑法上本应处罚但事实上长期"非犯罪化"的行为重新适用刑罚的"适用上的犯罪化"。①

立法上的犯罪化和司法上的犯罪化存在紧密关联关系，包括反向和正向两个维度的相关：就反向相关而言，若立法停顿滞后，不及时修改成文刑法，则司法上的犯罪化会变得显著；相反，若刑事立法迅速化和活性化，则留待司法犯罪化的空间就极为有限。就正向相关而言，司法上的犯罪化往往是立法上的犯罪化之前奏，司法为随后的立法扮演着先行和试水者的角色，而立法则可以在司法经验的基础上更为完善，在此意义上，二者相辅相成。需要注意的是，由于存在罪刑法定原则的限制，司法上的犯罪化之作用往往有限，只能是"带着脚镣跳舞"，即仅能在可能语义的最大射程范围内实现解释和适用上的犯罪化，因此更为重要的依然是立法上对不法行为类型的系统化规制。

尽管学界存在着"停止刑法调控范围的扩张，拒绝进一步犯罪化，并适当实行一些犯罪行为的非犯罪化"②的主张，但是随着网络时代的变迁、科学技术的发展，新型不法行为不断涌现，侵害法益的现象层出不穷，如果完全放任其危害不加以刑法制止，无异于放弃了刑法法益保护的任务，也影响到国民对刑法规范正当性的认同。而如果只是拒绝立法上的犯罪化，而并不反对司法

---

① 参见［日］大谷实：《刑事政策学》（新版），黎宏译，中国人民大学出版社 2009 年版，第 95 ~ 96 页。

② 刘艳红：《我国应该停止犯罪化的刑事立法》，载《法学》2011 年第 11 期。

犯罪化的话，问题依然存在——司法上的犯罪化力度极其有限，其每一次扩张适用都可能存在巨大的阻力和争议。因此，在防止新型犯罪的问题上，应当将何种行为以何种方式认定为犯罪，"始终是刑事政策上的最重要课题之一"①。在此，我们认为，随着社会的变化，新型法益会产生，传统法益也会出现新的形式，根据刑法教义学的诸原则，适当地对侵害新型法益行为或者对异化了的传统法益侵害行为加以犯罪化，既能满足网络治理的需要，也符合刑法的自身任务。

二、网络犯罪刑事政策的威慑——刑罚策略选择

犯罪化是将行为予以立法类型化，但仅此尚不足以威慑潜在的不法行为，这里涉及如何为类型化了的犯罪行为配置刑罚的问题，也即刑罚策略的选择。在刑罚策略的选择上，既存在重刑化、轻刑化的单极化刑罚策略，也存在"轻轻重重"的两极化刑罚策略。② 所谓的重刑化，是为相应行为配置更为严苛的刑罚，以期最大程度上发挥刑罚威慑的效果。前述自我国 20 世纪 80 年代以来的严打刑事政策，正是重刑化刑罚政策的典型代表。而与之相对，轻刑化则是主张刑罚的宽缓和人道，反对"乱世用重典"的重刑化思路。至于两极化刑罚策略，则是强调"轻其所轻"和"重其所重"，前者是指对轻微犯罪行为非犯罪化、非刑罚化，对偶犯、初犯、未成年犯和过失犯等轻微犯罪人以更为轻缓的处遇措施；后者则是对暴力犯罪、毒品犯罪、恐怖主义犯罪等严重犯罪行为施以重刑，并为之设定更为灵活高效的诉讼程序和证据规则。

我国总体刑事政策从"从严从重"向"宽严相济"的转变，在某种程度上意味着，对单极化刑罚策略的扬弃，以及对两极化刑罚策略的青睐。同样，在网络犯罪刑事政策的刑罚策略选择上，我们同样认为"轻轻重重"的两极化刑罚策略更为适宜：就"重其所重"而言，由于现实世界与网络技术的高度融合性，经由网络而实施的破坏行为的危害及其后果，往往难以估计和预判。因此，放弃对可能出现极端后果的行为以严厉刑罚威慑的话，势必制约了前述犯罪化的效果。就"轻其所轻"而言，网络技术在当下越来越易习得，人们对计算机系统的掌握也越来越纯熟，于是不可避免地会出现基于好奇、逞能为动机的偶犯、初犯，其行为的危害后果也往往有限。在这种情形下，在刑罚配置和适用上予以轻缓，提高以罚金刑、缓刑等为代表的非监禁处置措施的适用率，如此也符合罪刑相当原则。

---

① ［日］大谷实：《刑事政策学》（新版），黎宏译，中国人民大学出版社 2009 年版，第 93 页。
② 参见梁根林：《刑事制裁：方式与选择》，法律出版社 2006 年版，第 31 页以下。

三、网络犯罪刑事政策的效果——程序法的保障

妥当的犯罪化建构和适度的两极化刑罚策略，在一定程度上成为了应对网络犯罪的静态化的安全保障。然而，正所谓"徒法不足以自行"，网络犯罪的惩罚和处遇始终依赖刑事程序法有关侦查起诉和审判认定的相关规则，在此意义上，后者是应对网络犯罪的动态化的安全保障，其确保了"法律中"的罪刑条款在"事实上"得以践行。同时，程序法的保障，不是国内刑事程序法的改革所能完全胜任的，还需要最低程度的国际追诉和证据收集的和谐统一，通过各国间的配合与合作，促进网络空间的全球治理，令网络犯罪无处藏身。

网络空间迥异于传统物理世界，刑事司法机关的侦查因此需要在 IT 虚拟空间中展开，这对于当前由物理世界建构起来的刑事程序法提出了严峻的挑战。具体而言，刑事诉讼法和执法程序必须解决网络匿名、加密、证据缺乏、数据变化速度过快的问题，这里涉及对电子数据及其载体的强制侦查权、电子证据能力和证明力的网络证据法的重塑等问题。因其改革牵连广泛而系统工程复杂，被很多刑事司法实务人士视为难以为继、已经失败的战斗。然而，正如德国比较法和刑法专家齐白教授所言，"这种立场似乎太过悲观，除了给犯罪的追诉制造各种问题以外，信息技术也创造了诸多机会。信息技术不仅是犯罪分子而且也是警察和检察官的强大工具"[①]。因此，对于网络空间的国内程序法保障而言，存在着技术障碍和理念双重障碍：对于技术障碍而言，可以通过技术的利用和开发，为侦查机关创造线索收集、危险监控等措施，并根据其特性设置相适应的证据规则。而对于理念障碍而言，则主要涉及追诉网络犯罪的利益和一定程度侵犯自由和隐私的不利之间的平衡，这有赖于网络对人们生活的介入程度以及国民对网络犯罪危害的认知，因而这一平衡的达至，需要一定的时间。

至于国际间的合作与协同，欧洲理事会的《网络犯罪公约》在此意义上树立了一个典范，是国际程序法协同的先驱，下文将会专门加以论述。在此，涉及国际网络空间的治理问题：尽管网络技术的"去中心化"给网络空间打下了"去国家化"的倾向，然而国际网络空间治理的主体是国家和国际间的组织，其基本诉求必然是从民族国家立场上出发的。因而，国际间有关网络犯罪的协作，不仅仅取决于各国国内法律体系的和谐化程度，也受制于国家

---

① 〔德〕乌尔里希·齐白：《全球风险社会与信息社会中的刑法》，周遵友、江溯等译，中国法制出版社 2012 年版，第 306 页。

间的外交策略和地缘政治的影响。正因如此，我们认为，优选的策略应当是，通过不断借鉴和吸收国际已有程序性规定的同时，形成有效且非垄断独霸的程序规则体系，并有效地实现"进口转出口"的国际性输出，从而提升我国在网络犯罪应对，乃至于网络空间治理的影响力，有效地维护我国网络主权与安全。

第二篇
国际网络犯罪刑事政策述评与取舍

第三章 国际网络犯罪刑事政策
组成及其典型文本

从传统的计算机犯罪，到晚近的网络犯罪，字里行间的变化不言而喻，而其实质层面的变迁更是影响巨大、波及深远。其中，最为核心的概念便是"网络"——互联网时代的到来，给传统物质的世界平行架构了一个互联共通的现代虚拟空间。不同于有着显著国境线划分、拥有不可争辩的领陆、领海、领空的主权国家林立的世界，网络空间并不具有这种鲜明的物理界限，恰好相反，全球化趋势下的网络空间，很多国家越发地表现出一种渴望与领土主权相似的"因特网再领土化"（reterritorialization of the Internet）① 的主张和倾向。事实上，针对网络无中心、无边界的特性，国际网络空间的治理和网络犯罪的规制实践中，出现了不同于传统基于主权而各管各国的做法，即出现了民族国家以外的区域性、国际性组织等新的行动者，并由此产生了"法律去国家化"② 的现象。

正是在各国法律尝试和谐化、国际社会努力协同化的背景下，以欧洲委员会制定的《网络犯罪公约》与欧洲议会、欧盟理事会通过的《关于惩治攻击信息系统行为的指令》为典范的一系列规制网络犯罪的国际规范的出台，初步形成了国际社会应对日益全球化的网络犯罪问题的系统的刑事政策方案。本章首先对国际网络犯罪的刑事政策的演进和组成做一个鸟瞰式的梳理，继而对成为国际合作典范的欧洲委员会《网络犯罪公约》和欧洲议会、欧盟理事会《关于惩治攻击信息系统行为的指令》这两个代表性文件进行介绍，通过对这两个多边区域性的网络犯罪刑事政策的分析，以期管窥当前国际应对网络犯罪的策略。

---

① L. Lessig, P. L. Resnick, Zoning Speech on the Internet: *A legal and Technical Model*, Michigan Law Review, Vol. 98, 1999, PP. 395–431.

② ［德］乌尔里希·齐白：《全球风险社会与信息社会中的刑法》，周遵友、江溯等译，中国法制出版社 2012 年版，第 21 页。

第一节　国际网络犯罪刑事政策的演进及组成

国际网络犯罪刑事政策的外化载体，是与网络犯罪规制相关的一系列国际性法律文件。国际性法律文件的形成，并不意味着相关规范在各国得到了普遍的贯彻和遵守，也并非属于被实践的法律，而只是表明各国在此一领域对该问题的倾向性立场，借由固化的文本形式（文本中的法律），作为我们管窥和蠡测国际网络犯罪刑事政策的基本素材。因此，其在规范形式上，既包括一经批准便具有约束力的公约（conventions）和条约（treaties）等"硬性"规范，也包括并无强制性的建议（recommendations）等"软法"。

结合国际网络犯罪刑事政策的目的和任务而言，其有机的组成部分应当包括以下四个方面：其一，刑事实体法。该部分的任务在于，一方面要超前性地设定具有侵害性的新型网络犯罪行为，提前应对网络空间中可能的风险；另一方面则是合理地应对传统犯罪在网络时代的异化问题，通过刑法教义学和刑事立法，扩张刑法对异化犯罪类型的处罚。其二，刑事程序法。该部分的任务在于，通过对侦查方式和权限的授予，克服网络犯罪匿名性、加密性等问题，同时实现对证据保存和形式的革新，确保证据得以有效固化、便于认定采纳。其三，管辖权协调。该部分的任务在于，既要有效地确定特定形式的网络犯罪行为能够受到相关国家的追究，防范"短板"、"洼地"；又要避免多国基于本国刑法的空间管辖原则，对同一案件均主张管辖的冲突。其四，国际合作。该部分的任务在于，促进各国在网络犯罪的侦查、起诉、审判中的协作，包括犯罪嫌疑人的引渡、证据的提留、固定、保全以及移交、证人的保护等。同时，为网络犯罪刑事政策的深入发展、各国惩治网络犯罪的规范的一致化，创造良好的双边和多边氛围，在应对网络犯罪上实现国际集体协作联动，实现更有效率的刑法应对，从而遏制国际网络犯罪泛化和严重的趋势。

一、刑事实体法

从刑事实体法的角度来看，需要规制的网络犯罪不法行为可以分为三大类——对象型、工具型和内容型。如本书第一章定义所述，对象型网络犯罪是指以网络或计算机作为直接客体加以侵害的犯罪，主要对应的是侵害计算机数据和计算机系统保密性、完整性和可用性的犯罪行为；工具型网络犯罪是指以网络或计算机作为犯罪工具而实施的犯罪，主要对应的是财产和经济犯罪领域的网络异化的传统犯罪；而内容型网络犯罪则是指因内容的不法而侵害特定法益的犯罪，主要对应的是侵犯版权类犯罪、传播淫秽色情、恐怖主义、仇恨言论类犯罪。

（一）对象型网络犯罪

1. 联合国经济合作与发展组织（OECD）1986 年《计算机相关犯罪的法律政策分析》，主要就操纵计算机系统、干扰计算机系统和数据、与计算机相关的伪造、侵犯计算机程序的版权，以及未获授权非法访问计算机和通讯系统的行为进行了规制。[①]

2. 联合国 2001 年 1 月通过的《关于打击非法滥用信息技术的 55/63 号决议》，要求各缔约国通过明确的立法规定和切实的司法执行，避免成为滥用信息技术行为的避难天堂，同时保证计算机系统及其数据的保密、完整和可用。[②]

3. 欧洲理事会 2001 年 3 月通过的《网络犯罪公约》，要求各缔约国同意就"对计算机系统整体或任何一部分的非法访问"、"非法截取计算机数据传输"、"干扰数据（特别是损坏、篡改和抑制数据）"、"干扰（计算机）系统"以及"滥用设备"等行为在本国加以犯罪化。

4. 联合国 2002 年 4 月通过了《关于执行〈维也纳犯罪与司法宣言〉行动计划的 56/261 号决议》，其中要求参与决议的各国将滥用信息技术行为予以犯罪化，并为可能涉及多国管辖的案件确定管辖权行使的规则及其相关程序。此后，联合国大会通过第 60/45 号决议，要求联合国秘书长任命一个政府间的专家小组，继续开展关于信息安全威胁问题及可能进行的合作。经过 4 次会议，由中国、美国、俄罗斯、印度等 15 个国家代表组成的专家小组，就该问题提供了多项建议。[③]

5. 欧盟理事会 2005 年 2 月通过了《关于惩治攻击信息系统行为的框架决议》，针对最为基本的三类计算机犯罪类型——"非法进入信息系统"、"非法干扰信息系统"以及"非法干扰计算机数据"的行为。由于该框架决议所规制行为有限，对此，欧盟在框架决议的基础上，增加了对"非法截取数据"以及"生产销售取得犯罪工具"等行为的规制，形成并于 2013 年 8 月通过了《欧洲议会和欧盟理事会关于惩治攻击信息系统行为、替代第 2005/222/JHA 号框架协议的第 2013/40/EU 号指令》，从而使得该指令在事实上取代了框架决议。

---

① Computer – Related Criminality: *Analysis of Legal Policy in the OECD – Area*, Report DSTI/ICCP 84. 22 of 18 April 1986.

② GA Res. 55/63, http: //www. un. org/chinese/ga/55/res/a55r63. htm, last visit time 12/6/2016.

③ GA Res. 60/45, http: //www. undemocracy. com/A – RES – 60 – 45, last visit time12/6/2016.

（二）工具型网络犯罪

1. 前述经合组织 1986 年《计算机相关犯罪的法律政策分析》，特别提及了计算机相关诈骗和伪造行为。

2. 前述欧洲理事会通过的《网络犯罪公约》，要求各缔约国将计算机相关伪造和计算机相关的诈骗予以犯罪化。

3. 欧盟理事会 2001 年 5 月通过了《打击诈骗和伪造的非现金支付方式的框架决议》①，要求欧盟各国既要处理与支付工具相关的犯罪，也要处理为实施损害他人金钱交易或经济性价值而操纵计算机系统的犯罪，从而将上述《网络犯罪公约》的犯罪圈进一步扩大至出于此类目的而滥用设备之行为。

4. 联合国经社理事会 2007 年通过了《关于预防、侦查起诉和惩罚经济诈骗以及与身份相关犯罪国际合作的决议》，号召各成员国变革其本国法律，特别鼓励各国努力实现非法取得、复制、制造和滥用身份文件和身份信息等行为的犯罪化的立法。②

（三）内容型网络犯罪

1. 联合国 1989 年 1 月通过了《联合国儿童权利公约》，明确了儿童保护的原则和各项权利，并就儿童避免遭受一切形式的性侵害和色情剥削，要求缔约国承担保护义务。③

2. 1996 年 12 月通过的《世界知识产权组织版权条约》以及《世界知识产权组织表演和录音制品条约》，强制要求缔约国采取必要措施，对相关版权和权利人提供充分的法律保护和有效的法律救济。

3. 前述《网络犯罪公约》就儿童色情的相关行为提出了规制的要求。两年之后的 2003 年，欧洲理事会通过了《网络犯罪公约的附加议定书》④，要求各缔约国对通过计算机系统实施的具有种族主义和仇外主义性质的行为（尤其是散布种族主义和排外主义材料、种族主义和排外主义的威胁以及否认或者极力最小化、灭绝种族或者反人道等行为）予以犯罪化。

4. 欧盟理事会 2001 年 5 月通过了《关于协调信息社会中版权和相关权等

---

① EU Council Framework Decision 2001/413/JHA on combating fraud and counterfeiting of non – cash means of payment of 28. 5. 2001，OJ L 149，2. 6. 2001，pp. 1 – 4.

② http：//www. un. org/chinese/documents/ecosoc/2007/r2007 – 20. pdf，last visit time12/6/2016.

③ http：//www. un. org/chinese/children/issue/crc. shtml，最后访问日期：2016 年 6 月 12 日。

④ *The Additional Protocol to the Convention on Cybercrime of the Council of Europe of* 28. 1. 2003，http：//conventions. coe. int/Treaty/Commun/QueVoulezVous. asp？NT = 189&CM = 8&DF = &CL = ENG，last visit time 9/9/2015.

方面的第 2001/29/EC 号指令》①，要求成员国采取必要措施，综合运用各种部门法，为合法权利提供充分保护，并针对相关不法行为提供有效的法律救济。2004 年和 2006 年又分别通过了《关于执行知识产权的第 2004/48/EC 号指令》② 和《关于意在确保知识产权执行的刑事措施指令的修正提案》③，前者提出了确保知识产权执行的措施、程序和救济办法，而后者则要求成员国对严重侵犯知识产权行为进行犯罪化。

5. 欧盟理事会 2003 年 12 月通过了《关于打击针对儿童的性剥削和儿童色情的框架决议》，专门惩治与儿童性剥削或者儿童色情相关的犯罪行为。④

6. 欧洲理事会 2005 年 5 月通过了《预防恐怖主义公约》，要求各缔约国在计算机网络方面，对公开煽动从事恐怖主义、为恐怖主义招募、培训等辅助性行为进行惩治。⑤

7. 欧洲理事会 2007 年通过了《保护儿童免受性剥削和性虐待公约》，强调各缔约国应当以全面方式预防和保护儿童，并就针对儿童的性剥削、性虐待以及儿童色情等行为加以刑事立法。⑥

二、刑事程序法

与刑事实体法在应对网络犯罪所遇到的问题相似，传统意义上的刑事诉讼法中的刑事立案和侦查、证据保存和认定等，在网络时代的背景下，面临着革新的挑战。不同于传统侦查对象的实体性，网络空间中的数据是虚拟的，其通过计算机和网络技术加以存储和传输，传播的范围很少受到地域性限制，而来

---

① *Directive 2001/29/EC of the European Parliament and of the Council on the harmonization of certain aspects of copyright and related rights in the information society of 22. 5. 2001*，OJ L 167，22. 6. 2001，PP. 10－19.

② *Directive 2004/48/EC on the enforcement of intellectual property rights of 29. 4. 2004*，OJ L 195，2. 6. 2004，pp. 16－25.

③ Amended Proposal for a Directive of the European Parliament and of the Council on criminal measures aimed at ensuring the enforcement of intellectual property rights if 26. 4. 2006，COM（2006）168final，http：//www. eumonitor. nl/9353000/1/j4nvgs5kjg27kof＿ j9vvik7m1c3gyxp/vi7jgt3fz8zd/f＝/10967＿06. pdf，last visit time 9/9/2015.

④ EU Council Framework Decision 2004/68/JHA on combating the sexual exploitation of children and child pornography of 22. 12. 2003，OJ L 13，20. 1. 2004.

⑤ *Convention on the Prevention of Terrorism of the Council of Europe of 16. 5. 2005*，http：//www. europarl. europa. eu/document/activities/cont/200803/20080305ATT22972/20080305ATT22972EN. pdf，last visit time 9/9/2015.

⑥ *Convention on the Prevention of Children against Sexual Exploitation and Sexual Abuse of the Council of Europe of 23. 11. 2007*，http：//www. crca. al/sites/default/files/publications/COE－Convention％20on％20the％20Protection％20of％20Children％20against％20Sexual％20Exploitation％20and％20Sexual％20Abuse％20％282007％29. pdf，last visit time 12/6/2016.

源又可以通过技术化加以隐匿或迅速删除，因此这些特性反向迫使着各国调整应对网络犯罪的证据策略。在这层意义上说，当前的国际网络刑事政策基本上是围绕着电子证据的收集和认证两个部分展开的[①]。其中，电子证据的收集主要对应侦查阶段，包括电子证据的保留、提供、复制件的提取、扣押以及实时搜集等，因而涉及强制侦查权的授予；而电子证据的认证则对应审判阶段，涉及证据类型、合法性与证明力等方面问题，因而属于证据法的范畴。另外，由于对电子证据的收集和认证存在着一定程度的国家侦查权对公民隐私权的侵入，因而"如何控制社会控制本身"，保障公民权不受强大国家机器碾压，也成为了国际网络刑事政策的重要组成。

（一）电子证据的搜查

1. 前述的 2001 年欧洲理事会通过的《网络犯罪公约》，便首次以国际性公约的形式，集中就处理现存计算机数据的快速保存、现存计算机数据的搜查和扣押、对往来数据的实时收集以及对相关内容数据的截取等问题加以了明确规定。

2. 欧盟议会和欧盟理事会于 2002 年通过，并于 2006 年修订的《关于公用电讯服务或者公共通讯网络供给所产生或处理的数据保留的指令》[②]，在《网络犯罪公约》的实时收集基础之上，对电讯服务商附加了 6 个月到 2 年不等的强制保留义务，以应对侦查滞后性的问题。

（二）电子证据的认定

尽管在面对涉及网络犯罪的电子数据的价值问题（例如设定一套标准规范化的程序保证证据的完整性、真实性、合法性以及相关性等）时，大陆法系国家和普通法系国家都存在着相同的需求，但由于大陆法系采取了依自由心证为基础的制度，而普通法系国家则依赖更为具体的规范证据可采性的制度，二者在整个证据法范畴内存在着根本的分歧，因而目前为止，在这一领域的国际网络犯罪刑事政策并未有突出的进展。[③]

（三）公民自由的保护

针对这一部分的问题，国际层面上的应对之策主要体现在前引的《网络犯罪公约》第 15 条。该条重申了 1950 年欧洲理事会《保护人权与基本自由

---

① 参见皮勇：《新刑诉法实施后我国网络犯罪相关刑事程序立法的新发展》，载《法学评论》2012 年第 6 期。

② *Directive 2006/24/EC on the retention of data of* 15.3.2006，OJ L 105，13.4.2006，PP.54-63.

③ 参见［德］乌尔里希·齐白：《全球风险社会与信息社会中的刑法》，周遵友、江溯等译，中国法制出版社 2012 年版，第 330 页。

公约》与 1966 年联合国《公民权利和政治权利国际公约》在应对网络犯罪中的效力，同时强调相关刑事程序法的制定和适用，要符合比例性原则，并引入类似的法官等第三方实现对国家侦查权的监管。

三、管辖权协调

从传统意义上来看，属地原则是多数国家法律体系中对犯罪的空间管辖的主要原则。然而，网络犯罪的全球化和去国家化特质，对基于地域性的民族国家的传统法律管辖制度而言，产生了明显的冲击。尽管管辖权的落空或者冲突，是当前国际网络犯罪刑事政策所迫切需要解决的问题，但由于各国对国家主权或多或少的主张，使得在这一问题上的国际共识举步维艰。具有代表意义的仍然是欧洲理事会通过的《网络犯罪公约》，其旨在要求缔约国确定相应的管辖规则，从而避免刑事管辖的落空，故在事实上重申了属地管辖与不引渡即起诉原则。

四、国际合作

同样，网络犯罪的全球化和去国家化的特质，使得在各国应对国际网络犯罪中始终存在着竞争和合作的张力，多重管辖权的冲突反映的是竞争的面向，而在确定管辖权后，为他国提供相应的便利，则更多地是现实的需要和合作的面向。

1. 欧盟理事会于 2000 年 9 月通过的《关于打击网络儿童色情的决定》①，要求欧盟成员国尽最大可能，在应对儿童色情的问题上，采取广泛和迅速的合作，如设立全天候 24 小时的联络互通制度。

2. 前述的《网络犯罪公约》第三章旨在推动缔约国在"现存计算机数据的快速保存、被保存往来数据的快速披露、对现存计算机数据的访问、往来数据的实时收集、内容数据的截取"等方面的互助。同时，也将上述全天候 24 小时的联络互通机制借鉴吸收，旨在确保为侦查或起诉相关网络犯罪提供即时帮助。

3. 前述的欧盟理事会通过的《关于惩治攻击信息系统行为的框架决议》，则进一步决定设立统一的业务联络点，实现"一周七天、全天 24 小时"的全天候合作服务。

---

① *EU Council Decision* 2000/375/JHA *to combat child pornography on the Internet of* 29. 5. 2000，OJ L 138，9. 6. 2000，pp. 1 - 4.

第二节 《网络犯罪公约》

《网络犯罪公约》（Convention on Cybercrime，亦称"布达佩斯公约"）是第一个专门以打击网络犯罪为目的的国际公约，该公约于 2001 年 11 月 23 日由欧洲委员会（Council of Europe）通过并开放签署，并于 2004 年 7 月 1 日正式生效。探讨《网络犯罪公约》的基本内容及其打击网络犯罪的刑事政策精神，对于完善我国网络犯罪刑事政策而言，具有重要的参考意义。

一、《网络犯罪公约》相关概述

（一）《网络犯罪公约》的制定背景

与信息技术相关的犯罪大致可以分为针对信息技术的犯罪和利用信息技术实施"传统犯罪"两种类型。这两类犯罪之所以会成为相对特殊的现象，主要是因为其发生在"网络空间"而非客观实体的世界，人们亦习惯性地将上述犯罪统称为"网络犯罪"。由于"网络空间"并没有实际的地理界限或者国境的限制，因此犯罪结果往往有较深远的影响。面对上述"新特征"，人类社会需要采取相应的技术措施以及法律措施，才能有效地控制此种"新犯罪"。

在考虑制定法律措施之前，必须首先了解信息技术背景下网络犯罪给传统法律带来的挑战，其次需要分析哪些挑战是一国国内法律层面可以解决的，哪些挑战需要不同国家共同应对。由于网络犯罪属于无国界的犯罪，因此一国国内的刑事政策或者刑事法律难以有效应对。例如，身处美国的行为人可以通过网络在德国"境内"实施犯罪。在这种情形下，对于美国而言，由于犯罪结果并没有发生在其国境内，美国刑法可能难以适用；对于德国而言，由于行为人并不在德国境内，因此难以根据德国刑法对行为人实施制裁。上述问题仅仅是网络犯罪给人类社会目前法律所带来的诸多挑战的其中一个，也由此可以管窥问题的严重性——仅靠一国的刑事政策根本无法全面有效地应对网络犯罪。因此，解决网络犯罪的刑事政策或者法律都不得不具有和网络犯罪一样具备"国际性"的特征，《网络犯罪公约》正是在这种背景下应运而生的。换言之，网络犯罪的国际化特征要求法律措施的国际化，法律措施国际化的一个成果就是《网络犯罪公约》。

（二）《网络犯罪公约》的基本目的

《网络犯罪公约》与其他国际公约一样，都是各国为寻求解决特定问题所达成的"协议",因而它是一个以"问题为导向"的公约。透过《网络犯罪公约》,各缔约国希望解决的问题或者想达到的基本目的主要有以下三个方面:一是促进各国刑法有关网络犯罪的条文、构成要件的和谐或者一致化;二是促使各国改革其刑事诉讼法,授予各国有关机构必要的权力,以更好地对网络犯罪和涉及电子证据的其他犯罪进行侦查和追诉;三是为国际合作设置一套快速有效的机制。①

（三）《网络犯罪公约》的解释报告

欧洲委员会在通过《网络犯罪公约》的同时,公布了《〈网络犯罪公约〉解释报告》（以下简称《解释报告》）。《解释报告》共330条,既对《网络犯罪公约》制定背景、制定过程等进行了简要介绍,亦对每一个条文进行逐条解释,因而是我们理解《网络犯罪公约》的一个不可缺少的工具。但是,《解释报告》本身并不具有法律强制力,也不能被当作公约的正式解释。

（四）《网络犯罪公约》的基本构架

《网络犯罪公约》由序言和正文四章组成,共48个条文。序言阐述了订约的缘由、公约的目标与功能、本公约与其他公约特别是人权公约的关系等。正文四章分别是"术语的使用"、"国家层面的措施"、"国际合作"和"最后条款"。

第一章"术语的使用"（第1条）仅一个条文,分别对公约所使用的4个概念——"电脑系统"（computer system）、"电脑数据"（computer data）、"服务提供者"（service provider）、"通信流量数据"（traffic data）进行了比较详细的定义。《网络犯罪公约》并没有要求缔约国将4个概念的定义逐字地规定在其国内法律当中,但是有关法律应当与公约的精神相符合。②

第二章"国家层面的措施"（第2条至第22条）是公约的核心内容,规定了各缔约国需要采取的法律措施或者其他措施,特别是缔约国有义务根据本章之规定对本国国内法律（主要是刑事法律）进行修改完善,从而促进各国网络犯罪刑事政策的一致化。本章一共分为三个部分,分别是"刑法"、"程序法"和"管辖权"。"刑法"部分规定了九类犯罪;"程序法"部分规定了各缔约国为调查网络犯罪、收集电子证据等目的而需要采取的程序性措施;

---

① *Convention on Cybercrime*（*ETS No.* 185）, Explanatory Report, §16, http://conventions. coe. int/Treaty/EN/Reports/Html/185. htm, last visit time 12/6/2016; S. Ghosh and E. Turrini eds., Cybercrimes: A Multidisciplinary Analysis, Springer – Verlag, 2010, p. 331.

② *Convention on Cybercrime*（*ETS No.* 185）, Explanatory Report, §22, http://conventions. coe. int/Treaty/EN/Reports/Html/185. htm, last visit time 12/6/2016.

"管辖权"部分一个条文，规定了缔约国对网络犯罪的管辖权。

第三章"国际合作"（第 23 条至第 35 条）包括"一般原则"和"特殊规定"两个部分。国际合作主要包括引渡、刑事侦查的司法协助等内容；既包括不同国家间的司法互助，也包括不需要"互助"而由一个国家单独完成的跨国电脑数据获取和存储措施。需要注意的是，《网络犯罪公约》并非有关国家在网络犯罪方面开展国际合作的唯一法律依据。也就是说，《网络犯罪公约》与其他国际性法律文件一道，共同为打击网络犯罪及推进国际合作奠定了法律基础。

第四章"最后条款"（第 36 条至第 48 条）。欧洲委员会制定的条约或者公约一般都具有"最后条款"。《网络犯罪公约》的"最后条款"与其他欧洲条约或公约相似，主要规定了公约的签署、生效、加入、适用的地理范围、效力、声明、联邦条款、保留及其法律地位与撤回、修正、争议解决、缔约国大会、退出和公告等事项。

（五）《网络犯罪公约》附加议定书

2002 年 11 月 7 日，欧洲委员会通过了《关于将通过电脑系统实施的种族主义和排外性质的行为犯罪化的附加议定书》（以下简称《附加议定书》）。《附加议定书》的主要目的是犯罪化，即在《网络犯罪公约》的九类犯罪的基础上再增加一类网络犯罪。由于有关国家对于此类"种族主义和排外性质的行为"是否应当构成犯罪存在较大的分歧，公约起草者决定不将其放进《网络犯罪公约》，而是以《附加议定书》的形式单独规定，由缔约国单独予以签署与批准。

（六）《网络犯罪公约》的签署情况

截至 2015 年 7 月，《网络犯罪公约》一共有 47 个缔约国（包括 39 个欧洲国家和 8 个非欧洲国家）。在 47 个欧洲委员会成员国中，一共有 39 个国家签署并批准了《网络犯罪公约》，有 6 个国家签署了但还没有批准，有 2 个国家没有签署（分别是俄罗斯和圣马力诺）。在 4 个已经签署公约的非欧洲国家中，日本、美国、加拿大批准了《网络犯罪公约》，南非仍然没有批准。此外，有 5 个没有签署的非欧洲委员会成员国后来加入了《网络犯罪公约》（分别是澳大利亚、多米尼加、毛里求斯、巴拿马和斯里兰卡）。①

---

① http：//conventions. coe. int/Treaty/Commun/ChercheSig. asp？NT ＝ 185&CM ＝ 8&DF ＝ &CL ＝ ENG，最后访问日期：2016 年 6 月 12 日。

二、缔约国国内措施之一：刑事实体法

刑事实体法（刑法）的一致化有利于促进各国在打击网络犯罪时采取相同或者相似的刑事政策，从而也有利于不同国家之间实现有效的司法互助。为此，《网络犯罪公约》要求缔约国将某些行为犯罪化，并对各类犯罪的构成要件进行了规定，以调和各国关于网络犯罪的刑法条文的差异。

在"刑事实体法"部分，《网络犯罪公约》规定了九类犯罪行为。通过对相关犯罪的定义及其构成要件设立一个共同的最低标准，《网络犯罪公约》希望能够改进各缔约国预防和打击网络犯罪的方法，并提高各国刑法的一致化程度。《网络犯罪公约》将九类犯罪行为分为四组：一是侵害计算机数据和计算机系统保密性、完整性和可用性的犯罪，包括非法侵入、非法截取、数据干扰、系统干扰和不正当使用设备等行为类型；二是与计算机相关的犯罪，包括伪造和诈骗两类行为；三是与内容相关的犯罪，公约只规定了儿童色情犯罪；四是侵犯著作权和邻接权的犯罪。后面三组犯罪主要是利用计算机或者电信系统实施的犯罪。除各类犯罪的构成要件外，"刑事实体法"部分还规定了一些类似于刑法总则的规定，包括未遂、共犯、法人责任和制裁措施等。

（一）侵犯计算机数据和计算机系统的保密性、完整性和可用性的犯罪

随着计算机和互联网的发展及其在人类社会中的地位提升，计算机数据和计算机系统本身的保密性、完整性和可用性已经成为一项重要的法益。当前已经为社会大众所普遍认知的"黑客"行为，就是一种典型的侵犯计算机系统保密性等法益的违法行为。侵犯计算机数据和计算机系统的保密性、完整性和可用性的行为方式有多种，《网络犯罪公约》目前共规定了五种类型的犯罪行为。

1. 非法侵入（illegal acess）

正如各国法律禁止公民非法侵入他人住宅一样，在网络领域，公民也不能随意侵入他人的计算机系统。非法侵入，是指行为人虽然没有权利但却故意进入（访问）计算机系统整体或者任何一个部分的行为。非法侵入计算机系统，即俗称的"黑客"行为在实践中有较大的社会危害性，如给合法使用者进入计算机系统带来障碍；改变或者破坏原计算机系统，而恢复系统又可能造成权利人的损失；使权利人的隐私或者商业秘密等被他人非法获知；侵入计算机系统后行为人可能会实施其他犯罪行为，如伪造、诈骗、盗窃等。根据公约的规定，"非法侵入"的构成要件包括以下几个方面的内容：

（1）进入计算机系统的全部或者某个部分。进入，是指行为人实际上取得了计算机系统的访问权限并对系统进行访问（进入）的行为。进入计算机

系统，意味着行为人对计算机系统实施了某种控制，行为人可以随意地获知系统内的数据、信息，并可以对其加以修改等。随着人们对计算机的依赖程度的不断提高，以及计算机储存了越来越多个人隐私、商业秘密等信息，权利人无障碍地、排他性地操作和控制其计算机系统逐渐被视为一种"法益"。而任何未经权利人授权的进入均是对此法益的侵犯，因此原则上都应被法律所禁止。

（2）行为人没有进入的合法权利。经计算机系统的所有人或者权利人授权，或者根据法律规定而进入计算机系统的，当然不构成犯罪；同时，如果计算机系统本身是允许大众免费自由进入的，自然也就不存在所谓的"非法侵入"。

（3）行为人主观为故意。过失不构成"非法侵入"，但在实践中，出现过失进入他人计算机系统情形的机率似乎并不大。

许多国家的立法对于"非法侵入计算机系统"都有明确的处罚规定，但是不同国家刑法或者其他法律中所规定的"非法侵入"的构成要件并不一致。一些观点也反对将单纯的非法侵入行为犯罪化，因为单纯的非法侵入并没有带来危险，同时从某种角度来看也有助于人们发现计算机系统的漏洞。换言之，将单纯的非法侵入犯罪化，可能有违刑法谦抑性原则。为此，《网络犯罪公约》规定，缔约国可以选择将以下几个要件（或者其中之一）作为"非法侵入"的构成要件，从而缩小"非法侵入"的范围：（1）行为是通过"侵犯"安全保护措施而实施的。如果行为人进入计算机系统时并没有突破或者干扰系统中的安全保护措施（如计算机系统的防火墙），就不构成"非法侵入"。（2）行为人主观上有获取计算机数据或者其他不正当目的。据此，行为人出于炫耀自己的才华，或者漫无目的地侵入他人的计算机系统的，不构成"非法侵入"。（3）所侵入的计算机系统必须是和其他计算机系统相连接的。因此行为人进入一个与外界相隔离的电脑系统并不构成"非法侵入"。

2. 非法截取（illegal interception）

非法截取是指在没有获得授权的情况下，故意利用技术手段从一个计算机系统中截取非公开传输的计算机数据。此行为侵犯的法益是信息沟通的隐私权。非法截取行为与电话窃听行为一样，都侵犯了《欧洲人权公约》第 8 条所规定的公民通信自由权。在理解"非法截取"的构成要件时，需要特别注意以下两点：

首先，行为人必须利用了相关的技术手段。公约规定此构成要件，是为了避免可能造成的犯罪圈过度膨胀。使用技术手段包括在传输线上安装设备，也包括使用设备收集和记录无线通信流量数据。在这过程中可能包括使用恶意软件、密码和编码等。

其次，"非公开"指的是数据传输本身的非公开，而非数据的非公开性。行为人窃取的可能是公开可以获得的信息，但是本犯罪侵犯的是数据传输的私密性，因此窃取到公开信息也可能构成本罪。

与非法侵入的规定一样，《网络犯罪公约》规定了"非法截取"的"选择性"构成要件：（1）不诚实的意图；（2）涉及的计算机系统必须是和其他计算机系统相连接的。各缔约国刑法可以将其规定为非法截取数据的构成要件。

3. 数据干扰（data interference）

数据干扰是指在没有获得授权的情况下，故意破坏、删除、损害、改变计算机数据或者妨碍使用计算机数据的行为。数据干扰罪侵犯的法益是计算机数据与计算机程序的完整性及其功能的完备性。常见的数据干扰行为是植入恶意代码，如计算机病毒、特洛伊木马等。数据干扰罪为"行为犯"，但根据《网络犯罪公约》的规定，缔约国可以附加"行为造成严重后果"作为构成本罪的结果要件。

4. 系统干扰（system interference）

系统干扰罪侵犯的法益是计算机或者通信系统功能的完备性。系统干扰指的是通过输入、传输、破坏、删除、损害、改变计算机数据或者妨碍数据的使用等方法，严重干扰计算机系统，使其功能无法正常发挥的行为。至于何种程度的干扰是"严重的干扰"，则由缔约国国内法律规定相应的标准，如某种可量化的实际损害。

实践中，发送垃圾邮件可能会在某种程度上对通信系统造成干扰。但此种行为是否构成"系统干扰"，《网络犯罪公约》的起草者认为，只有当发送大量垃圾邮件的行为严重干扰通信系统时，才可能构成系统干扰。但最终的《网络犯罪公约》对此并没有进行明确规定，而是倾向于由缔约国自行立法规制垃圾邮件发送行为。

5. 不正当使用设备（misuse of devices）

网络犯罪是一种典型的"技术型"犯罪，行为人往往需要借助一定的技术或者设备才能实现其犯罪目的。为了从源头上控制网络犯罪，有必要对有关技术或者设备进行某种规制。在这方面，《网络犯罪公约》单独规定了不正当使用设备罪名。所谓"不正当使用设备"，是指为了实施前述四种犯罪，生产、销售、以使用为目的获得、进口、散布特定网络犯罪工具或者通过其他方法使该工具可被使用的，或者持有特定网络犯罪工具的行为。

根据公约的规定，本罪中的网络犯罪工具的范围限于：（1）为了或者主要为了实施前述四种犯罪而设计出来的设备，包括计算机程序；（2）计算机密码、访问代码或者其他相似的可用于进入（访问）计算机系统的数据。

本罪的客观行为有两种表现形式：（1）使网络犯罪工具"流通"的行为，包括生产、销售、获得、进口、散布等。（2）持有网络犯罪工具的行为，《网络犯罪公约》允许缔约国将持有一定数量犯罪工具的行为规定为犯罪。

（二）计算机相关的犯罪

在国际法律文件中，计算机相关犯罪（computer – related offenses）这一术语包括了利用数字设备实施的传统犯罪。① 所谓"传统犯罪"，并没有特定的范围，包括杀人、盗窃等。对于大部分犯罪而言，无论行为人使用数字设备，还是使用"传统"的手段来实施，都不会对法律后果产生特别的影响。如利用网络技术实施盗窃与普通盗窃一样，均适用盗窃罪的法律条款。但对于一些犯罪而言，情况却有所不同。

《网络犯罪公约》在"计算机相关犯罪"部分仅规定了计算机伪造和计算机诈骗两类犯罪，因为传统伪造罪和诈骗罪法律条文难以在网络空间中适用。在许多国家的法律体系下，构成诈骗罪，要求受害人发生认识错误，即对个人进行欺骗，而对于机器，行为人并不能"诈骗"；因为构成伪造罪，要求一个"可视表征"（visusl representation）受到影响②，即要有一个客观存在的实体性的伪造物，而在计算机设备上这一要件不可能得到满足。鉴于两类犯罪在网络中的新特征，《网络犯罪公约》要求各缔约国完善刑法，填补有关法律漏洞。

1. 计算机伪造（computer – related forgery）

在许多国家的刑法中，都有规定伪造（实体的）文件的犯罪，《网络犯罪公约》规定的计算机伪造罪与之相似，差别在于其犯罪对象为数据。根据《网络犯罪公约》第 7 条之规定，计算机伪造，是指通过输入、篡改、删除、抑制计算机数据可用性等方式产生不真实的数据，并意图使他人将其误认为真实数据的行为。计算机伪造罪侵犯的法益是计算机数据的安全性和可靠性。其中，"输入"主要是为了制造一个虚假的文件；而"篡改、删除、抑制"主要是为了修改一个真实的文件。本罪的犯罪对象——数据，必须是与公文相似，能够产生一定法律效果的数据，如具备一定法律效力的电子文书等。至于"不真实"的具体含义，可能是指数据所有者身份的伪造，可能是指数据内容的伪造；具体含义由各缔约国法律自行决定。

---

① 参见［德］乌尔里希·齐白：《全球风险社会与信息社会中的刑法》，周遵友、江溯等译，中国法制出版社 2012 年版，第 313 页。
② 参见［德］乌尔里希·齐白：《全球风险社会与信息社会中的刑法》，周遵友、江溯等译，中国法制出版社 2012 年版，第 313 页。

2. 计算机诈骗（computer – related fraud）

根据《网络犯罪公约》第 8 条的规定，计算机诈骗罪的构成要件包括：（1）行为人造成他人财产的损失；（2）造成财产损失的一种方法是干扰计算机系统的功能，另一种方法是输入、更改、删除或者抑制数据；（3）行为人主观上有为自己本人或者为他人获得非法经济利益的欺诈或者其他不诚实的意图。

在传统诈骗罪案件中，行为人通过虚构事实、隐瞒真相等方法使受害人陷入认识错误，并使受害人将财产转移给行为人。而在计算机诈骗中，行为人通过计算机操作等方式，很容易地将财产在互联网中实现"自动"转移，或者说，通过"欺骗"计算机等设备而实现财产的非法转移，因此缺少了"受害人因认识错误而交付财产"的中间环节，因此成功率更高，社会危害性更大。

（三）与非法内容相关的犯罪

互联网信息包罗万象，既有满足人们合理需要的有益信息，也充斥着各种违法内容，如恐怖主义宣传、赌博、毒品、色情等。但由于各国对言论自由理解有所差别，因此在互联网上传播哪些内容属于违法犯罪，各国的意见并不一致。基于各国对儿童色情的犯罪化具有较大的共识，因此《网络犯罪公约》中有关非法内容的网络犯罪仅包括"儿童色情"（offences related to child pornography）一项。

根据《网络犯罪公约》第 9 条之规定，儿童色情犯罪是指利用计算机系统制造、提供、散布或者传送、获得或者持有儿童色情资料，基本上包括一切利用计算机系统进行的儿童色情违法行为。而所谓"儿童色情"指涉的具体内容，既包括真实的儿童性行为，也包括看似未成年人的成年人性行为，以及虚拟的（逼真的）儿童色情内容（如描述儿童性行为的漫画）。

（四）侵犯著作权及邻接权的犯罪

在互联网年代，侵犯著作权和邻接权（offences related to infringements of copyright and related rights）的违法犯罪行为快速漫延，其社会危害性因此也倍增。其主要原因是，计算机技术使得海量信息可以通过 DVD、计算机硬盘等媒介轻易复制储存；而互联网技术可以将数字化的内容在全世界范围内轻易地传播，而且全球的网络服务器、文件分享系统等让搜索各种数据变得非常容易。[①] 这些因素都使网络盗版行为在技术上更加简单、在数量上更加庞大，从

---

① 参见［德］乌尔里希·齐白：《全球风险社会与信息社会中的刑法》，周遵友、江溯等译，中国法制出版社 2012 年版，第 319 页。

而给权利人带来了巨大的损失。为此，《网络犯罪公约》要求各缔约国将通过网络侵犯版权的行为犯罪化。

至于侵犯著作权和邻接权犯罪的构成要件，《网络犯罪公约》仅仅描述性地要求行为是通过计算机系统实施且达到商业规模的，具体的则要求各缔约国履行有关国际公约的义务。其中，主要包括《伯尔尼公约》（Berne Convention）、《与贸易有关的知识产权协议》（Agreement on Trade – related aspects of IP right）、《世界知识产权组织版权条约》（WIPO Copyright Treaty）等。可见，在保护知识产权领域，《网络犯罪公约》相对而言只是个补充；即使是其特别规定的"达到商业规模"，同样出自《与贸易有关的知识产权协议》第61条之规定。

（五）"附属"责任与处罚

《网络犯罪公约》规定的"附属责任"（ancillary liability）是帮助犯、教唆犯、未遂犯与法人刑事责任的统称。

1. 帮助与教唆

《网络犯罪公约》第11条第1款要求各缔约国将故意帮助和教唆实施上述各种网络犯罪的行为犯罪化。其中，存在较大争议的是互联网服务提供商的刑事责任问题。互联网服务提供商所提供的技术基础设施等不仅仅可被运用于合法目的，而且亦可能被不法分子利用，而沦为犯罪的"帮凶"。但是，根据公约的规定，互联网服务提供商并不当然地负有监督互联网上传播内容的作为义务[1]，因此，在一般情况下，犯罪分子利用互联网服务商提供的网络服务而实施相关犯罪，并不能视为存在有关犯罪行为的帮助行为。但是，如果在特定的案件中，互联网服务提供商具有犯罪故意或者重大过失，则可能要另当别论。

2. 未遂

《网络犯罪公约》第11条第1款要求各缔约国处罚非法截取、数据干扰、系统干扰、计算机伪造、计算机诈骗以及制造、散布或传送儿童色情等犯罪的未遂。可见，公约并没有要求缔约国处罚所有网络犯罪的未遂，这主要基于两个原因考虑，一个原因是根据其犯罪行为的性质和方式，很多类型的网络犯罪一般不存在未遂状态；另一个原因是基于许多国家实定法的考量，有些国家对未遂行为的处罚范围存在着法律上的限制和障碍。

3. 法人责任

《网络犯罪公约》第12条规定了有关网络犯罪的"法人责任"，这与目前

---

① *Convention on Cybercrime* (*ETS No.* 185), Explanatory Report, §119, http://conventions. coe. int/Treaty/EN/Reports/Html/185. htm, last visit time 12/6/2016.

大部分国家承认法人责任的趋势是一致的。由于各国法律对于"法人责任"（既包括是否存在法人责任，也包括法人责任的具体形式）有很大的差别，因此公约在相关条款中使用了较有弹性的文字表述。

首先需要指出的是，公约的"法人责任"包括两种情况：一是公司负责人实施的网络犯罪；二是公司雇员实施的网络犯罪。

（1）公司负责人实施的网络犯罪。需要追究法人责任的第一种情形是，法人负责人为了法人的利益而实施公约所规定的各种犯罪行为。法人负责人既可以作为单独行为，也可以作为法人的一机构而行动。所谓"法人负责人"，是指具有领导地位的人，一般指在法人中担任高级职务的自然人；具体包括有法人代表权的自然人（如公司的法定代表人）、具有代表法人行使决策权的自然人，以及对法人具有实际控制权的自然人。只有当法人负责人滥用了上述代表权、决策权或者控制权而实施的网络犯罪行为，才能视为是法人的行为进而追究法人的法律责任。

（2）雇员实施的网络犯罪。需要追究法人责任的第二种情形是，特定的公司雇员或者代理人为了公司利益而实施公约所规定的网络犯罪行为。首先，法人需要为其雇员或者代理人实施的犯罪行为承担责任的前提是，该雇员或者代理人是在法人授权的范围内行为而且是由于前述法人负责人疏于管理、监督才导致犯罪行为的发生。此种法人责任类似于大陆法系国家刑法中的"监督过失"责任。公约中要求的"监督责任"并不是指法人对其雇员或者代理人全面的监督，而仅是指采取适当和合理的措施预防雇员或者代理人以法人的名义实施犯罪。其次，公约规定的法人责任并非仅指刑事责任，法人责任还包括民事和行政责任。各缔约国可以根据其法律原则来确定具体的责任形式，但是有关处罚措施应当是有效的、适当的和有阻吓作用的。最后，公约还特别指出，追究法人责任并不意味着个人责任的免除。因此，以法人名义具体实施犯罪的法人负责人、法人雇员、代理人等需要独立承担法律责任。

4. 制裁措施

在"制裁措施"部分，《网络犯罪公约》并没有为每个犯罪制定具体的处罚规定，而仅仅是规定了一个抽象原则，具体的处罚形式由各缔约国自行立法决定。根据公约第13条的规定，对于实施网络犯罪的自然人，缔约国应当规定有效的、符合罪刑均衡原则的（适当的）以及有阻吓作用的刑罚，包括自由刑。而对于法人而言，制裁措施包括刑罚和非刑罚的处罚措施，包括金钱制裁。

需要指出的是，公约对于缔约国采取其他制裁措施持开放态度。即各缔约国可以根据本国的具体情况特别是其法律体系，规定禁令、财产刑等制裁措施。[①]

三、缔约国国内措施之二：刑事程序法

网络犯罪对于传统刑事诉讼制度也带来了挑战。特别是在侦查各类网络犯罪以及在互联网环境下实施的其他犯罪（所谓"传统的犯罪"）的过程中，侦查机关往往会面对技术上的和法律上的障碍。对此，各国均认识到有必要赋予侦查机关必要的权力与技术支持，以及对传统刑事诉讼制度进行必要的改革。

《网络犯罪公约》有关"程序法"部分规定的程序性措施主要是电子证据制度，具体包括要求缔约国在其本国法律中创设必要的程序性权力以及特殊程序，以保障各国执法或司法机关能够顺利地获得电子形式的证据，进而追究网络犯罪者的刑事责任。公约的规定虽然反映了各缔约国之间达成的共识，但整体来看，就采取什么具体程序法措施的问题上，各国之间依然存在较大的分歧：首先，各国刑事诉讼制度与诉讼理念存在一定的差异，因此在具体问题上达到共识本来就有难度。其次，由于侦查网络犯罪往往涉及计算机系统的官方"侵入"以及公民计算机数据的截取等可能损害公民隐私权的行为，因此需要在侦查网络犯罪的公共利益与公民隐私权之间进行平衡。就如何具体实现平衡这一问题上，各国也难以取得共识。有鉴于此，公约有关程序性的规定是非常有限的，公约本身并不要求也不阻止缔约国制定其他有关网络犯罪的程序性措施。[②]

（一）一般规定

1. 程序法条款的适用范围

根据《网络犯罪公约》第 14 条之规定，公约所规定的程序法条款适用于以下犯罪案件中：（1）《网络犯罪公约》所规定的犯罪；（2）运用计算机系统实施的其他犯罪；（3）需要收集电子证据的犯罪案件。可见，公约程序法条款的适用范围超越了实体法条款的罪名范围。

[①] *Convention on Cybercrime* (*ETS No.* 185), Explanatory Report, §130, http：//conventions. coe. int/Treaty/EN/Reports/Html/185. htm，last visit time 12/6/2016.

[②] *Convention on Cybercrime* (*ETS No.* 185), Explanatory Report, §131, http：//conventions. coe. int/Treaty/EN/Reports/Html/185. htm，last visit time 12/6/2016.

2. 适用条件与人权保障

由于公约所规定的程序制度如电子证据搜查制度有可能侵犯公民隐私权等合法权益，因此《网络犯罪公约》第 15 条专门规定有关程序法条款的适用条件以及相应的人权保障措施。具体而言，公约从以下三个方面进行规定：（1）缔约国在制定相关程序法条款时，需要遵守国际人权公约的规定，包括 1950 年欧洲人权公约、联合国人权公约等。（2）适用相关程序法条款时需要符合比例原则，同时要有独立第三方如法官的监管。（3）缔约国在制定及适用相关程序法条款时，需要特别考虑到对第三方合法合理权益的保障。

（二）现存计算机数据的快速保全

能否成功追究网络犯罪者刑事责任的关键，在于侦查机关能否获得足够的以电子信息——"数据"形式——存在的证据。作为证据的数据与实物证据的最大差别在于，数据很容易被修改、删除，有的数据可能只存在一段时间后会被自动删除。无论是被修改，还是被删除的数据，都将难以作为定罪量刑的证据。此外，由于电子证据的无形性，其所处的确切位置并不明确，其极易被移转或删除。因此，在原始数据消失之前对其进行证据保全是非常重要的。

1. 现存计算机数据的快速保全

《网络犯罪公约》第 16 条要求，缔约国法律需要保证有关国家机关能够通过"命令"或者其他方式来实现计算机数据（包括通信流量数据）的快速保全，特别是在有证据证明计算机数据很可能会丢失或者被修改的情形下。

（1）保全的对象是已经存在的计算机数据。首先，"快速保全"制度是对现有数据完整性的保护，它本身并不要求对数据进行实时收集，不要求对未来通信流量数据的保留，也不要求对通信内容进行实时捕获。其次，"快速保全"是对已经保留的数据进行保护。出于种种原因，许多与网络犯罪有关的计算机数据在侦查阶段已经不存在或者不再保留。对于这些已经没有被保留的数据，自然就不可能要求对其进行保全。

需要说明的是，"保全"与"保留"二者在字面上或者在日常生活中似乎没有大的差别，但在计算机领域，二者具有不同的含义。"保留"是指对正在产生的数据的占有，是储存数据的一个过程；"保全"则是对于现存数据（被保留的数据）的保护，使其不被修改或者删除。① 前者针对的是信息数据产生传播阶段，而后者则指向信息数据传达和形成之后。

---

① *Convention on Cybercrime*（ETS No. 185），Explanatory Report，§ 151，http：//conventions. coe. int/Treaty/EN/Reports/Html/185. htm，last visit time 12/6/2016.

（2）实施保全的主体是占有或者控制数据的人。由于占有或者控制数据的一般是互联网服务提供商，因此侦查机关并不亲自保全计算机数据。《网络犯罪公约》第16条第2款进一步规定，缔约国应制定法律或者采取其他措施，使占有或者控制数据的人负有保全和维持计算机数据完整性的义务。保全和维持的时间应当根据需要而定，最长可达90天；有必要时还可以继续延长。在此期间，有关国家机关可以采取进一步的法律措施，如搜查、扣押、申请提供令等。

（3）占有或者控制数据的人，是基于"命令"或者其他法律要求而进行数据的快速保全。"命令"是由司法机关或者行政机关签发的令状。但基于各国法律体系的不同，一些国家可能并非通过数据保全命令，而是通过搜查、扣押等其他方式实现数据的快速保全。

（4）《网络犯罪公约》还要求，计算机数据的保管人等相关人员在数据保全期间负有保密义务。保密一方面是防止犯罪嫌疑人获知其被侦查的事实，另一方面也是对数据所涉及的个人隐私的保护。

2. 通信流量数据的快速保全与快速披露

通信流量数据是计算机数据的一种，因此通信流量数据的快速保全亦适用上述有关规定。根据公约第1条的解释，通信流量数据是指与通信有关的任何计算机数据；但有关"通信"必须是通过计算机系统实现的；通信流量数据并不反映通信的具体内容，但可以反映出通信的源头、目的地、路径、时间、日期、大小、时长以及服务类型等。通信流量数据在网络犯罪侦查中具有较重要的地位，如可利用通信流量数据来确认散发儿童色情资料、诈骗信息、电脑病毒等行为的实施者。由于法律上的规定以及商业上的考虑，互联网服务提供商往往将通信流量数据保留一段很短的时间，因此《网络犯罪公约》第17条对通信流量数据的快速保护与披露问题进行了特殊规定。

首先，由于通信流量数据往往是由多个互联网服务提供商共同占有，因此需要所有相关的互联网服务提供商共同实施通信流量数据的快速保全行为。至于如何实现这一共同行动，公约并没有明确，即由缔约国自行决定。例如，可以在一个"命令"中要求所有有关的互联网服务提供商实施通信流量数据的快速保全。

其次，由于要求互联网服务提供商快速保全数据的"命令"并不当然地使数据披露给有关国家机关（有关国家机关需要履行更多的法律程序以获知数据的具体内容），因此在实施保全措施时，有关国家机关并不知道某个互联网服务提供商是否占有了关键的通信流量数据。为解决此问题，公约进一步要求，互联网服务提供商必须快速地向有关国家机关或者个人披露足够的通信流量数据,以使后者能够确认其他相关的互联网服务提供商以及通信的传输路径。在此过程中,有关国家机关需要具体地说明他们需要什么类型的通信流量数据。获得上述数据后,前述国家机关能够进一步判断是否要求其他互联网服务提供商实施数据的快速保全,同时也能够调查数据的最初来源、最终目的地以及确认犯罪人的身份。

（三）提供令

提供令是指有关国家机关要求特定数据占有者提供具体数据的命令,相当于在传统诉讼中要求提交证据的命令。根据《网络犯罪公约》第18条的规定,提供令有两种情形,一种是要求占有或者控制计算机数据的人提交储存在计算机系统或者计算机数据储存媒介的数据;另一种是要求服务提供者提交其占有或者控制的、与其服务相关的用户信息。"用户信息",指的是除了通信流量数据、内容数据以外的,以计算机数据或者其他形式被服务者所占有或者控制的信息,而且这些信息应当有以下特征之一:（1）通过用户信息,可以确认该用户使用过的通讯服务类型、技术规则,以及服务时间;（2）通过用户信息,可以确认用户的身份、通信或者地理位置、电话或者其他访问号码、账单或者支付信息;（3）其他基于服务协议可以获得的、在通讯设备地的信息。

在网络犯罪侦查过程中,"提供令"具有其独特的制度优势[1]。首先,"提供令"比较灵活,可以适用于各类案件当中;与其他一些措施如搜查、扣押等相比,侵略性较低且更为简便。其次,对于数据保管人而言,即使没有"提供令",他们在实践中一般亦自愿与执法机构合作,但却可能面临合同违约等法律风险。"提供令"则为其披露客户资料提供一个明确的法律依据,因此不会因为披露数据而承担违约责任或者其他非合同责任。

与前述的快速保全制度不同,《公约》并没有规定提供数据的人（网络服务提供商）负有保密义务,因为一般的提供令都没有规定保密义务。但由于在网络犯罪侦查中,提供令仅仅是侦查的开始,侦查机关在获得数据后还需要进一步实施搜查、扣押、数据实时截取等取证行为,因此保密对于网络犯罪侦查而言具有重要意义。[2] 因此,数据提供者的保密义务只能由缔约国国内法律自行规定。

---

① *Convention on Cybercrime*（*ETS No.* 185）, Explanatory Report, §171, http：//conventions. coe. int/Treaty/EN/Reports/Html/185. htm, last visit time 12/6/2016.

② *Convention on Cybercrime*（*ETS No.* 185）, Explanatory Report, §175, http：//conventions. coe. int/Treaty/EN/Reports/Html/185. htm, last visit time 12/6/2016.

（四）现存计算机数据的搜查和扣押

搜查和扣押，是各国刑事诉讼法都有规定的两项侦查措施，但在大部分国家法律体系下，搜查和扣押的对象往往都是有形的实体物，因而在计算机中储存的数据往往不能适用刑事诉讼法有关搜查和扣押的规定——虽然侦查机关可以扣押一些储存数据的媒介，但这并不能满足现实的需要。鉴于此，《网络犯罪公约》要求各缔约国针对网络犯罪的新特征更新其国内法律，以便有关国家机关能够以搜查、扣押或者相似的方式获得无形的计算机数据并用此作为定案的证据。

根据《网络犯罪公约》第19条的规定，"搜查"现存计算机数据是指搜查或者以类似方式进入储存数据的计算机系统或者数据存储媒介的行为。"扣押"现存计算机数据包括以下几种形式：（1）扣押或者以类似方式保护计算机系统或者数据存储媒介；（2）制造并保全计算机数据的复制品；（3）维持有关计算机数据的完整性；（4）移除计算机数据或者使之不能被访问。

（五）计算机数据的实时收集

《网络犯罪公约》第20条与第21条将计算机数据区分为通信流量数据和内容数据两种。如上文所述，公约第1条对通信流量数据进行了定义，但对于"内容数据"，《网络犯罪公约》并没有下一个定义，它泛指通信流量数据以外的其他计算机数据，主要反映了通信的具体内容。

在区分两类数据的基础上，公约构建了通信流量数据的实时收集和内容数据的实时截取两项制度。所谓"实时"，是指在通信发生的同时实施数据收集。"收集"和"截取"的意义是一致的，都是指相关数据的记录，即"复制"，因此通信流量数据的收集和内容数据的截取两项制度的内容基本一致，主要区别在于：首先，基于法律严谨性及各国法律差异，公约于前者使用了"收集"的概念，于后者使用了更有"技术性"的"截取"概念。其次，由于内容数据的截取相对而言对个人隐私权可能造成更大的影响①，因此公约特别强调内容数据的截取适用于特定的严重犯罪，具体范围由缔约国国内法规定；即从理论上来说，"截取内容数据"制度的适用范围相对较窄。

根据公约的规定，计算机数据的实时收集有两种实现方法：第一种方法是有关国家机关亲自通过技术手段收集和记录特定的一个或者多个通信中的计算机数据。根据"特定的一个或者多个通信"的限制，有关国家机关不能漫无

---

① *Convention on Cybercrime*（*ETS No.* 185），Explanatory Report，§210，http：//conventions. coe. int/Treaty/EN/Reports/Html/185. htm，last visit time 12/6/2016.

目的地、大范围地收集实时的通信流量数据。第二种方法是有关国家机关要求一个服务提供者在其技术能力范围内提供相关帮助。"服务提供者"是指任何给其使用者提供通信服务的公私营实体；且该通信服务通过计算机系统实现的[①]。服务提供者为有关国家机关提供的帮助又可分为两种：（1）服务提供者亲自收集或者记录计算机数据；（2）服务提供者与国家机关合作，或者协助有关国家机关收集或者记录计算机数据。

一些国家的法律禁止上述第一种方法，即有关国家机关不能亲自实施计算机数据的实时收集。因此公约特别规定在此情况下，缔约国应当采取其他方法以实现计算机数据的实时收集，例如只采取上述第二种方法——国家机关要求服务提供者提供帮助。

此外，公约强调服务提供者对于计算机数据的实时收集负有保密义务。否则，如果被调查的人（通过计算机系统实施通信的双方或者一方）知道被侦查的事实，就会采取相应的反侦查措施，那么数据的实时收集就变得不可能或者失去了意义。

四、缔约国国内措施之三：管辖权

在《网络犯罪公约》中，有关"管辖权"的法律条文，被安排在"国内措施"部分，因此本部分内容不是解决各国管辖权冲突的条文，而是规定各缔约国对于哪些网络犯罪案件享有管辖权。

《网络犯罪公约》第22条规定，对于公约所列举的各类网络犯罪，各缔约国应当采取法律或者其他措施保证其享有以下案件的管辖权：（1）发生在其领土内的；（2）发生在悬挂其国旗的船舶上的案件；（3）发生在登记其国内的航空器上；（4）犯罪行为由其国民实施，而且该行为在发生地所在国是犯罪行为，或者该行为没有其他国家可以管辖。同时，为保证"不引渡即起诉"原则的实现，公约还规定，缔约国应当采取相关措施保证：如果不引渡其涉嫌实施网络犯罪的本国公民，则其对本国公民实施的行为享有管辖权。此外，公约的规定并不意味着排斥缔约国根据其国内法律已经享有的管辖权。换言之，公约允许缔约国设立其他类型的管辖权，其宗旨在于使各缔约国对网络犯罪享有最大限度的管辖权，并"保证所有发生的案件至少能在一个国家的

---

① *Convention on Cybercrime*（*ETS No.*185），Explanatory Report，§207，http：//conventions. coe. int/Treaty/EN/Reports/Html/185. htm，last visit time 12/6/2016.

管辖权范围之内"①。正因如此，公约的规定也能导致管辖权积极冲突的增加，但是公约却没有明确管辖权冲突的具体解决方法，而仅是原则性地规定有关各方应当协调解决，以决定最合适的对犯罪实施起诉的国家。

五、缔约国之间的合作

网络犯罪之所以会给国家司法机关带来巨大挑战的主要原因在于，犯罪的各个"部分"常常会分别存在于不同国家里。例如，犯罪人、受害人、犯罪证据等常常会处于不同国家或者司法管辖范围内。② 若要成功追诉这类网络犯罪，就需要不同国家的执法、司法机构实施高程度的合作。然而，基于国家主权原则的限制，这种合作必须以某种形式的国际性法律文件为其法律基础。在这方面，《网络犯罪公约》提供了一个良好的范本。此公约中的"国际合作"部分，规定了引渡和司法协助等规则，为相关国家在打击网络犯罪领域实施国际合作奠定了良好的法律基础。

（一）国际合作的一般原则

1. 国际合作的基本原则

对于《网络犯罪公约》中有关国际合作的基本原则的规定，可以概括为"最大程度的相互合作原则"。首先，"最大程度"一方面要求各缔约国之间开展广泛的合作，另一方面要求各缔约国尽量减少妨碍信息和证据在国家之间平稳、快速流动的因素。其次，国际合作的案件范围包括所有与计算机系统或者计算机数据有关的犯罪，以及所有需要收集电子证据的犯罪。最后，国际合作既可以根据《网络犯罪公约》进行，也可以根据其他相关的国际协议以及国内法律来进行。换言之，《网络犯罪公约》有关国际合作的规定并不替代目前已经存在的国际协议或者缔约国的国内法。③

2. 引渡的原则

引渡在国际法中是一个比较复杂的问题，不过网络犯罪并没有为引渡带来特别的挑战，因此各国可以根据已有的国际协议或者双边协定等对网络犯罪实施者进行引渡。当没有国际协议或者双边协定等文件可供适用时，各缔约国可以《网络犯罪公约》作为引渡的法律基础。根据《网络犯罪公约》，国家间实

---

① ［德］乌尔里希·齐白：《全球风险社会与信息社会中的刑法》，周遵友、江溯等译，中国法制出版社 2012 年版，第 337 页。

② J. Liu et al. eds. , *Handbook of Asian Criminology*, Springer Science + Business Mesia, 2013 , p. 53.

③ *Convention on Cybercrime* (*ETS No.* 185), Explanatory Report, § 242 – 244, http: //conventions. coe. int/Treaty/EN/Reports/Html/185. htm, last visit time 12/6/2016.

施引渡，需遵循以下两个原则：

第一，双重可罚性原则。即被指控的行为在双方都是犯罪行为，且最高刑罚为一年以上有期徒刑时，才可实施引渡。如果国际协议或者双方协定关于刑罚有不同规定的，从其规定。

第二，不引渡即起诉原则（aut dedere aut judicare）。即如果收到引渡请求的一方因为犯罪嫌疑人是其本国公民，或者其认为本国具有管辖权，而拒绝引渡的请求，那么其就有义务将案件移送给有关的国家机关，以便该犯罪嫌疑人在本国内被追诉。

3. 司法协助的基本原则

司法协助分为两种情况：一种是基于一方的请求而提供的协助；另一种是一方主动向另一方提供协助（主要是提供有关信息）。

就第一种司法协助，即基于一方请求而启动的司法协助而言，与前述国际合作基本原则相似，《网络犯罪公约》规定了"最大程度合作"的基本原则：

首先，各缔约国应当采取相应的法律措施或者其他措施，保证履行公约第27条至第35条（主要规定了司法协助的具体事项）规定的义务。

其次，在紧急的状况下，请求协助的一方可以使用快捷的通讯方法，包括传真和电子邮件，向另一方提出司法协助的请求。接收请求的一方应当通过类似的快捷通讯方法，接受并回复该司法协助请求。

再次，除非公约有相反之规定，司法协助需要根据接受请求一方的国内法律或者有效的司法协助协议进行。这一规定的宗旨在于保护接受请求一方的国民的权利不受侵犯。例如，是否实施搜查、扣押等"侵入性"的措施，应当根据接受请求的一方的国内法律来判断。

最后，实施司法协助也需要满足"双重可罚性"的要求。不过需要注意的是，"双重可罚"是指某一行为在缔约国双方都具有可罚性，而且要求有关构成要件或者罪名在双方国家的法律中是一致的。

除被动的司法协助外，《网络犯罪公约》还规定了主动的司法协助程序。即一国将其在侦查的过程中掌握的某种信息，主动提供给另一缔约国，从而为后者实施的侦查或起诉等程序提供帮助。同时，提供信息的一方可以要求另一方保密或者提出信息使用的适用条件；同意接受信息的一方应当满足前述要求。

4. 缺少国际协定前提下的司法协助程序

《网络犯罪公约》虽然为国际司法协助提供了法律基础，但是它并没有详细规定司法协助的具体程序，而是倾向于有关国家通过其他国际协议（如《欧洲刑事司法协助公约》）或者双边协定解决具体程序问题。如果缺乏上述协议，则适用《网络犯罪公约》第27条与第28条的规定，具体包括：

（1）各缔约国应当指定一个或者多个中央联系机构统一发送和接收司法协助请求。

（2）除非与其本国法律相冲突，被请求方应当根据请求方说明的程序，执行有关司法协助的请求。

（3）如果司法协助涉及的是政治犯罪，或者是与政治犯罪相关的犯罪，则一方可以拒绝另一方的司法协助请求。此外，如果一方认为司法协助会损害其主权、国家安全、公共秩序或者其他重要利益，则也可以拒绝司法协助请求。

（4）如果司法协助会损害正在进行的刑事侦查或者诉讼程序，则接受请求的一方可以延期实施司法协助。

（5）在决定拒绝或者延期实施司法协助之前，接受请求的一方应当考虑是否可以部分实施或者附条件实施司法协助。

（6）接受请求的一方应当将其决定结果及时通知提出请求的一方。如果决定拒绝或者延期实施的，应当说明理由。

（7）提出请求的一方可以要求另一方对于司法协助事宜保密，除非公开对于执行司法协助而言是必需的。

（8）接受请求且提供相应信息与材料的一方，可以要求另一方保守秘密，或者要求另一方按照其请求时说明的用途来运用有关信息或者材料。

（二）国际合作的具体规则

除一般原则外，《网络犯罪公约》还针对具体的程序法措施规定了实施国际司法协助的具体条件。

1. 关于临时措施的司法协助

此处的"临时措施"，包括现存计算机数据的快速保全和现存通信流量数据的快速披露。

（1）计算机数据快速保全的国际司法协助

根据《网络犯罪公约》第29条的规定，一方（缔约国）可以向另一方提出实施计算机快速保全的请求。提出此请求的目的，往往是为了进一步提出数据搜查和扣押、数据披露等方面的司法协助请求。

一个合格的数据快速保全司法协助请求，需要包括如下内容：第一，提出请求的机构；第二，正在被调查、起诉或者审判的犯罪罪名以及相关事实的简介；第三，需要被保全的计算机数据及其与犯罪的关系；第四，能够识别计算机数据管理人或者计算机系统所在地的信息；第五，数据保全的必要性；第六，表明将进一步提出数据搜查、扣押或者披露等请求的意图。

在接收到请求后，有关国家一般应当提供快速保全的司法协助。除非认为涉嫌的犯罪为政治犯罪，或者是与政治犯罪相关的犯罪，或者提供此种协助会损害其主权、国家安全、公共秩序或者其他重要利益。需要注意的是，针对快速保全计算机数据的司法协助请求，并不需要考虑"双重可罚性"的要求。也就是说，接收请求的一方不能根据"双重可罚性"作出拒绝提供协助的决定。

数据保全司法协助的主要目的在于保障提出请求的一方能够顺利完成刑事侦查工作。因此，如果在具体案件中，数据保全行为会对侦查造成不利影响的，此项司法协助就变得没有意义。为此，公约规定，如果接收请求的一方认为数据保全措施不能保证数据可用性的，或者保全措施将会威胁到侦查的保密性或会对侦查造成其他损害的，则应当告知提出请求的一方，由后者决定是否执行数据保全措施。

（2）通信流量数据的快速披露

在因为执行有关计算机数据快速保全司法协助请求，而保全一些关于特定通信的通信流量数据的过程中，接收司法协助请求的一方可能会发现在通信过程中还涉及其他国家的服务提供者。在这种情况下，接收请求的一方往往不能够单独完成数据保全的请求。为此，公约规定了通信流量数据的快速披露程序，即接收请求的一方主动及时地向提出请求的一方披露必要的通信流量数据信息，以便其识别服务提供者身份及通信的传播途径，并采取进一步的措施，如向第三国提出司法协助的请求。

2. 与侦查权力相关的司法协助

如前文所述，《网络犯罪公约》规定了数据的搜查与扣押、通信流量数据的实时收集以及内容数据的实时截取等侦查措施。公约第31条、第33条与第34条规定了上述措施的司法协助，即一个缔约国可以请求另一个缔约国在其境内执行上述措施。

除侦查措施的司法协助外，公约第32条还规定了计算机数据的单方面访问或获取。所谓单方面访问或获取，是指一个缔约国在没有取得另一个缔约国同意的前提下，亲自访问或获取储存在后者境内的计算机数据。这种单方面的访问或获取行为有两种情形：第一，有关计算机数据是公开的，即任何人均可以访问或者获取的。第二，缔约国取得了数据权利人的同意。"数据权利人"是指有法定权利公开有关计算机数据的人。整体来看，公约关于单方面访问行为的规定是十分简单的，公约起草者也认为难以就此问题规定一个系统全面的有约束力的制度。原因之一是公约起草时还缺乏相关的实践；原因之二是起草者普遍认为具体的解决办法还取决于具体案件的具体情况，难以形成一个统一的抽象规则。①

3. 全天候（24/7）工作机制

由于用以证明网络犯罪的证据可以被迅速抹掉或者丢失等原因，打击网络犯罪或者收集电子证据等措施必须迅速地执行，相关的司法协助也必须在最短时间内得到完成。但是，传统司法协助往往费时费力，不能满足打击网络犯罪的需要，因此《网络犯罪公约》要求各缔约国成立一个运作迅速、有效的协调机制，即24/7工作机制——各缔约国需要成立一个联络机构（联络点），该联络机构需要一周7天，一天24小时全天候地运作。此工作机制能够保证一个缔约国能够为另一缔约国的侦查或者追诉提供即时的协助，以及快速地收集电子证据。

根据《网络犯罪公约》的规定，全天候（24/7）工作机制至少应当能够提供以下几个方面的协助：（1）提供技术建议；（2）提供前述的关于临时措施的司法协助（包括计算机数据快速保全和通信流量数据的快速披露）；（3）收集证据，提供法律信息，对犯罪嫌疑人进行定位。

为保证有关联络机构能正常运转，公约就联络机构本身提出了相应要求：第一，某个缔约国的联络机构必须有能力与其他缔约国的联络机构快速地进行联系；第二，如果联络机构不隶属于本国专门从事司法协助的国家机构的一部分，缔约国应当保证其能够快速地行使相关的权力；第三，各缔约国应当保证为联络机构培训、聘请足够的专业人才，以及装备必要的办公设施。

第三节 《欧洲议会、欧盟理事会关于惩治攻击信息系统行为的指令》

2005年2月24日，欧盟通过了《关于惩治攻击信息系统行为的第2005/222/JHA号欧盟理事会框架决议》（以下简称《框架决议》），并于2005年3月16日生效。《框架决议》由序言和正文13个条文组成，欧盟各成员国必须在2007年3月16日之前将有关内容纳入其国内法律当中。2008年7月，欧盟委员会公布了一份关于《框架决议》的执行报告。报告指出，大部分欧盟成员国已经取得了重要进展，即已经将《框架决议》的内容纳入其国内法。报告也指出，面对网络犯罪的新威胁，有必要采取进一步的措施，以更有效地应

---

① *Convention on Cybercrime*（*ETS No.* 185），Explanatory Report，§294，http：//conventions. coe. int/Treaty/EN/Reports/Html/185. htm，last visit time 12/6/2016.

对攻击信息系统的犯罪行为。① 此外，由于《框架决议》规制的类型和范围有限，即只规定了非法侵入信息系统（第 2 条）、非法干扰信息系统（第 3 条）和非法干扰信息系统数据（第 4 条）等三种类型的犯罪，因此难以有效应对网络犯罪现象，特别是所谓"僵尸网络"的问题。为此，欧盟在《框架决议》的基础上，增加了若干个条文，形成并于 2013 年 8 月通过了《欧洲议会和欧盟理事会关于惩治攻击信息系统行为、替代第 2005/222/JHA 号框架协议的第 2013/40/EU 号指令》（Directive 2013/40/EU of the European Parliament and of the Council of 12 August 2013 on attacks against information systems and replacing Council Framework Decision 2005/222/JHA ）（以下简称《指令》）。由于《指令》已经将《框架决议》的所有内容整体性地纳入其中，因此，《指令》的生效也意味着《框架决议》效力的终止。此外，根据《指令》第 16 条的规定，欧盟各成员国应当于 2015 年 9 月 4 日前将《指令》的内容纳入其国内法律体系中。

一、制定背景和目的

（一）欧盟刑事立法权

第 2013/40/EU 号指令属于一项刑事法律，为了更好地阐释《指令》的内容，在此有必要先简要介绍欧盟在刑事方面的立法权。

相对而言，在刑法立法领域，欧盟只享有比较有限的权力。根据《欧盟运行条约》（Treaty on the Functioning of the European Union）第 83 条第 1 款规定，"对于特别严重的跨国犯罪，基于犯罪的性质或者后果或者出于共同打击犯罪的特殊需要，欧洲议会和理事会可以根据普通立法程序通过指令，就此领域犯罪行为的定义和刑罚规定最低规则。这些犯罪领域包括：恐怖主义、贩卖人口及对妇女儿童的性剥削、非法贩毒、非法贩运武器、洗钱、腐败、伪造支付手段、计算机犯罪和有组织犯罪。根据犯罪情况的变化，理事会可通过一项决定，确认其他符合本款规定标准的犯罪领域。理事会应征得欧洲议会同意后以一致方式（所有成员国一致同意的方式）采取行动"。根据第 83 条第 2 款之规定，若涉及的犯罪并非特别严重，则"如证明成员国刑事法律的一致化对于确保有效实施某项欧盟政策（该政策所在领域已经有一致化的措施）而言是至关重要的，则可以制定指令，就相关领域犯罪的定义和刑罚规定最低规

---

① Commission of the European Communities, Report from The Commission to the Council: Based on Article 12 of the Council Framework Decision of 24 February 2005 on attacks against information systems, p. 3, http://db. eurocrim. org/db/en/doc/1023. pdf, last visit time 12/6/2016.

则"。此外，第 84 条也规定，"在不对成员国法律、法规进行一致化的前提下，欧洲议会和理事会可以根据普通立法程序制定措施，以推动、支持成员国在预防犯罪领域内的行动"。

由上可知，欧盟只能通过"指令"的形式，针对某些事项规定实体刑法条款，有关条款可以就犯罪的定义、刑罚规定最低规则。尽管有诸多限制，但有关刑事实体法的"欧盟指令"一旦通过，即对各成员国产生法律约束力，各成员国需要根据指令的要求修改国内的法律法规，除非成员国现有的法律法规已经符合欧盟指令的要求。

（二）《指令》的制定背景

概言之，基于信息系统的重要性和攻击信息系统行为的危害性，欧盟制定了第 2013/40/EU 号指令。具体而言，有以下几个方面的背景：

第一，信息系统已经成为欧盟各成员国的重要基础设施，是欧盟实现政治、社会和经济互动的关键元素。现代社会已经高度且越来越多地依赖信息系统，信息系统的平稳运作和安全，对于市场的发展以及有竞争力、有创新力的经济而言，都是必不可少的。同时，目前在欧盟内部，存在许多重要的基础设施。对于这些基础设施的干扰或者破坏，均会产生严重的、跨国性的影响。因此，欧盟内部很有必要提高其保护重要基础设施的能力，也有必要采取措施对信息系统实施保护，且这种保护需要达到一定程度的水平。对于网络攻击行为实施有效的刑事处罚，被视为是前述"能力"、"水平"的一种体现。

第二，在欧盟各成员国，攻击信息系统的行为，特别是与有组织犯罪相关的攻击行为，越来越成为欧盟的一大威胁。同时，在世界范围内，各国越来越担心作为重要基础设施的信息系统，会成为恐怖分子或者有其他政治目的的犯罪分子的袭击目标。可见，对信息系统进行攻击的犯罪行为，对于一个安全、自由和公正的信息社会以及欧盟本身而言，皆是巨大的威胁。为此，欧盟各成员国认为需要在欧盟的层级上采取行动，而不能仅靠各成员国单打独斗。

同时也有证据显示，实践中针对信息系统进行攻击的犯罪行为与日俱增，而且遭受大规模攻击的危险越来越高。特别是所谓的"僵尸网络"（botnets）攻击给信息系统安全带来了严重的威胁。"僵尸网络"是指利用一个或多个传播手段，使大量主机感染"僵尸"程序（bot），进而在控制者和大量的被感染主机之间所形成的一对多控制的网络。[1] 与木马攻击、网络蠕虫等病毒攻击不同，"僵尸网络"一般不会马上对感染僵尸程序的主机发动攻击，其重要目

---

[1] 参见邹本娜：《浅议僵尸网络攻击》，载《电脑编程技巧与维护》2009 年第 2 期。

标是通过不容易被人察觉的方式尽可能多地扩散感染，从而形成一个受黑客控制的攻击平台，该平台在平时大部分时间处于静默待命状态。但是，一旦接受到黑客发送的攻击指令，该平台就可以即刻被"唤醒"，并肆无忌惮地窃取他人信息、发送垃圾邮件，甚至发动真正的拒绝服务攻击。[①] 为此，第 2013/40/EU 号指令要求各成员国对制造"僵尸网络"的行为予以刑罚处罚。

第三，信息系统的跨国界性和无边界性等特征决定了攻击信息系统的犯罪行为同样具有跨国界性的特点。因此，对于此类犯罪的打击，往往需要各有关国家实施司法合作。但是《框架决议》制定之前，欧盟各成员国之间的法律特别是关于攻击信息系统行为的刑法规定，存在较大的差异。因此，各国警察和司法机构在打击信息系统犯罪方面，难以开展有效的合作，同时也进一步妨碍了各国对有组织犯罪和恐怖主义犯罪的打击。《构架决议》实施后，各成员国之间的刑法在其他方面仍然存在较大的差异，有必要在法律一体化的道路上再往前迈进一步。因此，在攻击信息系统（网络犯罪）领域，各成员国的刑法需要不断地进行协调，从而在概念的定义、犯罪的构成要件、刑罚等问题上采取一致或者相似的刑事政策。

（三）《指令》的立法目的

制定《指令》的主要目的，概括而言就是打击网络犯罪，保护信息安全。具体而言：

第一，通过规定相关犯罪的构成要件和处罚的最低标准，使各成员国刑法在攻击信息系统犯罪行为方面实现一致化。构成要件的最低标准，意味着成员国可以规定更多种类的网络犯罪罪名，或者扩大《指令》规定的犯罪罪名的外延，即适用范围。处罚的最低标准，则意味着成员国可以规定更为严厉的刑罚或者其他法律责任。

第二，提高成员国之间以及有关的法定机构之间的合作水平。所谓"法定机构"，既包括成员国的司法、警察以及其他特别执行机构，也包括欧盟机构，如欧洲检察官组织（Eurojust）、欧洲刑警组织（Europol）及其欧洲网络犯罪中心等。

二、实体法内容

（一）犯罪行为类型

《指令》要求，各成员国将非法侵入信息系统（第 3 条）、非法干扰信息

---

① 参见安德智：《僵尸网络的攻击原理及其对策》，载《计算机安全》2007 年第 5 期。

系统（第4条）、非法干扰信息系统数据（第5条）、非法截取数据（第6条）和生产、销售、取得犯罪工具（第7条）的行为犯罪化。这五类犯罪行为的一个共同点是"非法"，即行为人本身并没有相应的权利，也没有获得权利人或者法律的授权。同时，此五类犯罪的构成要件与《网络犯罪公约》规定的基本一致。

非法侵入信息系统，是指行为人非法取得系统的全部或者其中任何一部分的访问权限并非法访问信息系统的行为。《指令》将本罪的处罚范围限定在行为人侵犯一个安全措施的情形，如用技术手段突破信息系统防火墙等。因此，如果行为人访问的信息系统事实上是对公众开放的，行为人就不构成非法侵入信息系统罪。

非法干扰信息系统，是指行为人故意破坏信息系统功能或者阻碍其正常运作的行为。干扰的方式多种多样，包括输入数据，破坏、删除、篡改数据，使数据不可访问等。常见的干扰信息系统的行为是所谓的拒绝服务攻击（Denial of Service attack，DOS攻击）。通过此种攻击，行为人使真正的权利人无法访问特定的信息、信息系统或者网络本身；其目的可能是单纯地阻止访问，也可能是阻止权利人访问的同时使犯罪分子获得进入信息系统的权利。[1]

非法干扰信息系统数据，是指行为人故意对信息系统中的数据实施的删除、损害、破坏、篡改以及抑制数据的可访问性或者使之不可访问等影响信息数据完整性的行为。

非法截取数据，是指通过技术手段截取非公开传输的计算机系统数据的行为。其中的"计算机系统"包括从计算机系统发射出来的，带有计算机数据的电磁。

生产、销售、取得犯罪工具，是指生产、销售、取得下列犯罪工具的行为：（1）主要是为了实施上述四类犯罪而设计或者适用的计算机程序；（2）计算机密码、访问代码或者其他可用于进入计算机系统的数据。在主观上，行为人有使相关犯罪工具被用于前述四类犯罪的目的。此外，并不是所有"取得"行为均构成犯罪；必须是为了使用、进口、散布或者使犯罪工具被他人获得的目的而取得犯罪工作的，才构成犯罪。

针对上述犯罪行为，《框架决议》与《指令》都规定，各成员国刑法可以

---

[1] Adrian Cristian Moise, *Analysis of Directive 2013/40/EU on Attacks against Information Systems in the Context of Approximation of Law at the European Level*, Journal of Law and Administrative Sciences, Special Issue 2015, p. 377.

不处罚情节轻微的行为①。例如，捷克法律规定，只有当行为人随后滥用或者损坏计算机数据时，才处罚非法侵入信息系统行为；爱沙尼亚法律规定，只有造成重要的损害时，才处罚非法干扰信息系统和非法干扰信息系统数据行为。②但欧盟委员会指出，"情节轻微"指的是对法益没有危害，但理论上可能符合相关犯罪构成要件的行为，如一些年轻人单纯为了证明其信息技术水平而实施的非法侵入信息系统等行为。"情节轻微不处罚"并不意味着各成员国可以在《指令》规定的基础上为相关罪名添加实质性的构成要件。③此外，《指令》在其"序言"部分指出，各成员国可以根据国内的法律及实践来决定情节轻微的标准。《指令》举例指出，当行为造成的损害或者对法益的危险是不重要的，或者予以刑罚处罚是不必要时，属于情节轻微。

与《网络犯罪公约》相似，《指令》第8条规定各成员国应当追究上述五类犯罪行为的共犯（帮助与教唆）的刑事责任。同时，各成员国应当追究非法干扰信息系统和非法干扰信息系统数据的未遂。至于其他犯罪的未遂，《指令》并没有做强制性的要求，即可以由成员国自行决定。

（二）刑罚

《指令》对五类犯罪及其共犯、未遂犯的刑罚进行了规定。但《指令》并没有罗列各类犯罪的精确法定刑，而仅仅规定了基本原则以及一些具体的最低标准。首先，各成员国刑法应当针对各类网络犯罪规定有效的、适当的、有阻吓性的刑罚。其次，对于《指令》所规定的五类犯罪，最高刑罚应当不低于2年监禁刑。最后，《指令》针对非法干扰信息系统和非法干扰信息系统数据两类犯罪，还规定了三种加重处罚情节：

1. 由于使用《指令》第7条所列举的工具，而使大量的信息系统受到干扰。在此种情况下，最高刑罚应当不低于3年监禁刑。此加重处罚情节主要是针对前述的"僵尸网络"现象而特别规定的。

---

① 原文是"cases which are not minor"。一些学者将其理解为"非未成年人实施的案件"（皮勇：《论欧洲刑事法一体化背景下的德国网络犯罪立法》，载《中外法学》2011年第5期；王玥：《欧盟关于信息系统攻击的框架决议评鉴》，载《信息网络安全》2007年第12期）。但无论是从语法上，还是从语义上来看，这种理解都是不准确的。

② Commission of the European Communities, Report from The Commission to the Council: Based on Article 12 of the Council Framework Decision of 24 February 2005 on attacks against information systems, PP. 4 – 6, http: //db. eurocrim. org/db/en/doc/1023. pdf, last visit time 12/6/2016.

③ Commission of the European Communities, Proposal for a Directive of the European Parliament and of the council on attacks against information systems and Replacing Council Framework Decision 2005/222/JHA, p. 7, http: //www. eumonitor. nl/9353000/1/j4nvgs5kjg27kof_ j9vvik7m1c3gyxp/vj6ipn4mzhxq/f =/16967_ 10. pdf, last visit time 12/6/2016.

2. 有下列情形的，最高刑罚应当不低于 5 年监禁刑：第一，根据第 2008/841/JHA 框架协议的定义，属于有组织犯罪的；第二，造成了严重损害后果；第三，针对关键的计算机系统基础设施实施的犯罪。

3. 对于下列情形，成员国刑法应当规定为加重处罚情节，除非有关行为已经作为其他犯罪而具有刑事可罚性：为了取得第三方的信任，而滥用他人的身份信息，从而给第三方造成损害的。这主要是指所谓"身份盗窃"的行为。至于此种加重处罚情节所对应的刑罚，《指令》并没有具有规定。

（三）法人的刑事责任

根据《指令》第 10 条的规定，《指令》规定的所有犯罪均可由法人构成。法人犯罪包括：

1. 法人负责人实施的犯罪

法人负责人是指根据以下权利之一而在法人中居于领导地位的人：（1）拥有法人代理权；（2）拥有以法人名义作出决定的权利；（3）拥有法人的实际控制权。当法人负责人以个人身份或者以法人机构的身份，为了法人的利益而实施《指令》规定的各种犯罪时，法人需要承担责任。

2. 法人负责人有监督过失的情形

与《网络犯罪公约》相似，《指令》规定，对于法人的工作人员在其职责范围内为了法人的利益而实施的犯罪行为，法人应当承担责任。但前提是，法人负责人对工作人员缺乏足够的监督和管理，并因此而导致后者实施犯罪的。

对于第一种法人犯罪，《指令》规定各成员国刑法应当规定有效的、适当的、有阻吓性的处罚，包括刑事或者非刑事性质的罚款，以及其他处罚，例如：（1）不能享受公共福利或者帮助；（2）临时或者永久性地剥夺其从事商业活动的资格；（3）在司法监督下出售其资产；（4）由司法机关作出结束营业的命令；（5）暂时或者永久关闭用于实施犯罪的机构。

而对于第二种法人犯罪，《框架决议》仅规定各成员国刑法应当规定有效的、适当的、有阻吓性的处罚或者其他措施，但并没有就处罚的具体形式和内容提出具体要求。

三、管辖权规定

关于上述各类犯罪案件的管辖权，与《网络犯罪公约》相似，《指令》规定了广泛的管辖权。根据《指令》第 11 条之规定，各成员国对于以下犯罪案件应当建立管辖权：

1. 犯罪实施地，即相关犯罪全部或者部分在其领土内实施。这就是所谓的"属地管辖"，具体既包括行为人犯罪时身在成员国领土内，也包括犯罪对象为其领土内的信息系统等情形。

2. 相关犯罪由其国民实施，也就是所谓的"属人管辖"。

此外，《指令》还规定，对于以下两类发生在其领土以外的网络犯罪，如果各成员国设定了管辖权，应当告知欧盟委员会：（1）犯罪者在其本国领土内有经常居住地的；（2）犯罪是为了在其领土内设立的法人的利益而实施。

由于规定了广泛的管辖权，因此在具体的案件中难免会出现管辖权冲突的现象。为解决此问题，《框架协议》第10条第4款规定了比《网络犯罪公约》更为详细的规则。首先，各成员国应当积极合作，以确定一个成员国集中办理案件。在此，各成员国可以利用欧盟已经存在的司法合作机制。其次，各成员国可以考虑管辖权依次由以下成员国行使：犯罪实施地所在国；行为人国籍所在国；行为被发现地所在国。上述顺序并没有绝对的约束力，而且《指令》并没有将上述内容纳入其中，因此各成员国只能规定其他国际条约或者自行协商解决管辖权冲突的问题。

四、司法协助规定

欧盟虽然已经实现高度的一体化，但是在刑事法律领域，各成员国之间开展刑事司法协助仍然需要以明确的法律规定作为其依据。在打击网络犯罪方面，《指令》所规定的司法协助条款并不多，其原因在于各成员国可以利用业已存在的司法合作机制来实施司法协助。其中既包欧盟内部已经存在的刑事司法机制，也包括《网络犯罪公约》的相关规定。但针对攻击信息系统犯罪的特殊性，《指令》着重规定了刑事司法协助中的信息交换机制。

与《网络犯罪公约》相似，《指令》要求各成员国确定一个联络点，并建立每天工作24小时，每周工作7天的全天候工作机制，以保证有关信息能够在各成员国之间实现及时交换。此外，对于司法协助的紧急请求，《指令》规定有关机构应当在8小时之内回复：有关司法协助的请求是否会被答复，以及答复的具体形式和预计所需时间；换言之，8小时内的回复并不必须包含实质性的内容。据此规定，接受请求的成员国的义务更加明确具体，同时使相关规则更具有可操作性。

五、犯罪统计制度

为了更全面地了解网络犯罪的现状并以此为基础作出适当的反应，《指令》规定了犯罪统计制度。根据《指令》第14条的要求，各成员国应当对各类网络犯罪（第3~7条规定的犯罪）的实证数据进行记录、制作和提供。实证数据至少应当包括犯罪的数量、被起诉和被定罪的犯罪人的数量。各国统计本国数据后，应当上呈给欧盟委员会，由后者对所有成员国的数据进行合并分析。

六、《指令》与《网络犯罪公约》之比较

无论是《指令》，还是《网络犯罪公约》，欧洲国家都扮演了重要角色。从不同角度来看，我们可以观察二者的紧密关系及异同之处：

1. 就法律性质而言，《网络犯罪公约》虽然由欧洲主导，但其属于一部国际公约，因此非欧洲国家可以成为公约的缔约国。《指令》则属于欧盟法律，因此非欧盟成员国无法加入。法律性质不同导致二者的法律效力也不一样。作为欧盟法律，《指令》对于欧盟各成员国都有约束力，各成员国没有"保留"或者"声明"的权力，必须在规定的时间内完成法律法规的修改。而作为国际公约，《网络犯罪公约》虽然对各缔约国有约束力，但是公约难以要求各缔约国在规定的时间内修改其国内法律法规，因此其约束力相对较弱。此外，各缔约国在加入公约的同时可以提出对若干条文进行保留。

2. 就立法目的而言，二者都旨在促进有关各国刑事法律的一致化以及促进国际合作，因此具有相似的旨趣。但是《指令》同时兼有打击有组织犯罪的目的。如前所述，如果攻击信息系统的行为属于有组织犯罪，《指令》要求各成员国加大处罚力度。

3. 从内容上来看，《指令》的大部分内容都能在《网络犯罪公约》找到相同或者相似的规定。就某种角度而言，《网络犯罪公约》为《指令》提供了一个参考的"模板"，反过来《指令》便成了一个浓缩版的《网络犯罪公约》。《网络犯罪公约》的内容更为丰富，结构更加完整，不仅包括刑事实体法、刑事程序法和国际司法合作等三个方面的内容，而且就各个方面都规定了相当多的具体条款。至于《指令》，其主要条文集中于刑事实体法，且条文相对较少，只规定了五种类型的犯罪。与《网络犯罪公约》相比，《指令》并没有涉及刑事程序法的内容；尽管也存在司法协助等内容的条文，但规定的相当简单而且不具有可操作性。当然，《指令》亦具有其独特意义：《指令》就各类犯罪的刑罚规定了一些基本原则以及若干具体的最低规则，而《网络犯罪公约》只规定了一些抽象原则，因此就这个角度而言，《指令》在实现各国刑法一致化的道路上比《网络犯罪公约》更前进了一步，这是值得充分肯定的。

第四章 典型国际网络犯罪刑事政策 特点及其评析

在第三章我们集中介绍了《网络犯罪公约》和《关于惩治攻击信息系统行为的指令》的主要内容。以上述两个文件为典型代表的国际性法律文件为不同国家在打击网络犯罪领域开展国际合作提供了法律基础，同时也迈出了网络犯罪全球治理的第一步。虽然有着如此重要的现实意义，但是围绕两个文件及其反映出来的关于预防和惩治网络犯罪的国际刑事政策，理论和实务上仍存在一些争议。理解和把握网络犯罪国际刑事政策的特点及其争议，将有助于我们更好地对我国网络犯罪的刑事政策进行取舍和重构。

第一节 网络犯罪国际刑事政策的特点

以《网络犯罪公约》以及《关于惩治攻击信息系统行为的指令》为典型代表，惩治网络犯罪的国际刑事政策呈现出以下几个特征：

一、促进各国网络犯罪刑事政策的一致

网络技术的发展为各个国家带来了巨大的挑战与法律问题，特别是催生了新型的网络犯罪行为，为犯罪分子实施传统犯罪提供了一个新的手段，同时也对各国刑事诉讼制度带来了新的挑战。针对上述问题，许多国家或多或少、或快或慢地调整并完善相关刑事政策，以便更好地预防和打击网络犯罪。然而，伴随着网络技术发展而衍生出来的犯罪问题不能单靠一个主权国家独立解决，许多问题都需要国际社会共同努力制定国际性的网络犯罪刑事政策。《网络犯罪公约》是目前国际社会共同努力所取得的最重要成果。需要注意的是，《网络犯罪公约》并没有将网络犯罪视为某一类单独国际性犯罪，因此缺乏诸如国际刑事法院的国际性组织对此类犯罪进行专门管辖或者直接惩治。换言之，目前网络犯罪问题的应对和解决还是需要依靠主权国家本身以及主权国家之间的平等合作来实现。

然而，在国际司法合作中，由于涉及国家主权的核心利益，刑事司法合作

一直以来都是一个比较敏感的领域。即使存在法律的明文规定，不同国家间的刑事执法合作仍会面临许多问题，其中政治决策起到重要的作用。① 而有关网络犯罪的国际刑事政策的主要目的，就是要促使不同国家或者地区的网络犯罪刑事政策实现协调一致，即在不同国家推行一套相同或者相似的网络犯罪刑事政策，清除不同国家之间开展合作的法律和政策障碍，进而在不同国家或者地区之间实现广泛的司法合作。

无论是《网络犯罪公约》，还是《惩治攻击信息系统行为的欧盟理事会框架决议》以及后来的《关于惩治攻击信息系统行为的指令》，都是国际社会为了实现上述刑事政策目的而形成的法律文件。具体而言，上述法律文件中的实体法律规范的规定，主要是为了使各成员国能够及时地、一致地将新型的侵犯网络法益或者利用网络侵犯其他法益的行为犯罪化；有关程序法律规范的规定，主要是为了促使各成员国立法机关授予执法机构必要的、相似的执法权力；有关国际司法合作的规定，则主要是为了促使各国采取一致的积极的合作态度。简言之，国际性刑事政策的首要意义在于"罪同律，罚同规，行同伦"。

二、三重维度构建全方位刑事政策体系

面对日益严重的网络犯罪问题，靠单一的刑事政策已经无法有效应对，而只能建立起全面的刑事政策体系作为解决问题的途径。通过对有关国际公约内容的分析可以发现，网络犯罪国际刑事政策已经形成了一个由三维度内容所组成的政策体系。这三个维度分别是实体法、程序法和国际合作规则。对于成功打击网络犯罪，特别是对跨国有组织的网络犯罪而言，以下三项因素是至关重要的：（1）法律的协调化；（2）执法部门的合作机制；（3）侦查以及起诉的能力。② 网络犯罪国际刑事政策的三维度内容与前述三项因素相对应，这也同时说明三维度内容对于有效打击网络犯罪而言是必要的。

三维度的特征在《网络犯罪公约》中的表现尤其明显，公约的核心条款（第2条至第35条）先后从上述三个维度对有关网络犯罪的刑事政策进行比较详细的规定，进而形成一个比较完整的刑事政策体系。《关于惩治攻击信息系统行为的指令》的重点虽然是"实体法"，有关程序法与国际合作的条款也比较少，但是由于欧盟内部的、与打击犯罪有关的程序性或者司法合作法律也可以适用于网络犯罪领域，所以整个刑事政策体系仍然是三维度的。例如，

---

① Tanel Kerikmäe（ed.），*Regulating eTechnologies in the European Union*，Springer，2014，p. 219.

② L. Paoli（ed.），*Oxford handbook of organized crime*，Oxford：Oxford University Press，2014，p. 15.

1996 年制定的《欧盟成员国间引渡公约》便同样可以适用于网络犯罪案件。可见，《关于惩治攻击信息系统行为的指令》与其他欧盟法律一道，构建了三个维度的刑事政策体系。

就理论上而言，三维度刑事政策的重要性是容易理解且广受认可的；然而从实践操作层面来看，促使不同国家就三维度刑事政策达成共识并形成国际性的刑事政策体系，是一项具有相当难度和挑战的任务。《网络犯罪公约》通过减少各国法律差异、授予新的侦查权力以及促进国际合作等方式，在完成上述任务的道路上取得了一项重要的阶段性成果，因此公约在构建国际网络犯罪刑事政策方面具有开创性的作用与意义。

三、追求最低程度趋同性的犯罪化路径

犯罪化是犯罪惩治对策的起点。随着信息技术的快速发展，网络犯罪的特征、表现形式也处于不断变化的过程中，因此将什么样的行为定义为网络犯罪，以及各网络犯罪罪名应当具备什么样的构成要件，就成为网络犯罪刑事政策的重要议题。在前述议题上，《网络犯罪公约》等国际性法律文件主要采取类型化的手段，推动各国刑法将相关危害行为犯罪化并且实现犯罪化的一致化。

网络犯罪国际刑事政策在犯罪化问题上所运用的类型化手段首先表现为将网络犯罪分为两大类：一类是侵害计算机数据和计算机系统保密性、完整性和可用性的犯罪；另一类是利用网络实施的传统犯罪。在前一种犯罪中，国际性法律文件正式将"计算机数据和计算机系统保密性、完整性和可用性"作为一种新型的法益。同时，在每一大类的犯罪中，国际性法律文件规定了多种行为类型。例如，在"侵害计算机数据和计算机系统保密性、完整性和可用性的犯罪"中，规定了非法侵入、非法截取、数据干扰、系统干扰等行为类型；在"利用网络实施的传统犯罪"中，规定了计算机伪造、诈骗、儿童色情、侵犯版权与邻接权等行为类型。在"利用网络实施的传统犯罪"中，国际性法律文件并没有穷尽所有犯罪，而是有所取舍并选择性地规定若干个犯罪行为类型。其中取舍或者选择的标准，既可能是考虑了某一行为类型在网络环境下是否有特殊的表现，也可能是根据某一行为类型是否受到比较多的缔约国或者成员国的关注，或者说，是否有迫切的立法必要性等。

四、倡导积极但有限度的法人主体责任

在网络空间，法人"实施"的违法犯罪行为时有发生，因而具有较大的社会危害性。但关于法人能否成为犯罪的主体，能否承认"法人犯罪"这一

概念，理论上存在争论，各国立法上也存在较大差别。《网络犯罪公约》等国际性法律文件在此问题上亦表明了其政策立场。

从理论上来看，有观点认为，在"法人犯罪"之中，真正实施犯罪的是作为法人代表机关或者从业人员的自然人，因此只要追究自然人的刑事责任就足够了。但是，更有力的观点认为，对于作为法人业务活动一环而实施的自然人的违法行为，不应当视为纯粹的个人犯罪，而应当将其作为法人整体的犯罪行为来对待，并采取相应的政策。[①]

从法律规定上来看，不同国家采取了不一样的法人犯罪刑事政策。美国判例上长期以来都广泛地认可法人可以作为犯罪主体。日本刑法典目前没有规定处罚法人犯罪的明文规定，法院也否定法人能实施刑法典规定的犯罪。但在刑法典之外的特别刑法以及行政刑法中，日本通过"两罚规定"的方式承认了法人可以作为犯罪主体——法人代表、代理人、从业人员在法人事务上，若实施了所禁止的违法行为时，既对行为人进行处罚，也对作为业主的法人进行处罚。在德国，传统上一直反对承认法人刑事责任。但在第二次世界大战后，随着德国经济的迅速恢复发展，规制企业等法人活动的必要性提高，不过为了和责任原则等刑法基本原则相符合，德国选择了用《违反秩序法》而不是刑法来规制法人违法行为。[②] 从以上 3 个国家的法律规定来看，虽然在法人能否构成犯罪这一问题上，各国采取不同的刑事政策，但是各国法律都通过一定的方式对法人违法行为或者犯罪行为进行处罚。

《网络犯罪公约》等国际性法律文件在法人能否构成网络犯罪这一问题上，采取相对积极的态度，这一点从其详细地列举法人需要承担法律责任的情形可窥一斑。但是，为了和各国原有的法律制度特别是法人刑事政策保持协调，有关国际性法律文件大体都作出了以下规定，即法人在网络犯罪活动中承担的责任并不仅限于刑事责任，可以并且应当包括民事以及行政责任等形式，各缔约国或成员国可以根据其法律原则来确定具体的责任形式，而不作强制性要求。

虽然网络犯罪国际刑事政策对法人责任采取积极承认的态度，但并非所有法人主管人员或者雇佣人员所实施的网络犯罪行为，法人都需要对此承担责任。换言之，法人承担刑事责任或者其他法律责任的范围是有限的：首先，对于法人主管责任人所实施的网络犯罪行为，只有当该行为是基于法人利益而且

---

① 参见〔日〕大谷实：《刑事政策学》（新版），黎宏译，中国人民大学出版社 2009 年版，第 407 页。

② 参见黎宏：《单位刑事责任论》，清华大学出版社 2001 年版，第 140～141 页。

是在滥用其代表权、决策权或者控制权的基础上实施的场合，法人才承担责任。其次，对于法人中受雇佣人员所实施的网络犯罪行为，只有当该行为符合"为了法人利益"、"在法人授权的范围内"且"法人负责人疏于管理、监督"等限定性条件时，法人才承担责任。

五、推行广泛而重叠的网络犯罪管辖权

网络犯罪具有国际性，行为人所在地、行为发生地与结果发生地可能属于不同的主权国家范围内。网络犯罪行为对于犯罪分子所在地的国家可能并没有产生任何实际的影响。在这种情形下，如果犯罪分子所在国对相关网络犯罪行为没有管辖权，就可能出现处罚的漏洞。因此，采取合理的刑事管辖权政策，对于惩治和预防网络犯罪而言具有重要意义。

目前，大多数国家的刑事管辖权主要是以领土原则为基础的。由于网络犯罪能将全球视为一个整体空间，领土的界限在此就是没有意义的，以领土原则为基础的刑事管辖权政策就可能面临挑战。在一些网络犯罪案件中，特别是针对在互联网上传播非法内容的行为，可能会面临这样一个问题：相关案件是否不能由任何国家管辖，或者是，因为互联网上的非法内容可以在所有国家获取，因此所有国家都有管辖权？①

对此问题，《网络犯罪公约》与《关于惩治攻击信息系统行为的指令》都倾向选择后者，即希望与网络犯罪活动有关联的当事国都拥有管辖权。如前所述，《网络犯罪公约》规定，对于发生在其领土内的案件、发生在悬挂缔约国国旗的船舶上的案件、发生在缔约国登记的航空器上的案件等，缔约国均享有管辖权。而《关于惩治攻击信息系统行为的指令》则规定，对于全部或者部分在其领土内实施的犯罪、成员国国民实施的犯罪等犯罪行为，各成员国均享有管辖权。此外，有关国家也可以根据国内的法律规定享有更为广阔的管辖权范围。可见，从某种意义上来看，这种广泛的刑事管辖权政策与国际犯罪的"普遍管辖权"相差已经不远。

六、推动快速有效刑事执法机制的建立

证据对于刑事执法和刑事司法的重要性是不言而喻的。在网络犯罪案件中，证据呈现出电子化的新特征，而证据的电子化同时为刑事执法和刑事司法带来了新的挑战。一方面，由于网络犯罪的全球化，电子证据可能并不储存在

---

① 参见［德］乌尔里希·齐白：《全球风险社会与信息社会中的刑法》，周遵友、江溯等译，中国法制出版社 2012 年版，第 430 页。

刑事执法机关所在国的领土范围之内，收集这些证据往往费时费力。例如，如果美国的执法机构想获得一个立陶宛企业的信息或者有关数据时，往往会遇到法律障碍。因为立陶宛的企业往往可以"正当法律程序"为由予以拖延，从而造成美国执法机构可能需要 6～10 个月后才能获得需要的相关电子数据。① 另一方面，一些电子证据的储存时间可能比较短，一些电子证据容易被不法分子篡改。

为应对上述挑战，在网络犯罪案件的刑事执法中，有必要制定"从快"（快速）的刑事政策，才能有效地打击网络犯罪。在这方面，《网络犯罪公约》所制定的电子证据收集及相关的司法合作机制，如数据的快速保全、数据的实时收集、24/7 工作机制等，都体现了"从快"政策。《关于惩治攻击信息系统行为的指令》则明确规定，对于司法协助的紧急请求，接收请求的成员国应当在 8 小时内予以回复。

七、号召建立健全国际间司法协助机制

网络犯罪国际刑事政策的国际性特征主要表现为它包括了司法协助的刑事政策。在不同国家或者地区之间实现网络犯罪领域内的司法协助，是制定《网络犯罪公约》等国际性法律文件的关键缘由和重点目标。从《网络犯罪公约》、《关于惩治攻击信息系统行为的指令》中的司法协助规则来看，网络犯罪司法协助的国际刑事政策具有补充性的特征，即具有号召性、象征性。具体而言，补充性的特征体现在以下几个方面：

首先，《网络犯罪公约》侧重于规定国际合作、引渡、司法协助的基本原则。相关的法律条文比较抽象，主要是对各缔约国之间的法律合作提供一个方向性的指导规则——各缔约国应当最大限度地进行合作，以更有效地惩治网络犯罪。

其次，作为国际司法协助的法律基础，《网络犯罪公约》具有兜底性。即《网络犯罪公约》本身提倡各有关国家通过其他国际协议（如《欧洲引渡公约》、《欧洲刑事司法协助公约》、《欧盟成员国间引渡公约》）或者双边协定，在具体的案件中实现司法协助。相对于《网络犯罪公约》，有关协议具有优先适用的效力；如果不存在相关协议时，《网络犯罪公约》才作为司法协助的法律依据。此外，《关于惩治攻击信息系统行为的指令》有关司法协助的条文相当少，在司法实践中基本上难以作为欧盟各成员国实施司法协助的法律依据。

最后，《网络犯罪公约》关于司法协助具体程序的规定比较少，具有不完

---

① Lech J. Janczewski（ed.），*Cyber Warfare and Cyber Terrorism*，IGI Global，2007，p. 472.

整性。《网络犯罪公约》并没有制定详细的司法协助程序，而仅仅针对公约本身规定的涉及刑事诉讼的若干措施制定相应的司法协助条款，具体包括计算机数据快速保全与通信流量数据快速披露的国际司法协助、涉及数据的搜查与扣押、通信流量数据的实时收集以及内容数据的实时截取等侦查措施的国际司法协助。但需要注意的是，《网络犯罪公约》和《关于惩治攻击信息系统行为的指令》所规定的全天候（24/7）工作机制具有创新性，对于实现国际司法协助的迅速化具有重要意义。

第二节　国际网络犯罪刑事政策的评析

一直以来，围绕着《网络犯罪公约》和《关于惩治攻击信息系统行为的指令》等国际性法律文件所体现出来的网络犯罪刑事政策，理论界与实务界提出了许多批评以及建议。尽管存在各种各样的争议，但就目前整体而言，仍没有其他更另人信服的、可以完全取而代之的方案。

一、国际网络犯罪刑事政策的若干争议

（一）关于权力制约和权利保障的争议

为了有效地预防与打击网络犯罪，国际网络犯罪刑事政策强调将危害行为犯罪化、赋予国家相应的侦查权等权力。对此，批评意见指出，这种刑事政策忽视了权力制约以及人权保障原则的重要性，容易导致国家权力的滥用和人权受到侵犯等现象。例如，《网络犯罪公约》赋予了执法机构搜查、扣押、监视等权力，但是并没有相应地规定一些保护隐私以及限制政府权力的程序性保障措施。许多网络服务提供商（ISP）都担心自身成为一种监视工具；《网络犯罪公约》无法保证其赋予的权力不会被滥用，没有实现保障公共安全和保护个人隐私的平衡。

事实上，《网络犯罪公约》第 15 条针对人权和隐私权保护进行了一般性的规定——规定各缔约国应当按照其国内法的规定对于有关打击网络犯罪的政府权力进行合理的限制，对自由和隐私进行保护等。《网络犯罪公约》还特别强调采取有关措施时需要遵守人权保护和比例原则，特别是应当遵守欧洲人权公约、联合国人权公约等。但上述规定仍然遭到批评，有的学者就认为，一些缔约国并没有签署有关国际人权公约，《网络犯罪公约》因而无法保障这些国家在打击网络犯罪时遵守有关规定。此外，对于权力部门的监管权也缺乏相应的程序性保障。例如，根据有关"搜查"的规定，个人在国家执法机构的要

求下，有义务披露访问密码和其他数据，这明显违反了有关国家（如美国、加拿大以及欧盟法律）中不得自证其罪的原则。[①]

对于上述争议，我们认为应当辩证地看待。一方面，有关网络犯罪的国际公约的确没有详细地规定，在打击网络犯罪的过程中，如何对国家权力进行制约，如何实现权力与权利的平衡，如何合理地界定网络服务提供者在打击网络犯罪中的地位与角色等问题。同时作为政府间谈判的产物，有关公约的制定过程也缺乏广泛参与度，特别是一些利益相关方没有参与公约的起草过程。但另一方面，有关权力制衡、隐私权保护等问题是否需要由《网络犯罪公约》等专门性网络国际公约加以关注并作出规定，则仍需要进一步讨论。毕竟上述问题整体上属于人权保障问题，而各缔约国的人权保障制度与其法治水平、法治体系相关，与网络犯罪刑事政策本身并没有直接的关系，也难以通过与网络犯罪相关的国际公约来提高缔约国的人权保障问题。

（二）关于利益相关者参与度问题的争议

预防和打击网络犯罪需要多方的参与，在制定和完善网络犯罪刑事政策的过程中，应当邀请有关各方特别是利益相关者参与。但是，有学者批评，《网络犯罪公约》等国际性法律文件其实只是"闭门造法"的产物：公约的起草者忽略了计算机使用者、安全专家、人权组织、互联网服务提供者、计算机企业等有关方面的声音与利益。特别是由于没有邀请网络服务提供商以及网络用户参加，而引起了网络服务提供商的极大不满。[②] 此外，由于公约的起草过程排除了法律专家和人权组织的参与，自由主义者指责《网络犯罪公约》是一个违反法治和民主制度的片面的文件。[③] 由此可见，网络犯罪国际刑事政策的制定过程中，并没有十分重视利益相关者参与度的问题，这对于政策执行而言是一个很大的隐患。

为了应对上述反对者的质疑，欧洲委员会已经开始采取行动，特别是希望能得到网络服务提供者的积极合作。经过与网络服务提供商的多轮讨论，2008年4月举办的惩治网络犯罪全球会议通过了"关于惩治网络犯罪的法律实施与网络服务提供商合作指南"，该指南在一定程度上实现了国家执法司法权力、基本人权、数据隐私权等之间的利益平衡。[④] 这一行动提高了利益相关者

[①] Lech J. Janczewski (ed.), *Cyber Warfare and Cyber Terrorism*, IGI Global, 2007, pp. 474 – 475.

[②] 参见宋玉萍：《全球化与全球治理——以欧洲委员会〈网络犯罪公约〉为例》，载《新疆社会科学》2013年第1期。

[③] Lech J. Janczewski (ed.), *Cyber Warfare and Cyber Terrorism*, IGI Global, 2007, p. 472.

[④] 参见宋玉萍：《全球化与全球治理——以欧洲委员会〈网络犯罪公约〉为例》，载《新疆社会科学》2013年第1期。

的参与度，从某种意义上弥补了以往网络犯罪国际刑事政策的缺陷。

（三）关于网络犯罪各罪名构成要件的争议

《网络犯罪公约》要求各缔约国在其国内刑法中规定若干网络犯罪行为。对于这些犯罪类型，公约既规定了其定义，也规定了其犯罪构成；但仍需要各缔约国国内法律具体规定每一种犯罪类型的具体犯罪构成。对此，有学者提出了质疑并指出，公约应当包括一个额外的实体法的"指南"，规定相关网络犯罪的具体犯罪构成，并通过此"指南"指导各缔约国的国内立法，而不能将此任务完全交由缔约国完成。公约列举各种网络犯罪类型的目的在于使各缔约国的刑法实现一致化，但是缺乏"指南"可能会导致这一目的落空。因为，即使各缔约国根据公约完成了国内立法修改，也可能出现不同行为在不同国家被视为同一犯罪；或者同一行为在不同国家被视为不同犯罪。这种情形将会对国际司法合作产生比较大的负面影响。[①] 例如，假设美国和法国刑法中有关"非法进入"的构成要件不同，将出现某一法国公司实施的行为在美国刑法中属于"非法进入"，而在法国则不属于"非法进入"，这将可能导致美国无法请求法国提供司法协助。

诚然，如果公约详细规定每一个网络犯罪的构成要件，则可能无法在各缔约国之间达成共识，同时亦降低了公约的吸引力，不利于增加公约缔约国的数量。因此，《网络犯罪公约》难以详细地规定每一个罪名的具体构成要件；而制定一个辅助性的、指导性的"指南"，也许是一个更好的折中办法。

（四）关于网络犯罪管辖权的争议

《网络犯罪公约》与《关于惩治攻击信息系统行为的指令》就网络犯罪的管辖权，即有关缔约国刑事法律的适用范围问题均进行了比较详细的规定，使各缔约国享有最大限度的管辖权。这种广泛的刑事管辖权一方面使网络犯罪难以脱离法律的管辖，但另一方面又不可避免地造成国家间管辖权冲突现象——多个国家就同一网络犯罪行为都拥有管辖权。

例如，实践中就发生过这样一个案件：某一涉案企业在瓦努阿图共和国注册，在澳大利亚开展业务，在丹麦维护计算机服务器，在爱沙尼亚共和国维护源代码，而程序的原始开发人居住在荷兰；在这种情形下，上述各国的法院均需要考虑其是否对该案件具有管辖权。若多个国家均有管辖权，且各国有关机关均启动执法程序和司法程序，则本案就会面临比较严重的管辖权冲突问题。

---

① Shannon L. Hopkins, *Cybercrime Convention: A Positive Beginning to a Long Road Ahead*, Journal of High Technology Law, Vol. 2 No. 1, 2003, p. 113.

但对此问题，《网络犯罪公约》等国际性法律并没有制定解决的规则或者相应的机制，而只是寄希望于各国的"友好协商"。有学者批评，如此的制度安排使得《网络犯罪公约》等国际性法律不但没有解决问题，反而产生了大量的冲突和不稳定的法院裁判。对此学者建议，有关国际公约应当制定更为清晰的管辖权政策；或者可以制定管辖权优先适用的原则，如可以规定，犯罪损害后果的发生国对于网络犯罪案件具有优先管辖权。[①] 此外，有学者指出，国际公约所采取的类似于"普遍管辖"的规则，过度侵害了犯罪人的权益，也对传统国家司法主权造成了较大的冲击。但《网络犯罪公约》等国际性法律既没有就如何解决管辖权冲突提供解决办法，也没有针对网络犯罪的特殊性建立全新的刑事管辖权规则，[②] 因此并不具有很大的实用价值。

《关于惩治攻击信息系统行为的第 2005/222/JHA 号欧盟理事会框架决议》曾经规定，各成员国可以考虑管辖权依次由以下成员国行使：犯罪实施地所在国；行为人国籍所在国；行为被发现地所在国。上述顺序并没有强制的约束力，且该框架决定已经被《关于惩治攻击信息系统行为的指令》所取代，而《关于惩治攻击信息系统行为的指令》并没有规定类似的管辖权优先适用规则，因此各成员国只能根据其他国际条约或者自行协商解决管辖权冲突的问题。框架决议到指令的这种变化也从侧面反映了这样一个现实：制定明确的刑事管辖权冲突的解决规则是一项十分困难的任务，因为各国均坚守着各自的司法主权，而不会轻易地放弃管辖权。因此，国际网络犯罪刑事政策在此问题上采取比较模糊或者回避的态度，也属于一种无奈的选择。

（五）关于保留条款问题的争议

由于《关于惩治攻击信息系统行为的指令》是欧盟内部"法律"，因此不存在保留问题，欧盟各成员国有义务遵守相关的规定。而《网络犯罪公约》虽然由欧洲委员会主导制定，但它对欧洲各国以及非欧洲的缔约国并不当然地具有法律约束力，因此与大部分国际公约一样，《网络犯罪公约》规定了若干保留条款。

有学者批评，《网络犯罪公约》中为数不少的保留条款使公约的效果大打折扣。无可否认，为了吸引更多的国家参与，《网络犯罪公约》有许多妥协性的规定，特别是允许缔约国针对许多条款作出保留，从而使公约自身的价值受

---

① Shannon L. Hopkins, *Cybercrime Convention：A Positive Beginning to a Long Road Ahead*, Journal of High Technology Law, Vol. 2, No. 1, 2003, p. 118.

② 参见于志刚：《"信息化跨国犯罪时代"与〈网络犯罪公约〉的中国取舍——兼论网络犯罪刑事管辖权的理念重塑和规则重建》，载《法学论坛》2013 年第 2 期。

到一定程度的削弱。但应当注意的是，公约在9个条款中具体地列明缔约国可以作出保留的事项，而且主要集中于各缔约国意见难以达成一致的领域；此外，各缔约国不可以对于公约某一条作出整体保留，而只是对某一条的某一款或者某一个具体规定作出保留。例如，《网络犯罪公约》第4条第2款允许缔约国作出保留——仅在行为造成严重后果时，才对数据干扰行为犯罪化。换言之，缔约国不能对第4条作出整体性保留，因此必须将数据干扰行为犯罪化，只是"数据干扰"的构成要件可以与公约规定的有所不同。可见，《网络犯罪公约》对于保留条款其实是保持了相当克制的态度。

此外，《网络犯罪公约》第42条禁止缔约国对其他条款作出保留。不过，第42条本身也存在一定的争议。如美国参议院外交委员会认为[①]，行政机构的谈判代表不应该接受这类条款，这类条款也不能被解释为限制美国参议院提出保留的权力。

（六）关于《网络犯罪公约》落后性的争议

作为网络犯罪国际刑事政策的重要法律载体——《网络犯罪公约》虽然被寄予厚望，但随着信息技术的快速发展和网络犯罪的快速变化，许多学者批评公约已经严重落后于时代的发展，特别是公约无法赶上技术发展的步伐。此种批判主要围绕着公约使用的语言及公约犯罪圈的大小两个方面。

首先，关于语言的落后性，有观点认为目前公约使用的一些语言已经与时代脱节，国际电信联盟也认为公约的语言已经有点"乏味"。然而，考虑到信息技术的快速变化，我们对于公约使用的语言不能有过分的要求，也就是说，即使现在看来有点落后，也是不可避免的现象。但是，必须注意的是公约使用的语言其实是很有弹性的，许多词汇还是能适应技术的变化。而从整体上来看，在起草公约时，起草者已经尽量保证语言在技术上的中立性，即避免从技术上进行详细的、容易过时的定义。[②] 例如，公约就没有对"计算机"这一核心概念进行定义。

其次，关于犯罪圈的大小，有学者指出，一些新型的网络不法行为没有被纳入《网络犯罪公约》之中，例如，身份盗窃、网络引诱、垃圾邮件和网络恐怖主义等。[③] 此外，相对而言，《网络犯罪公约》更加关注"侵害计算机数

---

① Amealie M. Weber, *The Council of Europe's Convention on Cybercrime*, Berkeley Technology Law Journal, Vol. 18, 2003, pp. 440 – 441.

② Jonathan Clough, *The Council of Europe's Convention on Cybercrime: Defining "Crime" in a Digital World*, Criminal Law Forum, Vol. 23, 2012, pp. 374 – 375.

③ Jonathan Clough, *The Council of Europe's Convention on Cybercrime: Defining "Crime" in a Digital World*, Criminal Law Forum, Vol. 23, 2012, pp. 378 – 379.

据和计算机系统保密性、完整性和可用性的犯罪",而"利用网络实施的传统犯罪"则处于次要的位置。但随着网络犯罪数量呈现爆炸式的增长态势,目前大部分网络犯罪属于后一类犯罪,即将信息系统与网络作为犯罪的平台或者工具而非法获取巨额经济利益。纯粹破坏计算机数据和计算机系统保密性、完整性和可用性而没有进行盗窃、诈骗等犯罪行为的情形越来越少。[①] 就这个角度而言,《网络犯罪公约》关注的重点与网络犯罪的现实状况已经不相符。未来国际社会更应当关注的是,网络技术的发展为传统犯罪的惩治带来了何种挑战,以及国际社会应当采取何种刑事政策以更好地应对这些挑战。

二、国际网络犯罪刑事政策的完善建议

关于网络犯罪国际刑事政策的完善建议可能有很多,下文主要介绍其中有体系性、整体性、宏观性意义的两个建议。

(一)关于网络犯罪国际犯罪化的建议

目前,关于网络犯罪的惩治与预防措施,主要还是要靠各个主权国家实施。有学者建议改变此种现状并建立网络犯罪的国际刑事法院,以审理、惩罚特定种类的网络犯罪。该建议实际上是将某些网络犯罪行为视为国际犯罪,其具体内容包括以下几个方面[②]:

第一,建立一个专门审理网络犯罪的国际刑事法院。国际刑事法院由3个部分组成:审判法庭、检察院和登记处。审判法庭由3个裁判庭和1个上诉庭组成;检察院负责网络犯罪的侦查与起诉。登记处负责行政事务,以及为审判法庭与检察院提供相应的服务。

第二,国际刑事法院管辖的案件必须是对作为一个整体的国际社会具有重大影响的严重的网络犯罪。鉴于这些犯罪严重侵犯了国际社会的共同利益,因此它们不再是单纯的跨国犯罪或涉外犯罪,而是一种国际犯罪。具体行为类型包括:(1)针对重要的通信和信息基础设施的网络攻击;(2)其他具有全球影响的严重的网络犯罪,行为类型包括非法进入、非法截取、数据干扰、系统干扰、不正当使用设备、诈骗和涉及儿童色情的犯罪;(3)身份盗窃和其他涉及社交网络的犯罪;(4)准备犯罪工具的行为。需要注意的是,以上犯罪行为类型基本上被《网络犯罪公约》所涵括。

---

① 参见于志刚:《"信息化跨国犯罪时代"与〈网络犯罪公约〉的中国取舍——兼论网络犯罪刑事管辖权的理念重塑和规则重建》,载《法学论坛》2013年第2期。

② Judge Stein Schjolberg, *The Third Pillar for Cyberspace: An International Court or Tribunal for Cyberspace*, www.cybercrimelaw.net, last visit time 12/6/2016.

第三，当国际刑事法院和主权国家法院的管辖权发生竞合时，国际刑事法院享有优先管辖权。同时，根据"一事不二罚"的原则，国际刑事法院已经审理过的案件，主权国家的法院不能再审理。同理，对于主权国家的法院已经审理过的案件，国际刑事法院原则上亦不再审理；但在以下两种情形的，国际刑事法院仍然可以审理：（1）主权国家法院仅仅将犯罪行为视为一种普通犯罪而进行审理；（2）主权国家的法院审理程序并不公平或不独立、审理是为了使罪犯摆脱国际刑事责任而进行的，以及案件没有被公平公正地起诉。

（二）关于国际公约的替代方式

关于预防和惩治网络犯罪的国际刑事政策，目前国际社会主要还是以国际公约特别是《网络犯罪公约》①的方式或者载体进行建构。纵使相关的政策内容受到了一些学者的批评与质疑，但从目前的情况来看，其他重要的国际组织（如联合国）并没有意愿在《网络犯罪公约》之外达成一个新的法律框架。即使将来有新的国际行动，也很可能会以《网络犯罪公约》为基础。②也就是说，作为网络犯罪国际刑事政策的法律载体，《网络犯罪公约》等国际条约对于网络犯罪国际刑事政策的构建和完善而言，至少在目前以及在一段较长时间内具有不可替代的作用。

与此同时，也有一些学者建议，虽然国际公约不可或缺，但是国际社会可以考虑采取其他方式来同步地推动有关刑事政策的建立与完善。其中一种可行方式就是制定网络犯罪的模范法典（A Model Cybercrime Code）。此模范法典与美国的《模范刑法典》等相似，都不是由国家机关制定的法律，没有法律约束力，它可能是某些专家所起草的，也可能是不同国家之间非正式协商的产物，但是模范法典为世界各国的立法机关制定法律提供一个参考，也可以为制定新的国际公约奠定基础。可以想象的是，一个由国际社会广泛参与并共同制定的网络犯罪的模范法典，必将为世界各国的法律完善提供一个重要的参考样本，进而也将以一种柔性的方式促进法律的一致化。与制定国际公约相比，网络犯罪的模范法典虽然没有法律约束力，但是它具有以下几个优点③：

第一，模范法典可以根据时代的变化特别是技术的发展，快速地修改相关的法律条文。而修改国际公约，包括修改《网络犯罪公约》，往往具有明显的

---

① 从内容来看，《关于惩治攻击信息系统行为的指令》在很大程度上参考了《网络犯罪公约》。

② Francesco Calderoni, *The European Legal Framework on Cybercrime*：*Striving for an Effective Implementation*，Crime Law Soc Change，Vol. 54，2010，p. 351.

③ Amealie M. Weber, *The Council of Europe's Convention on Cybercrime*，Berkeley Technology Law Journal，Vol. 18，2003，p. 445.

滞后性、费时费力，修改公约的难度和努力往往与制定一个新的公约无异。

第二，模范法典不具有强制力，因此各国在参考模范法典进行立法时可以比较好地保持其国内法律的连续性，并且有足够的时间去考虑国内法律与模范法典的兼容性。而国际公约对于缔约国具有强制力，其中个别条款可能与一些潜在的缔约国国内法律存在较大的冲突，因此可能难以获得较多国家的支持。正因如此，《网络犯罪公约》公布后，一些国家在若干年之后才签署，或者签署之后若干年才获得国内立法机关的批准；即使批准，也往往提出若干保留。

第三，在制定和完善模范法典的过程中，对于网络犯罪立法问题，国际社会可能会逐渐地寻找到更好的解决办法与刑事政策。相对而言，制定公约往往需要平衡各方利益，公约提供的解决办法是建立在各方共识基础上的、妥协的方案，往往可能无法选择最佳的刑事政策。而模范法典的"模范"，在某种意义上而言，指的是追求理论上最优的、最理想的刑事政策，即使这些政策可能不会马上被大多数国家所接受，也会因为具有内容上的科学性，而逐渐吸引各国刑事立法和司法者的注意，并最终形成所谓的网络刑事政策的全球性共识。

第五章　国际网络犯罪刑事政策与中国的抉择

第一节　国际网络犯罪刑事政策的利弊优劣

一、国际网络犯罪刑事政策的优势及意义

从第三章第一节对国际网络犯罪刑事政策的体系性整理可以看出，目前为止，世界各国主要围绕着"刑事实体法"与"刑事程序法"的变革、"管辖权"的协调，以及"国际合作"的促进等问题加以展开。其中，通过对"刑事实体法"的变革，推动了各国对网络不法行为进行犯罪化，从而进一步实现了网络犯罪领域的实体法趋同。而只有当某一网络不法行为在各国均属被禁止行为，也即具有了双重可罚性，"管辖权"的争议和"国际合作"的问题，才随之浮出水面。同时，通过对"刑事程序法"的革新，不断促进网络犯罪领域的刑事侦查和证据认定制度的规范化和一致化，而这则在网络技术和司法体制的客观层面上，为各国间互相提供包括证据收集、保存、移送等协助扫清了障碍。

（一）为各国规制不法行为确立了犯罪类型

将网络不法行为划入犯罪圈，对不同侵害类型加以犯罪化，是国际网络犯罪刑事政策的首要贡献。近代以来的传统刑法，主要将具有实体性质的有形物作为被犯罪侵害的直接客体而加以保护。与之不同的是，网络犯罪既有传统犯罪类型在网络空间的异化形态，也有对与传统实体有形物相对应的网络数据、信息、利益等的侵害。而后者恰恰体现的是一种不同以往的新型的法益或价值，不仅涉及相关利益各方的博弈，典型的如网络知识产权的保护，涉及知识产权的创造制作者、权利的拥有者以及社会与普通公众等，也涉及与既有的法益或价值的平衡，典型的如对网络信息的甄别和过滤，便涉及对普通大众的隐私权的保护。

以德国刑法中关于网络犯罪的内容为例，可以管窥国际网络犯罪刑事政策对各国刑法规制和谐化的贡献。为了落实欧洲理事会的《网络犯罪公约》和

欧盟议会的《关于打击计算机犯罪的框架协议》对缔约国的要求，德国于2007 年 8 月 7 日通过了《为打击计算机犯罪的〈刑法〉第 41 修正案》，涉及对第 202 条 a（窥探数据罪）、第 303 条 a（变更数据罪）和第 303 条 b（破坏计算机罪）的修改，以及对第 202 条 b（截取数据罪）和第 202 条 c（窥探数据和截取数据的预备）的新增，从而实现了相关国际网络犯罪刑事政策对德国国内法的移植。①

具体而言：其一，窥探数据罪、截取数据罪和变更数据罪。三罪的核心要素在于作为直接客体的"数据"，德国刑法将《网络犯罪公约》的计算机系统和《关于打击计算机犯罪的框架协议》的信息系统，扩张为"无权访问的数据"。因此，所谓数据的定义更为宽泛，并不限于计算机和网络信息系统，是可以泛指以编码形式存在于任何可存储和处理数据的介质之中的信息。这不仅使得网络空间和计算系统之外的存储卡、CD 等客体获得刑法保护，而且也将不同于"黑客"的"灰客"甚至"白客"行为纳入了犯罪圈。② 其二，窥探数据和截取数据的预备。作为窥探数据和截取数据的堵截性构成要件，并不仅规制《网络犯罪公约》所规定的为了实施犯罪行为服务的"恶意软件"，而且还将尽管主观目的不明，但客观上能被运用于相关犯罪的计算机程序作为打击对象。其三，破坏计算机罪。在直接客体层面，该条并未限定在"企业的计算机系统的数据"，而是将"具有重要意义的数据"纳入其中，从而实质性地扩张了国际网络刑事政策的客体范围。在危害结果层面，该条定义为（对计算机或网络系统的）"显著干扰"，与国际网络犯罪刑事政策所要求的"严重障碍"相比，更为轻微，换言之，实现了刑法的前置保护和犯罪门槛的降低。

由此可见，国际网络犯罪刑事政策为各国国内刑事实体立法，一方面提供了可资借鉴的犯罪化的方向和新型犯罪类型；而另一方面，亦并未限制各国在国家网络犯罪刑事政策所划定的犯罪最低门槛之上，进一步扩张性或前置性地

---

① 关于相关罪名构成要件的详细分析，可进一步参见皮勇：《论欧洲刑事法一体化背景下的德国网络犯罪立法》，载《中外法学》2011 年第 5 期；申柳华：《德国刑法计算机犯罪修正案研究》，载《北航法律评论》2013 年第 1 辑。

② 所谓"黑客"（Black Hat Hacker）是指出于犯罪能量的驱动，对计算机系统和数据进行攻击的人。他们的主要目标是给计算机系统带来损害，尤其是对里面存储的数据进行复制、修改、删除或隐藏等。所谓"灰客"（Grey Hat Hacker）的行为则相对中立。他们并不以损害他人计算机系统和数据为目的，仅是把系统中存在的漏洞公布。所谓"白客"（White Hat Hacker）指的只是为了找到系统漏洞而对数据系统进行探测、攻击的人。白客往往是出于好奇，或者是为了得到黑客同行的认可，展示自己的技术水平而实施攻击行为，但是对系统内的数据或者系统本身不造成伤害，甚至还善意地提醒数据系统所有人，进行相关改进。参见申柳华：《德国刑法计算机犯罪修正案研究》，载《北航法律评论》2013 年第 1 辑。

对本国网络相关法益的保护。因此，国际网络犯罪刑事政策，在促进各国实体立法和谐化的同时，也避免因网络犯罪全球化特质而带来的管辖漏洞、真空以及"网络犯罪天堂"（computer crime haven）的现象。就这一层意义上而言，国际网络犯罪刑事政策，发挥着"以类似示范法的方式建立最低标准合作框架"① 的作用。

（二）为各国处理电子证据提供了技术参考

一般而言，以应对传统犯罪而生的刑事司法体系，从立案、侦查、起诉、一审、二审到判决生效，其间往往需要耗时数月甚至数年。而经由网络或计算机系统传播的数据、信息等，往往在瞬息之间便可抵达世界任一角落。就宏观而言，这种高效率的储存和传播速度，与传统刑事司法体系的低效率，形成了鲜明的反差，似乎充满了网络时代对传统疲于奔命的因应之策的嘲讽。而就微观而言，这些变动不居的数据和信息，其每个特性都对当下的司法应对提出了挑战：其一，这些数据被轻易改变、删除或移动；其二，即便这些数据的记录文件（log files）存在，但也仅限于短暂的时间内；其三，与之相似的是，显示交流链条（chain of communication）来源和路径的"往来数据"同样也只能短期保存。② 因此，可以想见的情形是，当司法机关接到报案后开始侦查，却常常会发现相关数据已被犯罪嫌疑人修改删除，而欲追踪往来数据和来源路径时，又因为历时过长，而被自动的网络程序或者网络服务商、管理者删除，从而难以侦破案件。

而以《网络犯罪公约》为代表的国际网络犯罪刑事政策就网络数据信息的处理，首次，全面地为各国提供了参考的路径。③ 首先，就网络数据信息的流变性，设计了"现存计算机数据的快速保存制度"，不同于简单的积累和维持现状的"数据保留"，"数据保护"的要求保存以静态形式存在的数据，防止其因外部原因而改变或灭失，从而维护现存计算机数据的完整安全。其次，由于传统形式的搜查和扣押不能保证网络数据的安全，因而为将相关数据信息作为证据加以使用，而设计了"现代搜查扣押程序与提供令制度"。其中，提供令作为鼓励各国设立的制度，其优势在于在确保犯罪侦查效果的同时，淡化了搜查扣押的强力色彩，对被调查方的权益侵害较为轻微。最后，为避免某些

① 宋玉萍：《全球化与全球治理——以欧洲委员会〈网络犯罪公约〉为例》，载《新疆社会科学》2013 年第 1 期。

② 参见［德］乌尔里希·齐白：《全球风险社会与信息社会中的刑法》，周遵友、江溯等译，中国法制出版社 2012 年版，第 305 页。

③ 关于国际网络犯罪刑事政策中刑事程序法的详细设计，可以进一步参见皮勇：《〈网络犯罪公约〉中的证据调查制度与我国相关刑事程序法比较》，载《中国法学》2003 年第 4 期。

重大犯罪的侦破过于滞后，对"往来数据和内容数据的实时搜查制度"的规范，则既可以及时地超前应对重大犯罪，又能够平衡隐私权和社会安全的利益冲突。

由此可见，在刑事程序性立法方面，国际网络犯罪刑事政策不仅考虑到了网络犯罪中相关电子数据证据的特性，规范并制定了应对的策略；而且，更为重要的是，其并未忽略打击犯罪、维护安全所可能带来的对既定权利秩序的冲击。在某种意义上，如何在网络时代重新平衡打击犯罪和保障人权的关系，决定着国际网络犯罪刑事政策中的刑事程序的创新和发展。

（三）为全球应对网络犯罪创设了纵深机遇

网络犯罪的全球性、去领土化特质而导致行为地与结果分离、数据信息追踪的跨国界，各国应对网络犯罪的实体刑法的趋同而带来的多国管辖，都在客观上对世界各国提出了共同的要求——合作协助。从目前来看，全球网络空间规则的制定还处在初级阶段，而作为其中重要组成部分的国际网络犯罪刑事政策同样也仅具雏形，主要包括对"有关历史措施的多边协助"、"有关侦查措施的多边协助"以及"协作网络"等机制的建设。事实上，国际网络犯罪刑事政策是所谓网络犯罪法规范的载体，规范意味着"某个特定身份的行为体行为恰当与否的评价标准"，根据其发展趋势，可以划分为规范兴起（norm emergence）、规范普及（norm cascade）和规范内化（internalization）这三个生命周期。而催生规范的先决条件则有二：其一，存在一定规模的鼓吹规范的倡导者；其二，规范倡导者得以说理对话的制度性平台。[①]

从上文对国际网络犯罪刑事政策的梳理来看，承担着规范倡导者角色的主体是多元的，因而也是具有一定规模的。从参与国际网络犯罪刑事政策的主体来看，不仅有国家及其政府代表人（通常是相关条约和规则的签署者），以及以联合国、经济合作组织、欧洲理事会、欧盟等国际性组织，而且包括了为上述主体出谋划策、提供建议的行业机构、专家智囊等。因此，随着规范倡导者的增多，作为外化载体的国际网络犯罪刑事政策也逐渐初具形态，这意味着应对网络犯罪的国际规范已经处于逐渐兴起的阶段。同时，由于相关制度新平台业已搭建，因此，通过参与者的交流对话与理性建构，规范的普及和逐步内化成为了可以预期的愿景。

---

① Martha Finnemore & Kathryn Sikkink, *International Norm Dynamics and Political Change*, International Organization, Vol. 52, No. 4, 1998, pp. 895 – 896.

二、国际网络犯罪刑事政策的内生性矛盾

（一）网络时代的进化与刑事政策的滞后

"法律一经制定便已滞后"，这种法律规范与现实世界的张力，在网络时代以几何速度成倍放大。以《网络犯罪公约》为基底初步建构起来的国际网络犯罪刑事政策同样如此。《网络犯罪公约》制定于 2001 年，截至 2015 年并未有重要的新的公约或共识达成，与之形成鲜明反差的是计算机技术和网络世界的日新月异，这主要表现为网络代际的变迁与大数据时代的到来。如第一章所述，我们已经从"网络 1.0"时代阔步迈入"网络 2.0"时代，并经历着被认为是互联网第三次代际转型前奏[①]的"三网融合"的过程，即以电话网为代表的电信网络、以有线电视为代表的广播电视网络以及以互联网为代表的计算机通信网络，通过技术改造逐步实现技术功能的一致和融合。与此同时，以广泛数据化和大量数据处理为特征的大数据时代的降临，在为人类社会提高生产力的同时，也促成了新型法益的出现，并刺激了新型犯罪的发生。

正是由于网络时代与国际网络犯罪刑事政策的代际差异，使得后者在以下方面显得滞后、在应对上捉襟见肘：其一，网络犯罪形式的变迁。由于各类移动终端的融合，网络犯罪形式经历了从传统计算机犯罪到利用计算机网络犯罪，再到移动网络犯罪的转型——当前司法实务中移动终端显然已经成为了黑客们长袖善舞的全新领域[②]。而以《网络犯罪公约》为代表的国际网络犯罪刑事政策，是围绕以计算机为终端系统网络而建构的，因而在应对"三网融合"背景中通过各类移动终端而实施的犯罪力不从心。其二，网络犯罪对象的变迁。"在大数据环境下，数据的集中和数据量的增大给产业链中的数据安全保护带来新的威胁，数据开始成为主要的攻击对象，网络向围绕数据处理的数据网络转向……以此为背景，大数据时代数据犯罪的指向，不再仅仅是对于计算机信息系统中存储、处理、传输数据的增加、修改、删除和干扰，而是演变为以大数据对象为中心，纵向侵害技术与现实双层法益，形成的一个多行为方式，危害后果横向跨越个人、社会、国家各层面与政治、军事、财产、人身和民主权利各领域的大犯罪体系。"[③] 简言之，《网络犯罪公约》以计算机信息系

---

① 参见于志刚、于冲：《网络犯罪的罪名体系与发展思路》，中国法制出版社 2013 年版，第 1 页以下。

② 参见刘佳：《泄密门对云计算形成挑战，移动终端成为黑客新战场》，载《第一财经日报》2012 年 1 月 5 日，第 C02 版。

③ 于志刚、李源粒：《大数据时代数据犯罪的制裁思路》，载《中国社会科学》2014 年第 10 期。

统数据为保护对象的应对策略，已经无法规制以大数据、云计算为侵犯对象的行为。前文所述的德国网络犯罪刑法修正案中所定义的"数据"，则并不限于"计算机系统数据"，而是采取了开放式包容性的概念，从而实现了立法上的适度超前，一定程度上缓解了网络时代变化所带来的冲击。

（二）各国网络空间的主权与全球化治理

所谓全球化是指"世界范围内的社会关系的强化，这种关系以这样一种方式将彼此距离遥远的地域连接起来，即此地所发生的事件可能是由许多英里以外的异地事件而引起；反之亦然"①，其是现代性的延伸，是"脱域"（dis-embededness）属性的深度扩展，意味着"社会关系从彼此互动的地域性关联中，从通过对不确定的时间的无限穿越而被重构的关联中'脱离出来'"。具体而言，这种"脱域"的内涵具有三重维度：其一，时间与空间分离，形成"虚化时间"，这使不同功能系统形成彼此差异的时间感知，不再与传统意义的自然时间重合；其二，空间与地点的分离，形成"虚化空间"，权利、符码和认同机制得以重组；其三，时间与空间的延伸，即上述的"虚化时间"与"虚化空间"在全球层面伸展，并以新的方式彼此结合，形成新的虚拟时空结构。②

"脱域"及其全球化产生了一系列的现代后果：首先，传统的社群甚至是民族国家开始出现破裂迹象，其卷入世界的互动，受制于共时化的世界体系。其次，现代社会的功能分化不再局限于地理空间，诸如政治系统、经济系统、法律系统和科学系统都横向延伸至全球。最后，世界性规范和认同机制不断被重塑，传统的身份、文化和政治认同都受到了不同程度的动摇。③ 网络空间是最为典型的"脱域"现象之一：以计算机代码为通用语言、以计算机及其他终端为物质载体而形成的脱离传统时间、地域差异的"网络虚拟时空"，在全球各个国家伸展，从而实质上突破了传统时空下的文化、政治、经济的隔阂，而新型的网络时空的犯罪，也开始登堂入室。因此，对于这样一种新型空间的保护，有赖于世界各国参与下的全球治理。

然而，与"网络虚拟时空"全球治理始终存在抵牾的是世界各国对本国网络主权的坚持，这一点自21世纪以来，各国经济发展、社会稳定和国家安全对网络的依赖程度的日益提升，而变得越来越强势，进而产生了所谓的"网络主权"和"网络边界"的呼吁。"尽管网络空间并不存在真正的物理边

---

① 参见［英］安东尼·吉登斯：《现代性后果》，田禾译，译林出版社2000年版，第56～57页。
② 参见［英］安东尼·吉登斯：《现代性后果》，田禾译，译林出版社2000年版，第15～18页。
③ 参见鲁楠：《全球化时代比较法的优势与缺陷》，载《中国法学》2014年第1期。

界，但对一国政府而言，网络的每一个节点、每一个路由器甚至每一次转换均发生在民主国家的主权边界之内，因而它必须遵守该国的法律；网络运行的海底电缆或者卫星连接也同样由某个实体公司所控制，该公司的活动也应遵守所在国家的法律"①。我国政府在这一问题上是有一贯主张和立场的，如在 2012 年网络空间国际会议（布达佩斯会议）上，我国代表团团长、外交部条法司司长便提出了网络空间应遵守的五项原则，其中首要原则便是"网络主权"。② 由此可见，尽管"网络虚拟时空"实现了成功的"脱域"，但依然很难摆脱民族国家的约束和管制，甚至可以说，只要是以民族国家作为国际网络刑事政策的行动主体，就不可能完全地就网络空间实现超国家的全球性的治理。换言之，地方性的主权声张，始终与全球化的一体治理，存在巨大的张力。

（三）各国网络技术的差异与实质性平等

由上文可知，当前国际网络犯罪刑事政策的制定，是由各民族国家作为主要行动者主导下的产物，也因此各国网络技术上的差异以及网络犯罪刑事政策的侧重，存在较为激烈的国家与国家间的博弈和对立。就技术层面而言，互联网源于美国，最初其治理权有二：一为顶级域名和地址的分配；二为互联网标准的研发和制定。20 世纪 90 年代初，美国政府将顶级域名系统的注册、协调和管理之责交给了网络解决方案公司（NSI），而将域名地址的分配权交给了互联网数字分配机构（IANA）。至于互联网标准的研发和制定，则是由互联网工程任务组（IETF）承担。尽管授予商业公司或非政府组织以治理权，意味着互联网逐渐走向真正的商用，但网络资源和技术在很大程度上依然由美国垄断。事实上，近年来以中国为代表的发展中国家，正努力推进互联网改革，打破美国的垄断地位；而欧盟也试图与美国争夺互联网霸主地位，力图削减美国在互联网基础设施和参与规则方面的优势。③

另外，就内容层面而言，由于各国在经济、文化、网络技术等方面发展水平的不同，在国际网络犯罪刑事政策的重点规制何种网络不法行为的问题上，存在着显著差异。以美国和欧洲为代表的国家对知识产权的保护不遗余力，因而在国际网络犯罪刑事政策的建构中，侧重于网络知识产权不法行为的打击。正如 UNESCO 信息社会部主任 Philippe 在 2001 年 3 月欧洲委员会咨询议会听

---

① P. W. Singer & Allan Friedman, *Cybersecurity and Cyberwar：What Everyone Needs to Know*, New York：Oxford University Press, 2014, p. 182.

② 参见《外交部条法司司长黄惠康在网络问题布达佩斯国际会议上的发言》，网址：http：// www. fmprc. gov. cn/chn/pds/wjb/zzjg/tyfls/xwlb/t977343. htm，最后访问日期：2016 年 6 月 12 日。

③ 参见郎平：《全球网络空间规则制定的合作与博弈》，载《国际展望》2014 年第 6 期。

证会上的发言所提及的：在强化版权的国际刑事保护时，忽略了不同发展状况国家间的差异，有可能剥夺发展中国家合理发展的机会。[①] 事实上，加强知识产权的保护，在鼓励本国自主创新并促进一国科技进步和经济发展的同时，也可能因为外国的技术垄断和壁垒，从而抑制本国对先进技术的模仿，反过来又阻碍技术进步。因而，在知识产权能否促进发展中国家的技术进步与经济增长的问题上一直备有争议。晚近以来的理论研究表明：当技术差距较大时，宽松的知识产权保护政策会有利于发展中国家的经济增长；当技术差距较小时，严格的知识产权保护政策会有利于发展中国家的经济增长。[②] 因此，各国在协调国际网络犯罪刑事政策时，势必会以本国经济增长以及与别国技术差距为主要考虑因素，参与或退出相关的应对网络犯罪的国际共同体。这种国别之间的博弈，无疑会冲击以欧美发达国家所倡导的《网络犯罪公约》为基础的现行国际网络犯罪刑事政策。

第二节　中国对国际网络犯罪刑事政策的合理立场

一、关于国际网络犯罪刑事政策的诸态度

（一）各国的态度与分歧

2011 年 11 月全球 60 个国家的 700 余名代表出席了"伦敦网络空间国际会议"（London Conference on Cyberspace），该会议是首次由政府召集的，旨在推动网络空间国际规则出台的国际会议。在关于网络空间国际规则本身的问题上，存在各持己见、互不相让的三种阵营：其一为"继承派"，其主张沿用现有国际法和规则，如《联合国宪章》、《战争与武装冲突法》以及欧洲理事会2001 年开始执行的《网络犯罪公约》，理由在于当前的问题应是如何提升执法能力和水平，而非修改法律规范本身。其二为"另起炉灶派"，其认为网络空间的属性太过特殊，原有规则无法直接适用，且诸多概念、理念均已过时。其三为"改良派"，其在认同现有《联合国宪章》等国际法基本原则的同时，认为考虑到技术和社会发生了巨大变化，因而有对原有国际法律体系进行适度调

---

① 转引自周文：《欧洲委员会控制网络犯罪公约与国际刑法的新发展》，载《法学评论》2002 年第 3 期。

② 参见余长林：《知识产权保护与发展中国家的经济增长》，载《厦门大学学报》2010 年第 2 期。

整和完善的必要。①

需要注意的是，此次伦敦会议，开启了围绕网络安全问题所展开的一个独特的国际磋商和对话进程，对与会国家的核心关切和分歧多有呈现，择其要者有三②：其一，网络空间的形成，是现代科学技术发展的结果，但其国际治理绝非单纯的技术问题，涉及各国深刻的意识形态和价值观的分歧。较为典型的是以美国为代表的西方国家采取双重标准，在指责中国、俄罗斯等国加强互联网监管立法和措施的同时，在应对本国或国际事务时采取网络监管，甚至是黑客病毒手段。其二，有关网络安全话语权和主导权的争夺明显加剧，从而影响到相关议题、优先保护领域等方面的分歧。例如，中俄等国于 2011 年 9 月向联大提交"信息安全国际行为准则"，便被视为对美欧"网络霸权"的反抗和维护本国网络主权的重要举措。其三，在未来应对网络犯罪的国际刑事政策的建构中，主权国家以外的主体，如国际组织、行业协会等，将扮演越来越重要的角色。同时，作为政策载体的形式，以非强力为特点的"软法"，将发挥不可忽视的作用。

（二）我国理论界的倾向

宏观而论，我国理论界在对以《网络犯罪公约》为框架的国际刑事政策的优劣以及是否应当加入的问题上，存在截然相反的两种观点：其一为肯定派。该派的主要观点是基于《网络犯罪公约》的主要内容而阐发：在实体法上，公约对相关术语作出了明确定义，从而有效地统一各国的实体法；在程序法上，公约将传统搜查扣押引入了网络犯罪侦查，并增设了诸如实时收集等侦查手段；在国际合作上，采取了不排斥原有国际合作条约的包容性立场，且创建了全天候的协作网络和积极情况下的多边快速联系机制等。在此意义上，"公约构建了一套打击网络犯罪的最低区域性国际标准。这套标准不仅体现在公约各章的规定之中，还将渗透到缔约国的国家刑事政策里"③。此外，还有的观点从网络犯罪全球治理的角度认为，《网络犯罪公约》具有三大优势，即以类似示范法的方式建立最低标准合作框架、通过附加协定方式协调重大争议问题、强化了包括网络服务提供商在内的多元主体参与。因此，尽管《网络犯罪公约》起初是由区域性国际组织通过的、更多地具有示范法的属性以及

---

① 参见唐岚：《"伦敦会议"探讨网络空间合作》，载《世界知识》2011 年第 24 期。

② 参见黄志雄：《2011 年"伦敦进程"与网络安全国际立法的未来走向》，载《法学评论》2013年第 4 期。

③ 周文：《欧洲委员会控制网络犯罪公约与国际刑法的新发展》，载《法学评论》2002 年第 3期。类似的观点还可参见杨彩霞：《国际反网络犯罪立法及其对我国的启示——以〈网络犯罪公约〉为中心》，载《时代法学》2008 年第 3 期。

在引渡、管辖权和技术障碍等方面面临多重困难，但应该看到其正积极向真正国际性公约发展，并寻求向全球治理转变的趋势，故《网络犯罪公约》在建构惩治网络犯罪的国际合作框架上是成功的。[①]

其二为否定派。尽管该派对《网络犯罪公约》所发挥的积极影响给予了肯定，但却较为系统性地在当前国际网络犯罪刑事政策的困境以及我国应有的态度等问题上给出了否定性意见。该派的基本主张，可以通过三点加以论述[②]：首先，《网络犯罪公约》在公平性（发达国家借主导地位夹带其利益主张和价值诉求）和普适性（各国立法中的犯罪圈的大小不一，传统犯罪的网络异化难以全面规定）两个方面存疑，因而受到了未参与该公约的其他国家的挑战。其次，不必加入《网络犯罪公约》的理由有二：一是网络的迅猛发展和代际的变迁，导致《网络犯罪公约》存在"时代性脱节"的基础性缺陷；二是《网络犯罪公约》在管辖权方面的简单规定，并不足以应对当下迫切需要回应的管辖权冲突的实务问题。换言之，以《网络犯罪公约》为基底建立起来的国际网络犯罪刑事政策，是看似精巧、实则无效的屠龙之术。最后，由于网络属于新生事物，而网络空间法律规制的制定，事关国家和民族利益以及司法主权，应当提升我国的话语权，以尝试建立跨国网络犯罪的刑事管辖权规则为突破口，努力在国际网络犯罪刑事政策中建立起"中国规则"，从而既可以抢得输出网络法律规则的先机，也有可能防止目前一些发达国家正在利用国内法、技术霸权试图再次形成有利于自身的国际法惯例和规则的企图。

二、融入国际网络犯罪刑事政策的必要性

尽管在对现行国际网络犯罪刑事政策的立场上存在相互对立的观点，但无论是肯定派还是否定派，在促进和提升我国在国际网络犯罪刑事政策制定和执行等方面的参与程度这一方向和目标上，并不存在矛盾，恰好相反，两种观点都强调了应对网络犯罪的国际协同合作的重要性。换言之，二者的对立和分歧仅仅在于"是否参与执行现行网络犯罪刑事政策"，而并不存在任何试图阻碍中国与世界其他国家联手应对网络犯罪的见解和倾向。个中原因，源自网络犯罪的特殊性，以及因之而来的融入国际网络犯罪刑事政策的必要性。

---

① 参见宋玉萍：《全球化和全球治理——以欧洲委员会〈网络犯罪公约〉为例》，载《新疆社会科学》2013 年第 1 期。

② 参见于志刚：《"信息化跨国犯罪时代"与〈网络犯罪公约〉的中国取舍》，载《法学论坛》2013 年第 2 期。

（一）客观趋势：网络时代的变迁与网络犯罪的风险

网络时代从互联网 1.0 时代早已升级为 2.0 时代，而更为显著的变迁，则与已经到了的"大数据时代"密切相关。正如学者所言，"信息爆炸不自今日起，但近年来人们更加感受到大数据的来势迅猛。一方面，网民数量不断增加，另一方面，以物联网和家电为代表的联网设备数量增长更快……总之，大数据存在于各行各业，一个大数据时代正在到来"①。详言之，大数据源于虚拟网络的迅猛发展和现实世界的快速网络化②：一方面，虚拟网络空间的发展，客观上为海量数据提供了持续生成空间。虚拟网络空间是由全球各国通过计算机技术和网络终端的媒介，实现数据接收、彼此互动而形成了不同于物理时空的信息空间。而大数据时代的形成，既是借助于网络空间的发展，又反过来提升促进了网络空间的代际转型。另一方面，云计算、物联网、社交网络、电子商务、网络社区以及即时通讯等技术的涌现，推动了现实世界迅速向网络世界的切换，而这一过程衍生了规模庞大、类型多样的数据资源。因此，可以认为，"大数据时代"的本质是数据信息的几何级增长，而网络技术的迅猛发展则为其推波助澜。

随着大数据时代与网络代际的交融，一幅现代性网络风险的图景即将呈现在世人面前：其一，大数据网络时代开辟了新的风险战场，这意味着新型网络犯罪的粉墨登场。新的风险战场集中表现在两个方面，数据技术处理过程的风险，包括数据存储、运算、分析以及数据运算平台安全等；信息本身的风险，包括具有政治价值的信息与国家安全利益、具有经济价值的信息与商业利益以及具有社会价值的信息与个人隐私等。因此，网络犯罪行为的重点侵害客体，将从计算机系统或网络本身，转向各行业的海量数据本身及其运算处理过程，从而使得网络犯罪名副其实地转型为数据信息犯罪。同时，网络犯罪行为的实施，也不再依赖单一的计算机终端，而是转向为已经实现联网的各类移动、电视、电信等终端，呈现出多样化的网络犯罪形式。其二，大数据网络时代是全球网络数据联通时代，而这无疑放大了网络犯罪的风险，使之成为了一种全球化的犯罪风险。"网络犯罪的信息化风险，在匿名社会系统的驱动下将会内爆成为全球化的犯罪风险。网络犯罪风险的内爆，主要指这种风险的时空压缩和全球延伸，这意味着在某个地方发动网络攻击，将具有全球化的'蝴蝶效应'。再加上信息逃逸和时空的因素，网络犯罪的风险具有一种全球性的后果……这种后果则是穿透几乎所有国家的法律防御和规制之网，直接侵扰人类

---

① 邬贺铨：《大数据时代的机遇与挑战》，载《求是》2013 年第 4 期。
② 参见钟瑛、张恒山：《大数据的缘起、冲击及其应对》，载《现代传播》2013 年第 7 期。

共同体的自由和安全"。[①] 其三，大数据网络时代的到来，互联网技术的应用和普及成为必然，而这与刑事犯罪率的高企密切相关。相关实证研究的结论显示：互联网的普及率与我国刑事犯罪率之间呈现显著的正相关关系，前者每上升 1%，将导致刑事犯罪率上升 0.38%，其中，财产型犯罪率上升 0.48%、暴力型犯罪率则无显著相关。[②]

总而言之，在当下的大数据网络时代中，网络犯罪发生了进一步的变化——其主要侵害的客体由实体性法益向虚拟性法益转向、侵害的方式由单一性终端向多元性终端转向、侵害的结果由可控性风险向系统性风险转向，也即网络犯罪在质与量两个方面产生了剧烈变化。由于这种网络空间发展具有人力不可逆性，各国无法置身事外，且任何一个国家均难以单独应对网络犯罪，故为顺应这种趋势，则各国间的一体协作、共同应对，就成为唯一选项。

（二）主观需求：网络犯罪的管辖与网络空间的治理

由于发达国家和发展中国家在计算机网络信息技术方面的差异，在网络时代兴起之初，针对同一个网络不法行为往往会出现"发达国家惩治而发展中国家并不以此为罪"的现象，例如早期针对计算机系统的犯罪，由于计算机技术尚未普及，发展中国家对该行为的危害后果并没有认识，因而根本未对此予以犯罪化。而随着网络技术的普及和大数据时代的到来，各国已经普遍对典型网络不法行为实现了犯罪化，网络犯罪天堂的空间已被大幅挤压，取而代之的则是世界各国扩张刑事管辖权的冲动。21 世纪初法国巴黎法院对"雅虎案"的处理，便是明证。2000 年 4 月，法国互联网用户发现美国雅虎公司在线交易网站可以进行包括宣扬种族主义的纳粹大事记及其相关纪念品等的拍卖活动，进而引发了法国多个非政府组织的抗议，并在美法两国分别提起诉讼。法国巴黎法院于 11 月作出了紧急裁定，要求雅虎在 90 天内，采取有效措施禁止法国网民进入有关拍卖纳粹文物的网站。雅虎方面则从法律和技术两方面进行了抗辩：第一，其相关网站业务由美国政府管辖，而美国宪法并未限制纳粹物品的网上拍卖；第二，现有技术无法实现对网页浏览者的国籍等身份加以识别并阻止其访问。而巴黎法院认为由于网络的互联性，法国公民可以轻易接触此类网站，因而需要尊重法国法律。同时，通过 3 名专家证人的意见，一种验明访问者国籍的程序足以实现 90% 以上的过滤。[③] 法国经由此案而重新并扩张性

---

① 张文龙：《全球信息秩序中的网络犯罪及其治理》，载《学术交流》2015 年第 3 期。

② 参见陈力朋等：《互联网普及对中国刑事犯罪率的影响——基于省级面板数据的实证分析》，载《中国刑事法杂志》2014 年第 6 期。

③ 参见政武：《巴黎法院对"雅虎案"裁定的法律思考》，载《互联网周刊》2001 年第 2 期。

地定义了网络犯罪案件的管辖，在实质意义上宣示了民族国家在网络虚拟空间的主权。

然而，过分执着于对网络犯罪的管辖，人为地标定虚拟空间的主权界限，遭到了不同意见的抵制。"互联网先驱"文顿·赛弗便指出："如果世界上每一个独立的司法管辖区，都坚持互联网必须针对特定地域进行某种形式的过滤，那么，网联网将不复存在"。① 雅虎在清除相关纳粹纪念品信息后，向美国法院提起了诉讼，主张法国法院不具备管辖权，故不应对其相关裁决予以执行。受理本案的美国法官在判决书中指出："我们生活的世界是一个文化及价值观相差极大而同时又共同存在的一个地球村，宽容和多元应当是这个时代的主流。毫无疑问，美国的互联网用户每天都在发表、接受、制造和传送可能与许多国家的道德、文化法律相佐的言论和信息……如果这些国家的法律执行机关都像法国法院那样寻求对雅虎公司或其他的美国互联网服务提供商予以限制、处罚，那么什么样的原则应当成为这些法院作出判决时必须遵守的参考和准绳呢？"② 事实上，无论雅虎公司是否向美国法院提起确认无效之诉，由于涉及价值观和法律传统的差异，"相应的惩罚性判决在美国几乎没有被予以执行的可能"③。

这实际上是虚拟空间主权与网络世界治理之间的僵局：不考虑虚拟空间的特性，而过分强调其受主权国家规制，往往导致主权国家争相管辖、互不承认，从可预期的后果分析，其结局是网络世界的人为割裂，其效果不啻为因噎废食。因此，为了实现对本国规范及其法益的保护，在一定程度上，与世界其他国家商讨关于网络空间治理的理念、原则、方式等，就成为了实现本国网络治理的有效路径。在此意义上，网络世界的国际治理便应运而生，其对参与其中的各国具有实实在在的利益：首先，可以有效地实现网络安全的保障。网络功能的发挥有赖于跨国开放和全球互联，只有通过各国参与的国际治理，才有可能保护分散在全球的、存储着各类重要或敏感数据的信息节点，从而保障网络的安全和可信赖。其次，可以极大增进各国在网络治理上的理解和互信，消除彼此之间的价值和法律上的冲突。最后，可以消弭发达国家和发展中国家间的网络安全数字鸿沟。信息网络的安全，日趋取决于整个体系中能力最为薄弱的环节，发展中国家防护能力较差、往往是网络攻击的最大受害人。其如果忽

---

① 政武：《巴黎法院对"雅虎案"裁定的法律思考》，载《互联网周刊》2001 年第 2 期。

② 于志刚：《"信息化跨国犯罪时代"与〈网络犯罪公约〉的中国取舍》，载《法学论坛》2013 年第 2 期。

③ 孙尚鸿：《虚拟网络无边界，有形管辖制其道——从雅虎案探析跨国网络服务商的管辖权问题》，载《中国检察官》2010 年第 5 期。

略安全鸿沟，而一味加大基础建设投入的话，则会进一步增加遭受侵害的风险。通过参加相应的国际网络治理的共同体，可以在增强本国防范能力方面获得其他国家的建议和帮助。① 换言之，由于网络时代和虚拟空间的特性，本国的网络空间治理与国际网络空间治理，紧密相关、相辅相成。

三、国际网络犯罪刑事政策的立场和模式

我们认为，网络技术的迅猛发展，随之而来的是现实世界的高度网络化、虚拟世界的逐渐全球化。对于这种趋势，我们只能顺应，不能逆势而动。尽管虚拟空间与现实世界有着不同的治理规则，其全球跨境、去领土化的特质也对习惯于现实领土支配的民族国家构成了挑战。但是，从各国的外交实践和国际参与来看，没有任何国家因此便放弃了本国对本国网络空间的主权。恰好相反，各国对网络犯罪管辖的冲动，国际间司法协助和裁判承认推进缓慢，其原因都与本国对网络空间主权及其相关利益的诉求有关。然而，建立在领土主权之上的法律管辖的属地原则，却明显难以应对不受时空限制的网络犯罪行为。很难想象故意杀人、交通肇事等传统犯罪，可以不在现场，甚至不在该国而远程实施，而这种行为地与结果地的分离，在网络空间中则比比皆是。因此，为追究针对本国国家、社会和公民的网络犯罪行为，保护相关法益不受侵害，一套不同于传统管辖原则的国际网络犯罪管辖权确定规则就成为了各国司法实务的亟需。而这一切，既仰赖于各国间刑事实体法和程序法的和谐化程度，也受制于各国对网络治理的价值观和态度倾向。归根结底，需要网络犯罪治理利益各方的互动与磋商，在彼此尊重各自主权的同时，合力应对网络时代虚拟空间所带来的风险。鉴于此，我们认为，面对国际网络犯罪刑事政策时，坚持"主权承认"，是展开对话、协同应对的基本前提，而坚持"共同治理"，则是维护主权利益的最佳方式。

（一）基本立场：网络空间的再主权化

所谓主权，根据启蒙时代以来的传统定义，是指由人民所有而由国家行使的，包括法律道德等内容的，且不受另一个主权控制的权力。② 由于互联网技术固有的去中心化和跨国性等特点，网络空间被许多人视为国家和国家主权的挑战者甚至是终结者——就关注国内层面政治互动的人而言，网络空间权利的

---

① 参见崔聪聪、巩姗姗：《全球网络安全与犯罪公约制定的基本问题》，载《重庆邮电大学学报》（社会科学版），2015 年第 1 期。

② 参见鲁传颖：《主权概念的演进及其在网络时代面临的挑战》，载《国际关系研究》2014 年第 1 期。

个体化和社会化深刻地改变了"国家—社会—个人"的权力结构，使国家权威逐渐让位于公民社会和个人团体，甚至传统的代议制政府模式都将在网络技术的影响下走向个体直接参与的新的政治形式；而就国际政治层面，网络信息流动和网络结构的跨国性使得国家主权边界逐渐模糊，对传统以国家为中心的国际机制带来了冲击。① 因此，网络空间的"再主权化"是对应网络空间的国内外两个方面的"去主权化"而言的，是国家通过技术手段对网络虚拟空间予以法律化、制度化、规范化的过程。在网络空间的主权属性与再主权化的问题上，网络发达国家和网络发展中国家存在明显对立的意见②：以美国为代表的网络发达国家，因其在信息控制方面的主导地位，反对网络主权对网络空间的限制，更为积极地将网络空间认定为"全球公域"，借此可以实现其在网路空间上的霸权。而以俄罗斯为代表的网络新兴国家认为，网络基础设施位于国家的物理疆域中，每个国家都有权根据本国法律管理网络空间，并设定自己的网络标准，从而得以撼动发达国家在网络空间的支配地位。

尽管两个阵营的对立势均力敌、各有论据，但网络空间的"再主权化"已经是一个不争的趋势：首先，以 ICAANN 为代表的全球互联网治理机构中的"国家存在"提高，近年来各国政府和政府间组织对其加强了中枢，政府咨询委员会的成员数量显著上升。其次，国家的互联网监管力度在全球范围内加大，例如 2002 年美国布什总统签署了可以对美国公民国际电话和通信加以监听的行政命令，这是网络空间再主权化的最为直接的表现。最后，以主权国家为单位的互联网治理国际竞争加剧，围绕着互联网治理中的公私关系、南北关系、美国主导权等问题，各国之间展开了多番激烈的交锋，主权国家的作用显著地得到了各国的认同。③ 网络空间出现"再主权化"现象的原因，总体而言，包括两个方面：一方面，在网络商业化、现实网络化的背景下，互联网技术应用的范围不断扩大，而"去主权化"的倾向，往往导致无政府主义，仅凭网络参与者的自治，显然不足以应付一系列可能导致重大公共和私人风险的问题。另一方面，在国家竞争和对抗的背景下，国际互联网的安全问题浮出了水面，以"网络战"为典型的潜在国际威胁，也使得无政府主义的网络空间论失去了市场。在此意义上，具有应付风险、提供安全能力的国家，毫无疑问

---

① 参见刘杨钺、杨一心：《网络空间"再主权化"与国际网络治理的未来》，载《国际论坛》2013 年第 6 期。

② 参见鲁传颖：《主权概念的演进及其在网络时代面临的挑战》，载《国际关系研究》2014 年第 1 期。

③ 参见刘建伟：《国家"归来"：自治失灵、安全化与互联网治理》，载《世界经济与政治》2015 年第 7 期。

地重新在网络世界"复归",并结合网络虚拟空间的特性,从而诞生了"网络主权"这一来源于传统又与之区别的概念。

事实上,我国是网络空间"再主权化"较早的支持者和践行者。早在2010年6月8日,我国国务院新闻办公室发表的《中国互联网状况》白皮书中,便已表明了对网络空间的基本态度:"中国政府认为,互联网是国家重要基础设施,中华人民共和国境内的互联网属于中国主权管辖范围,中国的互联网主权应受到尊重和维护。中华人民共和国公民及在中华人民共和国境内的外国公民、法人和其他组织在享有使用互联网权利和自由的同时,应当遵守中国法律法规、自觉维护互联网安全。"① 这体现了我国网络主权的自主意识,并且在此后的国内立法和国际外交上得以巩固和捍卫:国内立法层面,2015年7月通过的《国家安全法》的第25条,从法律规范上确认了国家维护网络空间主权、安全和发展利益的责任。国际外交层面,我国始终强调网络主权是国家主权在网络空间的自然延伸,倡导网络主权、平衡、和平利用网络、公平发展以及国际合作等原则。同时,由于全球互联网建设方面迄今尚未形成明确的世界性规则,为了对抗美国网络霸权地位,我国与俄罗斯、塔吉克斯坦、乌兹别克斯坦等国联合向六十六届联合国大会提交了《信息安全国际行为准则》草案。② 简言之,我国坚持通过各国现有的法律体系的延伸和拓展,实现国家法律对网络空间的规制,而不放任其为"法外之地"。也只有在这个立场上,才可能实现各国平等地参与网络空间的治理。事实上,网络空间已经成为陆、海、空、天之后的第五大主权领域空间。换句话说,网络空间中国家角色的"复位",不是开展国际合作共治的阻碍,而毋宁说是促进和提升,否则网络空间要么沦落为网络技术发达国家的玩物,要么成为无政府主义下的"无序"状态,于绝大多数国家而言,都是不欲的后果。

（二）基本模式:网络犯罪的全球治理

随着各国逐渐在网络虚拟空间内的"再主权化",以"去主权化"和"无中心化"为特点的网络虚拟空间及其传统治理的模式,将不可避免地面临剧烈而重大的变革:一方面,各国将其法律制度自然延伸至网络空间,意图实现有效的法律治理格局。但由于网络的互联跨域性质,这种有效的法律治理,则

---

① 《中国互联网状况》,网址:http://news.xinhuanet.com/politics/2010-06/08/c_ 12195221.htm,最后访问日期:2016年6月12日。

② 参见杨永前:《"构建和平安全、开放有序的和谐网络空间"——访中国外交部条法司司长黄惠康》,网址:http://news.xinhuanet.com/world/2012-10/05/c_ 113280788.htm,最后访问日期:2016年6月12日。

不得不具有外向型和国际型特征。这意味着各国将以国家的身份对外行使其网络主权，维护本国网络权益，进而涉及现有国际网络治理权的重新分配。另一方面，出于网络安全的需要，各国又不约而同地加强了对网络空间的控制，从而防范来自他国的对本国网络空间的侵入和攻击。这两方面的变化，无疑会加剧各国在网络治理问题上的分化和对立，这反过来使得在国际规则的议定和网络核心资源的分配上，各国的参与和国际间的对话成为了必须。

变革的契机始于 2013 年 6 月美国国家安全局前雇员斯诺登曝光了该局的"棱镜"监听项目，引起了全球各国对美国政府间谍活动的警觉和抗议。明显感受到巨大压力的美国政府，宣布放弃对互联网名称和数字地址分配机构的监管，并承诺将尽快把管理权移交给一个遵循"多边利益相关方"（multi - stakeholder）组建的私营机构。[1] 实际上，在后斯诺登时代的全球网络空间治理问题上，各国可选择的战略无外乎三种[2]：第一种是无条件追随，其追随的对象是美国的霸权战略，即认可其自身技术优势的滥用并对美国政府的意图保持无条件的信任，相信其仅从国家安全和反恐的角度来使用自己的网络技术，而不会将其运用在商业领域展开不对称竞争。然而，美欧在网络安全理念上存在重大分歧，欧盟各国尚且无法追随美国，遑论世界其他国家。[3] 第二种是强硬的对抗，为自身安全设定一个绝对标准，为此不惜支付巨大的代价，包括在网络空间重现冷战那种阵营对抗，在必要时架设一整套与现有全球网络空间平行的网络，从而包括基础设施管线在内，实现与现有网络严格意义上的物理隔离。然而，这无疑是对网络时代的反动，过分强调安全问题，必然带来国内政治、经济、文化等方面的保守和萎缩，是与开放、多元、互动的世界趋势背道而驰的。第三种是力图通过共同治理来谋求国家安全，即依托"人类共同遗产"原则，通过新兴大国之间的战略协调，凝聚和团结具有相同处境（技术能力弱小、对网络空间依存度高、担忧美国滥用自身霸权优势等）的国家，实现强化各国间合作的目标。

由于各国对网络空间的价值和理念的差异，一套各方接受和遵从的国际网络空间治理规则的形成，尚需时日。所谓万事开头难，其难点在于找准切入点。我们认为实现网络共治的突破口便在于国际网络犯罪刑事政策。首先，在

---

①　*NTIA Announces Intent to Transition Key Internet Domain Name Functions*，http：//www. ntia. doc. gov/press - release/2014/ntia - announces - intent - transition - key - internet - domain - name - func- tions，last visit time 12/6/2016.

②　三种战略的选择，参见沈逸：《后斯诺登时代的全球网络空间治理》，载《世界经济与政治》2014 年第 5 期。

③　参见李恒阳：《"斯诺登事件"与美国网络安全政策的调整》，载《外交评论》2014 年第 6 期。

应对国际网络犯罪的问题上，参与的各方都存在追诉犯罪和保障安全的利益。也正因为如此，"解释了为什么计算机刑法和谐化的进程保留了传统合作模式的外表，而没有像人们对全球网络空间之规制所预期的那样采纳超国家模式的更多元素"①。其次，网络犯罪应对的国际化，也为消弭国际各方的价值分歧提供了契机。一方面，各国国内刑事立法的趋同，意味着在网络不法行为的认定和制裁上的国际一体化，这是法律价值和规范理念层面上的和谐化；另一方面，管辖权方面将涉及多重管辖下的裁判权力归属的机制，这必然会促进各国对"结果发生地"、"重要不利影响"等方面的共识。最后，日益严重和猖獗的国际网络犯罪，以及恐怖主义活动对网络空间的侵入，成为了各国亟待治理的顽疾，加速了在这一领域的国际合作。网络空间的治安形势，既包括普通犯罪人实施的犯罪，也涉及恐怖分子所实施的犯罪，换言之，网络技术可以为任何人加以利用，而后者则增加了问题的严重性，即利用网络威胁恐吓政府并因此引起普通民众的恐慌。② 基于对这种潜在风险的抵触和防范，以应对国际网络犯罪为重点的国际治理，成为了唯一选项。

---

① ［德］乌尔里希·齐白：《全球风险社会与信息社会中的刑法》，周遵友、江溯等译，中国法制出版社 2012 年版，第 350 页。

② 参见［加］唐纳德·K. 皮雷格夫：《打击网络犯罪和网络恐怖主义中的国际合作》，卢建平等译，载《法学家》2003 年第 5 期。

第三篇
我国网络犯罪刑事政策重构

第六章 我国网络犯罪刑事立法的内容体系

第一节 我国网络犯罪刑事立法史概览

一、我国网络犯罪刑事实体法的立法史概览

我国网络犯罪刑事实体立法基本上可以划分为三个阶段，即刑事立法准备时期、正式立法时期、完善修正时期。

（一）网络犯罪刑事立法的准备时期

网络犯罪是典型的行政犯，而我国刑法分则中大量行政犯采取了空白罪状的立法方式，即具体分则条文没有直接规定某一犯罪构成的特征，而是指明确定该罪构成需要参照的法律、法规的规定，换言之，实现对网络犯罪有效刑法规制的前提是存在与计算机、网络有关的行政法律、法规及规章。

1. 与计算机、网络有关的行政法规

在1997年《刑法》规定计算机犯罪之前，计算机网络方面的行政法规主要有：

（1）《中华人民共和国计算机信息系统安全保护条例》（1994年2月18日国务院发布，本节以下简称《安全保护条例》）。

这是我国第一部涉及计算机信息系统安全的行政法规。该《安全保护条例》首先明确了计算机信息系统的含义，第2条规定，计算机信息系统，是指由计算机及其相关的和配套的设备、设施（含网络）构成的，按照一定的应用目标和规则对信息进行采集、加工、存储、传输、检索等处理的人机系统。《安全保护条例》赋予公安部主管全国计算机信息系统安全保护工作的职能。该《安全保护条例》的主要内容是规定了计算机信息系统的安全保护制度和公安机关对计算机信息系统的安全监督职责。《安全保护条例》总共只有31条，内容简单，诸多安全保护方面的具体制度都授权由公安部另行规定，这也符合当时我国立法中一直奉行的"宜粗不宜细"的指导原则。1997年6月28日，公安部根据《安全保护条例》的授权性规定，制定了《计算机信息

系统安全专用产品检测和销售许可证管理办法》等规章。

（2）《中华人民共和国计算机信息系统国际联网管理暂行规定》（1996年2月1日发布，1997年5月20日修正，本节以下简称《国际联网管理暂行规定》）。

这是我国第一部专门规范国际互联网管理的行政法规。《国际联网管理暂行规定》对互联网的含义、国际互联网的管理部门、计算机信息网络进行国际联网的原则、互联网接入单位的经营许可证制度（经营性）和审批制度（非经营性）、接入单位的资质条件、服务能力及其法律责任等均进行了规定。由于《国际联网管理暂行规定》只有17条，且内容多属于原则性的规定，因此，国务院信息化工作领导小组于1998年3月13日发布了《计算机信息网络国际联网管理暂行规定实施办法》，对《国际联网管理暂行规定》中的内容做了进一步的细化规定。

（3）《计算机信息网络国际联网安全保护管理办法》（1997年12月11日国务院批准、1997年12月30日公安部第33号令发布，本节以下简称《安全保护管理办法》）。

这是我国第一部全面调整互联网络安全的行政法规，不仅对我国互联网的初期发展起到了重要的保障作用，而且为后续有关网络安全的法规、规章的出台起到了重要的指导作用。《安全保护管理办法》最重要的内容是第10条规定的互联单位、接入单位及使用计算机信息网络国际联网的法人和其他组织应当履行的安全保护职责。

2. 与计算机、网络有关的行政规章

行政规章主要有：（1）《中国公用计算机互联网国际联网管理办法》（1996年4月9日原邮电部发布），系由原邮电部根据《国际联网管理暂行规定》制定的，对互联单位、接入单位和用户应遵守的事项作出了原则性的规定。（2）《计算机信息网络国际联网出入口信道管理办法》（1996年4月9日原邮电部发布）。

（二）网络犯罪刑事立法的正式时期

1997年3月14日修订的《刑法》中第一次规定了专门针对计算机系统的犯罪，该法第285条规定了非法侵入计算机信息系统罪，第286条规定了破坏计算机信息系统罪，第287条中规定了利用计算机实施金融诈骗、盗窃、贪污等犯罪的定罪处罚。有实质性意义的是第285条、第286条规定的以计算机信息系统为对象的犯罪。2000年12月28日，全国人大常委会制定发布了我国网络安全方面的第一部法律《关于维护互联网安全的决定》（本节以下简称《互联网安全决定》），该《互联网安全决定》对危害我国网络的各类违法犯罪进行了全面梳理，规定了危害互联网运行安全、利用互联网实施危害国家安全和社会稳定、社会主义市场经济秩序和社会管理秩序、个人、法人和其他组织的人身、财产等合法权利等各类犯罪的主要表现形式，明确规定了依照《刑法》有关规定定罪处罚的 21 种利用互联网实施的犯罪。应当说，受限于我国传统的所有犯罪及刑罚均只规定在刑法典之中的刑事立法单一体制，该《互联网安全决定》也只是列举了网络犯罪的各种形式，而并非网络犯罪的单行刑法，由于并没有创设新的罪行和罪名，所以，对于刑事立法而言并不具有实质性意义。

（三）网络犯罪刑事立法的完善时期

1. 《刑法修正案（七）》对网络犯罪的补充与完善

随着网络技术及应用的快速发展，破坏网络安全的危害行为的方式也日益多样化，出现了三个明显的变化：一是在计算机系统中植入病毒、木马程序等各种破坏性程序的行为增长明显；二是犯罪人员中的非计算机专业人员增加；三是计算机病毒与木马程序等恶意代码结合，大量侵入普通用户的计算机窃取信息系统数据，或者远程控制计算机。[①] 1997 年《刑法》中原有的两个罪名已无法适应打击侵害计算机信息系统行为的客观现实需要，对此，《刑法修正案（七）》（2009 年 2 月 28 日公布）增设了非法获取计算机信息系统数据、非法控制计算机信息系统罪和提供侵入、非法控制计算机信息系统的程序、工具罪等罪刑条款。

2. 《刑法修正案（九）》对网络犯罪的补充与完善

为了进一步维护信息网络安全，完善惩处网络犯罪的法律规定，2015 年 8 月 29 日第十二届全国人民代表大会常务委员会第十六次会议通过了《刑法修正案（九）》，从而增加对网络犯罪相关内容的规定。主要包括两方面：一是对《刑法》第 285 条、第 286 条规定的网络犯罪增加规定了单位犯罪主体；二是新增了 4 个罪名，即拒不履行信息网络安全管理义务罪、非法利用信息网络罪、帮助信息网络犯罪活动罪和编造、故意传播虚假信息罪。

3. 司法解释的规定

我国先后制定了与网络犯罪有关的一些司法解释，可以分为两类：一类是专门针对计算机网络犯罪的司法解释。这类司法解释主要有：最高人民法院、最高人民检察院《关于办理利用互联网、移动通讯终端、声讯台制作、复制、出版、贩卖、传播淫秽电子信息刑事案件具体应用法律若干问题的解释》

---

① 参见黄太云：《刑法修正案解读全编》，人民法院出版社 2011 年版，第 151～152 页。

（2004 年 9 月 3 日发布，法释〔2004〕11 号，本节以下简称《淫秽电子信息刑事案件解释》）、最高人民法院、最高人民检察院《关于办理利用互联网、移动通讯终端、声讯台制作、复制、出版、贩卖、传播淫秽电子信息刑事案件具体应用法律若干问题的解释（二）》（2010 年 2 月 2 日发布，法释〔2010〕3 号，本节以下简称《淫秽电子信息刑事案件解释（二）》）、最高人民法院、最高人民检察院、公安部《关于办理网络赌博犯罪案件适用法律若干问题的意见》（2010 年 8 月 31 日发布，公通字〔2010〕40 号，本节以下简称《网络赌博犯罪案件意见》）、最高人民法院、最高人民检察院《关于办理危害计算机信息系统安全刑事案件应用法律若干问题的解释》（2011 年 8 月 1 日发布，法释〔2011〕19 号，本节以下简称《危害计算机信息系统安全刑事案件解释》）、最高人民法院、最高人民检察院《关于办理利用信息网络实施诽谤等刑事案件适用法律若干问题的解释》（2013 年 9 月 6 日发布，法释〔2013〕21 号，本节以下简称《网络诽谤刑事案件解释》）。

另一类是在司法解释中涉及有网络犯罪的内容，如最高人民法院、最高人民检察院《关于办理组织和利用邪教组织犯罪案件具体应用法律若干问题的解释（二）》（2001 年 6 月 4 日发布，法释〔2001〕19 号，本节以下简称《组织、利用邪教组织犯罪案件司法解释（二）》）、最高人民法院《关于审理破坏公用电信设施刑事案件具体应用法律若干问题的解释》（2004 年 12 月 30 日发布，法释〔2004〕21 号）、最高人民法院《关于审理危害军事通信刑事案件具体应用法律若干问题的解释》（2007 年 6 月 26 日发布，法释〔2007〕13 号）、最高人民法院、最高人民检察院、公安部《关于办理侵犯知识产权刑事案件适用法律若干问题的意见》（2011 年 1 月 10 日发布，法释〔2011〕3 号，以下简称《侵犯知识产权刑事案件意见》）、最高人民法院、最高人民检察院《关于办理诈骗刑事案件具体应用法律若干问题的解释》（2011 年 3 月 1 日发布，法释〔2011〕7 号）、最高人民法院《关于审理破坏广播电视设施等刑事案件具体应用法律若干问题的解释》（2011 年 6 月 7 日发布，法释〔2011〕13 号）、《全国法院毒品犯罪审判工作座谈会纪要》（法〔2015〕129 号）以及最高人民法院《关于审理毒品犯罪案件适用法律若干问题的解释》（法释〔2016〕8 号）等。此外，还有些犯罪的立案标准中，专门列举了利用网络实施犯罪时的立案标准。

二、我国网络犯罪刑事程序法的立法史概览

（一）司法解释突破时期

我国 1979 年和 1996 年制定的《刑事诉讼法》都是以传统犯罪为规范对象

的，自然也就没有专门针对网络犯罪的内容。但随后的一些司法解释出现了相关的规定，主要集中在电子数据的收集、认定和网络犯罪的地域管辖等问题。其中，最高人民法院、最高人民检察院、海关总署《关于办理走私刑事案件适用法律若干问题的意见》（2002 年 7 月 8 日发布，法释〔2002〕139 号，本节以下简称《走私刑事案件意见》）、《计算机犯罪现场勘验与电子证据检查规则》（公安部公共信息网络安全监察局 2005 年 2 月 25 日发布，公信安〔2005〕161 号）、最高人民法院、最高人民检察院、公安部、国家安全部、司法部《关于办理死刑案件审查判断证据若干问题的规定》（2010 年 6 月 13 日发布，法发〔2010〕20 号）、最高人民法院、最高人民检察院、公安部《关于办理网络赌博犯罪案件适用法律若干问题的意见》（2010 年 8 月 31 日发布，公通字〔2010〕40 号）对电子数据的收集、审查进行了规定。《网络赌博犯罪案件意见》、《侵犯知识产权刑事案件意见》对网络赌博犯罪和利用网络实施的知识产权犯罪的地域管辖进行了规定。

与此同时，一些非刑事程序法律方面的行政管理规定对于协助公安司法机关收集电子证据也发挥了一定作用。这些行政管理规定主要有：《互联网信息服务管理办法》（2009 年 9 月 25 日发布，国务院令第 292 号）[1]、《互联网电子公告服务管理规定》（2000 年 10 月 8 日发布，信息产业部令第 3 号，业已失效）。[2]

（二）法律全面规定时期

2012 年修订的《刑事诉讼法》第 48 条首次在法律层面规定了电子数据作为法定证据的一种。《公安机关办理刑事案件程序规定》（2012 年 12 月 13 日发布，公安部令第 127 号修订）、最高人民法院《关于适用〈中华人民共和国刑事诉讼法〉的解释》（2012 年 12 月 20 日发布，法释〔2012〕21 号）和最高人民法院、最高人民检察院、公安部《关于办理网络犯罪案件适用刑事诉讼程序若干问题的意见》（2014 年 5 月 4 日发布，公通字〔2014〕10 号，以下简称《网络犯罪案件程序意见》）根据网络犯罪的特点，不仅全面规定了网络犯罪的地域管辖、电子数据的收集与审查，而且还详细规定了涉众型网络犯罪的证明规则。

---

[1]　第 14 条规定："从事新闻、出版以及电子公告等服务项目的互联网信息服务提供者，应当记录提供的信息内容及其发布时间、互联网地址或者域名；互联网接入服务提供者应当记录上网用户的上网时间、用户账号、互联网地址或者域名、主叫电话号码等信息。互联网信息服务提供者和互联网接入服务提供者的记录备份应当保存 60 日，并在国家有关机关依法查询时，予以提供。"

[2]　第 14 条规定："电子公告服务提供者应当记录在电子公告服务系统中发布的信息内容及其发布时间、互联网地址或者域名。记录备份应当保存 60 日，并在国家有关机关依法查询时，予以提供。"

第二节　我国网络犯罪刑事实体立法的主要内容

一、我国《刑法》及其修正案对网络犯罪的规定

（一）我国1997年《刑法》对网络犯罪的规定

1997年《刑法》制定时，我国的计算机及网络尚处于初级发展阶段，计算机和网络更多的还是在高等院校和研究所中被加以利用，其受众和范围都非常有限，与当今高度发达、成熟的网络社会不可同日而语。从前述对1997年《刑法》之前国家制定的互联网方面的行政法规和规章也可以看出，当时立法关注的焦点是计算机信息系统的安全保护。对应于此种社会现实和立法需要，《刑法》规定了非法侵入计算机信息系统罪和破坏计算机信息系统罪这两个罪名。

1. 非法侵入计算机信息系统罪

根据《刑法》第285条第1款的规定，非法侵入计算机信息系统罪是指违反国家规定，侵入国家事务、国防建设、尖端科学技术领域的计算机信息系统的行为。"侵入"是指未取得有关主管部门依法批准或授权，通过计算机终端侵入国家重要计算机信息系统或者进行数据截收的行为。如果侵入之后又对计算机信息系统中存储、处理或者传输的数据和应用程序进行删除、修改、增加等操作，后果严重的，则又构成了破坏计算机信息系统罪，此时应从一重罪处理。本罪的犯罪对象限定于国家事务、国防建设、尖端科学技术领域的计算机信息系统，非法侵入这三种之外的其他计算机信息系统，则不构成本罪。如范某某、文某非法侵入计算机信息系统、非法控制计算机信息系统罪一案。2010年3月至5月，被告人范某某伙同被告人文某利用计算机上互联网，通过后门程序进入最高人民检察院反渎职侵权厅网站（服务器地点位于北京市朝阳区酒仙桥）后台，修改网页源代码（在网站源文件上植入"黑链代码"），对网站主页进行修改，以提高其他网站在搜索引擎的排名，从而达到非法获利的目的。2010年3月至5月，被告人范某某伙同被告人文某利用计算机上互联网，通过后门程序侵入长沙质量技术监督局、青海质量监督总站、抚顺政务公开网、佛山市高明区档案局、句容市安全生产监督管理局、繁昌县文化广电新闻出版局（体育局）、邹平党建网、楚雄州人大常委会、接力出版社、读书人俱乐部、北京钨钼材料厂等网站后台，修改网页源代码，添加"黑链代码"，对上述网站的主页进行修改，以提高其他网站在搜索引擎的排名，从而

达到非法获利的目的。二被告人获利共计人民币6000元。朝阳法院经审理后认为，被告人范某某、文某法制观念淡薄，为谋取私利，违反国家规定，侵入国家事务领域的计算机信息系统，并多次利用后门程序非法控制国家事务、国防建设和尖端科学技术领域以外的计算机信息系统，情节严重，二被告人的行为均已构成非法侵入计算机信息系统罪和非法控制计算机信息系统罪，依法应数罪并罚。①

2. 破坏计算机信息系统罪

根据《刑法》第286条的规定，破坏计算机信息系统罪的客观方面行为包括三种：违反国家规定，对计算机信息系统功能进行删除、修改、增加、干扰，造成计算机信息系统不能正常运行；违反国家规定，对计算机信息系统中存储、处理或者传输的数据和应用程序进行删除、修改、增加的操作；故意制作、传播计算机病毒等破坏性程序，影响计算机系统正常运行。破坏计算机信息系统罪是结果犯，要求必须造成严重后果。2011年《危害计算机信息系统安全刑事案件解释》第4、5、6条具体规定了后果严重的认定标准。如吕某某破坏计算机信息系统案。1997年4月，被告人吕某某加入HOC组织（国内黑客组织）。1998年1月至2月，吕某某分别在广东省中山图书馆多媒体阅览室及其家中，利用其TATUNE手提电脑，先后盗用邹某某的gzzkg、王某的gzwling、何某某的hzsiyan、朱某某的hzgkz账号和使用gzinft、gzabc等非法账号上网活动，并利用其在国际互联网中获得的攻击与中国公众多媒体通信网广州主机（以下简称广州主机）同类计算机系统的方法/var/rfindd/fsdump－L/etc/passwd－F/tmp/dump/，攻击广州主机，在成功入侵该主机系统后取得该主机系统的最高权限，非法开设了两个具有最高权限的账号gzlfox和gzce，以便其长期占有该主机系统的控制权。之后，吕某某于1998年2月2日至27日，多次非法入侵广州主机，对该主机系统的部分文件等进行修改、增加、删除等一系列非法操作，其中包括在该主机系统上非法开设了gzlittle账号，作为其上网活动之用；非法开设了gzfifa、gzmicro、gzasia 3个账号送给袁某（另案处理）使用；安装并调试sniffit（网络安全监测软件）未遂；同时，吕某某为掩盖其罪行，将其上网的部分记录删除、修改。2月25日、26日，吕某某还先后3次非法修改了该主机系统root（最高权限）密码，致使该主机系统最高权限密码3次失效，造成该主机系统管理失控约15个小时的严重后果。因此，法院认为被告人吕某某违反国家规定，对中国公众多媒体通信网广州主

---

① 范某某、文某非法侵入计算机信息系统、非法控制计算机信息系统罪一案，网址：http：//cyqfy. chinacourt. org/public/detail. php？id＝2199，最后访问日期：2016年6月12日。

机、蓝天 bbs 主机信息系统功能、信息系统中存储、处理或者传输的数据进行干扰、删除、修改、增加的非法操作，致计算机信息系统管理失控，不能正常运行，并造成经济损失，后果严重，其行为已构成破坏计算机信息系统罪，依法应予惩处。①

（二）《刑法修正案（七）》对网络犯罪的规定

1997 年《刑法》规定的非法侵入计算机信息系统罪将犯罪对象仅规定为"国家事务"、"国防建设"和"尖端科学技术领域"这三种特定的计算机信息系统，虽然反映了立法时的制裁重点，但是其适用上的局限性很快在司法实践中暴露出来。由于国家事务等三个特定领域的计算机信息系统防护严密，不易被侵入，同时侵入这些计算机信息系统往往不能直接牟取经济利益，所以，在 1997 年《刑法》实施之后，非法侵入这三类领域的案件并不常见，相反，侵入诸如医院、银行、证券交易所、航空、门户网站等领域的计算机信息系统的案件则大量发生，对这些领域的经营、科研秩序造成了严重影响。司法实践中，为了制裁这些社会危害性很明显的行为，司法机关试图通过对"国家事务"、"国防建设"和"尖端科学技术领域"进行适度的扩大解释，以便将上述行为纳入刑法规制。然而，由于这三种特定的计算机信息系统的内涵较为固定，这种扩大解释不免有不利于被告人的类推嫌疑，因而事实上难以有效规制单纯的侵入三类领域之外的计算机信息系统的行为。而只能坐等行为人侵入相应计算机信息系统后，根据其继续实施的犯罪活动来进行追究，然而，这些犯罪活动一旦结束，即便事后可以截获并保全证据，也给刑事侦查设定了重重障碍，因而相关犯罪的打击效果十分有限。另外，计算机信息系统的重要程度，不仅与其所属部门、所列内容具有相关关系，而且与其覆盖或涉及面、经营方式与范围以及对国民信赖或社会秩序的影响等存在密切关联，如乡级甚至县级人民政府的计算机信息系统，尽管属于国家机关控制的有关国家事务的计算机信息系统，但在实质上，其影响范围和受众面远远不如搜狐、新浪等门户网站、证券交易所、银行等的计算机信息系统，换言之，后者的重要程度和需要保护性远远大于前者。正是基于这样的实质重要性的考量，2009 年《刑法修正案（七）》将非法侵入国家事务等三个领域之外的其他计算机信息系统并非法获取数据、非法控制的行为也规定为犯罪。

《刑法修正案（七）》新增了专门针对计算机信息系统的两个罪名。第一个罪名是非法获取计算机信息系统数据、非法控制计算机信息系统罪。该罪是

---

① 案件文书号为（1999）穗中法刑经初字第 11 号，网址：http：//www.pkulaw.cn/case/pfnl_117446882.html？match＝Exact，最后访问日期：2016 年 6 月 12 日。

指违反国家规定，侵入国家事务、国防建设、尖端科学技术领域以外的计算机信息系统或者采用其他技术手段，获取该计算机信息系统中存储、处理或者传输的数据，或者对该计算机信息系统实施非法控制，情节严重的行为。该罪除了犯罪对象与非法侵入计算机信息系统罪存在区别外，在犯罪行为方面也存在区别。非法侵入计算机信息系统罪只要是实施了侵入行为即可构成犯罪。但是，对于非法侵入型的非法获取计算机信息系统数据、非法控制计算机信息系统罪，在客观方面不仅要有非法侵入行为，还要实施了获取该计算机信息系统中存储、处理或者传输的数据，或者对该计算机信息系统实施非法控制的行为，如果仅有非法侵入行为而没有实施其他获取或者控制行为，则不构成该罪。该罪在司法实践中常见的犯罪行为有：利用他人网上认证信息侵入计算机信息系统；在计算机信息系统中植入病毒、木马程序，获取信息数据；利用网站存在的程序漏洞将木马事先植入网站上，当用户访问该网站时，木马就会利用客户端漏洞自动移植到用户的计算机上，从而获取用户计算机信息系统中的数据；设立钓鱼网站、克隆网站，如冒充知名公司网站、大型商业银行的网站，甚至是国家机关的网站，引诱、欺骗用户登录，然后在用户处理、传输数据时，乘机非法获取。

第二个罪名是提供侵入、非法控制计算机信息系统的程序、工具罪。该罪是指提供专门用于侵入、非法控制计算机信息系统的程序、工具，或者明知他人实施侵入、非法控制计算机信息系统的违法犯罪行为而为其提供程序、工具，情节严重的行为。这里的提供可以是出于营利为目的的有偿提供，也可以是免费提供，如将程序放在网上供他人免费下载；提供对象可以是特定的，也可以是不特定的社会公众。所以，本罪的提供包括传播。"专门用于侵入计算机系统的程序、工具"，主要是指专门用于非法获取他人登录网络应用服务、计算机系统的账号、密码等认证信息以及智能卡等认证工具的计算机程序、工具；"专门用于非法控制计算机信息系统的程序、工具"，主要是指可用于绕过计算机信息系统或者相关设备的防护措施，进而实施非法入侵或者获取目标系统中数据信息的计算机程序，如具有远程控制、盗取数据等功能的木马程序、后门程序等恶意代码。

（三）《刑法修正案（九）》对网络犯罪的规定

1. 拒不履行信息网络安全管理义务罪。针对一些网络服务提供者不履行网络安全管理义务，造成严重后果的情况，增加规定：网络服务提供者不履行法律、行政法规规定的信息网络安全管理义务，经监管部门责令采取改正措施而拒不改正，致使违法信息大量传播的，致使用户信息泄露，造成严重后果的，或者致使刑事案件证据灭失，情节严重的，处3年以下有期徒刑、拘役或者管制，并处或者单处罚金。单位犯本罪的，对单位判处罚金，并对其直接负责的主管人员和其他直接责任人员，依照前款的规定处罚。

2. 非法利用信息网络罪。对为实施诈骗、销售违禁品、管制物品等违法犯罪活动而设立网站、通讯群组、发布信息的行为，规定：利用信息网络实施下列行为之一，情节严重的，处 3 年以下有期徒刑或者拘役，并处或者单处罚金：（1）设立用于实施诈骗、传授犯罪方法、制作或者销售违禁物品、管制物品等违法犯罪活动的网站、通讯群组的；（2）发布有关制作或者销售毒品、枪支、淫秽物品等违禁物品、管制物品或者其他违法犯罪信息的；（3）为实施诈骗等违法犯罪活动发布信息的。单位犯本罪的，对单位判处罚金，并对其直接负责的主管人员和其他直接责任人员，依照前款的规定处罚。

3. 帮助信息网络犯罪活动罪。针对在网络空间传授犯罪方法、帮助他人犯罪的行为多发的情况，增加规定：明知他人利用信息网络实施犯罪，为其犯罪提供互联网接入、服务器托管、网络存储、通讯传输等技术支持，或者提供广告推广、支付结算等帮助，情节严重的，处 3 年以下有期徒刑或者拘役，并处或者单处罚金。单位犯本罪的，对单位判处罚金，并对其直接负责的主管人员和其他直接责任人员，依照前款的规定处罚。

4. 编造、故意传播虚假信息罪。针对在信息网络或者其他媒体上恶意编造、传播虚假信息，严重扰乱社会秩序的情况，增加规定：编造虚假的险情、疫情、灾情、警情，在信息网络或者其他媒体上传播，或者明知是上述虚假信息，故意在信息网络或者其他媒体上传播，严重扰乱社会秩序的，处 3 年以下有期徒刑、拘役或者管制；造成严重后果的，处 3 年以上 7 年以下有期徒刑。

值得注意的是，《网络诽谤刑事案件解释》第 5 条第 2 款规定，编造虚假信息，或者明知是编造的虚假信息，在信息网络上散布，或者组织、指使人员在信息网络上散布，起哄闹事，造成公共秩序严重混乱的，依照《刑法》第 293 条第 1 款第 4 项的规定，以寻衅滋事罪定罪处罚。《刑法修正案（九）》将编造、传播虚假的险情、疫情、灾情、警情的行为独立出来，不再定寻衅滋事罪。对于编造、传播虚假的险情、疫情、灾情、警情之外的其他虚假信息如何处理，则值得探讨。

5. 对单位实施侵入、破坏计算机信息系统犯罪规定了刑事责任。单位犯《刑法》第 285 条、第 286 条规定的犯罪的，对单位判处罚金，并对其直接负责的主管人员和其他直接责任人员，依照各该款的规定处罚。

在《刑法修正案（九）》之前，我国刑法分则的 4 个网络犯罪的主体只能由自然人构成，单位不能成为犯罪的主体。这与立法时网络犯罪主要是个人实施的背景有关。但随着网络产业的发展，企业间为市场竞争，不惜通过植入病毒、木马程序等手段非法获取对方的计算机信息系统数据、非法控制、蓄意破坏对方的计算机信息系统的行为逐渐增多。司法实践中，已经发生了类似的单位实施网络犯罪的案例。如有些企业为了维护自身利益，出于打击盗版的目的，在生产、销售的计算机软件中故意植入破坏性程序，实现对用户计算机信息系统的控制，这实际上就是单位实施的非法控制计算机信息系统的行为。从犯罪能力及破坏性方面来看，单位实施的网络犯罪行为造成的社会危害会超过个人犯罪，因为，单位拥有更为强大的技术能力、资金实力。如全国首例手机病毒恶意扣费案即显示了单位网络犯罪的巨大社会危害性。成都运帷数码科技集团有限公司是一家正规的、具有一定规模的公司，主要经营手机增值、电信工程、网络游戏。由于这家公司的营业收入有所下降，在这种情况下，成都运帷数码集团有限公司雇人开发出恶意扣费软件，将一款手机娱乐软件"娱乐伴侣"植入用户手机中，软件犹如手机中隐藏着一名间谍，在用户不知情的情况下自动发送短信，秘密订制 SP 服务扣取用户费用。公司在 2010 年 8 月至 10 月，向全国 27 个省市 1159 万手机用户发送了诱骗短信，使数十万人的利益受到侵害，其中仅江苏省就有 3 万余人被非法扣费，公司从中非法获利 100 多万元。① 本案很明显是单位实施的非法控制计算机信息系统行为，但是由于《刑法》没有将单位规定为此罪的犯罪主体，最终只能追究单位中个人的刑事责任。《刑法修正案（九）》的规定弥补了网络犯罪主体方面的缺陷。

二、司法解释对网络犯罪的规定及其总结

前文已经详细列举了我国 1997 年之后制定的与网络犯罪有关的司法解释，对这些司法解释的内容也不再一一介绍，这里对这些司法解释所反映出的主要观点及其意义进行归纳总结。

（一）网络化危害的重新认识

传统型犯罪借助网络作为犯罪工具、犯罪场所越来越常见，我国《刑法》第 287 条规定，利用计算机实施金融诈骗、盗窃、贪污、挪用公款、窃取国家秘密或者其他犯罪的，依照本法有关规定定罪处罚。这一条文是对工具型网络犯罪的基本规定，表明工具型网络犯罪只是传统犯罪在网络时代的一种新犯罪形式，对犯罪行为的本质和定性不产生影响。这一规定无疑是正

---

① 参见天公宣、胡越：《全国首例"手机病毒恶意扣费"案告破数十万人受害》，网址：http：// news. xinhuanet. com/legal/2011 – 05/23/c_ 121447288. htm，最后访问日期：2016 年 6 月 12 日。

确的，但是传统犯罪与网络结合后，其社会危害性、犯罪后果等方面的认定必然会受到网络这一事物本身特点的影响，司法解释对这些影响都进行了具体的回应。

1. 回应了网络会放大传统犯罪社会危害性的特点

网络具有开放性、扩散性、即时性、跨地域性等特点，这直接导致传统型犯罪与网络结合后，会对其社会危害性产生放大效应。当然，不同的传统型犯罪，其社会危害性被放大的程度不同。通常情况下，社会危害性主要通过言语、内容及受众面等来体现的，如诽谤、损害商业信誉、商品声誉、传播淫秽物品等，网络对其社会危害性放大的效果更为明显。近些年来发生的多起网络谣言案件已经充分显示了网络对于这类案件社会危害性的放大效应，网络谣言甚至已成为一段时间以来的"社会毒瘤"。对于那些主要通过物质性后果来体现社会危害性、无法单纯通过网络来实施的犯罪，网络对其社会危害性的放大效果有限，如故意杀人罪、抢劫罪、强奸罪等。

部分司法解释和立案标准对利用网络实施的传统犯罪行为规定更低的入罪标准，以此来回应网络社会对传统犯罪社会危害性的放大效应。这方面的司法解释和立案标准主要有：《组织、利用邪教组织犯罪案件司法解释（二）》第1条第1款第1项规定，制作、传播邪教传单、图片、标语、报纸300份以上，书刊100册以上，光盘100张以上，录音、录像带100盒以上的，构成组织、利用邪教组织破坏法律实施罪；但是，同条第3项规定，只要是利用互联网制作、传播邪教组织信息的，就构成组织、利用邪教组织破坏法律实施罪，没有份数、张数等数量的限制。

最高人民检察院、公安部《关于公安机关管辖的刑事案件立案追诉标准的规定（二）》（2010年5月7日发布）第74条规定，损害商业信誉、商品声誉给他人造成直接经济损失数额在50万元以上的应予立案追诉，但利用互联网公开损害他人商业信誉、商品声誉的，损失数额未达到50万元的也应予立案。最高人民检察院、公安部《关于公安机关管辖的刑事案件立案追诉标准的规定（一）》（2008年6月25日发布）对制作、复制、出版、贩卖、传播淫秽物品牟利罪、传播淫秽物品罪也分别根据是否利用网络作为犯罪工具规定了相应的立案标准，利用了网络的，其立案标准要低于传统手段的犯罪。

2. 犯罪后果的多样化规定

我国对犯罪的认定采取的多是定性加定量的模式，定量因素主要通过数额和情节来体现，其中数额是我国《刑法》中许多个罪犯罪构成的定量因素，是最常见的体现犯罪行为社会危害性和犯罪结果的指标。但是，在网络犯罪中，数额的认定往往是个难点。这与网络的开放性、匿名性、虚拟性密切相关。另外，在网络犯罪中，其社会危害性、犯罪结果主要通过受害人的人数、用户点击数、会员注册数等与网络受众面、扩散程度密切相关的情节来体现。网络空间具有人数众多、受众不特定、分散性、匿名性等特点，这就决定了司法实践中很难去核实犯罪行为对具体个人的影响以及具体个人受到的损失状况。但是，受害人的人数、淫秽信息等被点击的数量等指标不仅通过技术手段能相对容易去固定，同时也能从整体上反映犯罪行为的社会危害性和后果。

最早体现此种变化的是 2004 年的《淫秽电子信息刑事案件解释》。该解释第 1 条在规定以牟利为目的，利用互联网、移动通讯终端制作、复制、出版、贩卖、传播淫秽电子信息构成犯罪时，将点击数和会员注册人数作为入罪的标准，与视频文件数、音频文件数、电子刊物、图片、文章、短信息数和违法所得金额这些传统的入罪标准并列。该条第 2 款第 4、5 项规定，以牟利为目的，利用互联网、移动通讯终端制作、复制、出版、贩卖、传播的淫秽电子信息，实际被点击数达到一万次以上的；以会员制方式出版、贩卖、传播淫秽电子信息，注册会员达二百人以上的，构成犯罪。后来又有多个司法解释将点击量等网络犯罪的特有指标与传统指标并列作为入罪的标准，如 2013 年的《网络诽谤刑事案件解释》第 2 条规定，同一诽谤信息实际被点击、浏览次数达到五千次以上，或者被转发次数达到五百次以上的，是情节严重的诽谤行为，构成诽谤罪。

3. 实行行为的明确化界定

为了更好地适用《刑法修正案（九）》第 29 条，最高人民法院《关于审理毒品犯罪案件适用法律若干问题的解释》第 14 条明确将下列行为规定为《刑法》第 287 条之一"非法利用信息网络罪"，"利用信息网络，设立用于实施传授制造毒品、非法生产制毒物品的方法，贩卖毒品，非法买卖制毒物品或者组织他人吸食、注射毒品等违法犯罪活动的网站、通讯群组，或者发布实施前述违法犯罪活动的信息，情节严重的（行为）"。换言之，司法解释将网络涉毒案件中的情形加以具体化，从而便于司法机关在个案中认定非法利用信息网络罪中相应的实行行为，通过体系和目的解释的方法，不仅网络涉毒案件，而且网络涉枪、涉黄以及其他犯罪案件，也有了可资参考的入罪依据。同时，考虑到本罪实行行为的犯罪预备特征，即其后续通常会有更为严重的其他犯罪，例如设立群组或发布信息后实施相应违禁品的买卖行为，因而提示性地规定了犯罪竞合的处理规则："实施刑法第二百八十七条之一、第二百八十七条之二规定的行为，同时构成贩卖毒品罪、非法买卖制毒物品罪、传授犯罪方法罪等犯罪的，依照处罚较重的规定定罪处罚。"由此，在毒品犯罪的规制上，严密了从预备到实行全阶段的刑事法网，避免预备行为实行行为化所带来的竞合难题，从而最大限度实现了本罪作为堵截的构成要件的立法目的与司法效果。

（二）适应时代的扩大化解释

1. 网络技术和终端设备的发展对网络犯罪的司法适用提出的巨大挑战

这种挑战目前主要表现在以下两方面：

（1）网络终端设备的多样化对传统的计算机等概念提出了挑战。在相当长时间内，网络的终端设备主要是电脑，但是随着 ADSL、Cable 等技术的应用，网络终端设备发生了巨大变化，手机、PAD、电视、智能家用电器等相继被开发出来，作为与计算机电脑并列的网络终端。事实上，手机已逐渐成为日常生活中最主要的网络终端设备，在传统计算机上能完成的网络活动基本上都可以转移到手机上。网络犯罪也逐步从传统的计算机向智能手机这个平台扩散，手机犯罪正成为新的网络犯罪高潮。这就涉及一个问题，即能否将"（手机）等移动智能终端"认定为"计算机"（信息系统），前述的全国首例手机病毒恶意扣费案在司法处理时即对此产生了较大争议。有观点认为，计算机的概念和范围在社会生活中已有共识，手机等智能移动终端与普通计算机信息系统不同，不应对"计算机"作不当的扩大解释，超出国民对计算机概念的预期。对于移送智能终端，则只能通过立法来作出补充性规定或解释。也有学者认为，智能手机最大的特点就是跟 PC（个人计算机）有着相似架构和工作原理，是基于 PC 平台开发的具有娱乐、办公商务等功能的一种 PDA。所以，从本质上讲，计算机应包括手机和其他智能终端设备，这种解释方法实际上应是一种平义解释，至多只是对"计算机"的扩张解释，而不能理解为是类推解释。如果将"手机等移动智能终端"与"计算机"割裂开来，只将传统计算机提供的网络入口认定为网络公共空间，而将手机或其他智能终端排除在外，将会使司法实践中的很多网络犯罪行为无法适用刑法进行制裁，从而造成明显的法律漏洞。[①]

（2）大数据、云计算对传统的计算机信息系统数据等概念提出了挑战。大数据（bigdata），或称巨量资料，指的是所涉及的资料量规模巨大到无法通过目前主流软件工具，在合理时间内采集、管理、处理的资讯。大数据具有数

---

① 参见孙道萃：《学者：手机移动互联网犯罪挑战刑法》，网址：http://news.jcrb.com/jxsw/201505/t20150507_ 1503358. html，最后访问日期：2016 年 6 月 12 日。

据量大、多样、快速、价值密度低和复杂度的特征。① 众所周知，大数据已经不再是简简单单数据大的事实了，而最重要的意义是对大数据进行分析，只有通过分析才能获取很多智能的、深入的、有价值的信息。从技术上看，大数据与云计算的关系就像一枚硬币的正反面一样密不可分。大数据的特色在于对海量数据的挖掘，但它必须依托云计算的分布式处理、分布式数据库、云存储、虚拟化技术。有学者指出，计算机信息系统时代的数据是静态数据库和特定类型的结构化数据。大数据时代的数据概念已发生了较大变化，在纵向上由技术运算深入生活的各个方面，在横向上由特定测量性数据发展为全面的记录型数据。这种变化对于计算机信息系统数据的概念及范围提出了实质性挑战。②

2. 司法解释对上述两方面挑战的应对及其效果

（1）从系统和设备的本质特征对计算机信息系统、计算机系统进行界定

我国《刑法》第285条、第286条对计算机信息系统、数据、程序、工具、计算机系统等概念都没有进行解释性规定，而是由相关的司法解释对上述概念进行了明确规定。2011年《危害计算机信息系统安全刑事案件解释》第11条第1款规定，"计算机信息系统"和"计算机系统"，是指具备自动处理数据功能的系统，包括计算机、网络设备、通信设备、自动化控制设备等。该司法解释对"计算机信息系统"和"计算机系统"的内涵和外延的界定，可以看出以下两方面的意思：

第一，不再区分"计算机信息系统"和"计算机系统"。《刑法》第285条、第286条使用了"计算机信息系统"和"计算机系统"两种表述，其中《刑法》第286条第3款中使用的是"计算机系统"，其他条款使用的则是"计算机信息系统"。《刑法》第285条、第286条立法区分这两者的原意是考虑侵入计算机信息系统、破坏计算机信息系统功能、数据或者应用程序的对象应当是数据库、网站等提供信息服务的系统，而传播计算机病毒如果只影响计算机操作系统（计算机系统）本身，即使不对系统的信息服务造成影响也应当受到处罚。《危害计算机信息系统安全刑事案件解释》对"计算机信息系统"、"计算机系统"这两种表述作了统一界定，原因如下：一是从技术角度看，随着计算机技术的发展，计算机操作系统与提供信息服务的系统已密不可分，如很多操作系统自身也提供WEB（互联网）服务、FTP（文件传输协议）服务，侵入操作系统也能够实现对操作系统上提供信息服务的系统实施控制，

---

① 参见刘鹏等：《大数据：正在发生的深刻变革》，载《中兴通讯技术》2013年第4期。

② 参见于志刚、李源粒：《大数据时代数据犯罪的制裁思路》，载《中国社会科学》2014年第10期。

破坏操作系统的数据或者功能也就能够破坏操作系统上提供信息服务的系统的数据或者功能。二是从保护计算机信息系统安全这一立法目的出发，对这两种表述进行区分没有必要。不论危害的是计算机操作系统还是提供信息服务的系统，只要情节严重或者造成严重后果的，都应当追究刑事责任。三是经过对美、德等国的网络犯罪立法进行研究可以看出，这些国家均在立法中使用单一的计算机系统、计算机等术语，而未对计算机信息系统和计算机系统进行区分。①

第二，从系统和设备的本质技术特征方面来界定"计算机信息系统"和"计算机系统"。《危害计算机信息系统安全刑事案件解释》将"计算机信息系统"和"计算机系统"统一界定为"具备自动处理数据功能的系统"，这揭示了其本质技术特征，而不是拘泥于系统的设备载体是否是传统的计算机。这一解释大大扩展了"计算机信息系统"和"计算机系统"的外延。同时为了进一步明确外延，还采用了例举的方法，明确"计算机信息系统"和"计算机系统"包括"计算机"、"网络设备"、"通信设备"、"自动化控制设备"等具体情形。这样就将智能手机、电视、家用电器、传真机、通信基站等包含进了"计算机信息系统"和"计算机系统"。因为，《危害计算机信息系统安全刑事案件解释》中的"网络设备"是指由路由器、交换机等组成的用于连接网络的设备；"通信设备"包括手机、通信基站等用于提供通信服务的设备；"自动化控制设备"是指在工业中用于实施自动化控制的设备，如电力系统中的监测设备、制造业中的流水线控制设备等。

《危害计算机信息系统安全刑事案件解释》从本质技术特征上对"计算机信息系统"和"计算机系统"进行解释，从而得以将保护计算机信息系统安全的法律适用于所有具有自动处理数据功能的设备，使刑法的规定具有强大的适用性，也成功解决了智能手机及其他网络设备遭受侵入、控制及破坏的刑事法律适用问题，化解了相应的挑战。

（2）没有对大数据、云计算带来的挑战作出明确回应

前文已经指出，有学者认为大数据、云计算的出现对传统的计算机信息系统数据等概念提出了实质性挑战，大数据的价值也越发重要，需要刑法的特别保护。我国现有的司法解释对大数据、云计算等还没有进行针对性的规定，笔者认为，这是适当的，至少目前的刑法和司法解释还能有效地对侵害大数据、云计算的犯罪行为进行制裁，需要补充立法和解释的必要性不大。如非法窃

---

① 参见喻海松：《〈关于办理危害计算机信息系统安全刑事案件应用法律若干问题的解释〉的理解与适用》，载《人民司法》2011 年第 19 期。

取、破坏大数据的行为，我们可以根据数据的内容，分别以非法获取公民信息罪、非法获取国家秘密罪、侵犯商业秘密罪、非法获取计算机信息系统数据罪等定罪处罚。在大数据时代，数据的范围和侧重点确实与传统的计算机信息系统数据有所区别，但是随着社会发展，同一个法律名词在不同时期具有不同含义，这是一个正常的法律理解和法律适用现象，只是提示我们在司法实践中要自觉地注意到这种变化。一个法律名词的含义出现了变化，就试图用立法、司法解释的方式予以明确，这也是一种过度立法，可能会引起罪名适用的不必要交叉。

（三）网络空间的规范化管控

2013 年 9 月发布的《网络诽谤刑事案件解释》第 5 条第 2 款规定，编造虚假信息，或者明知是编造的虚假信息，在信息网络上散布，或者组织、指使人员在信息网络上散布，起哄闹事，造成公共秩序严重混乱的，依照《刑法》第 293 条第 1 款第 4 项的规定，以寻衅滋事罪定罪处罚。此规定直接引发了网络空间是否属于公共场所、网络空间里的秩序是否属于公共秩序问题的讨论。

长期以来，网络一直被认为是虚拟社会，更多地被视为仅仅是信息交流和传播的一种工具。但是，随着信息技术快速的发展，网络社会逐渐形成，网络与人们的现实生活已经融为一体，密不可分，网络空间已成为人类活动的、与现实社会并存的第二空间，其独立意义已充分显示。人们在网络空间已可以完成现实社会中的大部分行为，如购物、交友、学习、娱乐、工作。网络空间与现实空间的区别正逐渐淡化，二者通常相互影响，形成互动。在很多场合下，网络空间的影响力甚至已超过现实空间。所以，网络空间属于公共空间，网络秩序也是社会公共秩序的重要组成部分。我国现行法律包括刑法主要还是以现实社会的事实和经验为基础制定，司法实践也多从现实社会的角度去理解、适用法律。如按照传统的关于公共场所的定义，其应该是实体的空间，即供人们工作、学习、社交、娱乐等的场所。但是，法律随着社会发展而变化是一个基本原理，公共场所的理解也应随着网络的兴起而发生改变。所以，前述《网络诽谤刑事案件解释》在寻衅滋事罪的认定中将网络空间、网络秩序视为公共场所、公共秩序的一种形式是一种有益的探索，值得肯定。对于其他罪名中"公然"、"公共场所"的理解也有一定的参考意义。如侮辱罪在客观方面要求公然贬低、损害他人人格尊严，这里的"公然"完全可以理解为在能为多人知悉的开放网络中所进行的"场合"。

然而，需要注意的是，尽管司法解释将网络空间扩张性地认定为"场所"，但并不一概地认为在此空间内实施的犯罪，与传统"场所"内的犯罪作一致的处罚。例如，在 2015 年《全国法院毒品犯罪审判座谈会纪要》

中，有意见认为，对于利用互联网组织吸毒行为的定性，可以考虑适用容留他人吸毒罪。但多数意见认为，虚拟空间不符合容留他人吸毒罪中的场所特征，对此类行为不能认定为容留他人吸毒罪。因此，就其特征而言，该行为属于组织或者聚众吸毒行为，但目前《刑法》尚无相应罪名。若在利用互联网组织他人吸毒的过程中，实施引诱、教唆、欺骗他人吸毒或者贩卖毒品等犯罪的，则可以依法定罪处罚。换言之，关于网络秩序中的开放空间和封闭空间、场所特征与非场所特征，在不同的司法解释和具体罪名的规制中，存在不同的理解径路。

第三节　我国网络犯罪刑事程序立法的主要内容

一、2012 年之前《刑事诉讼法》关于网络犯罪刑事程序立法

（一）对电子数据的规定

1996 年《刑事诉讼法》在法定证据种类中没有规定电子数据，网络犯罪首先提出的问题就是电子数据的大量出现及其在案件认定中的重要作用。电子数据究竟属于 1996 年《刑事诉讼法》中的哪种证据，理论界和司法实践一直存在争议。由于司法实践的迫切需要，公安部的规范性文件及司法解释逐步对电子数据的收集和认定作出了一些具体规定。

2002 年 7 月发布的最高人民法院、最高人民检察院、海关总署《关于办理走私刑事案件适用法律若干问题的意见》第 2 条规定了电子数据证据有关的收集、保全问题：电子邮件、电子合同、电子账册、单位内部的电子信息资料等电子数据应当作为刑事证据予以收集、保全；侦查人员提取电子证据应当对其过程做相关文字说明和记录，由电子数据的制作人、持有人、见证人签名或者盖章，并将电子数据一并随案移送。

2005 年公安部公共信息网络安全监察局发布的《计算机犯罪证据规则》详细规定了公安机关对计算机犯罪现场勘验检查、远程勘验、电子证据检查方面应遵守的具体行为规范，对网络犯罪案件的现场勘查、电子证据提取、固定等发挥了重要的作用。

2010 年 6 月 24 日最高人民法院、最高人民检察院、公安部、国家安全部和司法部联合发布的《关于办理死刑案件审查判断证据若干问题的规定》将

电子证据与 1996 年《刑事诉讼法》规定的七种证据种类区别开来，在第 29 条①单独规定了电子证据的主要表现方式和审查内容。

2010 年 8 月 31 日发布的《网络赌博犯罪案件意见》也明确规定了电子证据的收集与保全。② 值得注意的是，《网络赌博犯罪案件意见》与《走私刑事案件意见》有关规定不同，在提取、复制、固定电子数据的过程中，前者并没有要求需由见证人在场并签章的硬性规定，从而在一定程度上，降低了网络电子证据收集的难度，保证了侦查环节的效率。

（二）对网络犯罪地域管辖的规定

2012 年《刑事诉讼法》之前没有网络犯罪地域管辖的普遍性规定，只是在少数司法解释中，针对利用网络实施的具体犯罪规定了地域管辖的内容。这些司法解释都是通过对网络犯罪中犯罪地的扩大解释来解决网络犯罪的地域管辖问题。

1. 网络赌博犯罪案件的地域管辖

《网络赌博犯罪案件意见》第 4 条第 2 款规定，网络赌博犯罪中的"犯罪地"包括赌博网站服务器所在地、网络接入地，赌博网站建立者、管理者所在地，以及赌博网站代理人、参赌人实施网络赌博行为地等。这里的"赌博网站建立者、管理者所在地"是指赌博网站建立者、管理者实施网络赌博行为地，而不是指行为人实施网络赌博行为后的实际所在地。《网络赌博犯罪案件意见》对犯罪地扩大解释是考虑到网络赌博犯罪的特殊性。因为，在网络

---

① 最高人民法院、最高人民检察院、公安部、国家安全部、司法部《关于办理死刑案件审查判断证据若干问题的规定》第 29 条规定："对于电子邮件、电子数据交换、网上聊天记录、网络博客、手机短信、电子签名、域名等电子证据，应当主要审查以下内容：（一）该电子证据存储磁盘、存储光盘等可移动存储介质是否与打印件一并提交；（二）是否载明该电子证据形成的时间、地点、对象、制作人、制作过程及设备情况等；（三）制作、储存、传递、获得、收集、出示等程序和环节是否合法，取证人、制作人、持有人、见证人等是否签名或者盖章；（四）内容是否真实，有无剪裁、拼凑、篡改、添加等伪造、变造情形；（五）该电子证据与案件事实有无关联性。对电子证据有疑问的，应当进行鉴定。对电子证据，应当结合案件其他证据，审查其真实性和关联性。"

② 《网络赌博犯罪案件意见》第 5 条规定："侦查机关对于能够证明赌博犯罪案件真实情况的网站页面、上网记录、电子邮件、电子合同、电子交易记录、电子账册等电子数据，应当作为刑事证据予以提取、复制、固定。侦查人员应当对提取、复制、固定电子数据的过程制作相关文字说明，记录案由、对象、内容以及提取、复制、固定的时间、地点、方法，电子数据的规格、类别、文件格式等，并由提取、复制、固定电子数据的制作人、电子数据的持有人签名或者盖章，附所提取、复制、固定的电子数据一并随案移送。对于电子数据存储在境外的计算机上的，或者侦查机关从赌博网站提取电子数据时犯罪嫌疑人未到案的，或者电子数据的持有人无法签字或者拒绝签字的，应当由能够证明提取、复制、固定过程的见证人签名或者盖章，记明有关情况。必要时，可对提取、复制、固定有关电子数据的过程拍照或者录像。"

赌博犯罪中，赌博网站服务器所在地、网络接入地、赌博网站建立者等可能不在同一地区，而且网络赌博犯罪大多是共同犯罪，参与犯罪的多个被告人也可能来自不同地区，这种扩大解释是必要的。

网络赌博犯罪通常都是跨区域实施，犯罪地和犯罪嫌疑人涉及多个不同地区，这容易在不同地区的办案机关之间产生推诿或者争抢管辖权的问题，为解决此问题，《网络赌博犯罪案件意见》第 4 条第 3 款规定，公安机关对侦办跨区域网络赌博犯罪案件的管辖权有争议的，应本着有利于查清犯罪事实、有利于诉讼的原则，认真协商解决。经协商无法达成一致的，报共同的上级公安机关指定管辖。对即将侦查终结的跨省（自治区、直辖市）重大网络赌博案件，必要时可由公安部商最高人民法院和最高人民检察院指定管辖。

2. 利用网络实施的侵犯知识产权犯罪

网络传播的快速、面广直接导致网络知识产权犯罪问题突出，2011 年 1 月 10 日，最高人民法院、最高人民检察院、公安部联合发布了《侵犯知识产权刑事案件意见》。《侵犯知识产权刑事案件意见》考虑到利用网络实施的侵犯著作权的犯罪行为通常发生在虚拟的网络空间，与普通刑事案件中犯罪地有所不同，所以在第 1 条规定，侵犯知识产权犯罪案件的犯罪地，包括侵权产品制造地、储存地、运输地、销售地，传播侵权作品、销售侵权产品的网站服务器所在地、网络接入地、网站建立者或者管理者所在地，侵权作品上传者所在地，权利人受到实际侵害的犯罪结果发生地。

二、2012 年以来《刑事诉讼法》及司法解释对网络犯罪刑事诉讼程序的规定

网络犯罪虽然在本质上与传统犯罪相同，但借助于网络这种新型方式，其有别于传统犯罪在刑事诉讼程序方面的特点也逐渐显现。总结起来，网络犯罪主要有三方面的特点：一是跨地域作案，被侵害人的人数众多、分散、随机性强。二是运用最新的网络和通信技术，采取非接触方式实施犯罪，由传统犯罪中人对人的基本模式改变为人对机的基本模式，犯罪人与被害人之间基本不直接接触。三是技术性强，作案方式隐蔽，侦查、取证难度大。根据这三方面的特点，网络犯罪与传统犯罪相比，在刑事诉讼程序方面也主要呈现出三方面的突出问题：

一是案件地域管辖不明确。传统犯罪视野下的刑事诉讼法对地域管辖规定的是以犯罪发生地为主、被告人居住地为辅。传统犯罪的犯罪地比较容易确定，案件地域管辖一般也较明确，但网络犯罪具有跨地域、隐蔽性强的特点，犯罪嫌疑人、被害人以及与犯罪有关的网站服务器、银行账户也通常分散在各

地，这就导致犯罪地不容易查清，或者一个案件涉及遍布全国各地的多个犯罪地，从而给案件管辖地的确定带来困难。

二是传统的取证方式受到了挑战，案件的主要证据种类也发生了很大变化。传统犯罪中的很多案件是围绕"人人对话"模式而展开收集证据的，受害人的陈述、对犯罪分子的指认，经常作为法院认定事实的重要证据。但这种诉讼证据标准对"人机对话"的新型网络犯罪诉讼很难适用。网络犯罪如网络诈骗犯罪中，犯罪人通常与受害人隔空对话，并未谋面，而且受害人覆盖面广，犯罪嫌疑人的认定普遍缺乏受害人指认，也缺乏大部分的被害人陈述。所以，伴随网络犯罪而产生的电子证据在此类案件的诉讼过程中就发挥着十分重要的作用。

三是对于传统案件事实的证明规则提出了挑战。刑事诉讼法对于传统案件事实的证明标准是证据确实充分，要求每一起犯罪事实、每一笔犯罪金额、每一位被害人的被侵害事实都要有确实充分的证据来证明。但是这种证明标准在网络犯罪中受到了严重的挑战。在很多网络犯罪案件中，被害人人数众多、分散于各地甚至境外，很难按传统犯罪的证明要求逐一对每一个被害人、涉案资金进行取证。如司法实践中经常发生的网络电信诈骗案件，犯罪嫌疑人往往采取漫天撒网的方式，向不特定的受害人大量群发诈骗短信，受害人众多，侦查机关通常无力对每一被害人一一取证。在此类犯罪中，还存在受害人多但实际报案人少的情况，按传统犯罪的证明标准，对于无法核实到具体被害人的，则不能将相应的金额认定为犯罪金额，这直接影响到公安机关对证据的收集，明显会使大量的犯罪人逃脱法律的制裁。再如，非法控制计算机信息系统的犯罪案件，犯罪人通过木马等病毒可以在短时间内控制分布于多地的百万台计算机，公安机关不可能对受害人逐一核实。所以，对于网络涉众型犯罪的证明标准必须要有别于传统犯罪。

前文已经指出，2012 年之前的少数司法解释、公安部制定的文件和网络行政管理部门制定的行政规章、规范性文件对网络犯罪中的电子证据收集、审查等内容作出了一些规定，但是这些规定存在两个问题：一是法律效力等级低，缺乏法律层面的规定，尤其是在刑事诉讼法中缺乏明确规定；二是内容分散、不系统。所以，2012 年全面修订《刑事诉讼法》时，就网络犯罪对传统刑事诉讼程序的前述三方面的挑战进行了全面回应。下面结合《刑事诉讼法》、司法解释的规定，对网络犯罪的刑事诉讼程序进行全面梳理。

（一）对网络犯罪案件的地域管辖作出了普遍性规定

网络犯罪地域管辖主要是涉及犯罪地的理解，《刑事诉讼法》没有对犯罪地的含义作出规定，而是由公安部、最高人民法院在相关文件、司法解释中规定。2013 年 1 月 1 日起实施的《检察机关办理刑事案件程序规定》在吸收《网络赌博犯罪案件意见》、《侵犯知识产权刑事案件意见》中网络犯罪地域管辖规定的基础上，在第 16 条对网络犯罪的地域管辖作出了一般性规定。[①] 2013 年 1 月 1 日起实施的最高人民法院《关于适用〈中华人民共和国刑事诉讼法〉的解释》（2012 年 12 月 20 日发布，法释〔2012〕21 号，以下简称《刑诉法解释》）第 2 条第 2 款也对网络犯罪的地域管辖作出了明确规定，在内容上与《检察机关办理刑事案件程序规定》基本相同，只是增加了"被害人财产遭受损失地"。由于《检察机关办理刑事案件程序规定》第 15 条第 2 款规定，犯罪结果发生地包括犯罪对象被侵害地，所以《刑诉法解释》与《检察机关办理刑事案件程序规定》关于网络犯罪的地域管辖是完全一致的。

《检察机关办理刑事案件程序规定》与《刑诉法解释》对网络犯罪中犯罪地的解释在一定程度上解决了网络犯罪的地域管辖问题，但是司法实践中产生的一些管辖问题仍然缺乏明确的规定，如网络犯罪案件管辖争议的处理、网络犯罪案件的并案处理等。所以，2014 年 5 月最高人民法院、最高人民检察院、公安部联合发布了《网络犯罪案件程序意见》。该意见是目前网络犯罪案件适用刑事诉讼程序的最主要司法解释，在管辖部分对犯罪地的含义、网络犯罪案件管辖争议的处理、并案处理、合并处理等问题作出了明确规定。对于犯罪地，该意见规定被害人被侵害时的所在地也属于犯罪地；涉及多个环节的网络犯罪案件，犯罪嫌疑人为网络犯罪提供帮助的，其犯罪地公安机关也可以管辖。

（二）对电子数据及其收集、审查作出了明确规定

2012 年修正的《刑事诉讼法》、《刑诉法解释》、《检察机关办理刑事案件程序规定》和《网络犯罪案件程序意见》对电子数据的收集与审查，主要规定了如下内容：

1. 电子数据收集、提取人员的资质与技术要求。《网络犯罪案件程序意见》对此只是作出了原则性规定，具体的标准与要求留待由公安部制定相关的规范性文件，如类似于前述的《计算机犯罪证据规则》。

2. 电子数据收集、提取的原则。电子数据与物证、书证等证据种类相比，一个重要的特点是其内容可以完全同原始储存介质分离，同时电子数据可以原

[①] 《公安机关办理刑事案件程序规定》第 16 条规定："针对或者利用计算机网络实施的犯罪，用于实施犯罪行为的网站服务器所在地、网络接入地以及网站建立者或者管理者所在地，被侵害的计算机信息系统及其管理者所在地，以及犯罪过程中犯罪分子、被害人使用的计算机信息系统所在地公安机关可以管辖。"

样复制。所以，对于电子数据而言，原始电子数据的概念没有意义，对于保证电子数据完整性有意义的是原始存储介质。所以，电子数据收集与提取是以获取原始存储介质为原则，以直接提取电子数据为例外。《网络犯罪案件程序意见》对原始存储介质的收集、提取程序以及无法获取原始存储介质，直接提取电子数据的情形及程序均作出了明确规定。

3. 电子数据收集、提取的笔录制作要求。《网络犯罪案件程序意见》规定对电子数据的收集、提取过程应当制作笔录，同时对笔录内容也作出了详细规定。

4. 电子数据的移送规则。《网络犯罪案件程序意见》规定原始存储介质或者电子数据应当以封存状态随案移送。至于是否要移送电子数据的打印件，司法解释之间规定并不相同。《关于办理死刑案件审查判断证据若干问题的规定》第 29 条第 1 款第 1 项规定，在审查电子数据时要审查可移送存储介质是否与打印件一并提交。根据此规定实际可以推论出，电子数据的打印件要移送给法院。《刑诉法解释》没有要求移送电子数据的打印件。《网络犯罪案件程序意见》规定，对于可以直接展示的电子数据，可以不随案移送打印件。法院、检察院因设备等条件限制无法直接展示电子数据的，公安机关应当移送打印件。

5. 电子数据的鉴定与检验。《网络犯罪案件程序意见》确立了鉴定与检验并行的原则，规定可以由司法鉴定机构出具鉴定意见或者由公安部指定的机构出具检验报告。①

（三）　对涉众型网络犯罪的证明规则作出了明确规定

《刑诉法解释》没有对涉众型网络犯罪的证明规则作出规定，《网络犯罪案件程序意见》弥补了这一缺陷。《网络犯罪案件程序意见》明确规定：《对针对或者组织、教唆、帮助不特定多数人实施的网络犯罪案件，确因客观条件限制无法逐一收集相关言词证据的，可以根据记录被害人数、被侵害的计算机信息系统数量、涉案资金数额等犯罪事实的电子数据、书证等证据材料，在慎重审查被告人及其辩护人所提辩解、辩护意见的基础上，综合全案证据材料，对相关犯罪事实作出认定。"

---

① 参见喻海松：《〈关于办理网络犯罪案件适用刑事诉讼程序若干问题的意见〉的解读》，载《刑事审判参考》（第 96 集），法律出版社 2014 年版，第 189 ~ 199 页。

第七章　我国网络犯罪刑事司法的实证现状

近年来，随着计算机技术和信息网络的发展，我国网络犯罪案件频发，相对应的以网络犯罪作为规制对象的刑法修正案和司法解释相继出台。在此背景下，有必要还原我国网络犯罪刑事司法的现状，通过对大量的网络犯罪案件的实证调查和分析，阐述我国网络犯罪案件总体概况、侦查与起诉、审判与裁量等重要的刑事司法环节，检讨司法实务中可能存在的问题，从而为我国网络犯罪刑事政策的重构奠定事实性基础。需要补充说明的是，由于本章主要以相关案件的判决书作为研究对象，故而难以完整充分反映网络犯罪的侦查与起诉环节，对此，我们辅之以其他学术文献和实务部门对侦查和起诉环节的实务经验的归纳，以期展现我国网络犯罪刑事司法的全貌。

第一节　我国网络犯罪案件概况

本书第一章所言的"网络犯罪"主要是犯罪学而非刑法教义学意义上的概念，缘由在于我国《刑法》并未就"网络犯罪"做出过总体的定义。在"网络犯罪"中，纯正型（又称对象型）网络犯罪涉及的罪名较为固定，而不纯正型（包括内容型和工具型）网络犯罪在罪名分布上具有多样性，因而有对其范围加以确定的必要。事实上，为了便于对网络犯罪的追诉，实务部门已经通过司法解释对形形色色的网络犯罪所可能涉嫌的罪名加以明确分类。依最高人民法院、最高人民检察院、公安部2014年发布的《关于办理网络犯罪案件适用刑事诉讼程序若干问题的意见》第1条规定，网络犯案件包括：（1）危害计算机信息系统安全犯罪案件；（2）通过危害计算机信息系统安全实施的盗窃、诈骗、敲诈勒索等犯罪案件；（3）在网络上发布信息或者设立主要用于实施犯罪活动的网站、通讯群组，针对或者组织、教唆、帮助不特定多数人实施的犯罪案件；（4）主要犯罪行为在网络上实施的其他案件。与本书所主张的网络犯罪类型相对应，依"网络"在犯罪中的作用，上述《意见》中的第一类属于纯正的对象型网络犯罪，而后三类则属于不纯正的内容型和工具型网络犯罪。

一、研究对象及方法

（一）研究对象

在明确网络犯罪案件的类型之后，为进一步了解我国网络犯罪的刑事司法现状，课题组收集了我国司法部门办理的网络犯罪案件，并据此开展实证分析研究。在研究分析前，首先对研究对象的形式、来源、内容等情况予以说明。

本研究的对象是 1997 年《刑法》修订以来我国司法部门办理的网络犯罪案件，具体而言便是各级人民法院对相关网络犯罪案件所作出的生效判决书。这些判决书来源于最高人民法院主办的"中国裁判文书网"①和由北大英华公司、北京大学法制信息中心开发维护的"北大法宝司法案例数据库"②。我们以这两大数据库作为主要检索源，是考虑到这两大案例数据库的官方属性和学术属性，其所收录的案件相对权威且有代表性。

由于研究对象为我国的网络犯罪案件，故课题组以"计算机信息系统"、"计算机"、"网络"、"软件"作为关键词进行检索。案件检索时间是从 1997 年 10 月 1 日至 2015 年 2 月 6 日。其中，以"计算机信息系统"为关键词共检索 694 个案件（中国裁判文书网 303 个，北大法宝 391 个），以"计算机"为关键词共检索 4693 个案件（中国裁判文书网 1766 个，北大法宝 2927 个），以"软件"为关键词共检索 5452 个案件（中国裁判文书网 2263 个，北大法宝 3189 个），以"网络"为关键词共检索 24767 个案件（中国裁判文书网 10419 个，北大法宝 14348 个）。但由于两大数据库中的很多案件存在重复，以及部分案件的实行行为与本书所划定的网络犯罪并不相关，故经过对判决书内容上的查重和筛选后，得出有效案件数 3765 个，其中纯正型网络犯罪案件（也称对象型网络犯罪案件）179 个，不纯正型网络犯罪案件（包括工具型网络犯罪案件和内容型网络犯罪案件）3586 个。

考虑到纯正型网络犯罪案件较少，课题组决定对检索到的全部纯正型网络犯罪案件进行量化研究。而由于不纯正型网络犯罪案件较多，课题组决定对之进行抽样。具体而言，对这些不纯正型网络犯罪案件先按所宣告的罪名分类，

---

①　网址：http://www.court.gov.cn/zgcpwsw/，最后访问日期：2016 年 6 月 12 日。最高人民法院 2013 年 11 月公布的《关于人民法院在互联网公布裁判文书的规定》第 2 条规定："最高人民法院在互联网设立中国裁判文书网，统一公布各级人民法院的生效裁判文书。"

②　网址：http://vip.chinalawinfo.com/Case/，最后访问日期：2016 年 6 月 12 日。该数据库精选收录全国各级人民法院公布的各类裁判文书，主要包括"两高"发布的指导案例、"两高"从创刊号开始至今出版的公报上登载的案例、全国公开出版的 80 百余种案例类书籍中的裁判文书及社会关注度高的热点案例、案例报道及仲裁裁决案例。

然后在每类罪名下采取随机起点等距抽样的方法，共抽取 380 个案件，其中工具型网络犯罪案件 329 个，内容型网络犯罪案件 51 个。尽管未能对不纯正型网络犯罪案件进行全样本实证分析，但等距抽样方法符合统计学的要求，因而同样具有代表性和客观性。

在使用 SPSS 统计软件进行具体数据录入时，为统计和分析方便，采取以罪名为基准、"一人一罪"的方式进行录入。这就意味着一人犯数罪和多人共同犯罪的情形均被作为多个样本分别录入。当然，若案件中犯罪人所犯多个罪名中有非网络犯罪罪名，则该罪名将不会被录入。依此方式，179 个纯正型网络犯罪案件共获得 383 个样本，380 个不纯正型网络犯罪案件共获得 749 个样本。

（二）变量选取

本章旨在客观呈现应对网络犯罪的司法现状，因而所选取的变量应在实体和程序上反映网络犯罪案件侦查与起诉、裁判与量刑的基本情况。由于纯正型网络犯罪与不纯正型网络犯罪在案件性质、构成要件等方面存在较大差异，因此在变量选取时，在尽量囊括网络犯罪共性特征的同时，也应当把这种差异性考虑在内。

1. 选取的实体性变量包括：（1）罪名：起诉罪名、一审定罪罪名、二审定罪罪名、是否数罪并罚；（2）犯罪客观方面：行为、对象、工具、后果严重程度、情节严重程度、数额严重程度、涉案金额、违法所得；（3）犯罪主观方面：是否牟利目的；（4）犯罪主体方面：性别、年龄、职业、受教育程度、是否有前科、是否是累犯、是否自首、是否立功、是否坦白；（5）犯罪形态方面：犯罪完成形态、共同犯罪形态；（6）量刑方面：适用的主刑刑种和刑期、是否适用罚金及数额、是否剥夺政治权利及剥夺期限、量刑是否酌定从宽、有无宣告缓刑及考验期限。

2. 选取的程序性变量包括：（1）管辖：审理地区、审级、审理法院的级别以及是否指定管辖；（2）审判程序：是否适用简易程序；（3）审理期限：起诉时间、审判时间。

二、我国网络犯罪案件基本情况

（一）罪名分布

383 个纯正型网络犯罪样本涉及我国《刑法》第 285 条、第 286 条规定的罪名，具体分布情况见表 7 - 1 - 1：

表 7 - 1 - 1　纯正型网络犯罪样本的罪名分布情况

罪名	样本数量（个）	百分比（%）
破坏计算机信息系统罪	163	42.6
非法获取计算机信息系统数据罪	125	32.6
非法侵入计算机信息系统罪	11	2.9
提供侵入、非法控制计算机信息系统的程序、工具罪	32	8.4
非法控制计算机信息系统罪	51	13.3
非法获取计算机信息系统数据、非法控制计算机信息系统罪	1	0.3
合计	383	100

　　由表 7 - 1 - 1 可知，在涉及的纯正型网络犯罪罪名中，样本数量最多的为破坏计算机信息系统罪，有 163 个，占样本总数的 42.6%。其次是非法获取计算机信息系统数据罪，有 125 个，占罪名总数的 32.6%。非法侵入计算机信息系统罪的样本数量最少，仅有 11 个。

　　749 个不纯正型网络犯罪样本，涉及的罪名主要集中在刑法分则第三章破坏社会主义市场经济秩序罪、第五章侵犯财产罪和第六章妨害社会管理秩序罪。其中，样本数量最多的 5 个罪名分别是：开设赌场罪、诈骗罪、非法经营罪、破坏公用电信设施罪、盗窃罪，具体分布情况见表 7 - 1 - 2：

表 7 - 1 - 2　五大不纯正型网络犯罪样本的罪名分布

罪名	样本数量（个）	占样本总数的百分比（%）
开设赌场罪	169	22.5
诈骗罪	159	21.2
盗窃罪	46	6.1
非法经营罪	43	5.9
组织、领导传销活动罪	42	5.7
总计	459	61.4

　　表 7 - 1 - 2 显示，通过网络开设赌场的网络犯罪案件发案率最高，样本数

量占不纯正型网络犯罪样本总数的22.5%；通过网络实施诈骗罪的网络犯罪案件数量次之，占21.2%；通过网络实施的盗窃罪，非法经营罪，组织、领导传销活动罪虽然在样本数量上仅次于开设赌场罪和诈骗罪，但这3个罪名的样本数量均未超过总数的7%；同时，这5个罪名的样本总数仅占不纯正型网络犯罪样本总数的61.4%。可见，不纯正型网络犯罪的样本分布较为分散，开设赌场罪、诈骗罪为传统犯罪网络异化的典型代表。

（二）犯罪人基本情况

179个纯正型网络犯罪案件共有381名犯罪人，380个不纯正型网络犯罪案件共有740名犯罪人。网络犯罪作为现代社会新兴的犯罪类型，犯罪人在性别、年龄、文化程度等方面也有其自身的一定特点。

1. 犯罪人性别

由于裁判文书中的犯罪人性别信息有限，纯正型网络犯罪案件的犯罪人中，仅129名犯罪人有明确的性别信息。其中，男性犯罪人126名，占95.3%；女性犯罪人6名，仅占4.7%。不纯正型网络犯罪案件的犯罪人中，仅300名犯罪人的性别信息明确。其中，男性犯罪人259名，占86.3%；女性犯罪人41名，仅占13.7%，就有效数据而言，总体上女性犯罪人人数远少于男性犯罪人人数，但与纯正型网络犯罪案件相比，不纯正型网络犯罪案件中女性犯罪人实施或参与作案的概率较大。

2. 犯罪人年龄

纯正型网络犯罪案件的犯罪人中，裁判书载明犯罪人出生年月的共计123名，其年龄频率分布情况详见图7-1-1：

由图7-1-1可知，123名犯罪人的年龄均在40岁以下（含40岁），经计算平均年龄为26岁。其中，年龄最小的为19岁，年龄最大的为40岁，年龄为22岁和26岁的犯罪人人数最多，均为11人。年龄在32岁以上（含32岁）的犯罪人人数明显减少，仅有20人，占总人数的16.3%。

不纯正型网络犯罪案件的犯罪人中，裁判书载明犯罪人出生年月的共计23名，分布情况详见图7-1-2。

由图7-1-2可知，虽然不纯正型网络犯罪案件的犯罪人也呈现低龄化特征，但该特征并没有纯正型网络犯罪案件明显。231名犯罪人的平均年龄为29岁，比纯正型网络犯罪案件犯罪人平均年龄大3岁。其中，年龄最小的仅为17岁，年龄最大的为62岁，年龄跨度较大。年龄为25岁的犯罪人数量最多，有21人。在年龄小于35岁的犯罪人中，以25岁为界限，犯罪人的人数由递增到递减。

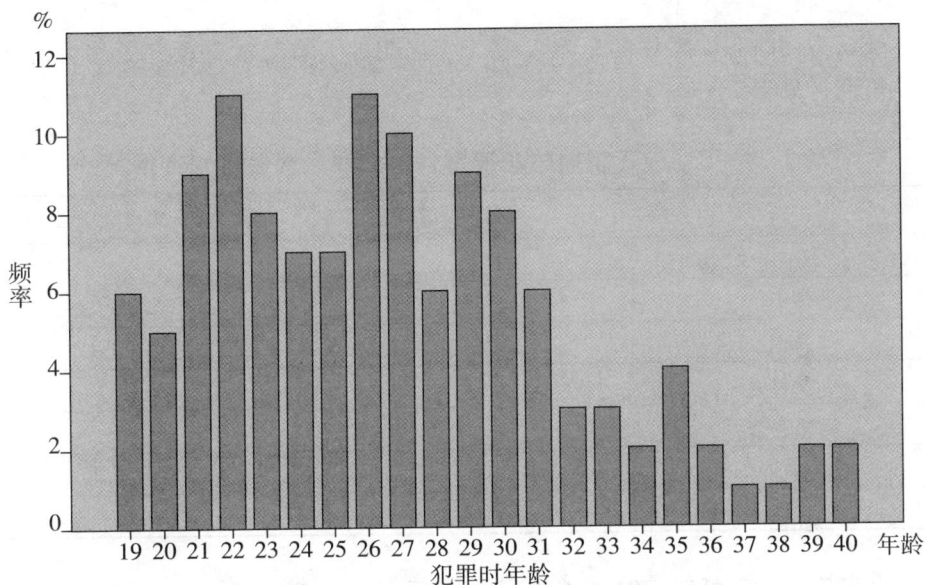

图 7 - 1 - 1　纯正型网络犯罪案件的犯罪人年龄分布

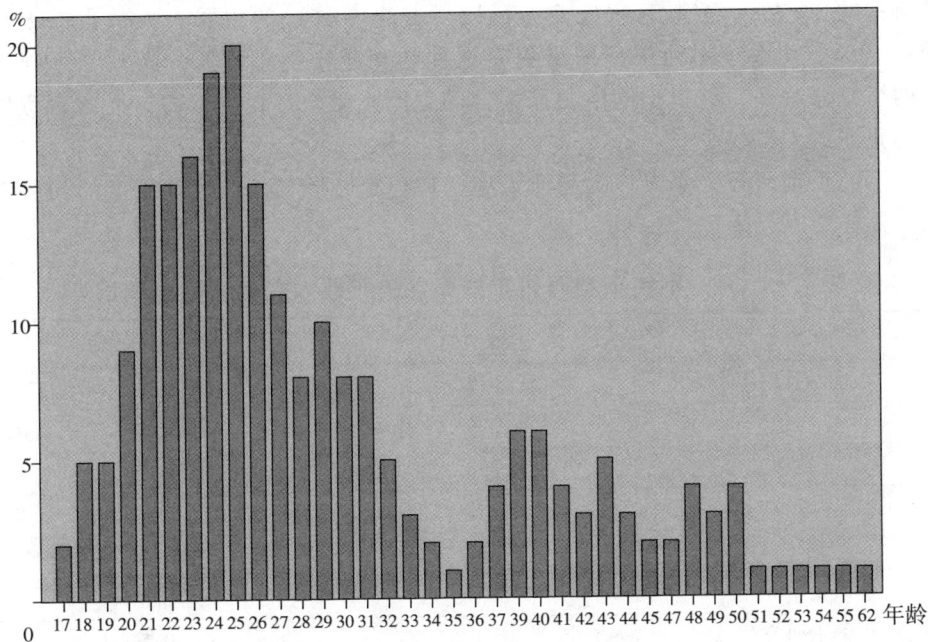

图 7 - 1 - 2　不纯正型网络犯罪案件的犯罪人年龄分布

3. 犯罪人受教育程度

纯正型网络犯罪案件的犯罪人中，91 名犯罪人有受教育程度的相关信息，具体情况详见表 7 - 1 - 3：

表 7 - 1 - 3　纯正型网络犯罪案件的犯罪人受教育程度情况

受教育程度	人数（人）	百分比（%）
小学及以下	2	2.2
初中	32	35.2
高中	14	15.4
专科	31	34.1
大学本科	11	12.1
硕士研究生	1	1.1
合计	91	100.0

由表 7 - 1 - 3 可知，91 名犯罪人中，受教育程度为初中的犯罪人人数最多，有 32 人，占 35.2%。受教育程度为专科的犯罪人人数次之，有 31 人，占 34.1%。该比例明显高于不纯正型网络犯罪案件中受专科教育的犯罪人人数所占的 23.7%。受教育程度为专科以上（含专科）的犯罪人人数占总人数的 47.3%，也高于不纯正型网络犯罪案件的相应比例。可见，相较于不纯正型网络犯罪案件，纯正型网络犯罪案件的犯罪人受教育程度较高，受教育程度低的犯罪人人数较少。

不纯正型网络犯罪案件的犯罪人中，194 名犯罪人有受教育程度的相关信息，具体情况见表 7 - 1 - 4：

表 7 - 1 - 4　不纯正型网络犯罪案件的犯罪人受教育程度情况

受教育程度	人数（人）	百分比（%）
小学及以下	17	8.8
初中	70	36.1
高中	38	19.6
专科	46	23.7
大学本科	21	10.8
硕士研究生	1	0.5
博士研究生	1	0.5
合计	194	100.0

由表 7 - 1 - 4 可知，194 名犯罪人中，受教育程度为初中的犯罪人人数最多，有 70 人，占 36.1%。受高中以下教育的犯罪人有 125 人，占 64.5%。受大学本科以上教育的犯罪人仅有 23 人，仅占 11.8%。可见，不纯正型网络犯罪案件的犯罪人受教育程度总体偏低。

总而言之，纯正型网络犯罪和不纯正型网络犯罪在犯罪人性别、年龄以及受教育程度等方面均存在不同程度的差异，我们认为，这更多的是因二者的犯罪形态以及手段方式不同所致：纯正型网络犯罪的实现，无论是进入还是破坏计算机系统，毫无疑问都紧密依赖于网络技术手段，而能够熟练驾驭此等技术的人，必须具备相应的教育程度。同时，考虑到网络技术的普及时间尚短，无论是学习意愿，还是学习能力，中老年人是无法企及青壮年群体的。相对而言，不纯正型网络犯罪则门槛较低，精湛的网络技术手段并非其实施的必要条件，因此，在性别、年龄和学历等方面，呈现更为多元化的特征。

第二节 我国网络犯罪案件的侦查与起诉

一、网络犯罪案件的管辖

（一）立案管辖

受传统刑事管辖理论的影响，网络犯罪案件的刑事管辖权以属地管辖为主，我国对犯罪行为地和结果地任一在我国领域内的网络犯罪案件均有刑事管辖权。网络犯罪案件作为刑事案件，通常由公安机关立案侦查，但根据我国《刑事诉讼法》的规定，结合案件的特殊性质，检察机关、国家安全机关、海关缉私机关、监狱侦查部门等同样具有侦查权。具体的管辖机关，由犯罪地的侦查机关立案侦查，必要时由犯罪嫌疑人居住地的侦查机关立案侦查。

一般而言，传统立案管辖是以现实物理时空为基点建构起来的，因而要实现对网络犯罪的立案管辖，则不免需要对传统立案管辖规则有所变通，其方式则是对属地概念进行扩大化解释。具体来说，网络犯罪案件"犯罪地"一是"用于实施犯罪行为的网站服务器所在地"；二是"被侵害的计算机信息系统或其管理者所在地"；三是"犯罪嫌疑人、被害人使用的计算机信息系统所在地"；四是"被害人被侵害时所在地、帮助犯罪地或居住地"。但是，这种对犯罪地的扩大化解释导致了各地司法机关因管辖权问题而产生的争议。例如在网络赌博或者网络传销案件中，犯罪集团的首要分子往往建立起了由层层下线组成的"金字塔"形组织结构，其人员众多、涉及全国多个地域。在此情形下，实践中通常由最初受理的公安机关或主要犯罪地公安机关立案侦查，有争议的依有利于破案的原则由共同上级公安机关指定管辖。对于有特殊情况，由异地公安机关侦查更利于公正办案的跨省（自治区、直辖市）重大网络犯罪案件，可由公安部商请最高人民检察院、最高人民法院指定管辖。可见，由于网络犯罪的特性以及犯罪地的扩大解释，不可避免地涉及管辖权的重叠，也因此指定管辖成为了问题解决的最终方案。然而，指定管辖不仅缺乏明确的标准，其确定要么依循惯例，要么归于随机，难言合理；而且这种行政化的倾向常常忽视了诉讼当事人的权利[1]，即大量非指定管辖的被害人参与诉讼的难度和成本显著提升。

需要注意的是，上述规则仅为公诉案件中网络犯罪的立案管辖规则，而不可忽略的是仍存在一定数量的网络犯罪自诉案件，比如尚未严重危害社会秩序和国家利益的针对个人所实施的网络诽谤案件，其立案管辖则并不明确。由于网络诽谤犯罪案件存在公诉与自诉的区别，在自诉场合，公安机关包括派出所在内，一般都会以系刑事自诉案件为由将报案人拒之门外。打击成本与违法成本之间的巨大反差使得网络诽谤的被害人一旦"中箭"便往往陷入两难境地，大多数人最终不会通过法律途径挽回自己的名誉损失，或逃避，或忍气吞声。[2] 在此情形下，为帮助被害人更好地维护自身合法权益，2015年《刑法修正案（九）》第16条规定新增第246条第3款："通过信息网络实施侮辱、诽谤行为，被害人向人民法院告诉但提供证据确有困难的，人民法院可以要求公安机关提供协助。"这将在一定程度上解决诽谤自诉案件因缺乏证据，被害人难以提起诉讼的问题。

（二）审判管辖

我国网络犯罪案件的审判也同样适用《刑事诉讼法》规定的审判管辖规则，主要是级别管辖和指定管辖。根据我国《刑事诉讼法》第20条、第21条规定，当网络犯罪案件为危害国家安全、恐怖活动案件，或是网络犯罪案件的犯罪人可能判处无期徒刑、死刑时，可由中级人民法院一审管辖；当网络犯罪案件为全省性的重大刑事案件时，可由省高级人民法院一审。除上述情形外，其他网络犯罪案件均由基层人民法院一审管辖。为进一步了解我国刑事司法实践中网络犯罪案件的级别管辖状况，课题组统计了179个纯正型网络犯罪、380个不纯正型网络犯罪案件的审级和审理法院的级别情况。分别见表7-2-1、表7-2-2：

---

[1] 参见陆栋：《跨地域网络案件的刑事立案管辖问题研究》，收录于中国社会科学院创新工程2016年子项目——《网络犯罪的刑事立法与刑事司法前沿问题》（文集）。

[2] 参见伊晓婷：《网络诽谤犯罪立案管辖之困境与价值抉择》，载《行政与法》2014年第12期。

表 7 - 2 - 1　纯正型网络犯罪案件的级别管辖情况

		法院级别		合计（个）
		基层人民法院（个）	中级人民法院（个）	
审级	初审	165	0	165
	二审	0	14	14
合计		165	14	179

表 7 - 2 - 2　不纯正型网络犯罪案件的级别管辖情况

		法院级别			合计（个）
		基层人民法院（个）	中级人民法院（个）	高级人民法院（个）	
审级	初审	359	1	0	360
	二审	0	19	1	20
合计		359	20	1	380

　　由表 7 - 2 - 1、表 7 - 2 - 2 可知，179 个纯正型网络犯罪案件中，初审案件有 165 个，且均由基层人民法院初审。二审案件有 14 个，均由中级人民法院审理。380 个不纯正型网络犯罪案件中，初审案件有 360 个。其中，有 359 个案件由基层人民法院初审，仅一个案件由中级人民法院初审，且该案件为有外国人涉嫌犯罪的走私案件。可见，司法实践中的绝大多数网络犯罪案件为普通刑事案件，但不排除有危害国家安全、恐怖活动的网络犯罪案件因保护国家安全的需要而未公开的情况。

　　根据我国《刑事诉讼法》第 26 条规定，对于管辖不明的网络犯罪案件，可由上级人民法院指定管辖。虽然与侦查机关的立案管辖规则相同，即人民法院的审判管辖也采取由犯罪地的人民法院管辖的规则，但由于网络犯罪案件的犯罪地确定往往较为模糊，可能存在多个犯罪地的情况，因此从理论上说，这将不可避免地导致管辖重叠，并继而需要指定管辖的情形。然而在课题组采样的网络犯罪案件中，179 个纯正型网络犯罪案件无一案件存在指定管辖情况。380 个不纯正型网络犯罪案件仅 5 个案件为指定管辖案件。其中，有 3 个案件为侵犯知识产权的网络犯罪案件。可见，虽然网络犯罪案件的犯罪地在确定上存在一定困难，但审判管辖上的争议并不多，因此指定管辖的案件数量较少。

在指定管辖的案件类型上，也以侵犯知识产权等新型不纯正型网络犯罪案件为主。

二、网络犯罪案件的侦查

网络犯罪案件具有高科技性，这就给网络犯罪案件的侦查提出了难题。网络违法犯罪行为具有隐蔽性强、高技术性，单案案值低、受害人数多、地域面积广等特点。犯罪嫌疑人对散布在网络上的大量目标计算机及用户资料进行侵害和窃取、对用户实施诈骗、敲诈，受害人多、受害人分布范围跨度特别大，给公安机关的立案、串案、并案及侦破都造成了很大的困难，特别是在公安侦办协作机制尚未完善的前提下，很多案件基本上无从启动侦查，也因此网络犯罪案件破案率始终不高。[①] 这是我国当前网络犯罪案件侦查的宏观现状，在此情形下，探索并完善我国网络犯罪案件的侦查模式，就显得尤为紧迫与重要。当然，由于本书主要以刑事判决书作为实证样本，难以呈现实践中的侦查问题，出于论述完整性的考虑，本书以转引和归纳的形式，对我国网络犯罪的侦查做一个简要的描述。

（一）网络犯罪案件初查与协作机制

由于网络犯罪案件的隐蔽性，公安机关在立案时的线索十分有限，往往不能确定是否达到犯罪追诉标准。例如，通过网上发布销售枪支、毒品等非法信息，如果不展开调查，则根本无法确认所发布信息的真实性。在此情形下，若置案件线索不顾则可能放任犯罪；若贸然采取侦查措施，则可能侵犯犯罪嫌疑人的人身、隐私、财产等权利。这一两难的局面导致了大量网上违法犯罪线索难以进入侦查程序。基于此种现实考虑，有必要对网络犯罪案件立案前的初查和调查措施加以规范。具体说来，公安机关对于审查中发现案件事实或线索不明，需经调查才能确认是否达到犯罪追诉标准的网络犯罪案件，经办案部门负责人批准，可以进行初查。初查采取措施的强制力度远远低于《刑事诉讼法》规定的强制措施，包括询问、查询、勘验、检查、鉴定、调取证据材料等不限制初查对象人身、财产权利的措施，但基于比例性原则，不得对初查对象采取强制措施和查封、扣押、冻结财产。

在对网络犯罪案件开展初查时，公安机关多注重对多来源线索的汇总和对同一来源线索的并案侦查。特别是对于工具型网络犯罪案件的初查，在网络外往往还有犯罪行为，就可能留有一定的犯罪线索。这些线索虽然看似与来源于

---

① 参见翁里、徐公社等：《转型期犯罪侦查的理论与实践》，法律出版社 2010 年版，第 154 页。

网络的犯罪线索并无联系，但可能指向的是同一网络犯罪案件。针对网络犯罪案件单一案件侦破难度大的问题，实践中，从利于案件侦破的角度出发，公安机关会对源于同一线索的案件并案侦查，同时加大对网络犯罪案件背后的利益链条的发现和查处。开设赌场、组织领导传销活动、传播淫秽物品、诈骗等网络犯罪案件往往都不是独立的犯罪，而是形成了复杂的利益链条，上下游犯罪交织。以往公安机关在办理此类犯罪时，或是因为侦查取证工作存在瑕疵，或是存在就案办案的懈怠思想，从而忽视对电信运营商、增值接入服务商、网络广告服务、支付服务等是否涉嫌共同犯罪的侦查、审查，如此则不仅可能放纵犯罪，而且不利于铲除滋生网络犯罪的土壤。[①] 对此，我国 2016 年 11 月通过的《网络安全法》第 10 条明确规定了建设、运营网络或者通过网络提供服务者的法定义务："建设、运营网络或者通过网络提供服务，应当依照法律、行政法规的规定和国家标准的强制性要求，采取技术措施和其他必要措施，保障网络安全、稳定运行，有效应对网络安全事件，防范网络违法犯罪活动，维护网络数据的完整性、保密性和可用性。"同时，2015 年《刑法修正案（九）》第 29 条规定在《刑法》第 287 条后增加两条，其中第 287 条之二就明确将电信运营商等网络服务提供者的犯罪帮助行为规定为犯罪。[②] 这就为公安机关对相关网络犯罪的并案、对网络犯罪背后利益链条的发掘提供了明确的法律依据，也在一定程度上解决了网络犯罪共犯认定的难题。此外，《网络安全法》第 63 条还规定了对于"提供专门用于从事危害网络安全活动的程序、工具，或者为他人从事危害网络安全的活动提供技术支持、广告推广、支付结算等帮助，尚不构成犯罪的"，应给予罚款、拘留等治安管理处罚，并且规定受到治安管理处罚的人员 5 年内不得从事网络安全管理和网络运营关键岗位的工作，受到刑事处罚的人员终身不得从事网络安全管理和网络运营关键岗位的工作。从而形成了行政处罚和刑事犯罪二元的应对模式，初步建立起了应对网络不法共犯行为的完备的制裁体系。

由于网络犯罪案件的犯罪地可能有多个，这就使得网络犯罪案件的犯罪线索可能存在于多地，网侦协作机制的建立，特别是案件信息的共享成为案件侦查的关键。对此，我国长三角地区的网络犯罪案件侦破已有成功经验。以具有典型性的嘉兴市为例，嘉兴处于江、浙、沪三省（市）的交界位置，网上治

---

① 参见邵禹、张验军：《网络犯罪案件引发的思考——以大连地区审查逮捕的网络犯罪案件为例》，载《中国检察官（经典案例）》2013 年第 5 期。

② 该条第 1 款规定："明知他人利用信息网络实施犯罪，为其犯罪提供互联网接入、服务器托管、网络存储、通讯传输等技术支持，或者提供广告推广、支付结算等帮助，情节严重的，处三年以下有期徒刑或者拘役，并处或者单处罚金。"

安管控环境较为复杂，自 2008 年开始积极与周边地区联系，建立了江、浙、沪邻近地区 13 个县（市、区）的网侦协作办案机制，定期召开联席会议、促进周边地区网警部门的联系沟通，并在办案中取得了信息资源的共享、案件侦办互助的实效。同时公安网警部门与刑侦、技侦、行动技术建立好良好的协作和信息共享机制，做到了取长补短。① 由于互联网的无国界性，也使得网络犯罪出现了跨国、跨地区的特征。近年来，我国涉及台湾地区乃至东南亚等国家的跨地区、跨国网络电信诈骗案件频发，虽然根据《两岸共同打击犯罪及司法互助协议》，双方同意在共同打击犯罪、调查取证、人犯遣返等事项上互相协助，但也存在颇多问题。在该模式下，"本地居民不移送"原则得到较好贯彻，但对于侦办效果而言则差强人意。在集团犯罪之下，证据收集与案件关系人均有共性，以户籍地区别犯罪嫌疑人的案件管辖权对于共同犯罪的打击而言并非最佳方式，反而容易产生侦查脱节、证供不一、错失打击时机等弊端。故加强两岸警务合作已是目前应对非传统安全威胁势在必行的趋势，对应未来侦审所需证据、资料的传递与缉捕行动的协调，也能更有效率。特别是对于情报资讯传递、通报回复时效、双方司法机关对绩效评价的认定以及双方对司法协作取得证据的证据能力的认定等，应当制定具体的标准作业流程（Standard Operation Procedure），以便两岸检警人员在刑事侦查与司法互助时有所遵循，提升跨境犯罪的共同打击合力。②

应当说明的是，一个健全的网侦协作机制不仅包括与外地公安侦查部门的协作，还应包括与本地、外地侦查部门外其他部门的协作，特别是电信运营商、银行等部门。从而确保在第一时间为网警提供第一手基础数据，为掌握网上犯罪的行动轨迹、资金往来、数据交换等环节打下扎实基础，为侦查破案提供有力的技术后盾。③ 侦查机关与互联网企业的合作在网络犯罪案件的打击中也发挥了重要作用。以腾讯公司为例，2015 年 5 月腾讯公司响应网信办"护苗行动"，针对涉嫌在微信、QQ、微博等重点平台上传播涉未成年人色情信息的不法分子，成立专项团队，清理和打击传播色情淫秽等有害信息账号共计 4 万多个。④ 可见，若无互联网企业的参与，如此之多的犯罪线索，显然是公安机关网络犯罪侦查部门无法承受之重。鉴于此，我国《网络安全法》已有明

① 参见翁里、徐公社等：《转型期犯罪侦查的理论与实践》，法律出版社 2010 年版，第 157 页。

② 参见沈威、徐晋雄：《网络时代跨境电信诈骗犯罪的新发展与防治对策研究——以两岸司法互助协议之实践为切入点》，载《第十一届中国法学青年论坛报告论文集》（2016 年 11 月）。

③ 参见翁里、徐公社等：《转型期犯罪侦查的理论与实践》，法律出版社 2010 年版，第 158 页。

④ 参见腾讯研究院安全中心：《中国网络安全生态报告（2015）》，网址：http：//www.docin.com/p－1515502859.html，最后访问日期：2016 年 6 月 12 日。

确规定，该法第 55 条规定："发生网络安全事件，应当立即启动网络安全事件应急预案，对网络安全事件进行调查和评估，要求网络运营者采取技术措施和其他必要措施，消除安全隐患，防止危害扩大，并及时向社会发布与公众有关的警示信息。"第 28 条规定："网络运营者应当为公安机关、国家安全机关依法维护国家安全和侦查犯罪的活动提供技术支持和协助。"

（二）　网络犯罪案件的虚拟侦查措施

由于网络犯罪案件具有高技术性、隐蔽性等特征，因此合法运用各项侦查措施收集电子证据成为网络犯罪案件侦破的关键。在网络犯罪案件的侦查中，公安机关格外重视勘验检查和技术侦查措施的运用。

2005 年公安部印发了《公安机关刑事案件现场勘验检查规则》（公通字〔2005〕54 号，以下简称《现场勘验检查规则》），对公安机关办理刑事案件勘验检查的现场保护、组织、具体流程和步骤等进行了规定。然而不同于传统刑事案件存在直观、可见的物理现场，网络犯罪案件的犯罪现场多为计算机网络虚拟空间。具体来说，就传统犯罪侦查方法而言，存在"从因果关系入手"、"从作案规律入手"、"从作案手段入手"、"从并案侦查入手"等四种经由"何事"向"何人"的侦查和发现过程。[1] 然而，"无数侦查实例表明，网络犯罪的'案发现场'或'案发时间'要素同作案人之间的联系太遥远，不能起到连接已知案件事实与未知事实的作用"[2]。这是因为，网络犯罪与作案人并不处于同一空间，前者为数字虚拟的网络空间，而后者属于物理现实的空间。因此，如何在"何事"与"何人"之间寻找衔接二者的媒介要素便至关重要，而这一媒介要素，我们认为主要是网络和计算机技术本身。对此，公安机关在实践中逐步探索了一套网络犯罪案件现场勘验检查的专门规则。

首先，明确了在网络犯罪案件的现场勘验检查所遵循的科学性、及时性和全面性原则。科学性原则是指网络犯罪案件的现场勘验检查应当从科学的角度出发，运用计算机科学的有关知识，通过节点入口端口、电信服务商等对网络犯罪案件现场的硬件、软件、进程、指令等进行勘验检查。此外，网络犯罪案件的现场勘验检查在以科学为主导，加大知识运用和科技装备投入的同时，也需要加大科技人员的投入。2000 年 5 月，我国公安部制定了《打击计算机犯罪技术攻关思路》，确立了以办理计算机犯罪案件为主线，以电子数据为核心，以计算机犯罪侦查为主要内容的攻关思路。我国著名高校及某些企业在计

---

① 参见张玉镶主编：《当代侦查学》，中国检察出版社 1998 年版，第 475 ~ 476 页。

② 参见刘品新：《论网络时代侦查模式的转变》，载《山东警察学院学报》2006 年第 1 期。

算机犯罪侦查工作中，开发了多种网络监控系统。中国科学技术大学和中国科学院高能物理研究所计算机中心共同组成的研究小组提出了计算机取证系统的研究模型。① 我国网络犯罪的现场勘验还遵循及时性和全面性原则。公安机关在掌握网络犯罪案件犯罪现场线索时迅速组织实施勘查，及时全面了解案情并取得证据。具体包括：及时赶赴现场、及时部署紧急措施、及时组织安排现场勘查和现场防卫、及时进行临场讨论等。信息网络具有开放性、即时性、流动性等特点，如果犯罪人在公安机关勘验检查前将计算机信息系统里的操作日志删改，就难以全面、有效地收集到犯罪的相关证据。因此，对及时性和全面性原则的遵循意义重大。

其次，在对网络犯罪案件现场勘验检查收集证据时，按照一定的步骤，遵循科学的方法对电子证据提取与固定。计算机证据的收集步骤，要遵循现场保护、确定收集或者检验的计算机信息内容、计算机证据的分析和固定 3 个流程。②

现场保护主要针对的是可能存在的犯罪人对电子取证的反侦查情况。电子取证的反侦查就是删除或隐藏证据使取证调查失效。反取证技术分为三类：数据擦除、数据隐藏和数据加密。这些反侦查技术还可以结合起来使用，让取证工作的效果大打折扣。③ 证据收集的现场保护指在犯罪人控制计算机将日志删除前，限制涉案的计算机信息系统与外界的联系，必要时可以用伪装的程序将日志保存下来并及时处理。

确定收集或者检验的计算机信息内容，是对网络犯罪案件电子证据范围、种类的确定。具体包括：计算机信息系统运行日志、聊天软件的聊天记录、网络浏览记录、网上银行交易记录等。侦查机关在勘验检查时，应全面收集或检验与案件有关的计算机信息内容，但不可侵犯计算机拥有者对计算机硬件、软件的财产权利，以及对计算机所存储的与案件无关的文字、图片等所享有的隐私权。侦查机关在电子证据的收集过程中，特别是在确定收集或者检验计算机信息内容时，需重视对个人隐私和企业信息安全的保护。侦查机关应当在法律允许的框架下获得、提取和运用数据，在数据采集、存储、分析等各个环节都要有管理措施，做到安全保密、有限制的使用。④

---

① 参见魏红：《论网络犯罪对刑事侦查与证据制度的冲击》，载《贵州大学学报》（社会科学版）2008 年第 5 期。

② 参见唐刚：《计算机证据的收集与固定》，载《中国刑事警察》2007 年第 3 期。

③ 参见翁里、徐公社等：《转型期犯罪侦查的理论与实践》，法律出版社 2010 年版，第 179 页。

④ 参见张自超：《大数据时代下职务犯罪侦查模式的变革探究》，载《第十一届中国法学青年论坛报告论文集》（2016 年 11 月）。

计算机证据的分析和固定是现场勘验收集证据的具体操作阶段。在这一阶段，一是需要专业设备和软件的支持，从司法硬件设施方面夯实基础，达到侦查装备现代化，如现在个别地方使用的电子数据取证一体机、现场执法仪等装备。① 还可以采用侦查取证分析计算机或法证分析软件，在勘验检查的现场对证据予以分析、整理，从而保证证据收集的有效性。二是需要具备侦查知识的人员熟练操作相关设备，强化侦查人员电子取证的熟练度，开展电子取证离不开侦查知识、证据知识和技术知识，其中侦查知识与证据知识比技术知识更为重要。三是严格遵照电子证据的取证规则进行，在进行电子证据取证前应制定具体步骤及要求，确保电子证据的真实性、完整性和合法性。比如，提取电子证据必须提取所依托的文件和软件，甚至扣押封存计算机硬件；对文件和软件的提取必须通过安全干净的存储介质进行复制保存，不能直接在原计算机中进行分析整合；对于提取的电子证据，要同时记录提取过程，标注提取的来源、时间、提取人员、被提取物品所有人及见证人等。②

技术侦查措施的运用是网络犯罪案件侦查中颇有争议的问题。虽然我国《刑事诉讼法》并未明确规定在网络犯罪案件的侦查中可采取技术侦查措施，但《公安机关办理刑事案件程序规定》第 254 条明确将网络犯罪案件纳入可采取技术侦查措施的案件范围。可针对网络犯罪案件采取的技术侦查措施主要包括：记录监控、行踪监控、通信监控、场所监控等。然而，传统的技术侦查措施并非能完全适用于网络犯罪案件的侦查，而且技术侦查措施的秘密性使得它极易成为恣意侵犯公民人身自由、隐私权等基本人权的工具。《刑事诉讼法》基于严格适用技术侦查措施，保障公民基本权利的目的，在适用案件范围和批准手续上均较为严格。但技术侦查措施确实是应对当前网络犯罪案件的必要手段。因此，有必要在既有范围内对网络犯罪案件侦查中的技术侦查措施予以改造，使其在现有条件下更好地发挥打击网络犯罪的作用。

具体而言，可以将网络实时监控和计算机数据的实时收集措施纳入技术侦查措施的范围，并将技术侦查措施适用的案件范围由"重大网络犯罪案件"扩大至"采取其他侦查措施难以侦破的疑难网络犯罪案件"。在公安机关之外，社会资源也是不可忽视的重要力量。利用专业的技术公司人员和招聘专业技术人员相结合、委托研发生产和自行研发相结合，拥有同时期性能最强、技

---

① 参见张自超：《大数据时代下职务犯罪侦查模式的变革探究》，载《第十一届中国法学青年论坛报告论文集》（2016 年 11 月）。

② 参见张自超：《大数据时代下职务犯罪侦查模式的变革探究》，载《第十一届中国法学青年论坛报告论文集》（2016 年 11 月）。

术最好的硬、软件技术侦查手段，准确及时获取各种需要的数据。同时也充分借用公安技侦、行动技术等警种的技术设备和技术人员资源，最大效能地发挥技术效用。[①] 应当说明的是，即使适当扩大技术侦查措施在网络犯罪侦查中的适用，也应严格把握具体的适用标准。对于案情相对简单，仅凭传统侦查措施便能有效侦查破案的网络犯罪案件，不可适用技术侦查措施。

三、网络犯罪案件的审查起诉

公安机关在对网络犯罪案件侦查终结后，对于犯罪事实清楚，证据确实、充分的案件，应当移送同级人民检察院审查起诉。其中，"犯罪事实、情节是否清楚，证据是否确实、充分，犯罪性质和罪名的认定是否正确"是人民检察院审查起诉的重要标准，而此标准的具体把握，都依赖于对网络犯罪案件中电子证据的审查。

然而由于电子数据的特殊性，检察机关办案人员在欠缺相关专业知识的情况下，不一定有全面审查电子数据的能力，故有必要进一步明确检察机关对电子数据的审查规则，并加强检察机关自身业务能力建设，提高对电子数据的审查能力。辽宁省大连市人民检察院就于 2012 年 4 月组建了一支能够运用网络技能履行检察监督职责的专业化队伍，作为内设机构，命名为"网络犯罪检察监督处"，在全国检察机关独树一帜。该部门以审查公安机关移送逮捕的利用网络进行的犯罪案件为依托，以开展立案监督、侦查活动监督和审判监督为重点，以电子证据的审查、认定和电子信息的收集、研判为任务，专门从事与网络犯罪相关的检察办案工作和法律监督工作。自成立以来，与同级公安机关网络安全保卫部门进行业务衔接，审查逮捕网络犯罪案件；针对网络犯罪案件的规律特点和犯罪手段，研究电子数据的收集审查方法、证据标准和法律适用，制定了《电子数据审查工作规范》，填补了全国检察机关在审查电子数据上的制度空白。[②]

解决网络犯罪案件电子证据审查困难的问题，还可以从电子证据及取证过程本身着手。网络公证和计算机取证鉴定制度的建立恰能在一定程度上解决这个问题。所谓网络公证，是指由特定的网络公证机关利用计算机和互联网技术，对互联网上的电子身份、电子交易行为、数据文件等提供增强的认证和证

---

① 参见翁里、徐公社等：《转型期犯罪侦查的理论与实践》，法律出版社 2010 年版，第 159 页。

② 参见邵禹、张验军：《网络犯罪案件引发的思考——以大连地区审查逮捕的网络犯罪案件为例》，载《中国检察官（经典案例）》2013 年第 5 期。

明以及证据保全等公证行为。① 如果公安机关收集到的电子证据是已经过网络公证后的证据，那么就在一定程度上增加了该证据的公信力，使证据的合法性、真实性得以保证。同时，还可建立计算机取证鉴定制度，对电子证据及取证过程予以鉴定。建议设立专门的计算机取证鉴定机构，可从一些高校、研究机构或企事业单位通过公开招聘、选拔考试等方式选出一些通晓硬件和软件的计算机专家、熟悉计算机作案手段的人员作为鉴定机构成员。合格者，由省级鉴定主管部门发给"司法鉴定人资格证书"。②

对电子证据合法性、真实性、关联性的审查是对电子证据审查的重点内容。对电子证据合法性的审查包括收集主体是否合法，收集程序、方式是否合法，电子证据鉴定是否合法等。刑事案件证据收集主体只能是拥有侦查权的公安机关（国家安全机关）、检察机关侦查部门的侦查人员，必要时可以在侦查人员的主持下，邀请专家、技术人员辅助参与以及律师和自诉人。电子证据的制作、存储、传递、获得、收集、出示等程序和环节应当符合有关程序法的规定，被搜查、扣押的电子证据存储设备必须有搜查笔录，扣押清单等证实其来源的合法性，否则不能作为定案的根据;③ 鉴定程序的合法性也十分重要，包括审查鉴定机构和鉴定人是否有合法的资质，鉴定人是否存在违反回避的规定、鉴定的对象是否为电子证据原始存储设备，以及鉴定是否符合有关规则，鉴定结果是否有相关人员签字以及是否已告知相关人员，当事人是否有异议等内容。对于存在问题的电子证据鉴定意见，不能作出合理解释或说明的，不得作为证据使用，必要时应提请重新鉴定。④

对电子证据真实性的审查，往往从收集、保管、鉴定的程序入手。特别是加强电子证据是否有被修改的审查。在审查时应对其逻辑上是否存在矛盾以及与其他证据是否逻辑上一致，结论是否唯一以及是否具有被人为改动的可能性方面进行着重分析、论证，可以采取一些间接的方式和手段，如审查电子证据的技术形成过程，审查记录、储存电子证据的设备系统性能的安全可靠性，审查收集、提取电子证据的操作方式的正确性与否等方式，来从侧面判断电子证

---

① 参见彭曼：《浅谈网络犯罪的电子证据调查和保护》，载《重庆科技学院学报》（社会科学版）2012 年第 7 期。

② 翁里、徐公社等：《转型期犯罪侦查的理论与实践》，法律出版社 2010 年版，第 184 页。

③ 参见周云龙：《审查起诉环节对网络犯罪案件中电子证据的审查判断》，载《中国检察官（经典案例）》2012 年第 1 期。

④ 参见周云龙：《审查起诉环节对网络犯罪案件中电子证据的审查判断》，载《中国检察官（经典案例）》2012 年第 1 期。

据是否是真实的。[①]

判断一个电子证据是否具有关联性，一般从三方面着手，即电子证据是否能够证明案件的某方面问题、该问题是否为案件事实争议的问题、该电子证据对争议问题的解决是否具有实质性意义。[②] 如果在这三个方面都是肯定的回答，就充分证明了该电子证据与案件事实具有关联性。然而，任何网络犯罪案件都并非仅靠电子证据即可证明，故还需分析电子证据与其他证据之间的关联性，能否与其他证据相互印证形成证据链条。如果该电子证据能与其他证据一起证明犯罪事实的唯一性、犯罪人的唯一性，便与案件具有关联性，在符合合法性、真实性的前提下可作为定案依据。

第三节　我国网络犯罪案件的裁判与量刑

一、网络犯罪案件的审理程序

人民法院对网络犯罪案件的一审审理一般由合议庭进行，但基层人民法院适用简易程序的案件可由审判员一人独任审判。在审理程序上，基层人民法院审理一审网络犯罪案件，通常情况下适用普通程序，但依我国《刑事诉讼法》第208条的规定，在符合一定条件下，可以适用简易程序：案件事实清楚、证据充分的；被告人承认自己所犯罪行，对指控的犯罪事实没有异议的；被告人对适用简易程序没有异议的。

为了进一步了解我国网络犯罪案件的审理程序情况，课题组分别统计了由基层人民法院一审的165个纯正型网络犯罪案件、359个不纯正型网络犯罪案件的简易程序适用情况。

165个由基层人民法院一审的纯正型网络犯罪案件中，有61个案件适用简易程序。虽然适用简易程序的案件数量明显少于适用普通程序的案件数量，但仍占案件总数的37%。359个由基层人民法院一审的不纯正型网络犯罪案件中，有159个案件适用简易程序，占案件总数的44.3%。适用普通程序的案件数量为200个，占案件总数的55.7%。虽然适用普通程序的案件数量多于适用简易程序的案件数量，但与纯正型网络犯罪相比，不纯正型网络犯罪案件适用普通程序的比例较大。这一定程度上与两类案件在案件性质上的差异有

[①]　参见杨正鸣主编：《网络犯罪研究》，上海交通大学出版社2004年版，第178页。

[②]　参见杨玉俊：《电子证据在我国刑事诉讼中的规范性运用》，载《信息网络安全》2010年第4期。

关，纯正型网络犯罪往往更具专业性和技术性，因此案情往往也较为复杂，较难符合适用简易程序的条件。

二、网络犯罪案件的审理期限

我国网络犯罪的审理期限是除审理程序外，网络犯罪案件裁判的另一重要问题。根据我国《刑事诉讼法》第214条规定，适用简易程序审理的网络犯罪案件，人民法院应当在受理后20日以内审结；对可能判处的有期徒刑超过3年的，可以延长至1个半月。依我国《刑事诉讼法》第202条规定，对于适用普通程序审理的网络犯罪公诉案件，无特殊情形①至迟应在受理后3个月内宣判。

为了进一步了解我国网络犯罪案件的审理期限是否符合《刑事诉讼法》的规定，课题组分别统计了适用简易程序、普通程序的纯正型网络犯罪案件和不纯正型网络犯罪案件的审理期限情况。

（一）纯正型网络犯罪案件的审理期限情况

61个适用简易程序的纯正型网络犯罪案件的审理期限分布较为分散，最短的为4日、最长的为217日、均值为31.15日。其中，审理期限为12日的案件数量最多，有4个案件。然而，仅有36个案件的审理期限在20日以内（含20日），占案件总数的60%。此外，有8个案件的审理期限超过了1个半月（45天），占案件总数的13.3%。可见，有40%的适用简易程序的纯正型网络犯罪案件的审理期限超过了20日，有13.3%的适用简易程序的纯正型网络犯罪案件的审理期限超过了1个半月，超期审理的情况较为明显。

在有审理期限信息的87个适用普通程序的一审纯正型网络犯罪案件中，审理期限最短的为14日、最长的为758日、均值为90.14日。审理期限为21日、36日、40日、42日、49日、92日的案件数量最多，均各有3个案件。审理期限在3个月以内的有62个案件，占案件总数的71.3%。可见，大部分适用普通程序的一审纯正型网络犯罪案件在3个月内审结，但仍有25个案件的审理期限超过了3个月，占案件总数的28.7%。其中，有10个案件的审理期限超过了半年，更有1个案件的审理期限超过了2年。说明我国适用普通程序审理的一审纯正型网络犯罪案件，超期审理的情况也较为明显。

---

① 特殊情形，是指可能判处死刑的案件或附带民事诉讼的案件以及有《刑事诉讼法》第156条规定情形之一的案件，经上一级人民法院批准，可以延长3个月；因特殊情况还需延长的，报请最高人民法院批准。

（二） 不纯正型网络犯罪案件的审理期限情况

159 个适用简易程序的不纯正型网络犯罪案件中，审理期限最短的为零日（当庭宣判）、期限最长的为 132 日、均值为 21.24 日。审理期限为 13 日的案件数量最多，有 12 个案件。审理期限在 20 日内（含 20 日）的案件有 106 个，占案件总数的 69.3%。可见，大部分适用简易程序的不纯正型网络犯罪案件能在《刑事诉讼法》规定的审理期限内审结。但仍有 10 个案件的审理期限超过了 1 个半月，占案件总数的 6.5%。

在有审理期限信息的 188 个适用普通程序审理的一审不纯正型网络犯罪案件中，审理期限最短的为 3 日、最长的为 75 日、均值为 74.52 日。审理期限为 71 日的案件数量最多，有 7 个案件。审理期限在 3 个月以内的案件有 150个案件，占案件总数的 79.8%。可见，大部分适用普通程序审理的一审不纯正型网络犯罪案件在 3 个月内审结。但仍有 39 个案件的审理期限超过了 3 个月，其中有 10 个案件的审理期限超过了 6 个月。

综上所述，在超期审理的情形中，适用简易程序的网络犯罪案件较之适用普通程序的网络犯罪案件更为明显，纯正型网络犯罪案件较之于不纯正型网络犯罪更为明显。

三、网络犯罪案件的定罪

（一） 罪名认定争议

一方面由于网络犯罪案件具有复杂性、多样性等特点，另一方面因为我国刑法分则缺少对网络犯罪进行系统化立法的尝试，因而往往导致在个案中存在罪名归属的争议。具体而言，不纯正型网络犯罪案件由于是传统犯罪的网络变异，因此在构成要件的认定上存在一定的模糊与分歧。而就纯正型网络犯罪案件而言，尽管其所涉及的罪名相对独立，但也同样存在罪名认定上的争议，既包括纯正型网络犯罪内部由于对具体犯罪行为欠缺准确把握，而导致的罪名认定上的争议；又包括纯正型网络犯罪案件与不纯正型网络犯罪案件之间罪名认定的争议，虽然纯正型网络犯罪与不纯正型网络犯罪存在较大差异，但若考虑竞合犯和牵连犯的场合，则可能因犯罪人主观心理、犯罪目的一时难以查明，导致在网络犯罪案件的定性上，不可避免地出现起诉罪名与定罪罪名不同的情况。

由于样本数量较大，难以一一分析各网络犯罪案件的具体情况，因此本节主要通过起诉罪名与一审定罪罪名、一审定罪罪名与终审定罪罪名的差异情况，以及网络犯罪案件的数罪并罚情况来呈现网络犯罪案件的罪名认定争议。

为此，课题组统计了 383 个纯正型网络犯罪样本、749 个不纯正型网络犯罪样本起诉罪名与一审定罪罪名、一审定罪罪名与终审定罪罪名的差异情况。

383 个纯正型网络犯罪样本中，起诉罪名与一审定罪罪名不同的有 24 个，一审定罪罪名与二审定罪罪名不同的有 4 个。起诉罪名与一审定罪罪名的差异情况见表 7 - 3 - 1：

表 7 - 3 - 1　纯正型网络犯罪起诉罪名与一审定罪罪名差异情况

起诉罪名	一审定罪罪名	样本数量（个）
盗窃罪	非法获取计算机信息系统罪	1
盗窃罪	掩饰、隐瞒犯罪所得罪	4
破坏计算机信息系统罪、敲诈勒索罪	破坏计算机信息系统罪	1
盗窃罪	破坏计算机信息系统罪	2
破坏计算机信息系统罪	非法控制计算机信息系统罪	7
盗窃罪、诈骗罪	提供侵入、非法控制计算机信息系统的程序、工具罪	2
破坏计算机信息系统罪	提供侵入、非法控制计算机信息系统的程序、工具罪	3
滥用职权罪、受贿罪	非法侵入计算机信息系统罪	4

由表 7 - 3 - 1 可知，有 10 个样本的起诉罪名为不纯正型网络犯罪罪名，一审定罪罪名为纯正型网络犯罪罪名。其中，盗窃罪与纯正型网络犯罪罪名在具体认定上较易混淆；有 10 个样本起诉罪名和一审定罪罪名为不同的纯正型网络犯罪罪名，其中破坏计算机信息系统罪与其他纯正型网络犯罪罪名在具体认定上较易混淆；另有 4 个样本起诉罪名和一审定罪罪名均为不纯正型网络犯罪罪名，均来自岳某等非法获取计算机信息系统数据案[①]。对该案 4 名犯罪人的起诉罪名为盗窃罪，一审定罪罪名为掩饰、隐瞒犯罪所得罪，终审罪名为非法获取计算机信息系统罪，起诉罪名、一审定罪罪名、二审定罪罪名均不相同，可见在罪名认定上争议较大。

岳某等非法获取计算机信息系统数据案的案件事实如下：

---

① 案件文书号为（2014）宿中刑终字第 0055 号，网址：http：//www. court. gov. cn/zgcpwsw/jiangsu/jsssqszjrmfy/xs/201501/t20150120_ 6333005. htm，最后访问日期：2016 年 6 月 12 日。

2012 年 10 月至 2013 年 4 月，原审被告人岳某伙同王某（在逃）在泗洪县青阳镇佳和世纪城 19 栋 3 单元某室开设的游戏工作室内，雇用原审被告人张某、陈某甲、谢某等十余人盗售他人"魔兽世界"游戏账号内的游戏金币以牟利。岳某伙同王某先后多次以一个游戏账号及密码 5.5 元至 7 元的价格从张甲（在逃）处购得 8.2 万余个游戏账号及密码，然后指使张某、谢某、陈某甲等人使用购得的账号及密码进入游戏操作系统，窃得账号内的游戏金币 7.9 亿余个，再通过"5173"网络游戏交易平台等方式以 1 万个游戏金币 9 元至 16 元的价格进行销售。

检察机关、一审法院、二审法院对上述案件事实并无争议，争议的焦点在于对犯罪人行为性质的认定。检察机关认为，虽然犯罪人有非法侵入他人计算机信息系统获取数据的行为，但其目的是窃取他人游戏账号里的游戏币并出售牟利，故应以其目的行为即盗窃行为定罪量刑，因此起诉罪名为盗窃罪。一审法院认为："被告人岳某、张某、谢某、陈某甲明知是非法获取计算机信息系统数据犯罪所获取的数据，而予以收购，后利用该数据非法获利七十二万余元，情节严重，其行为已构成掩饰、隐瞒犯罪所得罪。"对此判决，二审法院并不赞同。二审法院认为："原审被告人岳某、张某、陈某甲、谢某等人利用购得的账号、密码，侵入他人计算机信息系统获取数据，其行为均已构成非法获取计算机信息系统数据罪，且属情节特别严重。关于泗洪县人民检察院提出原审被告人岳某等人的行为构成盗窃罪的抗诉意见，经查，原审被告人岳某等人窃取他人'魔兽世界'游戏账号内的游戏金币属网络游戏中的虚拟财产，其法律属性是计算机信息系统数据，将游戏金币解释为盗窃罪的犯罪对象'公私财物'缺乏法律依据，故泗洪县人民检察院提出的该抗诉意见不能成立。"

可见，该案主要的争议焦点有两个，一是通过非法侵入计算机信息系统盗取游戏币的行为应以手段行为定罪还是应以目的行为定罪，抑或是数罪并罚；二是所窃取的游戏币的性质是"计算机信息系统数据"还是"公私财产"。本案二审判决认为，应以犯罪人的目的行为即窃取游戏币并出售牟利的行为定罪，但仅将游戏币视为"计算机信息系统数据"，故判决犯罪人构成非法获取计算机信息系统数据罪而非盗窃罪。然而，这样的判决结论却值得商榷。尽管为防止虚拟货币对实体经济的冲击以及网络赌博，我国有关部门对虚拟货币试图采取非经济价值化的处理。① 从理论上说，网络游戏公司发行的虚拟货币一般是不可回收的，仅允许实体货币向虚拟货币的单向流通，虚拟货币具有支付网络游戏服务的特定用途，不能作为其他价值尺度进行流通。但现实中，游戏币可在正规途径购买，在购买时具有对价。同时尽管虚拟货币仅具有单向支付功能，即仅限于支付网络游戏服务，但由于不法"银商"的存在，使虚拟货币兑换成为可能。在此情形下如果仍否定游戏币的财产属性，则可能难以全面评价窃取游戏币并出售或用木马程序等手段骗取游戏币并出售的犯罪行为。故游戏币虽为虚拟货币，但也理应作为"公私财产"受到我国刑法保护，判定窃取游戏币并出售的行为构成盗窃罪较为合理。

749 个不纯正型网络犯罪样本中，起诉罪名与一审定罪罪名不同的有 17个，一审定罪罪名与二审定罪罪名不同的有 2 个。起诉罪名与一审定罪罪名的差异情况见表 7 - 3 - 2。

表 7 - 3 - 2　不纯正型网络犯罪案件起诉罪名与一审定罪罪名差异情况

起诉罪名	一审定罪罪名	样本数量（个）
编造虚假信息罪	敲诈勒索罪	1
盗窃罪	侵犯通信自由罪	2
破坏计算机信息系统罪	侵犯著作权罪	4
生产、销售不符合安全标准的食品罪	销售有毒、有害食品罪	1
开设赌场罪、赌博罪	赌博罪	1
开设赌场罪	非法经营罪	1
侵犯著作权罪	非法经营罪	3
非法获取国家秘密罪	故意泄露国家秘密罪	1
诈骗罪	信用卡诈骗罪	1
盗窃罪	信用卡诈骗罪	1
诈骗罪	掩饰、隐瞒犯罪所得罪	1

---

①　我国文化部、国家工商行政管理总局、公安部、信息产业部、教育部、财政部、监察部、卫生部、中国人民银行、国务院法制办公室、新闻出版总署、中央文明办、中央综治办、共青团中央《关于进一步加强网吧及网络游戏管理工作的通知》（文市发〔2007〕10 号）第 1 项，公安部、信息产业部、文化部、新闻出版总署《关于规范网络游戏经营秩序查禁利用网络游戏赌博的通知》（公通字〔2007〕3 号）第 3 条，《网络游戏管理暂行办法》第 19 条等规定均对禁止网络赌博以及虚拟货币转让及用途进行了限制。

由表 7-3-2 可知，有 13 个样本起诉罪名与一审定罪罪名为不同的不纯正型网络犯罪罪名，其中，盗窃罪与侵犯通讯自由罪、侵犯著作权罪与非法经营罪、开设赌场罪与非法经营罪在罪名认定上的争议较为突出；另有 4 个样本起诉罪名为纯正型网络犯罪罪名，一审定罪罪名为不纯正型网络犯罪罪名，即起诉罪名均为破坏计算机信息系统罪，一审定罪罪名为侵犯著作权罪。

可见，利用计算机网络侵犯著作权的案件在罪名认定上存在较大争议，既可能被认定为侵犯著作权罪，也可能被认定为非法经营罪，还可能被认定为破坏计算机信息系统罪。下文分别以谈某某等非法经营案①和高某等侵犯著作权案②进行说明。

谈某某等非法经营案的案件事实如下：

自 2004 年 6 月起，被告人谈某某未经授权或许可，组织他人与其共同使用跟踪软件动态跟踪《恶魔的幻影》客户端运行，又用 IDA 软件静态分析该客户端，最终用反汇编语言将客户端程序全部反汇编，从而获悉《恶魔的幻影》软件的数据结构，在破译《恶魔的幻影》游戏服务器端与客户端之间经过加密的用于通讯和交换数据的特定通讯协议的基础上，研发出"007 传奇 3 外挂"计算机软件（以下简称 007 外挂软件）。后被告人谈某某等人设立"007 智能外挂网"网站（www.wg1818.com）和"闪电外挂门户"网站（www.wgdoor.com），上传 007 外挂软件和《恶魔的幻影》动画形象，向游戏消费者进行宣传并提供下载服务，并向游戏消费者零售和向零售商批发销售 007 外挂软件点卡。游戏消费者及零售商向其网站上发布的在北京海淀区、昌平区等银行开设的名为"王亿梅"的账户汇入相应价款后，即可获得点卡。被告人刘某某负责外挂软件销售，被告人沈某某负责网站日常维护。2005 年 1 月，北京市版权局强行关闭上述网站并将网络服务器查扣之后，被告人谈某某、刘某某、沈某某另行租用网络服务器，在恢复开通"闪电外挂门户"网站的基础上，先后设立"零零发：传奇 3 智能外挂"网站（www.wg0008.com）和"超人外挂"网站（www.wg8888.com），继续宣传其陆续研发的"008 传奇 3 外挂"计算机软件（以下简称 008 外挂软件）、"超人传奇 3 外挂"计算机软件（以下简称超人外挂软件），提供上述软件的下载服务，并使用恢复开通的"闪电外挂门

---

① 案件文书号为（2007）一中刑终字第 1277 号，网址：http://www.pkulaw.cn/case/pfnl_117529599.html? match = Exact，最后访问日期：2016 年 6 月 12 日。

② 案件文书号为（2012）静刑初字第 478 号，网址：http://www.pkulaw.cn/case/pfnl_118835826.html? match = Exact，最后访问日期：2016 年 6 月 12 日。

户"网站销售上述两种外挂软件的点卡,销售收入仍汇入名为"王亿梅"的账户。截至 2005 年 9 月,被告人谈某某、刘某某、沈某某通过信息网络等方式经营上述外挂软件的金额达人民币 2817187.5 元。

一审法院认为:"被告人谈某某、刘某某、沈某某以营利为目的,未经批准,开展经营性互联网信息服务,违反国家出版管理规定,利用互联网站开展非法互联网出版活动,出版发行非法互联网出版物,侵害著作权人、出版机构以及游戏消费者的合法权益,扰乱互联网游戏出版经营的正常秩序,情节特别严重,其行为均已构成非法经营罪,应予惩处。控方指控被告人谈某某等人的行为构成侵犯著作权罪有误,现有证据只能证明涉案外挂软件在运行中突破了《恶魔的幻影》游戏软件的技术保护措施并修改数据和调用函数,这一结论并不等同于'复制发行';外挂网站上载有《恶魔的幻影》的动画形象仅为网站宣传,并无经营或销售这些美术作品的目的,且复制数量无证据证明,无法计算经营数额;将谈某某等人利用外挂软件挂接运营《恶魔的幻影》游戏软件的行为认定为'复制发行'行为目前无法律依据。"

然而,检察机关抗诉认为原审判决并不妥当,存在认定事实不当,定性错误。检察机关认为:"首先本案的鉴定结论能够证实外挂程序复制了《恶魔的幻影》软件,其次原审判决认为本案涉案外挂软件不构成'复制发行'不当。综上,原审被告人谈某某等 3 人复制发行了《恶魔的幻影》软件,非法经营额 2817187.5 元,依据《中华人民共和国刑法》第二百一十七条第一款、《关于办理侵犯知识产权刑事案件具体应用法律若干问题的解释》(2004 年 12 月 8 日发布,法释〔2004〕19 号,以下简称《侵犯知识产权刑事案件解释》)第五条、第十一条、第十二条的规定,构成侵犯著作权罪。"二审法院虽然认定了犯罪人所设外挂程序软件为非法互联网出版物,但并非构成侵犯著作权罪,而是判定"被告人谈某某、刘某某、沈某某违反国家规定,利用互联网站出版发行非法出版物,严重危害社会秩序和扰乱市场秩序,经营额达 280 余万元,其行为均已构成非法经营罪,且犯罪情节特别严重,依法应予惩处"。

本案的争议焦点在于犯罪人破译游戏软件研发外挂程序并出售的行为是构成侵犯著作权罪还是构成非法经营罪。虽然检察机关认为犯罪人的行为构成侵犯著作权罪,但一审、二审法院均认为构成非法经营罪。然而,该判决结论却与其他类似案件的结论并不相同,如高某等侵犯著作权案。

高某等侵犯著作权案的案件事实如下:

买某某(另案处理)在上海摩力游数字娱乐有限公司工作期间,获取该公司《海盗王 ONLINE》游戏源程序。2009 年 3 月,被告人高某、薛某、于某、李某受买某某指使，在未经上海摩力游数字娱乐有限公司许可的情况下，开发《海盗王 ONLINE》网游的外挂程序"海盗咖啡"，并通过淘宝网站注册账号"COFFEE8881"对外出售。自 2009 年 3 月至 2012 年 7 月，被告人高某、薛某、于某、李某通过出售该外挂程序共计获利人民币 25 万余元，买某某每月向被告人高某、薛某、于某、李某支付报酬人民币 500 元至 1000 元。

检察机关指控被告人高某、薛某、于某、李某犯破坏计算机信息系统罪，但一审法院认为："被告人高某、薛某、于某、李某以营利为目的，未经著作权人许可，复制发行计算机软件，情节特别严重，其行为已构成侵犯著作权罪，应依法予以惩处。"可见，该案中，犯罪人制作游戏外挂程序并出售的行为按侵犯著作权罪定罪处罚。

那么，非法获取网络游戏源程序后修改复制为外挂程序并出售的行为到底应如何定罪呢？通过侵入计算机信息系统等非法途径获取网络游戏源程序的行为可能构成非法获取计算机信息系统数据罪、破坏计算机信息系统罪等纯正型网络犯罪。然而，如果犯罪人侵入的目的仅是获取源程序后制作外挂程序，那么犯罪人的侵入行为就只是制作外挂程序行为的手段行为。在牵连犯的场合下，应以犯罪人制作外挂程序并出售牟利的行为定罪量刑。犯罪人在以营利为目的的动机支配下，未经网络游戏著作权人许可，复制游戏源程序制作外挂程序的行为，构成对著作权人著作权的侵犯，在违法所得数额较大或有其他严重情形时构成侵犯著作权罪。与此同时，犯罪人非法制作的外挂程序也属于非法互联网出版物，犯罪人将其在互联网上出售流通，属于非法经营行为，在严重扰乱互联网市场秩序的情形下构成非法经营罪。如果犯罪人的行为同时符合侵犯著作权罪和非法经营罪的构成要件，那么该如何定罪呢？对此，侵犯著作权罪和非法经营罪破坏的均是社会主义市场经济秩序，非法经营罪是惩罚严重扰乱市场秩序行为的兜底性罪名，如果犯罪人的行为符合侵犯著作权罪这一具体破坏市场秩序的罪名的构成要件，就应当以该罪名定罪处罚，而非适用兜底性的非法经营罪。

749 个不纯正网络犯罪样本中，有 2 个样本一审定罪罪名与二审定罪罪名不同。分别是：一审定罪罪名为组织领导传销活动罪，二审定罪罪名为非法吸收公众存款罪；一审定罪罪名为非法经营罪，二审定罪罪名为开设赌场罪。由此可见，利用计算机网络开展传销活动的案件、利用计算机网络开设赌场的案件在具体的罪名认定上也存在较大争议。前者为不纯正型网络犯罪案件中工具型网络犯罪罪名内部的定罪争议，由于下文有专章论述，故在此不做赘述；后者为开设赌场罪与非法经营罪的定罪争议，解决原理同侵犯著作权罪与非法经营罪的罪名争议。

除分析网络犯罪案件起诉罪名、一审定罪罪名、二审定罪罪名的差异外，犯罪人的数罪并罚情况也在一定程度上反映了网络犯罪案件的罪名认定争议。采样的网络犯罪案件中，大多数犯罪人所定的是单一罪名，但仍有部分犯罪人存在数罪并罚的情况。在 749 个不纯正型网络犯罪样本中，有 25 名犯罪人受到数罪并罚。除 16 名犯罪人是在前罪缓刑期间又犯新罪，撤销缓刑数罪并罚外，其余 9 名犯罪人所犯数罪之间具有一定牵连关系。包括：诈骗罪与传授犯罪方法罪、非法获取国家秘密罪与非法经营罪、伪造事业单位印章罪与伪造居民身份证罪、伪造事业单位印章罪与买卖国家机关证件罪、盗窃罪与非法经营罪、盗窃罪与信用卡诈骗罪。在 383 个纯正型网络犯罪样本中，有 21 名犯罪人受到数罪并罚，除 2 名犯罪人为非法侵入计算机信息系统罪、非法控制计算机信息系统两罪并罚外，其他犯罪人均为纯正型网络犯罪与不纯正型网络犯罪数罪并罚。其中，盗窃罪、传授犯罪方法罪分别与纯正型网络犯罪数罪并罚的样本数量较多，各分别有 15 个样本和 6 个样本。

（二）犯罪完成形态状况

网络犯罪案件的犯罪完成形态的认定是继罪名认定之后，网络犯罪案件定罪中的又一个重要问题。犯罪完成形态的不同直接影响到对犯罪人刑罚轻重的裁量。为了进一步了解我国网络犯罪案件的犯罪完成形态状况，课题组分别统计了 749 个不纯正型网络犯罪样本和 383 个纯正型网络犯罪样本的犯罪完成形态情况。

749 个不纯正型网络犯罪样本中，721 个犯罪既遂，占样本总数的 96.3%。28 个犯罪未遂，仅占样本总数的 3.7%，具体的罪名分布见表 7-3-3：

表 7-3-3　未遂的不纯正型网络犯罪样本的罪名分布

罪名	样本数量（个）	百分比（%）
传授犯罪方法罪	2	7.1
非法获取国家秘密罪	1	3.6
强迫交易罪	1	3.6
敲诈勒索罪	2	7.1
销售假药罪	1	3.6
诈骗罪	20	71.4
信用卡诈骗罪	1	3.6
合计	28	100.0

由表 7 - 3 - 3 可知，犯罪未遂的 28 个样本中，诈骗罪的样本数量最多，有 20 个，占 71.4%。犯罪未遂的其他罪名的样本数仅分别为 1 个或 2 个，分布较为分散。

与不纯正型网络犯罪样本的犯罪完成形态状况不同，381 个纯正型网络犯罪样本未出现犯罪完成形态为未遂、中止的情况。究其原因，一种可能是由于司法资源有限，而将有限的警力投入既遂的案件侦破之中，从而进入我国刑事司法程序的纯正型网络犯罪案件大多为达到既遂标准的案件；另一种可能则是学术界与实务界对纯正型网络犯罪的既未遂标准探讨还相对欠缺，导致在司法认定上无从下手而将符合构成要件的纯正型网络犯罪一律视为既遂入罪或作为未遂而排除出刑事追诉之外。

（三）共同犯罪形态状况

网络犯罪案件的共同犯罪形态状况指网络犯罪案件是否为共同犯罪案件，以及在共同犯罪案件的情形下，各犯罪人在共同犯罪中所发挥的作用、所处的地位。为进一步了解我国网络犯罪案件的共同犯罪形态状况，课题组分别统计了纯正型网络犯罪案件的 381 名犯罪人、不纯正型网络犯罪案件的 740 名犯罪人的共同犯罪形态情况，分别详见表 7 - 3 - 4、表 7 - 3 - 5。

表 7 - 3 - 4　纯正型网络犯罪的共同犯罪形态情况

共同犯罪形态	犯罪人人数（人）	百分比（%）
单个人犯罪	98	25.7
主犯	203	53.3
从犯	80	21.0
合计	381	100.0

表 7 - 3 - 4 可知，有 98 名犯罪人单独实施了纯正型网络犯罪案件。相应地，共同犯罪案件数为 81 个，占案件总数的 45.3%。283 名犯罪人以共同犯罪形式实施了犯罪，占犯罪人总数的 74.3%。其中，主犯 203 名、从犯 80 名，分别占共同犯罪人人数的 53.3% 和 21.0%。共同犯罪案件数量已接近纯正型网络犯罪案件总数的一半，且按主犯定罪量刑的数量明显多于按从犯定罪量刑的数量。

表7-3-5 不纯正型网络犯罪的共同犯罪形态情况

共同犯罪形态	犯罪人人数（人）	百分比（%）
单个人犯罪	204	27.6
主犯	352	47.6
从犯	178	24.1
帮助犯	6	0.8
合计	740	100.0

由表7-3-5可知，有204名犯罪人单独实施了不纯正型网络犯罪案件。相应地，共同犯罪案件数为176个，占案件总数的46.3%。536名犯罪人以共同犯罪的形式实施了犯罪，占犯罪人总数的72.5%。其中，主犯352名、从犯178名、帮助犯6名，分别占共同犯罪人人数的47.6%、24.1%、0.8%。与纯正型网络犯罪案件相类似，共同犯罪案件数也接近案件总数的一半，共同犯罪已成为不纯正型网络犯罪的重要形态。从主犯、从犯、帮助犯分别占共同犯罪人的比例可知，大部分不纯正型网络犯罪案件的犯罪人按主犯被定罪量刑，对帮助犯的认定较为少见。

四、网络犯罪案件的量刑

（一）刑种适用情况

为了进一步了解我国网络犯罪案件的量刑情况，课题组统计了749个不纯正型网络犯罪样本、383个纯正型网络犯罪样本的主刑刑种和附加刑刑种适用情况。

1. 纯正型网络犯罪的刑种适用情况

383个纯正型网络犯罪样本的主刑刑种、罚金[1]适用情况分别详见表7-3-6、表7-3-7：

---

① 由于在三种附加刑中，仅罚金在纯正型网络犯罪样本中有适用，故仅统计了383例样本的罚金适用情况。

表 7-3-6　纯正型网络犯罪的主刑适用情况

适用的主刑刑种	样本数量（个）	百分比（%）
无	1	0.3
拘役	20	5.2
有期徒刑	362	94.5
合计	383	100.0

表 7-3-7　纯正型网络犯罪的罚金适用情况

是否适用罚金	样本数量（个）	百分比（%）
否	174	45.4
是	209	54.6
合计	383	100.0

由表 7-3-6 可知，我国《刑法》规定的五种主刑中，仅拘役、有期徒刑在对 383 个纯正型网络犯罪样本的量刑中有适用。其中，有 362 个样本适用有期徒刑，占样本总数的 94.5%；20 个样本适用拘役，仅占罪名总数的 5.2%。可见，有期徒刑在对纯正型网络犯罪样本的量刑中适用最为普遍。

由表 7-3-7 可知，有 209 个纯正型网络犯罪样本适用罚金，占样本总数的 54.6%。适用罚金的样本数量超过了纯正型网络犯罪样本总数的一半。从是否具有牟利目的的视角看，在 383 个样本中，有 342 个样本明确以牟利为目的，其中 205 个样本适用了罚金，占犯罪人以牟利为目的样本总数的 59.9%；而未适用罚金的样本有 137 个（占 40.1%）。这 137 个样本均为非法侵入计算机信息系统罪和破坏计算机信息系统罪。然而，《刑法》第 285 条和第 286 条均未对两罪规定可并处或单处罚金，这也是这 137 个样本未适用罚金的原因。

2. 不纯正型网络犯罪的刑种适用情况

749 个不纯正型网络犯罪样本的主刑刑种、罚金、剥夺政治权利适用情况分别详见表 7-3-8、表 7-3-9、表 7-3-10。

表7－3－8　不纯正型网络犯罪的主刑适用情况

主刑刑种	样本数量（个）	百分比（%）
无	14	1.9
管制	8	1.1
拘役	68	9.1
有期徒刑	658	87.8
无期徒刑	1	0.1
合计	749	100.0

由表7－3－8可知，我国《刑法》规定的五种主刑中，除死刑外，管制、拘役、有期徒刑、无期徒刑在对749个不纯正型网络犯罪样本的量刑中均有适用。其中，658个样本适用有期徒刑，占样本总数的87.8%；68个样本适用拘役，占样本总数的9.1%。可见，有期徒刑是不纯正型网络犯罪案件量刑中适用最广泛的主刑刑种，其次是拘役。管制和无期徒刑的适用较少，仅8个样本适用管制，1个样本适用无期徒刑。

表7－3－9　不纯正型网络犯罪的罚金适用情况

是否适用罚金	样本数量（个）	百分比（%）
否	133	17.8
是	616	82.2
合计	749	100.0

表7－3－10　不纯正型网络犯罪的剥夺政治权利适用情况

是否适用剥夺政治权利	样本数量（个）	百分比（%）
否	740	98.8
是	9	1.2
合计	749	100.0

由表7－3－9、表7－3－10可知，适用罚金的不纯正型网络犯罪样本有616个，占样本总数的82.2%，该比例大大超出纯正型网络犯罪的相应比例。

然而，适用剥夺政治权利的不纯正型网络犯罪样本仅有 9 个。这说明罚金作为附加刑，在对不纯正型网络犯罪的量刑中已得到普遍适用，但剥夺政治权利的适用仍十分罕见。值得注意的是，上述样本的罚金适用可能存在问题。

经统计，616 个适用罚金的不纯正型网络犯罪样本中，有 603 个样本明确表明了犯罪人是否具有牟利目的的信息。其中，601 个样本的犯罪人明确以牟利为目的，仅 2 个样本的犯罪人不以牟利为目的，分别为持有假币罪和损害商业信誉罪。但依《刑法》规定，此两项罪名均为应并处或单处罚金的罪名。另外，690 个犯罪人明确以牟利为目的的样本中，有 601 个样本适用罚金，占犯罪人以牟利为目的样本总数的 87.1%。可见，大部分犯罪人以牟利为目的的样本适用了罚金，另有 89 个犯罪人以牟利为目的的样本未适用罚金。这 89 个样本中，依《刑法》规定应当并处或单处罚金的有 6 个，分别是组织、领导传销活动罪（2 个）、诈骗罪（1 个）、敲诈勒索罪（1 个）、信用卡诈骗罪（1 个）、非法出售发票罪（1 个）。这说明仍有少量犯罪人以牟利为目的的样本应适用罚金而未适用。此外，有 33 个定罪为破坏公用电信设施罪的私设"伪基站"案件样本，犯罪人明确以牟利为目的实施犯罪，且大部分犯罪人亦有违法所得，但囿于《刑法》未规定破坏公用电信设施罪可并处或单处罚金，因此也无法对犯罪人判处罚金。《刑法修正案（九）》第 30 条对《刑法》第 288 条的修改可以在一定程度上解决该问题。修改后的《刑法》第 288 条规定："违反国家规定，擅自设置、适用无线电台（站），或者擅自使用无线电频率，干扰无线电通讯秩序，情节严重的，处三年以下有期徒刑、拘役或者管制，并处或者单处罚金；情节特别严重的，处三年以上七年以下有期徒刑，并处罚金。"依修改后的条文，私设"伪基站"的案件在符合构成要件的情况下认定为扰乱无线电通讯管理秩序罪较为合理，这样亦可以对具有牟利目的的犯罪人判处罚金。

（二）刑期情况

网络犯罪案件的刑期情况，是指网络犯罪案件各样本适用主刑的刑期长短情况，以此来说明我国网络犯罪案件的刑罚轻重。课题组分别统计了 383 个纯正型网络犯罪样本、749 个不纯正型网络犯罪样本适用有期徒刑、拘役、管制的刑期情况。

1. 纯正型网络犯罪的刑期情况

适用有期徒刑的 362 个纯正型网络犯罪样本中，刑期最短的为 6 个月、最长的为 72 个月，均值为 26.974 个月。与不纯正型网络犯罪的情况相类似，适用 12 个月有期徒刑和 36 个月有期徒刑的样本数量明显多于其他刑期长短的样本数量。在适用有期徒刑的纯正型网络犯罪样本中，所适用的最高刑期仅为

72 个月，且刑期为 36 个月以下（含 36 个月）有期徒刑的样本有 302 个，占样本总数的 83.4%。

适用拘役的 20 个纯正型网络犯罪样本中，刑期最短的为 3 个月、最长的为 6 个月，均值为 5.15 个月。其中，刑期为 5 个月拘役的样本数量最多，为 10 个。另有 7 个样本的刑期为 6 个月拘役。可见，我国纯正型网络犯罪样本在对拘役的适用上，刑期也普遍较长。

综上，纯正型网络犯罪案件的刑罚总体适用上较为轻缓。

2. 不纯正型网络犯罪的刑期情况

适用有期徒刑的 658 个不纯正型网络犯罪样本中，刑期最短的为 4 个月、最长的为 180 个月，均值为 27.61 个月。其中，适用 36 个月有期徒刑、适用 12 个月有期徒刑的样本数量明显多于其他刑期长短的样本数量，分别有 113 个和 76 个。此外，适用 3 年以下有期徒刑的样本数量为 543 个，占样本总数的 82.5%。可见，适用有期徒刑的不纯正型网络犯罪案件中，大部分案件的量刑为 3 年以下有期徒刑的轻刑。

适用拘役的 68 个不纯正型网络犯罪样本中，刑期最短的为 2 个月、最长的为 6 个月，均值为 4.78 个月。具体的刑期分布情况详见表 7-3-11：

表 7-3-11　不纯正型网络犯罪适用拘役的刑期分布

刑期（月）	样本数量（个）	百分比（%）
2	3	4.4
3	7	10.3
4	15	22.1
5	20	29.4
6	23	33.8
合计	68	100.0

由表 7-3-11 可知，适用拘役的样本数量与判处的刑期长短呈正相关关系。值得注意的是，判处 4 个月以上拘役的样本共有 58 个（占 85.3%）。由于我国《刑法》第 42 条规定，拘役的期限为 1 月以上 6 月以下。据此，我国不纯正型网络犯罪在对拘役的适用上，刑期普遍较长。

适用管制的 8 个不纯正型网络犯罪样本中，刑期最短的为 4 个月、最长的为 24 个月，均值为 13.38 个月。其中，适用 12 个月管制的样本数量最多，为 4 个。适用 12 个月以上（含 12 个月）管制的样本有 6 个，占适用管制的样本总数的 75%。根据我国《刑法》第 38 条规定，管制的期限为 3 个月以上 2 年以下。可见，我国不纯正型网络犯罪在对管制的适用上，刑期大多为 1 年以上 2 年以下。

综上，不纯正型网络犯罪的刑罚适用总体上亦趋于轻缓。

（三）缓刑宣告情况

根据我国《刑法》第 72 条规定，对于判处拘役、3 年以下有期徒刑的网络犯罪案件的犯罪人，在符合"犯罪情节较轻、有悔罪表现、没有再犯罪的危险、宣告缓刑对所居住社区没有重大不良影响"的条件下，可以宣告缓刑。从上述我国网络犯罪的刑种适用情况和刑期期限情况可知，3 年以下有期徒刑和拘役已成为我国网络犯罪案件适用最广泛的刑罚。因此，有必要进一步了解适用 3 年以下有期徒刑、拘役的网络犯罪样本的缓刑宣告情况。

1. 纯正型网络犯罪的缓刑宣告情况

302 个适用 3 年以下有期徒刑的纯正型网络犯罪样本的缓刑宣告情况详见表 7 - 3 - 12：

表 7 - 3 - 12　适用 3 年以下有期徒刑的纯正型网络犯罪样本的缓刑宣告情况

缓刑考验期限	样本数量（个）	百分比（％）
未宣告缓刑	144	47.7
1 年及以下	26	8.6
1 年至 2 年（含 2 年）	44	14.6
2 年至 3 年（含 3 年）	48	15.9
3 年至 4 年（含 4 年）	24	7.9
4 年至 5 年（含 5 年）	16	5.3
合计	302	100.0

由表 7 - 3 - 12 可知，适用 3 年以下有期徒刑的 302 个纯正型网络犯罪样本中，有 144 个样本未宣告缓刑，占适用 3 年以下有期徒刑的纯正型网络犯罪样本总数的 47.7％，未超过半数。但在宣告有期徒刑缓刑的纯正型网络犯罪样本中，缓刑考验期限为 2 年至 3 年（含 3 年）的样本数量最多，为 48 个。缓刑考验期限为 3 年以下（含 3 年）的样本有 118 个，占所有宣告有期徒刑缓刑的样本总数的 82％，该比例高于不纯正型网络犯罪的相应比例。这就意味着相较不纯正型网络犯罪而言，宣告有期徒刑缓刑的纯正型网络犯罪考验期限为 3 年以下（含 3 年）的比例较大。

20 个适用拘役的纯正型网络犯罪样本中，有 12 个样本宣告缓刑，占样本总数的 60％。可见，在适用拘役的纯正型网络犯罪中，缓刑也得到了较为普遍的适用。

总体而言，无论是适用 3 年以下有期徒刑还是适用拘役的纯正型网络犯罪，缓刑均得到了较为广泛的适用。

2. 不纯正型网络犯罪的缓刑宣告情况

543 个适用 3 年以下有期徒刑的不纯正型网络犯罪样本的缓刑宣告情况详见表 7 - 3 - 13：

表 7 - 3 - 13　适用 3 年以下有期徒刑的不纯正型网络犯罪样本的缓刑宣告情况

缓刑考验期限	样本数量（个）	百分比（%）
未宣告缓刑	245	45. 1
1 年及以下	88	16. 2
1 年至 2 年（含 2 年）	91	16. 8
2 年至 3 年（含 3 年）	53	9. 8
3 年至 4 年（含 4 年）	51	9. 4
4 年至 5 年（含 5 年）	15	2. 8
合 计	543	100. 0

由表 7 - 3 - 13 可知，适用 3 年以下有期徒刑的 543 个不纯正型网络犯罪样本中，有 298 个样本宣告缓刑，占适用 3 年以下有期徒刑的不纯正型网络犯罪样本总数的 54.9%。可见，超过半数的适用 3 年以下有期徒刑的不纯正型网络犯罪样本有宣告缓刑，该比例高于纯正型网络犯罪的相应比例。同时，缓刑考验期限在 1 年至 2 年（包含 2 年）的样本数量最多，为 92 个。缓刑考验期限在 3 年以下（包含 3 年）的样本有 232 个，占所有宣告有期徒刑缓刑的样本总数的 77.9%。由此，大部分适用 3 年以下有期徒刑并宣告缓刑的不纯正型网络犯罪样本，缓刑考验期限也在 3 年以下（包含 3 年）。

68 个适用拘役的不纯正型网络犯罪样本中，有 43 个样本宣告缓刑，占样本总数的 63.2%。可见，也有超过半数适用拘役的不纯正型网络犯罪样本宣告缓刑，且该比例高于宣告有期徒刑缓刑的相应比例。

综上，本章通过对所采样的网络犯罪案件予以量化分析后，便得出了上述一系列我国当前应对网络犯罪司法适用的现状与不足。结合第六章有关我国网络犯罪立法的内容，构成了实然层面上我国现阶段关于网络犯罪规制的刑事政策总和。这是我们提出完善和改进策略的原点和前提，同时也是据以与典型国际刑事政策相比较的实证素材。

第八章　中国网络犯罪刑事政策的本体性重构

第一节　我国网络犯罪刑事政策建构的基本理念

一、秩序与自由的价值平衡

从理论上看，法律上的自由价值是"法律对社会主体需求之任意的记载和满足"，而秩序价值则是"以法律规范为根据创造、确认和保障的人与人之间关系和谐的有条理的状态"①。由于自由强调主体对个性的发挥，而秩序则倾向于有序状态的建立与维持，就这种意义而言，自由难免有打破既有秩序平衡状态的趋势，而秩序有在一定程度上制约自由、维持平衡的规定性，因此，二者之间的冲突就在所难免。② 法谚有云，"法不禁止即自由"，可以说自由是常态，而作为秩序价值的法的禁止则是例外，其对自由的限制和干预，往往需要正当化的论证：其一，基于社会生活条件的制约而限制自由；其二，为了社会及他人的利益而限制自由；其三，为了行为人自身利益而限制自由；其四，为了各项自由的协调而限制自由。③ 因此，法律上的自由和秩序这两种价值，存在着此消彼长的反向相关关系：过分强调秩序的维护，则对国民自由施加了不可承受之重；而过分强调国民的自由，则势必会放弃法律的保护，而沦落为强者为王的丛林规则。

在以禁止性规范为内容、以刑罚为规制手段的刑法之中，这种秩序价值和自由价值的张力呈现得更为清晰，而刑法则试图平衡这两种冲突着的价值。刑法中的秩序价值，主要指涉社会秩序，是指人类社会共同体存在、运动和变化过程中，受到刑法保护和控制因而在社会结构和社会活动方面相对稳定、协调

---

① 谢晖：《法律信仰的理念与基础》，山东人民出版社1997年版，第180页、第183页。
② 参见卓泽渊：《法的价值论》，法律出版社1999年版，第635～636页。
③ 参见赵震江、付子堂：《现代法理学》，北京大学出版社1999年版，第134～136页。

的状态。① 而刑法中的自由价值，主要指涉个人自由，是指国民不受来自他人、组织或国家的专断意志所产生的强制，而按照自己的意志去决定做与不做某事、成为或不成为什么的自由。如此不受强制的自由，是刑法保护和保障的题中之义。② 社会秩序是个人自由的保证，但更为重要的是，社会秩序还是个人自由的一种结果，社会秩序本身并不产生个人自由；相反，个人自由可以生成社会秩序。在此意义上，传统刑法理论会倾向于罪刑法定原则（通过保障国民的可预测性而促进行动自由）、刑法谦抑性原则（通过立法和司法的双重收缩，从而限制犯罪圈的大小），进而认为我国刑法应当"以个人自由为第一位，而以社会秩序为第二位，并在此前提下力求个人自由和社会秩序之间的均衡"③。

然而，秩序与自由的这对议题，在"风险社会"的背景下，出现了新的争议。所谓风险社会，是由德国社会学家乌尔里希·贝克首次提出并用以理解现代性社会的核心概念，系指西方工业社会在经济、社会、技术和医疗结构的高速改进过程中，社会逐渐对日益增多风险丧失控制和抵抗能力的状态。④ 这些风险往往具有难以感知性、难以计算性，也因此其风险在全球得以延展，同时也很难认定风险和危害后果的因果关联。在此意义上，网络犯罪是风险社会中的典型风险，完全符合了上述 4 个风险特性，因而理论上对于风险刑法的架构，自然适用于网络犯罪之中。所谓风险刑法的架构，其核心主旨是提前对可能的危险加以反应，从而实现刑法的超前预防。具体而言包括：立法上增加危险犯的规定、将预备、未遂性质的行为设定成单独的犯罪构成类型、增设持有型犯罪以及将刑罚适用的重心侧重于人身危险性等。⑤ 这种刑法的前置保护，无疑是对传统秩序与自由边界的再划定，国民对安全的焦虑性需求，为秩序价值侵入自由边界提供了民意基础。事实上，在应对以网络犯罪为代表风险社会的不可控风险时，社会秩序的价值潜移默化地占据优位，相应的个人自由则成为了第二位，刑法出现了所谓的预防性走向，而因此对传统自由主义和形式法治国所坚持的"个人自由价值优先"的理念构成了实质性威胁。

对此，刑法理论上开始反思风险社会及风险刑法，并重新检讨刑法中自由

---

① 参见曲新久：《论社会秩序的刑法保护与控制》，载《政法论坛》1998 年第 4 期。

② 参见曲新久：《论个人自由的刑法保护与保障》，载《政法论坛》1999 年第 5 期。

③ 曲新久：《个人自由与社会秩序的对立统一以及刑法的优先选择》，载《法学研究》2000 年第 2 期。

④ ［德］乌尔里希·贝克：《风险社会》，何博闻译，译林出版社 2004 年版，第 18 页。

⑤ 参见郝艳兵：《风险社会下的刑法价值观念及其立法实践》，载《中国刑事法杂志》2009 年第 7 期。

与秩序的关系。① 然而，无论风险社会是否必然推导出风险刑法，以及以预防为主的风险刑法妥当与否，刑法体系在目的层面上向预防的转向，的确导致了法益论、刑事责任根据论、不法论、因果关系与归责论、故意理论以及被害人学等方面的调整与重构，刑法理论必须要对以预防为名的秩序价值的侵入提供正当性根据，从而限制其对自由的肆意侵犯。就刑法理论而言，可以运用的武器包括两个方面：一方面是刑法内部的保障机制，其中尤以恢复和重建法益概念的批判性功能为优先。另一方面是宪法对刑法的合宪性控制，即必须结合宪法所设定的目标与预防本身的逻辑，重新理解宪法所确定的基本权利，并对刑法的预防走向加以制约。② 综上所述，我们认为，应当辩证地看待秩序与自由，从而平衡二者的价值冲突：一方面，理论和实务都不能对正在发生变化的世界形势闭目塞听，科学技术所带来的新型风险，对人类安全的风险不容小觑，对此应当允许通过行为犯罪化和超前性预防等措施，避免法律保护的滞后，从而保障秩序价值；但同时；另一方面，始终不能放弃对"风险刑法本身风险"的警惕，所有预防性立法和司法，都要接受目的正当性和手段必要性等比例性原则的检验，避免法律规制的宽泛，从而保障自由价值。

二、罪刑法定与扩张性解释

"无法则无刑"是罪刑法定原则的经典表述，形成于近代，并最终成为现代刑事法治的一条铁则。罪刑法定具有严格、书面、事先以及确定等派生原则，其价值内涵则包括崇尚形式理性、旨在制约权力、坚持保障人权等。③ 以预防和控制犯罪、维护社会和法治秩序为己任的刑事政策，则不免与罪刑法定原则存在区别和冲突，这种现象被形象地译为"李斯特鸿沟"（Lisztsche Trennung），盖因德国刑法学家李斯特的一句广为流传的名言——"刑法是刑事政策不可逾越的屏障"。④ 换言之，刑事政策的目的、方式和效果，必须要还原到刑法之中，尤其要接受作为基本原则的罪刑法定的检验。

网络犯罪刑事政策的建构，与罪刑法定相关联的主要是刑事立法和司法。就刑事立法而言，主要涉及的是新型不法行为的犯罪化问题。对此，实质的罪

---

① 以陈兴良和张明楷教授为代表的学者，反对风险刑法的正当性和必要性，从而捍卫了传统个人自由价值优先的理念。参见陈兴良：《风险刑法理论的法教义学批判》，载《中外法学》2014 年第 1 期；张明楷：《"风险社会"若干刑法理论问题反思》，载《法商研究》2011 年第 5 期。

② 参见劳东燕：《风险社会与变动中的刑法理论》，载《中外法学》2014 年第 1 期。

③ 参见陈兴良：《罪刑法定主义》，中国法制出版社 2010 年版，第 32 页以下。

④ 陈兴良：《刑法教义学与刑事政策的关系：从李斯特鸿沟到罗克辛贯通》，载《中外法学》2013 年第 5 期。

刑法定则发挥着作用。所谓实质的罪刑法定，是由日本学者曾根威彦提出的，其认为"罪刑法定原则要成为实质的保障人权原理，除了仅仅要求在行为时存在规定有犯罪和刑罚的法律还不够，而且，该刑罚法规还必须是适当的"①，因而该原则主要限制立法权，反对恶法亦法。其包括两方面的内容：一是刑罚法规的明确性原则；二是刑罚法规内容适正的原则。② 因此，不论对何种行为加以犯罪化，其必须符合"罪之法定"和"刑之妥当"两方面的要求。

更为棘手的是刑事司法，以司法解释为典型代表的实务，有突破形式罪刑法定原则的倾向和嫌疑。例如，最高人民法院和最高人民检察院于 2013 年 9 月 10 日出台的《关于办理利用信息网络实施诽谤等刑事案件适用法律若干问题的解释》第 1 条第 2 款规定，"明知是捏造的损害他人名誉的事实，在信息网络上散布，情节恶劣的，以'捏造事实诽谤他人论'"。而我国《刑法》第 246 条所规制的诽谤罪的客观行为是"捏造"并"诽谤"的复行为，该解释事实上将上述复行为变更为"散布"并"诽谤"的行为，从而对《刑法》第 246 条进行了实质性修改。该变更的背后，是实质危害性和处罚必要性在发挥作用，也就是说即便本人没有捏造事实，但由于网络散布的行为扩大了对被害人名誉的损害，其实质危害相当甚至超过了普通诽谤行为，因而具有处罚必要性。

然而，形式的罪刑法定原则具有严格解释的特性，即禁止类推与类推解释。由于罪刑法定并不禁止扩张解释，因而这里便涉及类推解释与扩张解释的区分。"法律的意思只能从条文的词义中找到……因此在任何情况下必须将'可能的词义'视为最宽的界限……从法治国家理由出发，可能的词义标准是不可缺少的，因为它提供了唯一在客观上可检验的特征，而该特征可从能达到的可靠性上加以认识"③。因此，"可能的语义"成为了类推和扩张解释的界限，若行为超出了"可能的语义"的最远射程，那么该行为也就超出了刑法规制的范围。需要注意的是，所谓扩张性解释，只是各种解释方法运用后的效果，即刑法得以适用到核心语义之外的边缘语义的范围。事实上，在网络犯罪刑事政策的建构中，需要根据整体的政策目的指引，"以文义解释为原则，以论理解释为补充，按照先文义解释、后体系解释、历史解释、目的解释并最终诉诸于合宪解释的方法和顺序展开"④。

---

① ［日］曾根威彦：《刑法学基础》，黎宏译，法律出版社 2005 年版，第 12 页。
② 参见张明楷：《罪刑法定与刑法解释》，北京大学出版社 2009 年版，第 46 ~ 47 页。
③ ［德］汉斯·海因里希·耶塞克、托马斯·魏根特：《德国刑法教科书》，徐久生译，中国法制出版社 2001 年版，第 197 页。
④ 梁根林：《罪刑法定视域中的刑法适用解释》，载《中国法学》2004 年第 3 期。

三、刑法谦抑与妥当的处罚

所谓刑法谦抑原则，是指在运用刑法对不法行为进行干预时，应当始终基于补充性、不完整性和宽容性的考量，从而达到限制和收缩刑法干预范围的目的。其中，补充性是指刑法具有保护法益的最后手段的特性；不完整性是指刑法并不全面介入市民生活的每个部分，所保护的乃是生活中最为重要的法益的特性；宽容性则是指即便发生了侵害法益的行为，但若从社会秩序维持的角度看缺乏处罚的必要，则可以不予处罚的特性。[①] 刑法谦抑原则是刑事立法和司法共同的原则，于刑事立法而言，刑法谦抑原则意味着要对新型不法行为的犯罪化加以节制；于刑事司法而言，刑法谦抑原则则要求从处罚的必要性角度出发，收缩实定法的涵摄范围。总体而言，我国传统刑法理论，在尽可能少地使用刑罚"双刃剑"以及尽可能多地适用"非刑罚化"的问题上，取得了较高程度的共识。[②]

尽管如此，刑法谦抑原则并非意味着处罚越窄越好，还是要跟随时代变化，根据行为的危害程度和刑罚的有效程度，进行犯罪化或扩张适用，从而实现妥当的处罚。诚如前文所述，我们已经步入了日益网络化的数据时代，世界以往任何时刻都没有若今天一般科技的飞跃、联系的紧密、风险的剧增，网络本身则使得任何人可以在任何时刻实施后果不可预知的危害行为，同时，网络犯罪则越发地具有集团化、规模化、匿名化的倾向，从而进一步加剧了潜在性危险和全球性危害。"在这种背景下，只强调限定的处罚，而否认妥当的处罚，恐怕是不合适的。"[③] 当然，将刑法谦抑原则从传统的"限定处罚"转型为"妥当处罚"，并不意味着该原则在网络时代对犯罪化或者刑法适用不具有意义；相反，谦抑原则至少在以下三方面规制着网络犯罪刑事政策的制定：其一，刑法的干预必须具有适当性，也即刑法所实施的干预手段，必须适合其所追求的目的，而其目的又必须妥当。其二，刑法的干预必须具有必要性，也即立法者必须权衡斟酌所欲采取之手段，通过比较而确认刑法干预的无可替代性。其三，刑法的干预必须具有比例性，也即刑法干预所限制的自由，不能与达成目的所必需的程度不成比例。[④] 换言之，妥当的处罚下的处罚必要性必须

---

① 参见［日］大谷实：《刑事政策学》（新版），黎宏译，法律出版社 2000 年版，第 86 页。

② 参见陈兴良：《刑法谦抑价值蕴含》，载《现代法学》1996 年第 3 期；梁根林：《非刑罚化——当代刑法改革的主题》，载《现代法学》2000 年第 6 期。

③ 张明楷：《网络时代的刑法理念——以刑法的谦抑性为中心》，载《人民检察》2014 年第 9 期。

④ 关于刑法谦抑原则的内涵，可进一步参见梁根林：《刑事政策：立场与范畴》，法律出版社 2005 年版，第 111 页。

接受刑法谦抑性的检验和限定。

四、合理、理性地组织对网络犯罪的反应

面对日新月异的网络犯罪迅猛发展的势头，尤其是将网络犯罪置于风险社会的背景中，从而要求刑事法律对此有所反应之时，我们更加需要厘清上述"秩序价值与自由追求"、"罪刑法定与扩大解释"、"刑法谦抑与妥当处罚"这三组概念范畴，并以此作为我们对网络犯罪反应的基本理念。正如陈兴良教授所指出的，"如果刑法面对'风险社会'无动于衷、毫无作为，那么这样的刑法肯定是不可取的。但是，如果刑法为化解'风险社会'的风险而过于扩张甚至突破罪刑法定主义、责任主义等法治刑法的底线，那么同样也不可取"①。因此，在应对网络犯罪所带来的风险挑战和危害考验时，我们更要防范因立法和司法的不理性而带来的过分反应，抑制刑法风险，实现对社会控制本身的有效控制，做到合理、理性地组织对网络犯罪的反应。

第二节 网络犯罪刑事政策建构的立法选择

一、立法模式的比较与选择

（一）刑法典模式

顾名思义，将相关网络犯罪的规制纳入刑法典及其修正案中加以规定的模式，便是刑法典模式。我国自1997年《刑法》修订时即增设了非法侵入计算机信息系统罪（第285条第1款）、破坏计算机信息系统罪（第286条第1款）以及利用计算机实施有关犯罪的规定（第287条）。2009年《刑法修正案（七）》则增加了非法获取计算机信息系统数据、非法控制计算机信息系统罪（第285条第2款）和提供侵入、非法控制计算机信息系统的程序、工具罪（第285条第3款）。而2015年《刑法修正案（九）》进一步为第285条和第286条增设了单位犯罪的双罚规定，同时增设了拒不履行信息网络安全管理义务罪、非法利用信息网络罪、帮助信息网络犯罪活动罪和编造、故意传播虚假信息罪。因此，我国当下的网络犯罪的立法模式属于刑法典及其修正案模式。具体而言：

---

① 陈兴良：《"风险刑法"与刑法风险：双重视角的考察》，载《法商研究》2011年第4期。

在《刑法修正案（七）》出台前，我国计算机犯罪的立法模式为"两点一面"："所谓'两点'是指两种侵犯计算机信息系统安全的犯罪，即非法侵入计算机信息系统罪和破坏计算机信息系统罪，所谓'一面'是指除前述两种犯罪外，将其他所有形式的利用计算机、网络实施的犯罪都按照传统犯罪来处理。"①

在《刑法修正案（七）》出台后，我国网络犯罪的立法模式为"双轨三点四线"②：所谓"双轨"，是指专门用于制裁计算机犯罪的《刑法》第285条和第286条与专门用于制裁传统犯罪网络异化的《刑法》第287条，从而形成《刑法》应对网络犯罪的双轨并行的思路，其中前者指向的是纯粹计算机犯罪，即以计算机系统为内容的对象型网络犯罪，后者则用于解决传统犯罪借由网络实施的现象。所谓"三点"，是指刑法在思维上的观测点仅限于"计算机软件"、"计算机系统"以及"计算机数据"。而所谓"四线"是指三类犯罪对象映射在刑事立法中表现为有限的4个并列的罪名。

而在《刑法修正案（九）》出台后，考虑到增加了"网络"这一观测点，我们认为，现行网络犯罪的立法模式应为"双轨四点八线"：所谓"双轨"是指专门用于制裁对象型网络犯罪的《刑法》第285条和第286条与专门用于制裁对象型之外的网络犯罪的《刑法》第286条之一、第287条、第287条之一、第287条之二以及第291条第2款；所谓"四点"，是指刑法在思维上的观测点包含"计算机软件"、"计算机系统"、"计算机数据"和"网络"；所谓"八线"是指上述4个观测点映射在刑事立法中表现为8个并列的罪名，即《刑法》第285条、第286条、第286条之一、第287条之一、第287条之二以及第291条第2款所涉及的8个罪名。

（二）单行刑法模式或附属刑法模式

与刑法典模式相对应的是单行刑法模式，系指专门就某一类型犯罪所制定的、包含罪刑条款的，在形式上独立于刑法典的刑法规范，例如1998年全国人大常委会通过的《关于惩治骗购外汇、逃汇和非法买卖外汇犯罪的决定》。事实上，在网络犯罪相关立法中，我国当前并不存在单行刑法模式，其更多地散见于相关理论研究著作之中。例如，有学者便认为，应当坚持双轨制、多元

---

① 皮勇：《我国网络犯罪刑法立法研究——兼论我国刑法修正案（七）中的网络犯罪立法》，载《河北法学》2009年第6期。

② 于志刚：《网络思维的演变与网络犯罪的制裁思路》，载《中外法学》2014年第4期。另外，早期该模式被比喻为"一面四点"，其中"一面"是指《刑法》第287条，以传统罪名规制网络犯罪，而"四点"则是当时《刑法》所规定的4个独立的对象型网络犯罪。参见皮勇：《网络犯罪比较研究》，中国人民公安大学出版社2005年版，第27页。

化的思路，专门制定网络犯罪的单行刑法。① 另外，以附属刑法的形式，即在刑法以外的其他法律部门中就网络犯罪问题，设置专门的罪刑条款。② 这种立法模式，显然是与网络犯罪的行政犯属性相关的，从而丰富并强化了网络行政管控的方式和力度。

（三）模式的渐进及其方式

从我国网络犯罪立法规制的历史可以看出，相关罪名的增设都是因应网络技术和数据时代的产物。从某种意义上说，网络犯罪罪刑规范的"从无到有"、"由少至多"，折射出了网络在我国国民生活中作用和影响的变迁。对于这种新事物，以刑法典及其修正案的传统模式对相关新型犯罪加以反应，是立法的惯性惰性和路径依赖使然，是典型的"头痛医头、脚痛医脚"的对症立法方式。

而一旦网络时代全面降临，虚拟空间成为了与传统物理空间同等重要的时候，则专门以网络信息及其载体作为保护客体、以网络空间作为规范作用的场域的单行刑事立法便会应运而生。与刑法典模式不同的是，单行刑法模式可以更为系统地明确其任务、目的，明晰其概念、术语，同时为不同的行为配置妥当的刑罚，从而实现网络犯罪立法的系统化、专业化。因此，我们更为倾向于早日启动网络犯罪专项立法的单行刑法模式。

那么，在单行立法未启动，而修正案大行其道的当下，似乎妥当的方法是渐进性地过渡，即通过在刑法典中设立独立的"网络犯罪"章节，从而解决现有网络犯罪立法所存在的法益有限、条文局限以及缺乏系统性等问题。渐进的方式则可以采取构成要件群和系列犯罪构成的立法技术，具体来说，是基于两个不同维度的考虑：其一，根据行为的不法和罪责的程度，以及犯罪行为对法益破坏程度，决定是否在基本犯罪构成之外设置派生犯罪构成。其二，根据犯罪行为发生的概率及其普遍程度决定是设计单一犯罪构成还是设计系列犯罪构成。③ 其中，就前者而言，是基于犯罪行为的纵向维度，根据犯罪的停止形态和法益的侵害程度，按照预备、未遂、既遂、结果加重等设计出呈现等差序列的犯罪构成要件群，从而实现法益的前置保护和提前预防，同时体现罪刑均衡。而就后者而言，是基于犯罪行为的横向维度，根据相关行为的发生概率及其普遍程度，对伴随着多发性犯罪的情形，设计系列犯罪构成，从而实现对关联犯罪的"一网打尽"。

---

①　参见卢建平、姜瀛：《犯罪"网络异化"与刑法应对模式》，载《人民检察》2014 年第 3 期。
②　参见杨正鸣主编：《网络犯罪研究》，上海交通大学出版社 2004 年版，第 80～83 页。
③　参见梁根林：《刑事政策：立场与范畴》，法律出版社 2005 年版，第 312 页。

二、纵向关联行为的犯罪化

承上所述，纵向关联行为的犯罪化，是以现行《刑法》所规制的网络犯罪行为为观察对象，将与该实行行为有关的预备行为与危险行为，根据网络犯罪刑事政策基本理念，设置专门罪刑规范的过程。例如，《刑法修正案（九）》中在《刑法》新增的第 287 条之一规定：利用信息网络实施下列行为之一，情节严重的，处 3 年以下有期徒刑或者拘役，并处或者单处罚金：（1）设立用于实施诈骗、传授犯罪方法、制作或者销售违禁物品、管制物品等违法犯罪活动的网站、通讯群组的；（2）发布有关制作或者销售毒品、枪支、淫秽物品等违禁物品、管制物品或者其他违法犯罪信息的；（3）为实施诈骗等违法犯罪活动发布信息的。相对于利用网络实施诈骗、传授犯罪方法、销售毒品、强制、淫秽物品等实行行为而言，设立用于这些犯罪的网站、通讯群组或者发布相关消息，都仅仅属于实行行为之前的预备行为。换言之，该条修正案便是通过分则规定，将预备行为实行行为化，从而可以为提前介入相关犯罪、及时保护相关网络法益提供契机。

（一）预备行为的实行行为化

尽管我国《刑法》第 22 条一般性地赋予了形式预备犯以刑事可罚性，在原则上对所有形式预备犯均得科处刑罚；然而，在我国司法实务层面，通过刑事政策、但书规定、目的论限缩解释以及刑事证明、疑罪从无等路径，对普遍处罚原则予以救济和限缩，基本实现了预备犯例外处罚的实践理性。① 纯粹从逻辑上看，预备犯的普遍处罚，的确能够达到"防患于未然"的目的，赋予了司法机关在犯罪着手之前准备阶段的介入和处罚权。但是，由于与实行行为相关联的预备行为往往存在多种形态，形式预备犯的处罚原则既不能确定欲规制行为的类型性，不符合构成要件定型性要求，也因为广泛的普遍处罚，缺乏刑事政策上的合理性，因而无法适应必要性和比例性的检验。基于刑法谦抑原则和现实处罚的需要，将值得可罚的预备行为，通过设定罪状加以类型化，作为实质预备犯在分则中进行规定，可以有效地规避形式预备犯的问题，并将可罚性的时点提前到与实行行为具有常态关联的"创造条件和准备工具"的行为之时。《刑法修正案（九）》所增设的第 287 条之一"非法利用信息网络罪"正是典型的"预备行为实行行为化"的立法：该条将旨在实施诈骗、传授犯罪方法、制作或者销售违禁管制物品而实施的设立网站群组或者发布相关讯息

---

① 参见梁根林：《预备犯普遍处罚原则的困境与突围》，载《中国法学》2011 年第 2 期。

的行为加以犯罪化，从而使得上述犯罪无须经由实行着手而在预备阶段便具备了明确的不法属性，有效实现了对后续网络犯罪的堵截和防范。

（二）危害结果的危险化

传统刑法理论中，根据犯罪既遂形态的不同，可以区分出行为犯、危险犯和实害犯。[①] 其中，行为犯的既遂是以实施特定行为为必要，而危险犯和结果犯的既遂，则在需要实施特定行为的同时，必须要有导致危险之虞或直接发生了实际损害。危险犯中又可分为具体危险犯和抽象危险犯，前者的危险要素是刑法明文规定的，而后者则只需要完成特定行为类型，即推定为具有侵害法益的危险，因而更为类似行为犯。将实害后果加以危险化的立法处理，实际上是避免刑法保护的滞后——等到结果发生才论以既遂之责。我国现行《刑法》对网络犯罪的规制基本上限于行为犯和结果犯：行为犯主要是指"非法侵入计算机信息系统罪"和"提供侵入、非法控制计算机信息系统的程序、工具罪"，而结果犯主要是"破坏计算机信息系统罪"和"非法获取计算机信息系统数据、非法控制计算机信息系统罪"。事实上，从纵向上看，网络犯罪的实施需要经历"预备行为—着手实行—行为实施—危险状态出现—实害结果发生"诸阶段。所谓的预备行为实行行为化，实际上是最为前置的保护，因而将受到更为严格的妥当性、必要性和比例性的检验。相应的危害结果的危险化，则是将网络犯罪的既遂从危害结果发生提前到危险状态出现，即只要有可能对相关法益产生风险，则成立既遂的责任。如此，则既可降低犯罪成立与既遂的难度，较之于预备行为实行行为化又不至于过分干预自由，同时也有效地克服网络犯罪后果迁延性、因果关系难以认定等实务问题。

三、横向参与行为的犯罪化

（一）可行的"立法中的共犯正犯化"

承上所述，横向参与行为的犯罪化，是以现行《刑法》规制的相关网络犯罪的主行为作为观察对象，基于司法实务中是否多发常见作为标准，将参与到该主行为的参与行为，包括事前事中的帮助行为和事后的处分行为等共犯参与行为，作为《刑法》规制对象的立法过程。例如，《刑法修正案（九）》中在《刑法》新增的第 287 条之二规定，明知他人利用信息网络实施犯罪，为其犯罪提供互联网接入、服务器托管、网络存储、通讯传输等技术支持，或者

[①]　参见马克昌主编：《犯罪通论》，武汉大学出版社 2003 年版，第 495 页以下；黎宏：《刑法学》，法律出版社 2012 年版，第 91~92 页。

提供广告推广、支付结算等帮助，情节严重的，处 3 年以下有期徒刑或者拘役，并处或者单处罚金。从行为的性质上看，该条的主行为是"他人利用信息网络实施犯罪"，而从行为则是"为其犯罪提供互联网接入、服务器托管、网络存储、通讯传输等技术支持，或者提供广告推广、支付结算等帮助"。根据我国《刑法》第 25～27 条以及共同犯罪的处罚原理，上述从行为依然可以被作为相关网络犯罪的共犯处理。但是，《刑法修正案（九）》则采取了刑法分则明文规定的方式，从而使得在主行为实施的横向面上，相关的参与行为也面临着正犯化的趋势。

共犯的正犯化，是新的客观环境变化的使然：首先，组织行为的实施和认定发生异化，网络信息交流的便捷，降低了组织犯实施组织行为的成本，提高了组织行为的成功概率，因而在一定程度上与教唆犯难以区分。其次，教唆行为和帮助行为的界限日益模糊。最后，帮助行为向实行行为转化，帮助行为往往发挥着比实行行为更为重要的作用。① 而将本来可以根据共犯从属性原理扩张处罚的共犯，作为类型化的正犯加以处理，存在以下优势：其一，满足《刑法》对行为要件和刑罚配置的明确性要求；其二，由于通说实行的是不法层面上的"限制从属性"标准，因而可能产生正犯未能满足不法程度，而共犯难以处罚的局面，而共犯的正犯化则恰好堵上了漏洞；其三，将共犯行为正犯化，有利于发挥刑法的行为规制机能，实现刑法的行为规范功能，明确将主行为密切常态关联的参与行为加以禁止，可以有效地指引国民回避此类行为。当然，立法大量的进行共犯正犯化的操作，对于正犯与共犯的界分、构成要件的类型化以及罪刑均衡等传统刑法教义学原则构成一定的冲击②，这无疑将是网络犯罪教义学的进一步重大课题。

（二）不妥的"司法中的共犯正犯化"

在我国网络犯罪规制的司法实践中，早已存在所谓的"共犯正犯化"现象。例如最高人民法院、最高人民检察院《关于办理利用互联网、移动通讯终端、声讯台制作、复制、出版、贩卖、传播淫秽电子信息刑事案件具体应用法律若干问题的解释》便对有关传播淫秽物品犯罪网络共犯问题作出了规定：（1）利用互联网建立主要用于传播淫秽电子信息的群组，成员达 30 人以上或者造成严重后果的，对建立者、管理者和主要传播者，以传播淫秽物品罪定罪处罚。（2）以牟利为目的，网站建立者、直接负责的管理者明知他人制作、复制、出版、贩卖、传播的是淫秽电子信息，允许或者放任他人在自己所有、

---

① 参见于志刚：《论共同犯罪的网络异化》，载《人民论坛》2010 年第 29 期。
② 参见王霖：《网络犯罪参与行为刑事责任模式的教义学塑造》，载《政治与法律》2016 年第 9 期。

管理的网站或者网页上发布，情节严重的，以传播淫秽物品牟利罪定罪处罚。（3）网站建立者、直接负责的管理者明知他人制作、复制、出版、贩卖、传播的是淫秽电子信息，允许或者放任他人在自己所有、管理的网站或者网页上发布，情节严重的，以传播淫秽物品罪定罪处罚。（4）电信业务经营者、互联网信息服务提供者明知是淫秽网站，为其提供互联网接入、服务器托管、网络存储空间、通讯传输通道、代收费等服务，并收取服务费，情节严重的，对直接负责的主管人员和其他直接责任人员，以传播淫秽物品牟利罪定罪处罚。事实上，上述四种行为无论是建立组群、放任信息发布以及提供技术服务或收取费用等行为，即便其在主观层面上，具备了非法占有目的的主观要素以及传播淫秽物品的故意，由于仅仅只是为传播淫秽物品的实行行为提供便利和帮助的行为，因而也不能论以传播淫秽物品牟利罪或传播淫秽物品罪的正犯行为。"共犯的正犯化"之所以受到实务的青睐，以及学界部分理论的支持①，是因为其可以有效地规避实施传播淫秽物品行为的正犯是否担责的问题，从而将刑法的矛头直指以网络服务商等为代表的共犯角色。但是，基于罪刑法定下立法与司法的分立，以及扩张性解释中可能语义的边界的立场，我们认为在司法中推进"共犯的正犯化"并不合理，妥当的方式，则是本书所坚持的"立法中的共犯正犯化"，即根据参与行为与正犯行为的高度常态关联性的标准，挑选出适合的共犯行为，加以正犯化处理。事实上，《刑法修正案（九）》所增设的第287条之二"帮助信息网络犯罪活动罪"，对上述司法解释的规定加以借鉴和立法化，从而在刑事立法上确立了对信息网络犯罪帮助行为的规制。

（三）恰当确定不作为犯及作为义务

《刑法修正案（九）》增设了第286条之一"拒不履行信息网络安全管理义务罪"，对网络服务提供者要求履行相应的安全管理义务，在未履行相关义务并经监管部门责令改正而拒不改正时承担相应的刑事责任。换言之，该条属于纯正不作为犯的规定，其不作为的主体系网络服务提供者，作为义务则是信息网络安全管理义务。何为"网络服务提供者"？根据其运作方式和提供内容的不同，可以划分为三类：其一为接入服务提供者（IAP），是指为信息传播提供光缆、路由、交换机等基础设施，或为上网提供接入服务，或为用户提供电子邮件账号的主体；其二为网络内容提供者（ICP），是指自己组织信息通过互联网络向公众传播的主体；其三为网络平台提供者（IPP），是指为用户提供服务器空间，或者为用户提供空间，供用户阅读他人上传信息和自己发送

---

① 参见于志刚：《网络犯罪与中国刑法应对》，载《中国社会科学》2010年第3期；米铁男：《共犯理论在计算机网络犯罪中的困境及其解决方案》，载《暨南学报》2013年第10期。

信息，甚至进行实时信息交流的主体。① 典型的 IAP 如中国电信、中国移动、中国网通等，ICP 是经由 IAP 提供的网络技术而运营的主体，如新浪、网易等信息网站，而 IPP 则包括 QQ 群组、各类的 BBS 以及直播网站等。很显然，多数网络犯罪必须经由上述服务或空间实施，换言之，这些网络服务提供者所提供的服务或搭建的平台是网络犯罪实行所必不可少的要素。

对此，通过立法对于这些主体附加相应的网络安全管理义务，毫无疑问地可以在相应犯罪的预备或着手前期实现有效规制，避免犯罪进一步实行或滋生。当然，无论是技术、成本还是正当性上，都无法要求网络服务提供者对不法信息进行全天候无死角的监控，网络安全管理义务在何种内涵以及多大范围内成立尚有待刑法理论和实务去诠释。目前看来，该条设定"责令改正"以及"拒不改正"等要素，不仅有效地提高入罪门槛、防止泛罪化的倾向，而且有利于合理分配网络监管者与网络服务提供者的各自职责，并进一步明晰网络安全管理义务的具体内容。②

第三节　网络犯罪刑事政策建构的司法选择

一、规范载体：司法解释与指导案例

从目前司法的应对体系来看，最高人民法院和最高人民检察院出台的专门规制网络犯罪的司法解释共有 5 份，分别为：《关于办理利用互联网、移动通讯终端、声讯台制作、复制、出版、贩卖、传播淫秽电子信息刑事案件具体应用法律若干问题的解释》、《关于办理利用互联网、移动通讯终端、声讯台制作、复制、出版、贩卖、传播淫秽电子信息刑事案件具体应用法律若干问题的解释（二）》、《关于办理网络赌博犯罪案件适用法律若干问题的意见》、《关于办理危害计算机信息系统安全刑事案件应用法律若干问题的解释》、《关于办理利用信息网络实施诽谤等刑事案件适用法律若干问题的解释》。而附带性涉及网络相关犯罪的司法解释，大致包括以下 10 份：《关于办理组织和利用

---

① 参见陈洪兵：《中立的帮助行为论》，载《中外法学》2008 年第 6 期。此外，根据欧盟法律的四分法分类，网络服务提供者可以分为内容提供者、网络接入服务提供者、缓存服务提供者、存储服务提供者。参见王华伟：《网络服务提供者的刑法责任比较研究》，载《环球法律评论》2016 年第 4 期。

② 关于拒不履行信息网络安全管理义务罪的教义学分析，参见李世阳：《论网络服务提供者的刑事责任——立足于刑法第 286 条之一的解释》，收录于中国社会科学院创新工程 2016 年子项目——《网络犯罪的刑事立法与刑事司法前沿问题》（文集）。

邪教组织犯罪案件具体应用法律若干问题的解释（二）》、《关于办理组织和利用邪教组织犯罪案件具体应用法律若干问题的解答》、《关于审理破坏公用电信设施刑事案件具体应用法律若干问题的解释》、《关于渎职侵权犯罪案件立案标准的规定》、《关于审理危害军事通信刑事案件具体应用法律若干问题的解释》、《侵犯知识产权刑事案件意见》、《关于办理诈骗刑事案件具体应用法律若干问题的解释》、《关于审理破坏广播电视设施等刑事案件具体应用法律若干问题的解释》、《全国法院毒品犯罪审判工作座谈会纪要》以及最高人民法院《关于审理毒品犯罪案件适用法律若干问题的解释》。根据规制的类型，除《关于办理危害计算机信息系统安全刑事案件应用法律若干问题的解释》这一专门针对对象型网络犯罪的司法解释外，其余的均以规制内容型和工具型网络犯罪为主。这意味着当下司法实务应对的重点，不再是对象型网络犯罪，而转移为内容型和工具型等非纯正的网络犯罪。此外，需要注意的是，目前最高人民法院尚未能发布相关网络犯罪的指导性案例，涉及网络信息和计算机系统的指导性案例，往往只集中在民事侵权或知识产权领域。[1]

　　学理上一般将刑法的有权解释区分为立法解释和司法解释，前者往往采取抽象解释的形式，其目的是通过对法律文本含义进行权威性解读，从而形成具有普遍约束力的规范；后者则应采取具体解释的形式，目的是通过比对既有法律规则和个案事实，从而对刑法适用和涵摄过程中的问题加以呈现并一一化解。[2] 换言之，立法解释是规范解释，其载体是一般性、抽象性规则，而司法解释是适用解释，以刑事个案为载体的典型性、具体性释疑。然而，通过上文的整理，可见当前司法更倾向于以一般性规则的司法解释来应对网络犯罪，而过分忽略刑事判例的指导性作用。鉴于此，我们认为，在上文提及的纵向和横向行为的立法犯罪化后，最高人民法院应当改变当前发布规范性和抽象性文件的做法，可以更多地通过发布相关指导性案例的形式，对网络犯罪相关适用问题加以释明。[3]

二、客观场域：并非虚无的虚拟空间

（一）网络空间的虚拟与现实

2013 年 9 月最高人民法院和最高人民检察院出台了《关于办理利用信息

---

　　① 涉及网络问题的指导性案例第 48 号和第 49 号所解决的是计算机软件著作权的问题，网址：http：//www. court. gov. cn/shenpan - gengduo - 77. html，最后访问日期：2016 年 6 月 12 日。

　　② 参见张志铭：《法律解释操作分析》，中国政法大学出版社 1999 年版，第 17 ~ 23 页。

　　③ 关于司法解释的妥当性问题，参见梁根林：《罪刑法定视域中的刑法适用解释》，载《中国法学》2004 年第 3 期。

网络实施诽谤等刑事案件适用法律若干问题的解释》，其旨在为相关利用网络而实施的犯罪明确相应的入罪标准，从而便于司法机关对典型的工具型或内容型网络犯罪加以规制。该解释第 5 条规定："利用信息网络辱骂、恐吓他人，情节恶劣，破坏社会秩序的，依照刑法第二百九十三条第一款第（二）项的规定，以寻衅滋事罪定罪处罚。编造虚假信息，或者明知是编造的虚假信息，在信息网络上散布，或者组织、指使人员在信息网络上散布，起哄闹事，造成公共秩序严重混乱的，依照刑法第二百九十三条第一款第（四）项的规定，以寻衅滋事罪定罪处罚。"争议由此引发：其一，虚拟网络空间是否存在现实物理世界中的"公共场所"？其二，在刑法层面上，虚拟网络空间与现实物理世界是否有着完全一致的要求？其三，司法解释所言的"公共秩序"是不是对《刑法》第 293 条中"公共场所秩序"的类推解释？基于此，有学者甚至认为，"实际上，最高法院司法解释僭越立法权的问题尽管长期以来也是学界关心的问题之一，但就我所见，以往刑法司法解释并未有这次明显类推且限缩公民权扩张警察权的情形出现"①。

以上 3 个问题相互交织，其在刑法教义学上的前提性问题在于——"公共场所"的可能语义射程是否可以覆盖到虚拟网络空间？反对意见认为，其一，公共场所是公众可以任意逗留、集会、游览或利用的场所，是一个典型的物理空间概念；其二，《刑法》第 291 条已经通过例示的方式列明了"公共场所"，并不包括网络空间，而第 293 条中的"公共场所"概念应当与之一致。②本书认为，一方面，网络技术的迅猛发展和人类进入网络时代，是当时立法者未曾预料的，因而从任何主观解释论的立场出发都无法得到有效的回答，事实上只能从客观解释③的角度加以理解。网络在经历了从信息到服务的代际转型后，已不仅仅是信息数据的交换和传播的媒介，更是逐渐成为人们生活所须臾不能摆脱的有机组成——人们通过 BBS、微博等网络平台，便可与物理空间一般（如果不是更便利的话）完成学习、交友、娱乐等活动。换言之，所谓的"虚拟"网络空间，在人们生活中并不"虚拟"，而恰恰是"实实在在"地能够符合"任意进出、逗留、利用，供人消遣、集会、营业、娱乐的场所"这

---

① 仝宗锦：《对曲新久教授〈一个较为科学合理的刑法解释〉一文的评论》，网址：http: // blog. caijing. com. cn/expert_ article－151694－58814. shtml，最后访问日期：2016 年 6 月 12 日。

② 参见李晓明：《刑法"虚拟世界"与"现实社会"的博弈与选择》，载《法律科学》2015 年第 2 期。

③ 与主观解释论针锋相对，客观解释论反对消极被动地去发现立法者原意，强调刑法解释的创造性，要求适应社会发展需要、根据形形色色的案件，尽可能在刑法用语的可能含义的范围内，增强刑法的时代适应性。参见张明楷：《刑法学》（第 4 版），法律出版社 2011 年版，第 34 页。

一概念的。另一方面，的确，根据《刑法》第 291 条的罪状特点，"公共场所"只能是显示世界真实的物理空间，因此不能随意将网络空间纳入该条规制的范围。但是，"刑法中使用同一词语的概念应当保持一致，这是大原则，但并非绝对"①，事实上，由于《刑法》第 293 条并未作出如此限定，且如上文而言，认为网络空间存在公共场所，并没有超出"公共场所"的可能语义。

尽管我们认同网络虚拟空间存在所谓的"公共场所"，但并不因此完全认同该解释将网络空间里起哄闹事或造谣传谣的行为作为寻衅滋事罪加以处理的做法。理由同样主要基于刑法教义学的立场：其一，"在公共场所起哄闹事，造成公共场所秩序严重混乱"，前后的公共场所的内涵应当一致，即既然是网络空间中的公共场所，那么后半句的公共场所秩序也应当是网络空间秩序。支持该解释的学者，恰恰在这一问题上出现了混淆：认为所谓的公共场所秩序的严重混乱是现实世界的"社会秩序"②。其二，如果不对网络空间中的第 293条中的诸如"辱骂"、"恐吓"、"强拿硬要"以及"起哄闹事"等行为加以严格限定，则在模糊该罪与侮辱、敲诈勒索等界限的同时，通过本罪的"口袋兜底"的特性，满足实务机关打击的冲动和需求。因此，该解释"在相当程度上有将'口袋罪'向网络空间张开之嫌"③。

（二）双层空间的界分与治理

我们认为：一方面，虚拟网络空间越发与现实物理世界在实质功能方面接近，均在人们生活中扮演着极为重要的角色，而公共场所存在于这两层社会之中。另一方面，在通过司法解释将刑法扩张适用到网络空间时，依然要坚持秩序和自由的平衡、罪刑法定原则和妥当性处罚的立场，不能随意扩大网络行为的可罚性。这是由网络空间和现实世界各自独特属性所决定的：由于传统罪名的术语选择与表达形式均来源于现实社会的习惯用语，与网络空间中的"语言符号"存在较大的差异。同时，由于受空间组合形态的影响，现实社会与网络社会在"社会结构"组成、"表现形态"等方面均存在重大差异，所以需要根据二者的差异就所可能涉及的同一罪名进行扩张解释甚至是再解释。④ 换言之，网络空间并不是所谓的法外之地，其具有公共性和秩序性等特性，需要通过法律的规制加以治理。但治理的方式并不是一味地将刑法不经处理地纳入网络空间，尤其是在扩张性适用刑法的场合。因此，可以预期的司法应对，是

---

① 曲新久：《一个较为科学合理的刑法解释》，载《法制日报》2013 年 9 月 12 日，第 007 版。
② 曲新久：《一个较为科学合理的刑法解释》，载《法制日报》2013 年 9 月 12 日，第 007 版。
③ 于志刚：《"双层社会"中传统刑法的适用空间》，载《法学》2013 年第 10 期。
④ 参见于志刚：《"双层社会"中传统刑法的适用空间》，载《法学》2013 年第 10 期。

尽快就网络空间中多发的案件形成一批司法解释，进而对网络空间实现初步管控。

三、主观归责：主观要素的司法推定

网络时代不法行为的不断推陈出新，或者异化蜕变，不仅仅给客观行为的判断提出了挑战，而且也始终考验着司法机关对主观要素的认定。对此，有学者归纳了成为刑法理论和司法实务一大难题的主观要素问题的缘由：其一，网络犯罪的故意犯罪类型极端分化。与传统以直接故意犯罪为主流、间接故意犯罪为辅助不同，网路犯罪中主观罪过多样化，例如出于炫耀的动机展示黑客技术或者出于发现漏洞的目的侵入计算机系统等，往往表现为以间接故意或者过于自信过失为主的形态。其二，网络背景下技术过失行为不断涌现，也因此出现了大量的网络犯罪过失问题。其三，网络犯罪间的共犯故意难以认定，尤其是在利用中性技术（例如网络空间平台）、环环相扣的上下游犯罪链条（前文所述的横向参与行为）以及犯意联系呈现片面性、单向性等场合中，参与者的共同犯罪故意，直接影响到犯罪参与人刑事责任的有无。[①]

基于此，刑事司法在认定相关网络犯罪的主观要素时，应当善于运用刑事推定。根据学者对主观要素中的认识程度的分级，存在确知、实知、或知、应知和确实不知这五类，其中确知、实知、或知属于典型的明知，而应知则属于非典型明知，在绝大多数情形中属于"实知"，少数属于"推定的明知"。在此意义上，其强调应允许少数推定明知的情况存在。[②] 刑事司法推定的优势在于通过推定的方式来确定行为人的主观认知，从而减轻控方责任，实现有效追诉。其合理性主要有三点：其一，侦查技术的有限以及人类认知能力的局限。其二，保护法益的迫切需要。在法益重大的场合，对于某些难以证明的主观要素采取推定的方式，是利弊权衡的需要，符合国民感情。其三，不同于立法推定，刑事司法推定允许用相反证据加以否定，具有相对性和可反驳性。当然，由于存在对被告人不利的认定，因而刑事推定注定不是刑法中的常规现象。用刑事推定来应对网络犯罪时，应当遵循一定的适用规则，包括：首先，应要求基础事实与待证事实之间存在合理联系；其次，对推定效果应限定在转移提出证据责任而非转移说服责任；再次，从相对便利的角度加以权衡，限定在控方不易获得或被告人易于提供的场合；最后，从适用范围上加以限制，在适用对

---

① 关于网络信息时代主观罪过认定难的问题，参见郭旨龙：《信息时代犯罪主观罪过的认定》，载《西部法学评论》2015 年第 1 期。

② 参见周光权：《明知与刑事推定》，载《现代法学》2009 年第 2 期。

象上限于主观要素，而在犯罪类型上限于对公共利益有重大危险的行为。[①]

四、不法程度：罪量体系的经验归纳

(一) 以数量为核心的罪量体系不足

罪量的问题，来源于我国刑事立法上所确定的"定性 + 定量"模式，直接的规范性根据是我国《刑法》第 13 条之规定。[②] 传统罪量标准的体系是以数额与数量为核心内容的，其占到了刑法罪名总数的 73.7%。[③] 与传统犯罪相比，网络犯罪属于新兴事物，无论是司法还是立法部门，对其相关特性还处在浅层了解的阶段，因而较为妥当的方法是，通过司法实践的经验总结，逐渐加深对网络犯罪不法程度的理解，从而为其设置具有网络时代特点的罪量要素。事实上，我国司法机关已经开始了此类探索，以 2013 年 9 月最高人民法院、最高人民检察院颁布的《关于办理利用信息网络实施诽谤等刑事案件适用法律若干问题的解释》为例。由于我国《刑法》第 246 条侮辱罪和诽谤罪的罪量仅规定了"情节严重"，因而该解释为此设定了四种认定标准：其一，同一诽谤信息实际被点击、浏览次数达到 5000 次以上，或者被转发次数达到 500 次以上的；其二，造成被害人或者其近亲属精神失常、自残、自杀等严重后果的；其三，2 年内曾因诽谤受过行政处罚，又诽谤他人的；其四，其他情节严重的情形。第二种和第三种情形属于司法解释中经常提及的典型情节，第四种情形则属于兜底性条款。至于第一种情形，则属于该解释的一大创新，其意义在于将网络诽谤有效地纳入《刑法》第 246 条的规制范围，通过较为客观的易被认定的数字，实现对该罪罪量情节的量化处理。

然而，在肯定量化标准尝试的同时，也应看到量化标准背后的质疑——是否科学以及有无规制效果等。就"浏览次数"和"转发次数"的标准而言，有学者便指出，该标准必须回应 3 个基本的前提性问题[④]：首先，互联网中的"浏览"和"转发"能否承担起衡量现实影响的任务？其次，"信息内容"是否为影响网络"浏览次数"和"转发次数"的唯一因素？最后，"浏览次数"和"转发次数"的内涵是否相等或包容？因其二者是或然关系，彼此应当各有内涵，故应针对不同的违法形态，否则可能出现适用上的冲突。由此可见，

---

① 参见劳东燕：《认真对待刑事推定》，载《法学研究》2007 年第 2 期。

② 关于但书与罪量的关系，参见梁根林：《但书、罪量与扒窃入罪》，载《法学研究》2013 年第 2 期。

③ 参见孙春雨：《关于犯罪数额的几个问题》，载《法学杂志》2006 年第 3 期。

④ 参见王璐：《网络诽谤入罪量化标准信度分析》，载《南开法律评论》2014 年第 9 期。

单纯的将以数额为核心的传统罪量评价体系的引入，难以完整反映相关网络犯罪行为的法益侵害性。也因此，我国司法实务在罪量的设计上，已经采取了传统犯罪与网络犯罪双轨并行的模式，[①] 从而妥当地满足了这两类犯罪不法程度的不同要求。

（二）特别罪量标准体系的网络犯罪

1. 关于网络犯罪的罪量标准体系。我们认为，在决定罪量的实质根据上，网络犯罪与普通犯罪并不存在矛盾，即均以行为对法益侵害的不法程度作为配置罪量的基础性要素。但是，网络空间和现实空间的差异、网络犯罪和普通犯罪的区别，都决定了网络犯罪应当采取相对独立、与普通犯罪罪量体系相区别的专门罪量标准体系。当然，随着理论和实务对网络犯罪罪量体系的深入实践，会产生越来越多的网络犯罪专门罪量规定，这便需要进一步地对其进行体系化整合，避免罪量与罪量间的矛盾、不匹配问题，从而实现自成一体、内容自洽的网络犯罪所独有的一套罪量标准体系，为网络犯罪的专门性立法奠定罪量评价基础。

2. 关于网络犯罪的罪量适用方法。罪量情节要素属于整体性的犯罪构成要件，直接决定着行为的不法程度，总体上应当采取规范性的立场，要求法官综合性地衡量案件事实与被保护法益，赋予其一定的自由裁量空间。因此，不宜对网络犯罪标准作"一刀切"的处理，而应当通过司法经验的归纳，给予司法官多重维度的引导。所谓的多维度，包括先后两个层面的操作：其一，设定一定的罪量幅度，将一个数量段的"浏览次数"、"转发次数"、"发帖总量"作为可罚性的起点；其二，在划定的可罚性范围内，综合考虑网络平台、虚假事实发挥的影响力、传播的实际时间、长度、次数、被害人因素以及犯罪人的主观恶性等。换言之，一定数量的"浏览"或"转发"起到的是初步划定可罚范围，并提醒裁判官注意的功能，而是否达到了刑事不法的程度，则要综合全案，并进行规范性的考量。

---

① 本案的争议是开设实体赌场，能否适用于最高人民法院、最高人民检察院、公安部《关于办理网络赌博适用法律若干问题的意见》中的"情节严重"之认定标准，多数的结论是实体赌场不同于网络赌场，从而应适用不同的标准。参见王明森：《开设网络赌场"情节严重"的标准是否适用于实体赌场犯罪》，载《人民法院报》2013年2月21日，第007版。

第九章 对象型网络犯罪的刑事政策应对

第一节 对象型网络犯罪概述

一、对象型网络犯罪的界定

（一）对象型网络犯罪的概念

对象型网络犯罪是指侵害计算机信息系统（包括数据和程序）安全的网络犯罪行为。理解这个概念还需要注意以下两点：

其一，对象型网络犯罪源起于互联网 1.0 时代或者更早之前的侵害计算机信息系统安全的计算机犯罪。在互联网 1.0 时代，由于计算机网络化程度并不高，较之于网络犯罪，计算机犯罪的提法更为普遍。在这一阶段，计算机犯罪的内涵基本上与对象型网络犯罪相当。① 从本书第一章关于"网络犯罪"对"计算机犯罪"概念的承继可以看出，随着网络代际的变迁，网络化成为了时代发展的趋势，因而"网络犯罪"方才应运而生。在这种意义上，作为网络犯罪具体类型的对象型网络犯罪事实上便是传统狭义的"计算机犯罪"。但是，考虑到学术习惯，顺应学术概念的提法，也为了避免与传统广义、中义的"计算机犯罪"相混淆，本书就不再使用"计算机犯罪"提法，而直接使用"对象型网络犯罪"提法。

其二，之所以将侵害计算机信息系统安全的网络犯罪行为称之为对象型网络犯罪，是因为这类犯罪以计算机信息系统为犯罪对象。这与本书之后两章所要探讨的工具型网络犯罪和内容型网络犯罪在侵害的行为客体上存在着明显的区别：与对象型网络犯罪不同，在工具型和内容型两类网络犯罪中，计算机信息系统并非被侵害的对象，相反，犯罪人为了更为顺利地实现其犯罪目的，计算机信息系统的完整性便是必要的前提之一。

---

① 参见于志刚：《网络、网络犯罪的演变与司法解释的关注方向》，载《法律适用》2013 年第 11 期。

（二） 对象型网络犯罪的种类

根据侵害计算机信息系统的程度，可以将对象型网络犯罪分为直接的对象型网络犯罪和间接的对象型网络犯罪。

所谓直接的对象型网络犯罪是指直接侵害计算机信息系统的犯罪行为。根据我国刑法典，其所涉及的罪名包括非法侵入计算机信息系统罪，非法获取计算机信息系统数据、非法控制计算机信息系统罪和破坏计算机信息系统罪。

所谓间接的对象型网络犯罪是指间接侵害计算机信息系统的犯罪行为。根据我国刑法典，其所涉及的罪名是提供侵入、非法控制计算机信息系统的程序、工具罪。

二、对象型网络犯罪案件特征统计

我们在 179 个对象型网络犯罪案件的基础上形成了 383 个罪名样本。由于前述章节已经对对象型网络犯罪案件的来源及抽样做了详细说明，所以在此不再对案件来源和抽样的问题作具体说明。总体来看，这 383 个样本包括非法侵入计算机信息系统罪 11 个，非法获取计算机信息系统数据罪 125 个，非法控制计算机信息系统罪 51 个，非法获取计算机信息系统数据、非法控制计算机信息系统罪 1 个，提供侵入、非法控制计算机信息系统的程序、工具罪 32 个，破坏计算机信息系统罪 163 个。通过分析这些样本，可以发现对象型网络犯罪案件有如下特征：

（一） 犯罪主体特征显著

179 个对象型网络犯罪案件共涉及 381 个犯罪人。这些对象型网络犯罪初犯比率高，犯罪目的以牟利为主。

1. 初犯比率高。通过考察有无前科这一变量发现，有前科背景的有 21 人（约 5.51%），而没有前科背景的有 360 人（约 94.49%），这说明对象型网络犯罪的主体绝大多数是初犯。

2. 犯罪目的以牟利为主。就犯罪目的而言，如表 9 - 1 - 1 所示，通过频次分析发现在 383 个样本中有 342 个（89.3%）是以牟利为目的。尤其值得注意的是，在对被判处破坏计算机信息系统罪和非法侵入计算机信息系统罪的被告的主观目的统计后发现，在 163 个被判处破坏计算机信息系统罪的被告中有 127 个（77.9%）具有牟利目的；在 11 个被判处非法侵入计算机信息系统罪的被告中有 10 个（90.9%）具有牟利目的。说明这两种犯罪案件的犯罪人在实际中通常是在牟利目的支配下实施相关行为的。

表 9 - 1 - 1　对象型网络犯罪案件犯罪目的

犯罪目的	频率	百分比（％）	有效百分比（％）	累积百分比（％）
未知	23	6.0	6.0	6.0
牟利	342	89.3	89.3	95.3
报复、泄愤	11	2.9	2.9	98.2
为谋其他非法利益	6	1.6	1.6	99.7
恶作剧	1	0.3	0.3	100.0
合计	383	100.1	100.1	

（二）受案数呈上升趋势

就 179 个对象型网络犯罪案件而言，在受案年份上，除去 1 个缺省值外，受案年份有效数据有 178 个，具体而言：1999 年受案 1 件，2001 年受案 2 件，2002 年受案 1 件，2003 年受案 1 件，2005 年受案 1 件，2007 年受案 3 件，2008 年受案 5 件，2009 年受案 2 件，2010 年受案 6 件，2011 年受案 4 件，2012 年受案 14 件，2013 年受案 39 件，2014 年受案 97 件，2015 年受案 2 件。[①] 我们观察 2012 年至 2014 年的受案数可以发现，每一年的受案数都超过上一年度受案数的 2 倍。通过将 2009 年至 2014 年全国法院办理对象型网络犯罪受案情况做成折线图，如图 9 - 1 - 1 所示，可以大致看出受案情况总体呈现上升趋势。

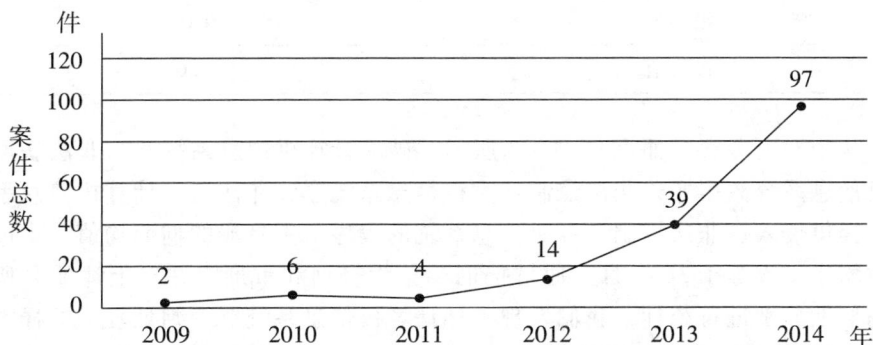

图 9 - 1 - 1　2009～2014 年全国法院办理对象型网络犯罪案件受案走势

① 需要说明的是，2015 年之所以是 2 件是因为案件检索时间是从 1997 年 10 月 1 日至 2015 年 2 月 6 日。

（三） 存在一定比例的降格认定

经过统计发现，在 383 个样本中共有 12 个（约 3.1%）在认定情节（特别）严重与后果（特别）严重上存在疑问。具体而言，依据相关司法解释本应认定情节特别严重却认定成情节严重的样本有 3 个（0.7%），本应认定后果特别严重却认定成后果严重的样本有 9 个（2.3%）。这意味着对象型网络犯罪案件中可能存在一定比例的降格认定问题。

（四） 轻刑适用比例较高

从总体上考察，如表 9-1-2 所示，通过分析 383 个有效样本刑期，可以发现刑期均值为 25.764 个月，中值为 24 个月，众数为 36 个月，极小值为 0 个月，极大值为 72 个月。值得注意的是，在这里不管是均值、中值还是众数都小于或等于 36 个月。通过把刑期分为轻刑（刑期在 36 个月以下，含 36 个月）和重刑（刑期在 36 个月以上），可以发现在 383 个样本中判处轻刑的有 323 个（84.3%），判处重刑的有 60 个（15.7%），前者约是后者的 5 倍，显然，占绝大多数的是轻刑。

表 9-1-2　对象型网络犯罪刑期统计量（单位：月）

刑期统计量	数值
均值	25.764
中值	24.000
众数	36.0
极小值	0.0
极大值	72.0

从个罪上考察，如表 9-1-3 所示，破坏计算机信息系统罪，非法获取计算机信息系统数据罪，非法控制计算机信息系统罪，非法侵入计算机信息系统罪和提供侵入、非法控制计算机信息系统的程序、工具罪的刑期均值、中值和众数均小于或等于 36 个月。通过把刑期分为轻刑和重刑，并对上述罪名所对应的刑期分别进行统计，我们发现破坏计算机信息系统罪中判处轻刑的样本有132 个（81%），判处重刑的有 31 个（19%）；非法获取计算机信息系统数据罪中判处轻刑的样本有 111 个（88.8%），判处重刑的有 14 个（11.2%）；提供侵入、非法控制计算机信息系统的程序、工具罪中判处轻刑的样本有 25 个（78.1%），判处重刑的有 7 个（21.9%）；非法控制计算机信息系统罪中判处轻刑的样本有 44 个（86.3%），判处重刑的有 7 个（13.7%）。也就是说，在

个罪中绝大部分判处的也是轻刑。[①]

表9-1-3　对象型网络犯罪各罪名刑期统计量（单位：月）[②]

刑期 统计量	破坏计算机 信息系统罪	非法获取 计算机信息 系统数据罪	非法控制计算 机信息系统罪	非法侵入计算 机信息系统罪	提供侵入、非法控制 计算机信息系统的 程序、工具罪
均值	26.15	25.75	24.36	10.82	30.41
中值	24.00	30.00	24.00	10.00	36.00
众数	12	36	36	14	36
极小值	4	0	6	6	8
极大值	72	60	60	17	60

（五）缓刑适用比例不低

与轻刑适用相伴的是缓刑适用问题。根据《刑法》，缓刑仅适用于被判处拘役、3年以下有期徒刑的犯罪分子，通过分析发现，在383个有效样本中满足拘役、3年以下有期徒刑的样本共有322个，其中判处缓刑的样本共有170个（约52.8%），未判处缓刑的有152个（约47.2%）。可见对象型网络犯罪案件的缓刑适用比例不低。

第二节　惩治对象型网络犯罪存在的问题

2015年8月29日全国人大常委会审议通过了《刑法修正案（九）》，该修正案增加规定了单位可以构成对象型网络犯罪的犯罪主体。尽管如此，惩治对象型网络犯罪依然存在问题。

一、对象性网络犯罪罪状考察

（一）对犯罪行为的考察

我国《刑法》第286条第1款规定："违反国家规定，对计算机信息系统

---

① 之所以没有对非法侵入计算机信息系统罪的相关统计量进行分析，主要是因为该罪只有一档法定刑，而且法定最高刑为3年有期徒刑。

② 需要说明的是，表9-1-3仅对382例刑期数据进行统计，被缺省的数据是非法获取计算机信息系统数据、非法控制计算机信息系统罪的数据。

功能进行删除、修改、增加、干扰，造成计算机信息系统不能正常运行，后果严重的，处五年以下有期徒刑或者拘役；后果特别严重的，处五年以上有期徒刑。"第 2 款规定："违反国家规定，对计算机信息系统中存储、处理或者传输的数据和应用程序进行删除、修改、增加的操作，后果严重的，依照前款的规定处罚。"第 3 款规定："故意制作、传播计算机病毒等破坏性程序，影响计算机系统正常运行，后果严重的，依照第一款的规定处罚。"该条罪名是破坏计算机信息系统罪。从罪名来看，该罪规制的应当是破坏计算机信息系统的行为。从实然的规定来看，该条第 1 款和第 3 款确实是有关破坏计算机信息系统行为的规定，但是该条第 2 款则很难说是，因为该款实际上规制的是侵害计算机信息系统数据和应用程序的行为。《刑法》将删除、修改、增加计算机信息系统中存储、处理或者传输的数据和应用程序的行为纳入破坏计算机信息系统罪予以保护，显然与破坏计算机信息系统罪这一罪名不相符合，毕竟对计算机信息系统中存储、处理或者传输的数据和应用程序进行删除、修改、增加的操作并不一定就会损害计算机信息系统，而且行为人为了能够顺利完成对数据或程序的删除、修改、增加操作有时甚至需依赖计算机信息系统的良好运行。

以武某破坏计算机信息系统案①为例，该案中武某为获取非法利益，私自利用溧水县公安局交巡警大队民警秩序科民警王某的用户名和密码进入公安交通管理平台，采取非法对账方式消除交通违章记录，被告人武某以此手段获利人民币 280460 元。法院最终依据《刑法》第 286 条第 2 款判处武某破坏计算机信息系统罪。只需稍加分析，我们就会发现武某仅仅删除的是交通违章记录，对"公安交通管理平台"并未进行破坏，即计算机信息系统本身并未遭受破坏。

事实上，最高人民法院、最高人民检察《关于办理危害计算机信息系统安全刑事案件应用法律若干问题的解释》（以下简称《危害计算机信息系统安

---

① 案件字号为（2012）溧刑初字第 65 号，网址：http：//wenshu. court. gov. cn/content/content? DocID = 98b19eb8 – 67f0 – 4013 – ae84 – 03e5074869e7，最后访问日期：2016 年 11 月 28 日。

全刑事案件解释》）对《刑法》第 286 条第 2 款中的"后果严重"的解释①也说明实施该款行为无须造成计算机信息系统不能正常运行就可以成立犯罪。综上，《刑法》第 286 条第 2 款的规定与破坏计算机信息系统罪的罪名不相符合，应将之独立出来，单设罪名予以规制。

（二）对犯罪对象的检视

1. 犯罪对象含义模糊

《刑法》第 285 条第 1 款规定非法侵入计算机信息系统罪的犯罪对象必须是国家事务、国防建设、尖端科学技术领域的计算机信息系统。但是，立法规定不明确导致对于国家事务、国防建设、尖端科学技术领域的计算机信息系统的内涵存在理解争议。为此，《危害计算机信息系统安全刑事案件解释》第 10 条规定，对于"国家事务、国防建设、尖端科学技术领域的计算机信息系统"难以认定的，应当委托省级以上负责计算机信息系统安全保护管理工作的部门检验。司法机关根据检验结论，并结合案件具体情况认定。虽然《危害计算机信息系统安全刑事案件解释》为概念争议提供了认定程序，但是未根本解决问题，因为省级以上负责计算机信息系统安全保护管理工作的部门的检验结论仅具有参考价值，其并非最终结论，最终是否为国家事务、国防建设、尖端科学技术领域的计算机信息系统还必须由司法机关加以认定，如此一来，各地方司法机关依凭自己的理解，极有可能出现理解不一的情况。

比如在李某等非法侵入计算机信息系统案②和王某某获取计算机信息系统数据案③中，两案法官对计算机信息系统的理解就不同。在李案中被入侵的是

---

① 该解释第 4 条规定："破坏计算机信息系统功能、数据或者应用程序，具有下列情形之一的，应当认定为刑法第二百八十六条第一款和第二款规定的'后果严重'：（一）造成十台以上计算机信息系统的主要软件或者硬件不能正常运行的；（二）对二十台以上计算机信息系统中存储、处理或者传输的数据进行删除、修改、增加操作的；（三）违法所得五千元以上或者造成经济损失一万元以上的；（四）造成为一百台以上计算机信息系统提供域名解析、身份认证、计费等基础服务或者为一万以上用户提供服务的计算机信息系统不能正常运行累计一小时以上的；（五）造成其他严重后果的。实施前款规定行为，具有下列情形之一的，应当认定为破坏计算机信息系统'后果特别严重'："（一）数量或者数额达到前款第（一）项至第（三）项规定标准五倍以上的；（二）造成为五百台以上计算机信息系统提供域名解析、身份认证、计费等基础服务或者为五万以上用户提供服务的计算机信息系统不能正常运行累计一小时以上的；（三）破坏国家机关或者金融、电信、交通、教育、医疗、能源等领域提供公共服务的计算机信息系统的功能、数据或者应用程序，致使生产、生活受到严重影响或者造成恶劣社会影响的；（四）造成其他特别严重后果的。"

② 案件字号为（2014）穗从法刑初字第 412 号，网址：http：//wenshu. court. gov. cn/content/content？DocID＝5e211b9d－9abf－4df3－806c－9a25654fd231，最后访问日期：2016 年 6 月 12 日。

③ 案件字号为（2014）九法刑初字第 00689 号，网址：http：//wenshu. court. gov. cn/content/content？DocID＝c7e88a67－c0fc－42c3－96a3－ed9dd2470b51，最后访问日期：2016 年 6 月 12 日。

广州市交警支队网上车管所的计算机信息系统，王案中被入侵的是重庆市公安局交通管理局网上车管所。二者虽都是网上车管所，但是在李案中，审理法官认为广州市交警支队网上车管所的计算机信息系统属于三大领域的计算机信息系统；而在王案中，审理法官则认为重庆市公安局交通管理局网上车管所的计算机信息系统属于三大领域以外的计算机信息系统。可见网上车管所是否属于三大领域的计算机信息系统，法官们意见不同。事实上，由于很容易排除网上车管所属于国防建设、尖端科学技术领域的计算机信息系统，所以两案的争议焦点实际上是能否将"网络车管所系统"涵摄入非法侵入计算机信息系统罪中"国家事务领域的计算机信息系统"这一构成要件要素的问题。

2. 犯罪对象范围狭小

（1）非法侵入计算机信息系统罪的犯罪对象无法包括国家事务、国防建设、尖端科学技术领域以外的计算机信息系统。

有学者认为，我国现行《刑法》第 285 条第 1 款规定的犯罪对象过窄。过窄的犯罪对象范围与计算机技术的发展和普及并不协调。该学者主张扩大非法侵入计算机信息系统罪的犯罪对象范围，将受保护的计算机信息系统扩大至具有重大价值或社会公共利益的计算机信息系统，比如金融系统的计算机系统、民间的信息服务系统。[1] 有学者指出，在 1997 年《刑法》修订时，公安部在《危害计算机信息系统安全罪方案（草稿）》中所建议增设的非法侵入计算机信息系统罪中的犯罪对象是包含了经济建设领域的计算机信息系统的；而修订后增设的非法侵入计算机信息系统罪的犯罪对象并不包括经济建设领域的计算机信息系统。因此，将重要经济建设领域的计算机信息系统重新纳入刑法的可能性不大。不过该学者建议将社会保障领域的计算机信息系统纳入本罪的保护范围。[2]

（2）非法获取计算机信息系统数据、非法控制计算机信息系统罪的犯罪对象难以涵盖国家事务、国防建设、尖端科学技术领域的计算机信息系统及其数据。

从文理解释上看，我国《刑法》第 285 条第 2 款的保护对象显然是三大领域以外的计算机信息系统和其数据。由于立法规定的缺漏，司法实务对非法侵入三大领域的计算机信息系统并非法获取其数据以及非法控制这三大领域的计算机信息系统的行为采取的是不予评价的态度，如赵某某非法获取计算机信

---

① 参见孙铁成：《计算机犯罪的罪名及其完善》，载《中国法学》1998 年第 1 期。另参见黄泽林、陈小彪：《计算机犯罪的立法缺陷与理论回应》，载《人民检察》2005 年第 9 期。

② 参见赵秉志、于志刚：《计算机犯罪及其立法和理论之回应》，载《中国法学》2001 年第 1 期。

息系统数据案①。该案事实部分提到被告非法侵入了公安部计算机信息系统并非法获取数据，非法侵入湖南联通长沙分公司的计算机系统并非法下载数据，而在定罪量刑部分却只说"违反国家规定，侵入其他计算机信息系统，获取该计算机信息系统中的数据，情节严重，其行为构成非法获取计算机信息系统数据罪"。这实际上是不予评价被告非法侵入公安部计算机信息系统并非法获取数据的行为。

有学者指出，我国《刑法》第 285 条第 1 款确认了要重点保护上述三大领域的计算机信息系统，而第 285 条第 2 款对该三大领域的数据却不给予全面重点保护，在立法逻辑上说不通。② 与之相反，有学者指出，这一问题完全可以通过表面的构成要件要素来解决，即将《刑法》第 285 条第 2 款中的"前款规定以外"理解成表面的构成要件要素。换言之，"前款规定以外"并不是成立犯罪所必需的要素。③

我们认为，采取表面的构成要件要素来解决《刑法》第 285 条第 2 款犯罪对象范围狭窄的问题仍存在逻辑问题。《危害计算机信息系统安全刑事案件解释》规定，非法控制计算机信息系统 20 台以上才构成《刑法》第 285 条第 2 款中的"情节严重"。据此，为什么只要非法侵入上述三大领域的计算机信息系统，即理论上只要非法侵入上述三大领域的计算机信息系统 1 台，就构成犯罪，而非法控制上述三大领域计算机信息系统得要达到 20 台才成立犯罪呢？换言之，同样都规定在《刑法》第六章第一节第 285 条之下，为什么犯罪对象都是国家事务、国防建设、尖端科学技术领域的计算机信息系统，非法侵入该计算机信息系统即构成犯罪，而非法控制该计算机信息系统得要"情节严重"才成立犯罪呢？难道非法控制国家事务、国防建设、尖端科学技术领域的计算机信息系统的法益侵害性不如非法侵入该计算机信息系统的法益侵害性大，需要再另外明示增加罪量要素才成立犯罪？同理，为什么非法侵入国家事务、国防建设、尖端科学技术领域的计算机信息系统即构成犯罪，而非法获取该系统中的数据得要"情节严重"才成立犯罪呢？难道非法获取国家事务、国防建设、尖端科学技术领域的计算机信息系统数据的法益侵害性不如非法侵入该计算机信息系统的法益侵害性大，需要再另外明示增加罪量要素才成立犯罪？从行为时序上讲，"侵入"应在"获取"和"控制"之前；从法益侵害

---

① 案件字号为（2010）岳刑初字第 62 号，网址：http：//www. pkulaw. cn/case/pfnl_ 118752960. html？ match＝Exact，最后访问日期：2016 年 6 月 12 日。

② 参见皮勇：《我国新网络犯罪立法若干问题》，载《中国刑事法杂志》2012 年第 12 期。

③ 参见张明楷：《刑法学》（第 4 版），法律出版社 2011 年版，第 928 页。

性上讲，获取上述三大领域计算机信息系统数据的法益侵害性和非法控制上述三大领域的计算机信息系统的法益侵害性应远大于仅仅非法侵入上述三大领域的计算机信息系统的法益侵害性。何以刑法的介入（打击）时点会有差别呢，即刑法在行为人实施非法侵入上述三大领域的计算机信息系统的行为即予以介入，而刑法在行为人实施非法获取上述三大领域的计算机信息系统数据或非法控制三大领域的计算机信息系统后得要达到一定的罪量才予以介入？这在逻辑上说不通。再换个角度，《刑法》第285条第1款较低的入罪门槛已表明《刑法》特别保护国家事务、国防建设、尖端科学技术领域的计算机信息系统。而若认为非法控制计算机信息系统罪的犯罪对象也包括了国家事务、国防建设、尖端科学技术领域的计算机信息系统，那么第285条第2款以及《危害计算机信息系统安全刑事案件解释》第1条哪里体现了对这三大领域的计算机信息系统予以特别保护呢？所以，虽然上述论者可以通过表面的构成要件要素将国家事务、国防建设、尖端科学技术领域的计算机信息系统和该系统中的数据纳入《刑法》第285条第2款予以保护，但是仍然存在逻辑问题。

（3）提供侵入、非法控制计算机信息系统的程序、工具罪难以评价为非法获取计算机信息系统数据或破坏计算机信息系统提供程序、工具的行为。

陆某某等提供侵入、非法控制计算机信息系统程序、工具等案①涉及对提供侵入、非法控制计算机信息系统的程序、工具罪之犯罪对象的认定问题。本案中被告销售的木马程序具有获取他人QQ账号和密码并发送到远程服务器的功能，这种具有获取数据功能的程序是否属于提供侵入、非法控制计算机信息系统的程序、工具罪中的程序呢？依据《危害计算机信息系统安全刑事案件解释》第2条的规定，②答案是肯定的。该解释显然扩大了专门用于侵入、非法控制计算机信息系统的程序、工具的外延。当然，应当认为具有获取数据功能的木马程序可能会同时具有侵入、控制功能，从这个角度看该扩大解释还是有道理的。

但问题是，是否存在这种程序或工具，即它不具有侵入、控制功能但它却

---

① 案件字号为（2014）万刑初字第86号，网址：http：//wenshu. court. gov. cn/content/content? DocID = ab374d23 – a909 – 4249 – a0bc – 716aa31b5623，最后访问日期：2016年6月12日。

② 《危害计算机信息系统安全刑事案件解释》第2条规定："具有下列情形之一的程序、工具，应当认定为刑法第二百八十五条第三款规定的'专门用于侵入、非法控制计算机信息系统的程序、工具'：（一）具有避开或者突破计算机信息系统安全保护措施，未经授权或者超越授权获取计算机信息系统数据的功能的；（二）具有避开或者突破计算机信息系统安全保护措施，未经授权或者超越授权对计算机信息系统实施控制的功能的；（三）其他专门设计用于侵入、非法控制计算机信息系统、非法获取计算机信息系统数据的程序、工具。"

具有获取数据的功能呢？如果存在，那么上述扩大解释的合理性就会受到质疑。另外，《危害计算机信息系统安全刑事案件解释》只是扩大解释了"专门用于侵入、非法控制计算机信息系统的程序、工具"，并不能完全弥补现行《刑法》第285条第3款所存在的缺陷。一方面，对于行为人明知他人实施非法获取计算机信息系统数据的违法犯罪行为而为其提供程序、工具的行为仍然不在《刑法》第285条第3款规制范围之内。另一方面，对于明知他人实施破坏计算机信息系统犯罪行为而提供用于破坏计算机信息系统功能、数据或者应用程序，并且达到《危害计算机信息系统安全刑事案件解释》第9条所规定的数额和行为次数的，依据《危害计算机信息系统安全刑事案件解释》应认定为破坏计算机信息系统罪的共犯。有学者指出，如果该提供者不构成共犯，而现行《刑法》第285条第3款又不规制此提供行为，则刑法将无法处罚该提供者。[1]

此外，有学者指出，计算机信息系统中存储、处理或者传输的数据应指为信息系统的功能实现而存储、处理和传输的内部数据，在外延上可包括系统中从外部采集而输入系统的身份信息等数据，而无法包括系统运行过程中自行产生的痕迹、记录等数据和网页浏览痕迹、下载记录、关键词搜索等信息数据以及云端数据，等等。而这些未被包括的数据恰恰是"大数据"的重要部分甚至是未来可能最核心的组成部分。[2]

（三）对罪量要素的审视

司法实践中对罪量认定存在如下问题：

第一，未能严格依据司法解释认定罪量。由于《危害计算机信息系统安全刑事案件解释》已经对《刑法》第285条和第286条的罪量做了细化规定，因而法官在将犯罪事实涵摄于法律规范时就更具操作化，同时，对象型网络犯罪基本犯和加重犯的界分（较之于司法解释出台前）就更加清晰。尽管如此，在对象型网络犯罪案件中法官的某些涵摄仍值得商榷。前文提到在383个样本中有12个存在降格认定问题，即本应认定为加重犯却认定为基本犯。

第二，《危害计算机信息系统安全刑事案件解释》本身存在问题。这个问题就是违法所得的认定和经济损失的认定在某种程度上存在交叉。同样一份价值，既可以从违法所得角度认定，也可以从经济损失角度认定。比如，行为人甲偷了被害人乙的东西A，对甲来说A是"得"，但对乙来说却是"失"。由

---

[1]　参见皮勇：《我国新网络犯罪立法若干问题》，载《中国刑事法杂志》2012年第12期。

[2]　参见于志刚：《网络思维的演变与网络犯罪的制裁思路》，载《中外法学》2014年第4期。另参见于志刚、李源粒：《大数据时代数据犯罪的制裁思路》，载《中国社会科学》2014年第10期。

于《危害计算机信息系统安全刑事案件解释》规定违法所得 5000 元或造成经济损失 10000 元是"情节严重"，违法所得 25000 元或造成经济损失 50000 元是"情节特别严重"，所以案件中常常会出现这种情况，即被告人窃取了价值约 30000 元的物品，这时候从违法所得角度看，被告的犯罪行为应属于情节特别严重，而从经济损失角度看，被告的行为仅是情节严重。在这种情况下应如何认定罪量呢？

第三，罪量细化存在超越立法之嫌。以王某破坏计算机信息系统案^①为例，该案涉及破坏计算机信息系统罪的罪量认定问题。本案法官认为，"被告人王某违反国家规定，对计算机信息系统功能进行删除、修改、增加、干扰，造成计算机信息系统不能正常运行，后果严重"。如何认定这里的"后果严重"呢？从案件事实部分看，本案被告在 21 台电脑上安装了"雨人软件"，法官据此认为"后果严重"。事实上，这是依据《危害计算机信息系统安全刑事案件解释》第 6 条第 1 款第 2 项认定"后果严重"的。但如此便真的是"后果"严重吗？

细看《危害计算机信息系统安全刑事案件解释》第 6 条第 1 款^②就会发现，该款第 1 项实际上是对传播路径的规定，第 2 项是对传播数量的规定，第 3 项是对提供次数的规定。概言之，前 3 项实际上是从破坏性程序的传播路径、传播数量和提供次数的角度细化"后果严重"这一要素。但是，这样的规定确定是"后果"严重而不是"行为"严重吗？换言之，前 3 项的评价对象究竟是后果还是行为？我们认为更多的还是从行为角度进行的评价。也就是说，前 3 项实际上是针对传播（破坏性程序）行为的规定，而并非针对传播（破坏性程序）行为所带来的后果的规定。如果这种理解正确的话，那么《危害计算机信息系统安全刑事案件解释》在细化"后果严重"的同时实际上是虚化了"后果"。事实上，如果我们除去第 4 项"违法所得五千元以上或者造成经济损失一万元以上的"后果规定，除去前 3 项有关传播（破坏性程序）行为的规定，那么《危害计算机信息系统安全刑事案件解释》第 6 条第 1 款

① 案件字号为（2014）内刑初字第 186 号，网址：http：//wenshu. court. gov. cn/content/content? DocID = eecfceeb－782f－40e1－b010－7ef41ef3c4be，最后访问日期：2016 年 6 月 12 日。

② 《危害计算机信息系统安全刑事案件解释》第 6 条第 1 款规定："故意制作、传播计算机病毒等破坏性程序，影响计算机系统正常运行，具有下列情形之一的，应当认定为刑法第二百八十六条第三款规定的'后果严重'：（一）制作、提供、传输第五条第（一）项规定的程序，导致该程序通过网络、存储介质、文件等媒介传播的；（二）造成二十台以上计算机系统被植入第五条第（二）、（三）项规定的程序的；（三）提供计算机病毒等破坏性程序十人次以上的；（四）违法所得五千元以上或者造成经济损失一万元以上的；（五）造成其他严重后果的。"

就只剩下兜底条款了。换言之,《危害计算机信息系统安全刑事案件解释》第6条第1款并没有明确细化传播（破坏性程序）行为的"破坏性"后果是什么。可以说,《危害计算机信息系统安全刑事案件解释》实际上是把《刑法》第286条第3款的结果犯解释成了情节犯,这一做法有超越立法之嫌。

二、对象性网络犯罪法定刑考察

我国《刑法》第285条和第286条在法定刑规定方面存在不足。以但某某破坏计算机信息系统案①为例。被告人但某某2009年犯破坏计算机信息系统罪被判处1年有期徒刑,2011年犯破坏计算机信息系统罪被判处3年6个月有期徒刑,2013年犯破坏计算机信息系统罪被判处2年6个月有期徒刑。被告人两次前科都犯的是破坏计算机信息系统罪,而且都被判处有期徒刑,第三次仍然犯破坏计算机信息系统罪而且是累犯,这说明对被告人判处的刑罚未起到特殊预防的效果。这不得不让我们反思是否法定刑的设计存在问题。

我国《刑法》第286条为破坏计算机信息系统罪配置了拘役和有期徒刑这两种刑罚。一方面,虽然这两种刑罚在实际运用中可以根据犯罪人的罪行严重程度科处长短不一的刑期,但是倘若刑罚执行完毕,犯罪人仍具有再犯危险性,依据现行制度,也只好将之放归社会。这就无法根据犯罪人的特殊性给以有针对性的惩罚,难以预防其再次犯罪。另一方面,本条缺乏财产刑,难以从经济上对犯罪人予以惩罚。对于具有牟利目的的犯罪人而言,正如本案被告,其通过犯罪所得到的经济利益在案发后不过被追缴而已。若不科处额外的财产刑,则其并不存在经济上的损失,如此不仅反向鼓励侥幸和投机之徒,而且同样由于再犯的诱惑甚大,极不利于矫正罪犯,使其改过向善。

第三节　对象型网络犯罪刑事政策建构

结合对象型网络犯罪案件特征和惩治对象型网络犯罪存在的问题,当前我国对象型网络犯罪的刑事政策选择应是在宽严相济刑事政策的基础上坚持适度从严的政策。

---

① 案件字号为（2014）金刑初字第251号,网址：http：//wenshu. court. gov. cn/content/content? DocID = be37ce17 - abd3 - 4ac0 - aecd - df7f22aa2b54,最后访问日期：2016年6月12日。

一、从严打击刑事政策的必然性

从严打击刑事政策的选择主要是考虑以下几点：第一，前文提到我国对象型网络犯罪受案数呈上升趋势，即对象型网络犯罪呈扩大态势。第二，当前对象型网络犯罪的惩治存在法网不严密、惩治力度不够等问题。前文提到有些对象型网络违法行为还无法为《刑法》所规制，部分条文不明确限制了《刑法》的规制能力，虽然司法急于扩张犯罪圈，但是部分司法解释存在越权的诟病，对象型网络犯罪案件被告人被判轻刑比例较高，存在"高"罪量被认定为"低"罪量等可能放纵犯罪人的情形。第三，决策者已然接受这一政策。2013年全国政法工作会议提出："要严厉打击网络犯罪……绝不能让网络成为'法外之地'。"①

二、从严打击刑事政策的实现途径

（一）严密法网，加大惩处力度

1. 严密刑事法网

严密刑事法网可以通过增设、完善有关罪名以及简化对象型网络犯罪的入罪条件来实现。

（1）增设、完善有关罪名

从1997年《刑法》规定非法侵入计算机信息系统罪和破坏计算机信息系统罪，到2009年《刑法修正案（七）》增设非法获取计算机信息系统数据，非法控制计算机信息系统罪和提供侵入，非法控制计算机信息系统的程序、工具罪，再到2015年《刑法修正案（九）》为对象型网络犯罪增设单位犯罪主体，可以看出对象型网络犯罪的罪名体系在逐步构建，犯罪圈呈现扩大趋势：其一，犯罪主体类型从自然人向单位主体延展；其二，在立法技术层面，将原本是预备行为的"侵入行为"单设《刑法》第285条第1款予以规制，将原本是帮助行为的"提供行为"单设《刑法》第285条第3款来予以规制；其三，从打击面上看，不仅打击直接的对象型网络犯罪，而且对间接的对象型网络犯罪也予以打击。尽管如此，对象型网络犯罪的刑事法网依然不严密，为有效打击对象型网络犯罪，还应当继续完善对象型网络犯罪的罪名体系，具体而言，应从如下方面着手：

---

① 《全国政法工作会议：要严厉打击网络犯罪》，载《中国信息安全》2013年第1期。

第一，扩大《刑法》第 285 条第 1 款的保护范围。

虽然公安部曾建议增设的非法侵入计算机信息系统罪的犯罪对象需包含经济建设领域的计算机信息系统，而 1997 年《刑法》修订时对之却未予以采纳，但这并不能否定未来将重要经济建设领域的计算机信息系统纳入《刑法》保护的必要性与可能性。可以说某些经济建设领域的计算机信息系统在重要性上并不逊于三大领域的计算机信息系统。正如有学者所说："中国工商银行总行密码数据库所在计算机信息系统的重要性就远高于属于国家事务的乡级政府的电子政务计算机信息系统。"① 据此，从法益保护的角度看，有必要在未来将重要经济建设领域的计算机信息系统和具有重大价值或社会公共利益的计算机信息系统，比如社会保障领域的计算机信息系统，纳入非法侵入计算机信息系统罪的保护范围。

其实，随着计算机网络的普及和发展，关键领域的计算机信息系统的保护必要性问题已经越来越突出。这些关键领域的计算机信息系统关系国家安全、国计民生、公共利益，一旦被侵入，将可能导致难以估量的后果。根据 2016 年 11 月 7 日全国人大常委会通过的《中华人民共和国网络安全法》第 31 条的规定，国家对公共通信和信息服务、能源、交通、水利、金融、公共服务、电子政务等重要行业和领域，以及其他一旦遭到破坏、丧失功能或者数据泄露，可能严重危害国家安全、国计民生、公共利益的关键信息基础设施，在网络安全等级保护制度的基础上，实行重点保护。

据此，从法益保护的角度看，有必要在未来将关键信息基础设施所涉及的计算机信息系统纳入非法侵入计算机信息系统罪的保护范围。

第二，扩大《刑法》第 285 条第 3 款的保护范围。

我国《刑法》第 285 条第 3 款仅规定了提供侵入、非法控制计算机信息系统的程序、工具罪。这从立法技术上讲属于"共犯正犯化"，即将原本是非法侵入、非法控制计算机信息系统行为的帮助行为通过立法予以"正犯化"。但《刑法》第 285 条第 3 款仅将非法侵入、非法控制计算机信息系统行为的帮助行为予以"正犯化"，却没有将非法获取计算机信息系统数据和破坏计算机信息系统行为的帮助行为予以"正犯化"，这显然是不合理的。虽然《危害计算机信息系统安全刑事案件解释》做了扩大解释试图予以补救，但是《危害计算机信息系统安全刑事案件解释》始终是解释，其无法超越立法并代行立法。因而，从严密刑事法网看，有必要增设提供非法获取计算机信息系统数

---

① 参见皮勇：《我国网络犯罪刑法立法研究——兼论我国刑法修正案（七）中的网络犯罪立法》，载《河北法学》2009 年第 6 期。

据、破坏计算机信息系统的程序、工具罪。

第三，增设非法干扰计算机信息系统数据、程序罪。

由于《刑法》第 286 条第 2 款与破坏计算机信息系统罪这一罪名不相符合，所以未来应将《刑法》第 286 条第 2 款独立出来，单设非法干扰计算机网络数据、程序罪，对《刑法》第 286 条第 2 款所涉及的犯罪行为予以规制。当然，并非只要实施犯罪行为就构成犯罪，在立法上可以规定只有情节严重或后果严重时才构成犯罪，在情节特别严重或后果特别严重时加重处罚。

（2）简化对象型网络犯罪的入罪条件

有学者指出："就技术层面而言，严密法网有两个途径选择：一是不断细化现有法律，通过司法解释将模糊不清的行为加以明确，减少法律的模糊性；二是降低入罪门槛，简化犯罪构成，将更多行为纳入刑法评价范围。"① 就细化现有法律而言，《危害计算机信息系统安全刑事案件解释》细化了对象型网络犯罪的定罪量刑标准，明确了相关概念的具体范围和认定程序。对于网络金融服务的身份认证信息的数量标准予以从严规定。但除此以外，对象型网络犯罪仍存在犯罪对象不明确和入罪门槛较高等问题，对此应从如下方面简化对象型网络犯罪的入罪条件：

第一，明确国家事务领域的计算机信息系统的内涵。

我国《刑法》第 285 条第 1 款未对国家事务领域的计算机信息系统的内涵予以界定。《危害计算机信息系统安全刑事案件解释》第 10 条也未明确予以解释，而是规定这一概念在难以认定时的认定程序，但这并没有根本解决问题。前文提到的两则案例就对这一概念的理解出现了争论。我们认为有必要明确国家事务领域的计算机信息系统的内涵，从而消除概念争议所带来的司法裁判的不统一问题。

第二，删去《刑法》第 285 条第 2 款中的"前款规定以外的"。

《刑法》第 285 条第 2 款中的"前款规定以外的"限制了《刑法》规制侵入三大领域的计算机信息系统并获取非国家秘密的数据的行为，限制了刑法规制非法控制三大领域计算机信息系统的行为。有学者提出用"表面的构成要件要素"虚化"前款规定以外的"这一语词从而将之排除在构成要件要素之外的解决方案，但这存在逻辑上的障碍。因而，从严密对象型网络犯罪的法网看，有必要将侵入国家事务、国防建设、尖端科学技术领域的计算机信息系统获取数据的行为以及非法控制这三大领域计算机信息系统的行为纳入《刑法》

---

① 孙国祥、魏昌东：《反腐败国际公约与贪污贿赂犯罪立法研究》，法律出版社 2011 年版，第 187 页。

第 285 条第 2 款之中，从而使得规制此类行为有法可依。考虑到三大领域计算机信息系统及其数据的特殊性，在立法上可以规定从重处罚非法获取三大领域计算机信息系统中的数据或非法控制三大领域计算机信息系统的犯罪行为。

第三，删去《刑法》第 286 条第 3 款中的"后果严重"。

对于《刑法》第 286 条第 3 款规定的"后果严重"的认定，如前所述，《危害计算机信息系统安全刑事案件解释》已非仅从"结果"的角度对之予以细化，很明显，这一解释存在超越立法之嫌。但反过来想，如果要真正弄清楚破坏性程序被传播后结果到底如何，作为司法人员就需要查明破坏性程序被传播后哪些计算机信息系统被感染？被感染后是否影响了计算机系统正常运行？有没有计算机信息系统配杀毒软件？该杀毒软件是否成功杀死了破坏性程序而使之未影响计算机信息系统正常运行？等等。但这种查证事实上是很困难的。换言之，"后果严重"实际上是增加了司法证明难度。考虑到司法证明问题，我们认为可以删去《刑法》第 286 条第 3 款中的"后果严重"。具体在立法设计上可以从行为犯、情节犯或是危险犯的角度对该条款进行修改。

2. 有针对性地加大惩处力度

《刑法修正案（七）》在刑罚上为非法获取计算机信息系统数据、非法控制计算机信息系统罪和提供侵入、非法控制计算机信息系统的程序、工具罪设置了罚金刑。但仅此还不够，加大惩处力度还需要从以下方面进行调整：

第一，统一增设罚金刑，加大罚金刑的处罚力度。

虽然我国对象型网络犯罪已经对部分罪名配置了罚金刑，但是非法侵入计算机信息系统罪和破坏计算机信息系统罪仍未配置罚金刑。如前所述，绝大多数对象型网络犯罪的犯罪人是以牟利为目的，在 163 个被判处破坏计算机信息系统罪的被告中有 127 个（77.9%）具有牟利目的；在 11 个被判处非法侵入计算机信息系统罪的被告中有 10 个（90.9%）具有牟利目的。考虑到罚金刑不仅是轻刑，而且配置罚金刑有助于从经济上剥夺犯罪人的再犯罪能力，因而有必要为非法侵入计算机信息系统罪、破坏计算机信息系统罪增设罚金刑。

第二，扩大从业禁止的适用范围。

《刑法修正案（九）》增设了禁止从事一定职业的新规定。《刑法》第 37 条之一第 1 款规定："因利用职业便利实施犯罪，或者实施违背职业要求的特定义务的犯罪被判处刑罚的，人民法院可以根据犯罪情况和预防再犯罪的需要，禁止其自刑罚执行完毕之日或者假释之日起从事相关职业，期限为三年至五年。"据此，倘若对象型网络犯罪的犯罪人是利用职业便利实施犯罪，或者实施违背职业要求的特定义务的犯罪，就可以对之进行从业禁止。但倘若对象型网络犯罪的犯罪人未利用职业便利实施犯罪，或者其实施犯罪并未违背职业要求的特定义务，那么对其便难以适用该条款，进而即使这类犯罪人在刑罚执行完毕后仍具有再犯危险性，依据现行《刑法》，也不能额外实行禁业而只能依法释放。为对后一种情况进行有力打击，我们认为，未来立法应适时扩大从业禁止的适用范围，将后一种情况的犯罪人纳入从业禁止的规制范围。

不过，《网络安全法》第 63 条第 3 款规定："违反本法第二十七条规定，受到治安管理处罚的人员，五年内不得从事网络安全管理和网络运营关键岗位的工作；受到刑事处罚的人员，终身不得从事网络安全管理和网络运营关键岗位的工作。"而该法第 27 条规定："任何个人和组织不得从事非法侵入他人网络、干扰他人网络正常功能、窃取网络数据等危害网络安全的活动；不得提供专门用于从事侵入网络、干扰网络正常功能及防护措施、窃取网络数据等危害网络安全活动的程序、工具；明知他人从事危害网络安全的活动的，不得为其提供技术支持、广告推广、支付结算等帮助。"据此，只要行为人实施《网络安全法》第 27 条规定的行为，在受到刑事处罚后其终身不得从事网络安全管理和网络运营关键岗位的工作。

可以说，《网络安全法》在一定程度上弥补了《刑法》有关从业禁止规定的不足。不过，这种弥补毕竟有限，我们认为，未来刑法立法应适时扩大从业禁止的适用范围，具体而言：删去《刑法》第 37 条之一中"利用职业便利实施犯罪，或者实施违背职业要求的特定义务的犯罪"这一限定性条件，由法院根据犯罪情况和预防再犯罪的需要，对犯罪人实施禁业处罚。

第三，扩展适用禁止令。

为了实现特殊预防的目的，我国《刑法》规定了禁止令。从最高人民法院、最高人民检察院、公安部、司法部《关于对判处管制、宣告缓刑的犯罪分子适用禁制令有关问题的规定（试行）》（2011 年 4 月 28 日发布，法发〔2011〕9 号）看，似乎禁止令是适用于现实世界的。有学者认为，应当扩大刑法意义上的"区域"和"场所"，将禁止令扩展适用于网络空间。但这种禁止令的执行有赖于建立健全的网络配套制度。① 的确，在网络配套制度还不完善的情况下将禁止令适用于网络空间效果不大。只有在未来建立网络实名制等健全的网络配套制度之后，将禁止令适用于网络空间才是合适的。

此外，在我国禁止令的类型仅包括管制禁止令和缓刑禁止令。由于对象型网络犯罪的法定刑未规定管制，所以能够适用于对象型网络犯罪的禁止令就只有缓刑禁止令。我国《刑法》第 72 条第 2 款规定："宣告缓刑可以根据犯罪

---

① 参见陆旭：《网络服务提供者的刑事责任及展开——兼评〈刑法修正案（九）〉的相关规定》，载《法治研究》2015 年第 6 期。

情况，同时禁止犯罪分子在缓刑考验期限内从事特定活动，进入特定区域、场所，接触特定的人。"据此，对于实施对象型网络犯罪的行为人，法院在对其判处缓刑时，可禁止其进入网吧等场所。但仅有缓刑禁止令难以很好地实现特殊预防，我们认为，应扩展禁止令的适用范围，不应将禁止令仅限于管制禁止令和缓刑禁止令，具体而言，可通过刑法立法赋予法院权力，由法院根据犯罪情况和预防再犯罪的需要，禁止服刑完毕的罪犯进入特定区域、场所，接触特定的人、物品。

（二）提高查处率，依法认定罪量

1. 提高对象型网络犯罪的查处率

如前所述，对象型网络犯罪案件受案情况总体呈上升趋势，换言之，对象型网络犯罪的查处率在不断提高。实际上，案件查处率会受到方方面面的因素影响，其中，对规范和事实的狭隘理解常会限制司法机关对相关犯罪进行查处。据此，提高查处率就需要司法机关对刑法条文中特定的关键词进行扩大解释，对特定的案件事实进行规范评价。

第一，在《刑法》未扩大非法侵入计算机信息系统罪的保护范围时，可以将部分事实侵入行为规范评价为《刑法》第285条第2款中的"控制"，从而将部分非法侵入非三大领域的计算机信息系统行为纳入《刑法》规制范围。正如有学者指出，虽然非法侵入计算机信息系统罪的保护对象不包括国家事务、国防建设、尖端科学技术领域的计算机信息系统以外的计算机信息系统，但是这一缺陷通过新设立的非法控制计算机信息系统罪得到修补。"由于非法侵入计算机系统在技术上表现为非法取得计算机信息系统或者其中数据的全部或者部分控制权，广义上的非法控制行为包括非法侵入行为，因此，该罪可以适用于非法侵入前述三类计算机信息系统之外的其他计算机系统且情节严重的行为，从而部分弥补了非法侵入计算机信息系统罪保护范围狭窄的缺陷。"[1]

第二，扩大理解现行《刑法》第285条和第286条中的"计算机信息系统中存储、处理或者传输的数据"。《危害计算机信息系统安全刑事案件解释》第11条对"计算机信息系统"和"计算机系统"已经做了扩大解释和趋同解释，即具备自动处理数据功能的系统，包括计算机、网络设备、通信设备、自动化控制设备等。既然"计算机信息系统"的外延随着时代发展而有所扩展，那么"计算机信息系统中存储、处理或者传输的数据"就不应该再做僵化理解。诸如云端数据，其并不是凭空存在的，其必然附着于某个服务器。既然计

---

① 皮勇：《我国新网络犯罪立法若干问题》，载《中国刑事法杂志》2012年第12期。

算机信息系统包括网络设备，而服务器又属于网络设备，那么将云端数据理解为"计算机信息系统中存储、处理或者传输的数据"就并不困难。系统运行过程中自行产生的痕迹、记录等数据和网页浏览痕迹、下载记录、关键词搜索等信息数据以及云端数据不可能脱离计算机系统、计算机信息系统而存在，在一般人看来它们就是存在于计算机信息系统中的数据，从这一点来看，将它们解释进"计算机信息系统中存储、处理或者传输的数据"并不会超越国民预测可能性。

2. 依法认定对象型网络犯罪的罪量

我国《刑法》对破坏计算机信息系统罪，非法获取计算机信息系统数据、非法控制计算机信息系统罪和提供侵入、非法控制计算机信息系统的程序、工具罪都明确规定了罪量要素：情节（特别）严重或后果（特别）严重。为明确起刑点和升刑点，《危害计算机信息系统安全刑事案件解释》已经细化了这些罪量要素。作为法官理当依据《刑法》并结合司法解释定罪量刑。

针对个别漏洞，即违法所得的认定和经济损失的认定在某种程度上存在交叉的问题，笔者认为，依据从严打击的刑事政策应从严把握。换言之，当出现物品价值在 25000 元至 50000 元时，应从违法所得的视角进行认定，即将行为人的犯罪行为认定为情节特别严重或后果特别严重。

三、从严打击刑事政策的适度性

宽严相济是我国的基本刑事政策，在对对象型网络犯罪坚持从严打击刑事政策时，不应忽视"宽"的一面。具体而言：

第一，坚持刑事法网的适度性。在我国犯罪的成立需要综合考虑定性与定量两个因素，不符合定性或定量因素的违法犯罪行为都将被排除在刑法之外。换言之，定性和定量因素决定了刑事法网的大小。坚持刑事法网的适度性要求适时调整决定刑事法网大小的定性与定量因素。就对象型网络犯罪的定量因素而言，比如《危害计算机信息系统安全刑事案件解释》规定违法所得 5000 元就达到非法获取计算机信息系统数据罪的罪量。但这种过于明确的罪量在未来可能会因为通货膨胀、物价上涨等因素导致入罪门槛过低、刑事法网过于膨胀等问题。因而，针对这种情况未来应当审视国民经济物价水平，适时调整违法所得数额以保持刑事法网的适度性。

第二，坚持配刑的适度性。法定刑的配置有赖于犯罪的法益侵害程度：法益侵害程度高，配置的法定刑就高；反之，配置的法定刑就低。据此，不同罪名间的法定刑宜根据法益侵害程度而有所差别，同一罪名的法定刑也宜根据法益侵害程度而设置多档。就现有对象型网络犯罪的罪名而言，由于在相同条件下破坏计算机信息系统的法益侵害程度一般会高于侵入计算机信息系统、非法获取计算机信息系统数据或是非法控制计算机信息系统的法益侵害程度，所以对破坏计算机信息系统罪配置较高的法定刑是合适的。同时，为保证配刑的宽严适度，对象型网络犯罪的绝大多数罪名设置了多档法定刑。所以，未来对象型网络犯罪增设罪名时也应注意配刑的适度性。

第三，坚持量刑的适度性。坚持量刑的适度性要求对具有法定、酌定从宽量刑情节的犯罪人依法给予相应的从宽处理。对于法定从宽量刑情节，比如自首、立功、坦白，如果行为人具备了这些量刑情节就可以依法给予从宽处理。对于酌定从宽量刑情节，比如认罪态度较好、积极退赃，如果行为人具备了这些量刑情节，法官就可以酌情给予从宽处理。如前文所述，对象型网络犯罪主体中初犯比率较高，据此，法官在具体量刑时可酌情考虑初犯因素以体现宽宥。

第十章　工具型网络犯罪的刑事政策应对

网络时代传统犯罪的异化，集中体现在工具型网络犯罪和内容型网络犯罪之中。本章的内容主要是通过对我国现阶段工具型网络犯罪实证特征的归纳，在实然的基础上探讨应对工具型网络犯罪的应然的刑事政策。

第一节　工具型网络犯罪概述

一、工具型网络犯罪的范畴与类型

（一）工具型网络犯罪的范畴

工具型网络犯罪，是指利用网络创造便利或条件，并借此所实施的犯罪。关于该定义，有三点需要注意：一是该类型网络犯罪的行为模式往往为两段式，前一阶段借助网络为犯罪创造条件，后一阶段实施刑法规定的罪状行为。二是犯罪人对"利用网络创造便利或条件"应当具有主观故意，即在前一阶段的行为中，就已经存在要借此实施犯罪的故意。三是犯罪故意不一定是具体且不可分割的，犯罪人从前一阶段开始，可能有明确的犯罪计划，如意欲窃取他人网络银行账户中的钱财或是勒索他人等，也可能是意欲进行下一步笼统的犯罪，诸如为他人犯罪创造便利并借机牟利或伺机敲诈他人。

工具型网络犯罪相较其他犯罪，具有比较清晰的界限。其一，它不同于第十一章所介绍的内容型网络犯罪，网络在犯罪行为中的作用更像是一个工具、手段或准备阶段，而内容型网络犯罪中，网络的作用则可视为犯罪场所。其二，网络扮演着不可或缺的角色，这主要指的是相关犯罪行为必须借助于网络加以实现，即必须是基于犯罪的故意于线上而非线下实施的行为，因此这排除单纯通过网络结识被害人后，产生犯意并在线下实施诈骗、盗窃等行为的情形，后者并非本章所言的工具型网络犯罪的范畴，依然属于传统诈骗等相关犯罪。

我国《刑法》第287条规定，利用计算机实施金融诈骗、盗窃、贪污、挪用公款、窃取国家秘密或者其他犯罪的，依照本法有关规定定罪处罚。该条法律规定明确划定了工具型网络犯罪的范畴，理论上，工具型网络犯罪可以包含《刑法》分则除第 285 条和第 286 条之外的绝大多数罪状。目前来看，工具型网络犯罪主要集中于以牟利为目的的财产经济类犯罪，但也出现暴力犯罪化的倾向，如此前韩国出现的"自杀网站"[①] 和在我国即时通讯工具中的"自杀网聊群"[②]。可以预见，随着网络技术的不断发展以及在诸如军事国防、金融商业、不法黑市等各个领域的不断渗透，工具型网络犯罪的类型会更加复杂繁多，千奇百怪。

（二）工具型网络犯罪的类型

工具型网络犯罪可分为以下四类：

1. 网络财产犯罪。即以非法占有为目的，通过网络接近他人及其财物并伺机占取、转移或骗取他人钱财的行为，主要包括盗窃、诈骗等。

2. 网络交易犯罪。指在网络上交易违禁物或禁止流通物的各类犯罪行为，如非法买卖枪支、弹药、贩卖毒品、倒卖车票、出售公民个人信息、非法出售发票、非法销售间谍专用器材、买卖国家机关证件和销售假药、伪劣产品、有毒、有害食品等。

3. 网络经营犯罪。指通过网络从事除买卖交易外的非法营利活动，主要包括开设赌场、赌博、非法经营、非法组织卖血和组织、领导传销等。

4. 其他犯罪。包括通过网络实施危害国家安全、恐怖犯罪、贪污贿赂、渎职、伪造证据等犯罪行为。

此外，随着网络金融的兴起与发展，网络金融犯罪也日益严重。网络金融犯罪涉及以上各类型犯罪，本章将对其作专节阐述。

二、我国工具型网络犯罪的实证分析

（一）工具型网络犯罪的样本有效性说明

依据前述章节的案例分析，不纯正型网络犯罪案件 380 件，因此获得样本 749 个，而这其中，工具型网络犯罪共涉及 329 件案例计 667 个样本。需要说明的是，尽管本书并未对所有搜集的案例加以全样本分析，但基于以下三个理由，笔者认为上述实证样本足以体现我国工具型网络犯罪的状况：其一，时间

---

① 《"自杀网站"震动韩国 网络时代呼唤法制》，网址：http://news.china.com/zh_cn/international/1000/20001218/60370.html，最后访问日期：2016 年 6 月 12 日。

② 《自杀网聊群》，网址：http://baike.baidu.com/link? url = pA60TUkUIWFkgTNjGcXAbVC9A ASLTwUAO6fT - 5_ X_ zkrEyVy - 5pIJVKuwPJaGjGW3udWA5g0129ArtiTS0L4Y_ ，最后访问日期：2016 年 6 月 12 日。

跨度长，我们所收集的案例样本覆盖了自 1999 年到 2015 年所有年份的判决。其二，抽样过程合理，课题组在根据第七章所述方法得到的工具型网络犯罪全案例库（共 3138 件案例）中，采用分层等距抽样的方法，最大限度地反映了工具型网络犯罪全案例库的全貌以及罪名分布情况。其三，是筛查标准明确，在从不纯正网络犯罪案例中区分工具型网络犯罪案例与内容型网络犯罪案例的过程中，课题组明确二者的区分标准，即前者是将网络作为实施犯罪的工具，网络相关行为在其犯罪结构中通常不是实行行为，而是与实行行为相关的前置行为；后者则是将网络作为实施犯罪的场所，与网络相关的行为往往就是相关犯罪的实行行为。

（二）工具型网络犯罪的特征

1. 案件在近年来呈集中上升趋势

所有案例的审判时间从 1999 年到 2015 年均有分布，其中 2014 年达到峰值 216 件，受裁判文书上网时间的影响[1]，案件主要集中在 2010 年之后。以下表格在一定程度上可以反映出，工具型网络犯罪的发生总体呈上升趋势（见表 10 - 1 - 1）。

表 10 - 1 - 1　工具型网络犯罪案件审判年份分布表[2]

年份	案件数量（件）	百分比（%）
1999	1	0.3
2000	1	0.3
2004	1	0.3
2006	3	0.9
2007	1	0.3
2008	1	0.3
2009	2	0.6
2010	6	1.8
2011	16	4.8
2012	25	7.6

---

[1]　最高人民法院在 2010 年《关于人民法院在互联网公布裁判文书的规定》（该规定被 2014 年实施的《关于人民法院在互联网公布裁判文书的规定》废止）中要求，除特殊案件，裁判文书应一律上网。

[2]　所谓案件集中类型是指为该年份判决最多的罪名，若当年案件集中类型存在多个罪名时，则共同列出。

年份	案件数量（件）	百分比（%）
2013	49	15.1
2014	216	65.6
2015	7	2.1
合计	329	100.0

2. 犯罪团伙化十分显著

329 件案例中，共 142 件为团伙犯罪，占全部案件的近一半，可见工具型网络犯罪的团伙化趋势明显①。142 件团伙犯罪案例，共涉及 478 个样本，平均每案涉及被告人 3.37 人次，最大的一个团伙犯罪案件被告人数为 13 人，均被判处诈骗罪。

3. 犯罪目的以牟利为主，罪名集中于经济财产类犯罪

绝大多数样本（98.4%）均为牟利型犯罪，多集中于经济财产类犯罪。开设赌场罪（169）、诈骗罪（159）、盗窃罪（46）为最常适用的罪名，三者合计占全部样本的 50% 以上，从第七章可以看出，该三项罪名同样占不纯正网络犯罪样本中的大多数。

三、我国工具型网络犯罪的问题及政策应对

（一）工具型网络犯罪刑事政策中的问题

1.《刑法》规制应对不力

如表 10-1-1 所述，随着时代发展，工具型网络犯罪问题愈演愈烈。然而与此同时，一方面，刑事立法未能及时跟进犯罪态势的发展而更新；另一方面，刑事司法同样未能发挥有效遏制工具型网络犯罪迅猛滋长的势头。

2. 共犯认定标准不统一

如上所述，我国工具型网络犯罪存在团伙化特征，团伙犯罪引发的一个重要司法问题即共犯形态的认定。本次实证分析中，课题组发现司法实践中存在对犯罪团伙的共犯形态认定的争议。例如，对多人开设赌场案件中代理、发展下线的行为应否认定为共同犯罪，司法判决存在不一致。在陈某某、吕某某等

---

① 除 142 件团伙犯罪案例外，其他案件中也存在虽属共同犯罪但因特殊原因分案审判的情况，特殊原因包括有逃犯、案情复杂等。

开设赌场案①中，法院对 4 位经营赌博网站的被告人认定共同犯罪，对两位在该赌博网站积极参赌并发展下线的被告人虽同样判决开设赌场罪，但未予认定共同犯罪；与之相似，在黄某某、余某甲等开设赌场案②中，有 4 位代理赌博网站并发展下线的被告人，虽然后 3 个代理账号由前 1 个人提供，法院在判决时也并未明确认定此 4 人为共同犯罪。然而，在其他的开设赌场案件中，代理、发展下线的行为，则往往倾向于认定为共同犯罪中的从犯，如白某某、景某某、赵某某开设赌场案③，杨某某、周某某开设赌场案④等。由此可见，在共犯认定问题上，存在不同的司法实践做法。

3. 刑罚适用不尽合理

工具型网络犯罪的刑罚适用轻型化趋势明显。一是缓刑适用较广，接近一半的被告人被适用缓刑（303 个，占 45.4%）；二是刑期普遍较短，以判处有期徒刑 3 年（36 个月）为轻重刑的分界线，68.1% 的被告人被判处有期徒刑 3 年（不包括 3 年）以下的刑罚。此外，如上所述，工具型网络犯罪的牟利性质突出，罚金刑适用十分普遍，共 561 个样本判处罚金刑，占全部样本的 84.1%；其中有 4 个为单处罚金刑。因工具型网络犯罪倾向于判处财产经济类罪，刑罚适用时倾向于缓刑、短期刑和罚金刑也较合理；不合理之处在于缓刑适用不合《刑法》规定，罚金数额的确定未标准化。

（1）缓刑适用标准有待统一和严格

我国《刑法》第 72 条第 1 款规定："对于被判处拘役、三年以下有期徒刑的犯罪分子，同时符合下列条件的，可以宣告缓刑，对其中不满十八周岁的人、怀孕的妇女和已满七十五周岁的人，应当宣告缓刑：（一）犯罪情节较轻；（二）有悔罪表现；（三）没有再犯罪的危险；（四）宣告缓刑对所居住社区没有重大不良影响。"此次样本中，并没有出现未满 18 周岁、怀孕妇女或已满 75 周岁的被告人，因此缓刑的适用依据在理论上都是后三类。我们在录入样本时，设计变量"是否具有酌定从宽情节"，作为评价悔罪表现、有无再犯危险、宣告缓刑对所居住社区有无重大不良影响等因素的变量。

---

① 案件文书号为（2014）东刑初字第 00228 号，网址：http：//www.court.gov.cn/zgcpwsw/bj/bjsdezjrmfy/bjsdcqrmfy/xs/201507/t20150731_ 9949283.htm，最后访问日期：2016 年 6 月 12 日。

② 案件文书号为（2014）温乐刑初字第 256 号，网址：http：//www.court.gov.cn/zgcpwsw/zj/zjswzszjrmfy/lqsrmfy/xs/201405/t20140506_ 978975.htm，最后访问日期：2016 年 6 月 12 日。

③ 案件文书号为（2012）登刑初字第 521 号，网址：http：//www.pkulaw.cn/case/pfnl_ 118932299.html？match=Exact，最后访问日期：2016 年 6 月 12 日。

④ 案件文书号为（2011）惠中法刑一终字第 104 号，网址：http：//www.pkulaw.cn/case/pfnl_ 118622947.html？match=Exact，最后访问日期：2016 年 6 月 12 日。

因此，就应然层面而言，考察缓刑的司法适用是否符合刑法总则的规定，只需要对"具有酌定从宽情节"与"宣告适用缓刑"的相关性程度进行判断，换言之，若实践中缓刑适用妥当，则必然是"具有酌定从宽情节"的，二者高度相关。然而在我们所实证调查的样本中，"具有酌定从宽情节"与"判处缓刑与否"并不具有统计学意义的相关关系，即 303 个判处缓刑的样本中，存在 101 个并不具有酌定从宽情节，这意味着司法实践中，缓刑适用的具体标准有待统一和严格（见表 10 - 1 - 2）。

表 10 - 1 - 2　酌定从宽与缓刑与否的交叉相关表（单位：个）

		缓刑与否		合计
		无	有	
酌定从宽	无	168	101	269
	有	196	202	398
合计		364	303	667

为进一步确认上述判断，课题组将判处缓刑有否与犯罪行为类型、涉案数额、违法所得、数额严重程度、情节严重程度、是否累犯、是否自首、是否立功、是否坦白、是否具有酌定从宽情节、共犯形态和犯罪完成形态等变量作相关性检验，发现在显著水平下（显著性系数 < 0.05），缓刑与否与犯罪类型、数额严重程度、情节严重程度、是否累犯、是否自首、是否具有酌定从宽情节、共犯形态和犯罪完成形态均具有一定的相关性。在对上述变量标准化的基础上，作二元逻辑回归分析，见表 10 - 1 - 3，可以看出犯罪行为类型、数额严重程度、自首与否、是否具有酌定从宽情节和共犯形态都在司法中实际影响着缓刑的适用（显著性系数 < 0.05），依相关性大小排列依次为共犯形态 > 酌定从宽 > 犯罪行为类型 > 自首 > 数额大小程度。可见，酌定从宽情节对于判处缓刑的决定性影响尚不如共犯形态。

表 10 - 1 - 3　缓刑适用的相关因素分析

	显著性系数	相关性系数
共犯形态	0.000	1.550
酌定从宽	0.000	1.435
犯罪行为类型	0.002	1.369

续表

	显著性系数	相关性系数
自首	0.011	1.243
数额大小程度	0.000	0.643
累犯	0.998	0.047

（2）罚金数额的确定未标准化

561 个适用罚金刑的样本中，罚金的判处数额从 1000 元到 5000000 元不等，判处频率最多的是 10000 元（共 76 次），方差系数极大，说明罚金数额的离散程度很高。

表 10 - 1 - 4　罚金刑及其数额的适用

适用与否	是	561（件）
	否	106（件）
极小值	1000（元）	
极大值	5000000（元）	
均值	76041.71（元）	
中值	20000.00（元）	
众数	10000（元）	
方差	79677485721.352	

为检验司法实践中罚金刑的适用依据，课题组假设罚金数额判处应与涉案数额或违法所得呈正相关，将罚金数额与涉案数额和违法所得两个变量分别作相关性检验，发现罚金数额的判处与违法所得确实存在相关性（显著性系数为 0.002 < 0.05），但相关水平并不高，相关性系数仅为 0.176。说明我国法院在决定工具型网络犯罪案件的罚金数额时，虽在一定程度上参照被告人违法所得数额，但更大程度上仍依赖于法官的自由裁量。

表 10 - 1 - 5　罚金数额与涉案数额、违法所得的相关性检验

		罚金数额
涉案数额	皮尔森相关性	0.003
	显著性（单侧）	0.481
违法所得	皮尔森相关性	0.176
	显著性（单侧）	0.002

（二）工具型网络犯罪的刑事政策应对

从第六章我国有关工具型网络犯罪的立法回顾，可以看出立法者对工具型网络犯罪的基本立场是：工具型网络犯罪只是相关传统犯罪在网络时代的新犯罪形式，因其并不具备特殊的行为特征，故无须新增罪状，依然按照原有刑法规定即可适用。然而司法实践中诸多问题已体现出现行刑事政策的不足，为解决上述存在的工具型网络犯罪问题，有效惩处和控制工具型网络犯罪，便需要调整相应的刑事政策。从总的方面来说，我国工具型网络犯罪的刑事政策的调整方向应为扩大犯罪圈，并妥当地适用刑法。

鉴于工具型网络犯罪日益严重的态势，刑罚处遇也可适当提高，以增加犯罪成本，遏制犯罪的增长势头。针对共犯认定标准不统一和刑罚适用不合理的问题，我国应当统一司法认定标准，严格适用缓刑，制定可操作性强的罚金刑适用细则。此外，结合现实与此次实证研究，可以发现实践中已出现不少刑事立法尚未解决的严重违法行为以及具体的定罪争议。针对该问题，我国应及时增加或变更刑事立法，一是采用将共犯行为正犯化的思路[①]，把利用网络实施传统犯罪所衍生的严重违法行为纳入刑法规制范畴；二是完善有关罪名、入罪标准或犯罪情节的规定。以下四节将基于本文上述立场，分别对网络财产犯罪、网络交易犯罪、网络经营犯罪以及网络金融犯罪等四个类型进行具体的阐述。

第二节　网络财产犯罪的刑事政策应对

一、网络财产犯罪概况

如前所述，网络财产犯罪的司法认定罪名集中在诈骗、盗窃、敲诈勒索等，其中诈骗类犯罪占绝大多数，诈骗类犯罪包括信用卡诈骗罪、合同诈骗罪、集资诈骗罪、保险诈骗罪、冒充军人招摇撞骗罪等。该类犯罪可视为传统财产犯罪的犯罪手段、犯罪目标分别与网络形式相结合后的产物。

（一）犯罪手段与网络形式的结合

该方式包括通过网络包装传统犯罪中的诈欺、秘密窃取、敲诈等巧取豪夺的犯罪手段，从被害人手中非法获取财物，主要形式有：（1）网络诈骗。一

---

① 参见于志刚：《网络犯罪的代际演变与刑事立法、理论之回应》，载《青海社会科学》2014年第2期。

是设立虚假网站或发布虚假信息，吸引被害人上钩。虚假网站包括虚假的投资理财网站、销售网站等。虚假信息主要有两类，包括虚假中奖信息或虚假的产品（通常是违禁物品或者超低价销售的商品）交易信息。被害人上钩后，犯罪人即要求其支付手续费、定金或货款等。二是虚构身份，利用交友网站或程序，向对方行骗。虚构身份的方式除虚构自己是高干子弟、军人或富商等具备特殊身份的事实外，还包括盗用他人的 QQ 号码并冒充被害人本人，假冒其身份向其亲友行骗。（2）网络窃取。一是利用钓鱼网站或木马病毒窃取他人银行等金融账号或网络购物平台账号，进行非法转账等窃取钱财的行为，此类行为的定性值得进一步讨论。二是通过侵入金融、电信等计算机信息系统，增删、篡改可获得财产利益的账户信息。（3）网络敲诈。一是通过网络收集被害人的照片等个人隐私，经过 PS 等技术手段生成不利于被害人的新信息（如色情图片），借此向被害人敲诈；二是通过黑客技术攻击企业等单位被害人的信息系统，以停止攻击或修复漏洞为条件，要挟对方给付高额费用；三是通过微博、论坛等网络平台发布不利于被害人的信息，以删除信息为条件实施敲诈勒索，即"有偿删帖"。

（二）犯罪目标与网络形式的结合

即以虚拟财产为犯罪目标的行为包括通过程序漏洞或黑客软件，盗充游戏币，或盗用他人上网账号、游戏币、游戏账号等。

二、当前应对网络财产犯罪的主要问题

（一）网络财产犯罪中的争议行为

对于利用钓鱼网站或木马病毒窃取他人银行等金融账号或网络购物平台账号从而进行非法转账等窃取钱财的行为，司法实践有关其定性存在争议。这一行为的争议来源于其复合行为属性。[①] 事实上，该复合行为的完整模式可以概括为通过入侵、控制银行系统、支付系统、网络购物平台系统、电信网络公司系统等计算机信息系统，篡改或增删信息，增益或减损某一账号下的财产性数额。行为可以分割成手段行为和目的行为，手段行为即入侵、控制银行系统、支付系统、网络购物平台系统、电信网络公司系统等计算机信息系统、篡改或增删上述信息系统中信息，目的行为则是增益或减损某一账号下的财产性数额，目的行为与手段行为可能完全重合，也可能在重合的基础上超出手段行

---

① 我国刑法上的行为构造，可以分为单一的实行行为与复合的实行行为，其中后者根据其行为之间的关联性，又可分为牵连型和并列型两种复合行为。参见陈兴良主编：《刑法总论精释》，人民法院出版社 2011 年版，第 163 页。

为，或者与手段行为完全不重合。

以上述方式恶意减损某一账号的财产，并不从中牟利或涉及其他犯罪行为的，以故意毁坏财物罪论处，例如，杨某某故意毁坏财物案①中，被告人杨某某擅自登录他人现货交易账户并进行恶意操作，造成被害人钱财损失，上海市浦东新区检察院以故意毁坏财物罪提起公诉，上海市浦东新区法院亦以故意毁坏财物罪罚。这是比较不容易引起争议的。

手段行为"入侵、控制银行系统、支付系统、网络购物平台系统、电信网络公司系统等计算机信息系统、篡改或增删上述信息系统中信息"的典型是通过黑客技术入侵信息系统，该类犯罪需要一定的技术性背景，在没有技术背景的情况下，犯罪人的手段行为则往往包含前置行为，该前置行为主要是购买、骗取、窃取他人信息、账号、密码等，如通过网络交易平台购买他人身份信息，通过发送钓鱼链接或木马程序诱使被害人点击并输入验证信息，通过虚构身份或事实要求被害人提供身份信息等。如此引发一个问题，即不同的前置行为，会否导致最终定罪的不同。以下通过3个案例加以阐述。

1. 刘某盗窃案②

东阳市人民检察院以东检刑诉（2013）1675号起诉书指控被告人刘某犯盗窃罪。

被告人刘某得知利用他人的身份证号码、银行卡和自己的手机号码便可通过支付宝软件将该银行卡内的现金转入自己指定的账户，遂产生以此方法获取他人钱财的邪念。为此，被告人刘某使用临时购买的137×××7136手机号码开通了"微信"账号，将个人信息修改为"无抵押无担保信用贷款"。王某通过"微信"结识了被告人刘某，并让其帮忙办理贷款，被告人刘某表示同意。2013年7月18日，王某为取得10万元贷款，按照被告人刘某的要求在某银行新开户借记卡1张，在卡内存入"保证金"人民币20000元，并将开户信息中的预留手机号码栏登记为被告人刘某的137×××7136手机号码。开户成功后，被告人刘某又以办理贷款为名索要了王某的身份证号码和该银行卡卡号。同年7月20日，在王某不知情的情况下，被告人刘某将该银行卡与其支付宝账户绑定，并通过支付宝转账功能将该银行卡内的人民币19500元转入其银行账户。

---

① 案件文书号为（2014）浦刑初字第2427号，网址：http://www.court.gov.cn/zgcpwsw/sh/shs-dyzjrmfy/shspdxqrmfy/xs/201407/t20140719_2147913.htm，最后访问日期：2016年6月12日。

② 案件文书号为（2013）东刑初字第1634号，网址：http://www.pkulaw.cn/case/pfnl_118401953.html?match=Exact，最后访问日期：2016年6月12日。

本院认为，被告人刘某以非法占有为目的，采用秘密手段，窃取公私财物，数额较大，其行为已触犯刑律，构成盗窃罪。

2. 陈某甲、戴某等信用卡诈骗案①

扬州市邗江区人民检察院以邗检诉刑诉（2014）199号起诉书指控被告人陈某甲、戴某、叶某甲、叶某乙犯信用卡诈骗罪。

经审理查明，2013年9月期间，被告人陈某甲、戴某共同商议通过发送二维码木马病毒截获他人手机短信，进而获取他人身份证号码、银行卡号及快捷支付验证码等信息，再将上述信息发送给叶某甲，从而在网络购物平台上通过快捷支付的方式冒用他人银行卡骗取钱财。并由被告人戴某联系他人租赁二维码木马病毒程序，由被告人陈某甲支付租金人民币500元。2013年9月期间，被告人叶某甲、叶某乙也共同商议以上述"二维码木马"方式实施诈骗，并共同在网络上向他人发送二维码木马病毒。2013年9月至10月，被告人陈某甲、戴某共同以"马尔代夫"（QQ号：56××76）的网名在从事二维码木马病毒网络诈骗的QQ群里与被告人叶某甲（网名："财疏学浅"、"小木莎草"；QQ号：20××91）相识并商议伺机共同作案。2013年10月7日，被告人陈某甲通过淘宝旺旺账号"建设中国梦"将二维码木马病毒成功发送至被害人徐某手机，拦截其手机短信并获得被害人徐某的手机号码。被告人戴某据此手机号码进一步获取被害人徐某的中国银行卡卡号、身份证号码等信息，并按事先商议通过QQ将上述信息发送给被告人叶某甲并约定犯罪所得分成。被告人叶某甲使用上述信息资料，在苏宁易购网上用自己135×××3034的易付宝账号通过快捷支付，刷取被害人徐某中国银行卡内人民币24000元，用于购买价值21000元电子礼品卡，另在其易付宝账户上充值人民币3000元，并用其中的人民币459元购买上海盛大游戏公司的游戏点券。随后被告人叶某甲将自己账户中21000元礼品卡中的14000元礼品卡的卡号和密码通过QQ发送给被告人叶某乙并安排被告人叶某乙在苏宁易购网上注册账户（150×××1075）购买iPhone5s手机2部，并将剩余的7000元电子礼品卡的卡号和密码通过QQ发给"马尔代夫"作为犯罪所得分成，被告人戴某获取7000元的电子礼品卡之后，绑定在自己的苏宁易购账户上（783×××@qq.com）。当日，因被告人叶某甲易付宝账户存有异常，该账户上购买的上述21000元礼品卡均被苏宁易购公司冻结。

本院认为，被告人陈某甲、戴某、叶某甲、叶某乙以非法方法获取他人信

---

① 案件文书号为（2014）扬邗刑初字第0202号，网址：http://www.court.gov.cn/zgcpwsw/jian-gsu/jssyzszjrmfy/yzshjqrmfy/xs/201407/t20140711_2058250.htm，最后访问日期：2016年6月12日。

用卡信息资料的方式冒用他人信用卡，数额较大，其行为均已构成信用卡诈骗罪，且系共同犯罪。在共同犯罪中，被告人陈某甲、戴某、叶某甲起主要作用，系主犯，依法应当按照其所参与的全部犯罪处罚；被告人叶某乙起次要作用，系从犯，依法应当从轻处罚。

3. 滕某、夏某甲等盗窃案①

龙游县人民检察院指控，被告人滕某、夏某甲、夏某乙以非法占有为目的，采用秘密手段窃取他人财物，数额较大，其行为均已构成盗窃罪。

经审理查明，2010年10月至同年11月，被告人滕某、夏某甲、夏某乙先后二次以在淘宝网上开设店铺为名吸引被害人并与其聊天，取得其信任后，通过被告人滕某架设的平台制作虚假链接。被害人通过该链接付款时，被告人即趁机盗取被害人账号信息，并由被告人滕某通过网络洗宝人窃取被害人账户内现金。其中，被告人滕某、夏某甲涉案金额为19210元；被告人夏某乙涉案金额为13471元。具体分述如下：（1）2010年10月30日晚，被告人滕某、夏某甲、夏某乙在龙游县星际之门网吧，由被告人夏某甲、夏某乙以在淘宝网上与刘某聊天，并通过滕某架设的平台制作虚假链接，发给刘某让其付款，从而获取其账号信息。后滕某将该信息发给网络洗宝人，从刘某中国银行卡内窃得13471元。（2）同年11月4日晚，被告人滕某、夏某甲在龙游县连心网吧以同样方式实施网络盗窃，通过网络洗宝人从方某的中国银行卡内窃得现金5739元。另查明，被告人滕某因犯诈骗罪于2011年8月17日被刑事拘留，2012年6月14日被本院判处有期徒刑2年6个月，于同年7月10日投入浙江省第三监狱服刑。被告人夏某甲因犯盗窃罪于2010年12月17日被刑事拘留，2011年1月22日被取保候审，同年10月12日被江苏省扬州市广陵区人民法院判处有期徒刑9个月，缓刑1年。缓刑考验期限自2011年10月23日起至2012年10月22日止。被告人夏某乙于2012年9月20日向本院退出赃款2000元。

本院认为，被告人滕某、夏某甲、夏某乙以非法占有为目的，采用秘密手段窃取他人财物，数额较大，其行为均已构成盗窃罪。

上述案件的前置行为都是获取被害人身份信息，方式包括交友软件结识、发送木马病毒或钓鱼链接，本质上都是从被害人处骗得身份验证信息，定罪则各有不同。此外值得说明的是，不少与第三个案件犯罪手段相同的行

---

① 案件文书号为（2012）衢龙刑初字第322号，网址：http://www.court.gov.cn/zgcpwsw/zj/zjsqzszjrmfy/lyxrmfy/xs/201403/t20140303_436021.htm，最后访问日期：2016年6月12日。

为最终定为诈骗罪。我国刑法界对盗窃行为的解释为"秘密窃取"，对诈骗行为的解释则是"用虚构事实或者隐瞒真相的方法进行骗取"，实践中不乏"手段混合型"或可称之为"诈欺型盗窃"，典型案例如甲某假装意欲购买珠宝，趁销售员不备用假钻石替换真钻石，并将真钻石带出商场的行为。案例一和案例三中的行为虽更为复杂，即被害人在此有一个作为，案例一中被害人轻信被告人具有办理贷款的能力将身份证和银行卡信息交付被告人，案例三中被害人轻信被告人是合法淘宝店家打开其提供的钓鱼链接，该作为行为与"诈欺型盗窃"中销售员轻信甲某意欲购买珠宝而将钻石从柜台中拿出并向其展示的行为亦相似。因此，可以认为，此二例判决有其合理之处。根据此逻辑，案例二及其他与案例三雷同而判处诈骗的司法实践似乎有失偏颇。然而换另一种思路，案例中的被害人均是因被告人发送的虚假链接或恶意病毒、木马程序（虚构伪造事实），作出交付自己身份及金融账户信息的行为，该交付虽基于错误认识，也是一种处分行为，因此定为诈骗也无可厚非。实践中，因为个案的特殊性，被害人在前置行为中的参与程度不同、前置行为存在细微差别，个案的具体认定由此更加千差万别。此类犯罪在司法实践认定上的争议甚至混乱可见一斑。有理由相信，该类犯罪定性统一化之后，避免争议，有利于提高司法效率，同时减少普通民众的困惑，提高司法透明度。

（二）"虚拟财产"的认定问题

随着网络的发展，非法获取他人虚拟财产的行为不断增加。对于所涉及"虚拟财产"性质的认定，直接关系到该类行为定罪与否以及定何罪，而司法实践和刑法学界对此一直存在颇多争议。

1. 司法判例发展

有关虚拟财产的法律地位一直是司法认定的难题。随着时代的发展，我国司法实践的态度有所突破，不过仍较为保守。目前，对于 Q 币、游戏币等虚拟财产，一般认可其财产价值，而对现实生活中具有价值的 QQ 号码、移动"靓号"等尚未有判例予以确认。

在 2006 年判决的曾某某、杨某某盗卖 QQ 号码侵犯通信自由案①中，被告人曾某某、杨某某破解并窃取他人的 QQ 号码并予以出售，分别获利 39100元、22500 元，检察院指控二人犯盗窃罪，该案争议的焦点在于 QQ 号码能否成为刑法上规定的公私财物。我国《刑法》对盗窃罪和侵犯通信自由罪的规

---

① 案件文书号为（2006）深南法刑初字第 56 号，网址：http：//www. pkulaw. cn/case/pfnl＿117526782. html? match＝Exact，最后访问日期：2016 年 6 月 12 日。

定分别是，"盗窃公私财物，数额较大的，或者多次盗窃、入户盗窃、携带凶器盗窃、扒窃的，处三年以下有期徒刑、拘役或者管制，并处或者单处罚金"，"隐匿、毁弃或者非法开拆他人信件，侵犯公民通信自由权利，情节严重的，处一年以下有期徒刑或者拘役"。最终法院推翻检察院的指控，认定二被告人犯侵犯通信自由罪。

在周某非法获取计算机信息系统数据案（2010 年）① 中，被告人周某采用向他人计算机输入计算机病毒远程控制他人计算机的手段，盗取他人"面对面 365" 网络游戏的游戏金币，并通过网络销售获利 7 万余元。案发后，周某退回赃款 2 万余元，公安机关追回赃款 4700 元。一审法院以盗窃罪判处周某有期徒刑 11 年，并处罚金 1 万元。周某上诉后，二审法院的终审判决指出："上诉人周某采用非法向他人计算机输入木马程序远程控制他人计算机的手段，盗取他人计算机储存的网络游戏金币，并出售牟利，由于游戏金币作为虚拟财产无法准确估价，且现有证据不能确定周某非法获利的数额，原判认定其行为构成盗窃罪的定性不准，导致量刑不当……周某盗窃的网络游戏金币属于计算机信息系统数据，且其累计作案达 200 余次，情节严重，其行为构成非法获取计算机信息系统数据罪。"

此后，在邓某等盗窃案②中，对通过侵入被害网站窃取充值卡、Q 币等游戏币的行为认定为盗窃（既遂）。在项某某、唐某某盗窃案③中，对被告人窃取网络游戏账号、密码并窃取其内的游戏装备和游戏币的行为也应当认定为盗窃。

2. 学界的不同意见

虚拟财产一开始并未进入刑法的评价视野，即在网络并未发达的时期，侵犯虚拟财产的行为并不被认为具有可罚性。

时至今日，大多数学者均认为侵犯虚拟财产行为是一种现实的犯罪，不过具体入罪思路有所区别，可区分为两派：一是保守派，认为应以纯正的计算机犯罪论，即与周某非法获取计算机信息系统数据案中的司法实践不谋而合，理由是"侵犯虚拟财产必然要通过修改计算机信息系统的数据才能完成，在其造成严重后果的情况下，应该被认定为破坏计算机信息系统罪，从而既避免了

---

① 参见张明楷：《非法获取虚拟财产的行为性质》，载《法学》2015 年第 3 期；于志刚：《论网络游戏中虚拟财产的法律性质及其刑法保护》，载《政法论坛》2003 年第 6 期。

② 案件文书号为（2013）湖吴刑一初字第 549 号，网址：http：//www. court. gov. cn/zgcpwsw/zj/zjshzszjrmfy_ 3160/hzswxqrmfy/xs/201403/t20140312_ 500688. htm，最后访问日期：2016 年 6 月 12 日。

③ 案件文书号为（2014）振安刑初字第 00062 号，网址：http：//www. court. gov. cn/zgcpwsw/ln/lnsddszjrmfy/ddszaqrmfy/xs/201404/t20140418_ 820159. htm，最后访问日期：2016 年 6 月 12 日。

虚拟财产法律属性的争议，也能很好地体现罪责刑相适应原则"[1]。二是革新派，认为虚拟财产具有刑法意义上"公私财产"的性质，因此侵犯虚拟财产的行为与一般侵犯财产的行为无异，理由是虚拟财产同样具备财产的管理可能性、转移可能性和价值性。[2]

3. 本书的意见

与刑法对虚拟财产认定中所出现的争议相似，民法上同样经历过类似的讨论，例如，早期民法理论中并不认同将"电力"等具有无形物性质的事物纳入"财产"的概念之中，但随着电力的广泛运用和普遍的价值属性，民法最终将其认定为"财产"，而相应的刑法则亦将其作为"财物"，赋予其财产法益的内涵。因此，对于"虚拟财产"的接纳，刑法同样应秉持与时俱进的开放态度。当然，并非所有的虚拟财产，都可以被认定为公私财物。应坚持这样的标准：一是具有价值；二是可供交易。在此意义上，Q币、游戏币、游戏设备、游戏经验值、QQ靓号、移动靓号等都可以纳入刑法意义上"公私财物"的范畴。其中，QQ号码或移动靓号虽然在本质上只是一系列信息代码，但也应当认为属于腾讯公司或移动通讯公司的合法劳动成果，能够满足网络用户的需求，具有使用价值。同时，由于其在合法市场上可以交易，具有交换价值，与现实生活中可触摸的财物一样，具有价值，这就说明其具有公私财物的属性。不过正如周某非法获取计算机信息系统数据案终审判决书中所述，虚拟财产的估价也是棘手的问题，其不似广泛流通的其他一般商品具有稳定的市值，相反波动较大，故有必要统一虚拟财产的估值标准。

三、网络财产犯罪的刑事政策具体完善

为解决网络财产犯罪中的罪名界限模糊和定罪依据不足，建议新增罪名，完善罪状，统一具体概念的司法认定，依法规制网络背景下社会危害性较大的严重违法行为。

（一）增设计算机诈欺牟利罪

设计算机诈欺牟利罪，刑罚参照盗窃或诈骗罪设立，同时规定单位犯罪。该罪的设立意在避免盗窃、诈骗或信用卡诈骗等的定性争议，同时有力打击通过计算机或网络实施的非法划拨行为，其罪状包括：（1）通过入侵、控制提供金融服务的计算机信息系统，篡改或增删信息，新设账号或者冒充他人账号并

---

[1] 陈云良、周新：《虚拟财产刑法保护路径之选择》，载《法学评论》2009 年第 2 期。

[2] 参见张明楷：《非法获取虚拟财产的行为性质》，载《法学》2015 年第 3 期；于志刚：《论网络游戏中虚拟财产的法律性质及其刑法保护》，载《政法论坛》2003 年第 6 期。

非法划拨款项，情节严重的；（2）通过入侵、控制提供金融服务的计算机信息系统，篡改或增删信息，新设账号或者冒充他人账号以获得网络服务或其他服务，情节严重的；（3）其他入侵、控制提供金融服务的计算机信息系统，篡改或增删信息，虚构事实或身份，隐瞒真相，并从中牟利，情节严重的行为。

（二）合理认定虚拟财产

明确虚拟财产的法律地位和数额计算标准，对具备刑法意义的虚拟财产范围形成统一认识，并根据该虚拟财产的实际交易价格和市场波动规律确定其对应财产数额。建议对于可通过金钱直接向运营商兑换的 Q 币、游戏币、游戏设备、游戏经验值等，按兑换价格计；不可通过金钱直接兑换的游戏币、游戏设备、游戏经验值、QQ 号码或移动靓号等，按犯罪发生时同类产品的同期交易平均价格计，若审判时的交易平均价格远低于犯罪发生时，从刑法的谦抑原则出发，按审判时同类产品的交易平均价格计。

第三节　网络交易犯罪的刑事政策应对

网络的隐匿性，使网络成为各类非法交易热衷的场所，"网络黑市"日益猖獗。对通过网络交易违禁物或禁止流通物的各类犯罪行为有必要进行特别研究。

一、网络交易犯罪概况

该类犯罪主要包括：（1）开发、销售游戏外挂程序；（2）在网上销售假冒、伪劣产品、药品、卷烟或者非法销售香烟、间谍器材等；（3）非法出版并在网上销售音像制品、书籍；（4）非法销售毒品、假币、枪支弹药等；（5）买卖国家秘密、国家机关证件、印章、非法制造的发票、有价票证、公民个人信息等。

司法实践中，对于刑法条文中予以明文规定的犯罪，如买卖国家机关证件、枪支、毒品等犯罪，以对应罪名如买卖国家机关证件罪、非法买卖枪支罪、贩卖毒品罪等论处；对于审判时刑法中只规定其中一段行为涉嫌犯罪的，对该段行为定罪论处，如对购买假币和销售国家试卷的行为被分别定为持有假币罪[①]和

---

① 肖某某持有假币案，案件字号为（2014）秦开刑初字第 143 号，网址：http://www.court. gov. cn/zgcpwsw/heb/hbsqhdszjrmfy/qhdjjjskfqrmfy/xs/201412/t20141207_ 4599963. htm，最后访问日期：2016 年 6 月 12 日。

非法获取国家秘密罪①；对于刑法没有明确规定的，如开发、销售游戏外挂程序则以非法经营罪论处②。

二、当前应对网络交易犯罪的主要问题

（一）刑法罪状设置不甚合理

大数据时代的到来加上网络交易特有的隐匿性，使违法信息或物品的买卖变得隐蔽且容易，诸如国家秘密（司法实践中常见的是各类国家考试题，例如高考、司法考试等）以及各类违法信息广告发布（通常是招赌招嫖、伪造公文印章、枪支、毒品、淫秽物品等违禁品交易等），往往通过 QQ 或微信群、微博、网盘等通讯群组或网络空间实施，因该类非法交易经常是实施其他犯罪如盗窃、诈骗等罪的上游行为，社会危害性较大。《刑法修正案（九）》发布之前，我国刑法只规定了非法获取国家秘密罪、非法获取公民个人信息罪、（国家机关或特定单位工作人员）出售、非法提供公民个人信息罪、伪造公司、企业、事业单位、人民团体印章罪，对于买卖国家秘密（非特定身份）、买卖公民个人信息、买卖公司、企业、事业单位、人民团体印章等行为则未予规制，由此形成司法实践中的"截段处罚"或"单向处罚"的现状，如对非法获取国家秘密或伪造公司印章并予以出售的行为，只能截取前一段的行为予以处罚，虽然后一段的行为社会危害明显较大，对（国家机关或特定单位工作人员）出售公民个人信息行为能予以规制（非特定身份），买卖公民个人信息行为的惩罚则受掣肘。其中非法获取公民个人信息犯罪的行为模式多为通过QQ 或淘宝购买公民个人信息供之后倒卖，由于我国《刑法》没有规定非国家机关工作人员出售公民个人信息罪，故只能以非法获取公民个人信息罪论处。《刑法修正案（九）》发布之后，将出售公民个人信息、买卖或者盗窃、抢夺、毁灭国家机关的公文、证件、印章、买卖居民身份证、护照、社会保障卡、驾驶证等依法可以用于证明身份的证件等行为都纳入刑法规制范畴，而对非法购买公民个人信息仍未定罪，从而不利于打击此类犯罪。

（二）新型违法行为定罪不足

借助网络沟通便利之东风，第三方支付繁荣的同时，犯罪"产业链"也

---

① 严某、何某等非法获取国家秘密案，案件字号为（2014）鄂广水刑初字第 00043 号，网址：http://www.court.gov.cn/zgcpwsw/hub/hbsszszjrmfy/gssrmfy/xs/201406/t20140625_ 1716086.htm，最后访问日期：2016 年 6 月 12 日。

② 谈某某、刘某某等非法经营案，案件文书号（2007）一中刑终字第 1277 号，网址：http://www.pkulaw.cn/case/pfnl_ 117526782.html？match＝Exact，最后访问日期：2016 年 6 月 12 日。

逐渐随之形成。支付宝等第三方支付给人们生活带来便利，因其涉及大量资金进出，也成为犯罪分子的新目标。如今盗取支付宝等第三方支付平台账号及绑定银行账号下的金额，俨然形成新的犯罪"产业链"，黑话中称为"洗宝"。虽然支付宝等第三方支付平台已经设置了实名认证、登录密码、支付密码、短信验证码等多道安全防护屏障，但不法分子依然有空可钻。这些针对支付宝用户的犯罪活动均与支付宝账户信息泄露和个人身份信息泄露息息相关。目前，在网络上充斥着大量的"洗料"、"拦截料"、"收料代洗"群体，该群体依附在聊天网络群如QQ群等，利用木马等非法程序拦截、获取公民的支付宝账号信息、身份证信息、手机号码等信息，这些"料"每天被大量买进和卖出，再由"办证"群体通过这些料破获公民的支付宝、网银账号密码，"盗宝"群体负责将支付账号下的金额套取出来。在该犯罪"产业链"中，上下游的犯罪分子完全可以不相识，而只通过网络实现彼此沟通、交易和分赃。① 处在该产业链上游位置如"拦截料"、"洗料"的犯罪分子，对于这些"料"、"来龙去脉"的非法性质均心知肚明，但现实生活中，因网络的隐匿性和虚拟性，不仅侦查不易，即使好不容易破获，因刑法并无专门性规定，也陷入窘境。

三、网络交易犯罪的刑事政策具体完善

（一）完善非法获取、买卖公民个人信息罪

完善该罪状的目的意在打击网络财产犯罪尤其是计算机诈欺牟利犯罪产业链中的上游严重违法行为。我国于2016年11月发布的《网络安全法》第四章对网络信息安全作出系统规定，并主要规制了网络经营者在网络信息安全方面的义务，要求其不得收集与其提供服务无关的个人信息，不得违反法律、法规或双方约定收集个人信息，并对其收集的个人信息负有保密义务。我国《刑法》规定，窃取或者以其他方法非法获取公民个人信息、情节严重的，构成犯罪；在此认为，应当对"以其他方法非法获取公民个人信息"做如下解释，即包括"违反法律、法规收集公民个人信息、收集与其提供服务无关的公民个人信息，或违反双方约定收集公民个人信息"。

此外，建议针对恶意购买公民个人信息的行为设立罪名，将《刑法》第253条之一修改为："违反国家有关规定，向他人出售、提供或者恶意购买公民个人信息，情节严重的，处三年以下有期徒刑或者拘役，并处或者单处罚金；情节特别严重的，处三年以上七年以下有期徒刑，并处罚金。"

① 参见杨婷：《"洗劫"支付宝账户余额盗刷犯罪竟成产业链》，网址：http://news.xinhua-net.com/fortune/2014－02/26/c_119517680.htm，最后访问日期：2016年6月12日。

（二）完善滥用信息网络罪

完善《刑法修正案（九）》中第 29 条滥用信息网络罪的规定。该罪将"帮助行为"正犯化，意在打击利用网络空间传授犯罪方法等严重违法行为，可修改第 287 条之一第 1 款为："利用信息网络实施下列行为之一，情节严重的，处三年以下有期徒刑或者拘役，并处或者单处罚金：（1）利用信息网络，设立用于实施诈骗、计算机诈欺牟利、传授犯罪方法、制作销售违禁物品、管制物品等违法犯罪活动的网站、通讯群组，情节严重的；（2）利用信息网络，发布制作、销售毒品、枪支、淫秽物品等违禁物品、管制物品或者其他违法犯罪信息，情节严重的；（3）利用信息网络，为实施或帮助他人实施诈骗等违法犯罪活动，恶意盗取他人网络通讯账号、发布虚假信息，情节严重的；（4）制作、出售用于实施诈骗、计算机诈欺牟利、传授犯罪方法、敲诈勒索等违法犯罪活动的网页、程序、软件或其他电子信息资料，情节严重的。"

第四节　网络经营犯罪的刑事政策应对

《现代汉语词典》对"经营"一词如此解释：（1）筹划并管理（企业等）；（2）泛指计划和组织。① 所谓"网络经营犯罪"即通过网络平台，将一些需要筹划、管理、计划和组织的非法性营利活动发展成有规模、有组织的犯罪行为。网络经营犯罪是工具型网络犯罪中最多的一类。此类犯罪的罪名主要集中在开设赌场罪、赌博罪、组织、领导传销罪和非法经营罪等。

一、当前应对网络经营犯罪的主要问题

（一）网络经营犯罪中的定罪争议

1. 钟某明开设赌场案②

广东省梅州市梅县区人民检察院以梅县院公诉刑诉（2014）255 号起诉书指控被告人钟某明涉嫌犯开设赌场罪。

经审理查明，自 2013 年 8 月开始，被告人钟某明从一名外号叫"阿朱"

---

① 参见中国社会科学院语言研究所词典编辑室编：《现代汉语词典（修订本）》，商务印书馆 1996 年版，第 665 页。

② 案件文书号为（2014）梅县法刑初字第 240 号，网址：http://www.court.gov.cn/zgcpwsw/gd/gdsmzszjrmfy/mxrmfy/xs/201501/t20150113_6242873.htm，最后访问日期：2016 年 6 月 12 日。

的男子（另案处理）处获得六合彩外围码"盈丰"的网址及代理账号后，为赌博网站担任代理，负责与上线结算及吸纳发展会员。被告人钟某明在代理账号下先后发展注册了会员账号achj7766、achj5200、achj9046、achj8888接受他人投注赌博，自己同时参赌。每到六合彩开码日，被告人钟某明通过接受他人电话投注后由自己网上投注或由其他会员直接网上投注等形式，接受李某伟、余某雄（二人已作行政处罚）等人的六合彩投注。"阿朱"将每期投注额的0.3%~15.2%作为水钱返还给钟某明，每星期结算一次。钟某明赢钱时，"阿朱"直接把钱转到钟某明提供的中国农业银行账户上。输钱的情况下，"阿朱"让人直接到松口镇找钟某明要钱。至案发，被告人钟某明从中牟利近2万元。

本院认为，被告人钟某明目无国法，以营利为目的，为赌博网站担任代理，接受他人投注，其行为已构成开设赌场罪，应依法惩处。

2. 白某赌博案①

沈阳市沈河区人民检察院以沈河检刑诉（2014）903号起诉书指控被告人白某犯赌博罪。

经审理查明，被告人白某自2013年年初以来，在其居住的沈阳市沈河区南通天街48号楼8-4-1室为刘某甲担任六合彩赌博网站的下线，接收焦某、刘某乙、李某甲等人的六合彩赌博投注报号共计人民币176000余元，并利用会员号U-ER0999参与该网站的赌博活动。

本院认为，被告人白某以营利为目的，利用网络组织多人参与赌博，其行为妨害了社会管理秩序，已构成赌博罪。

3. 吴某非法经营案②

湖南省益阳市资阳区人民检察院以益资检刑诉（2013）第190号起诉书指控被告人吴某犯开设赌场罪。

经审理查明，2012年4月至2013年3月，被告人吴某在其位于益阳市资阳区东门口的租住房和赫山区赫山路113号住所内，利用从陈某（真实身份不明）处获得的"地下六合彩"网站利纳、隆盛、飞翔的代理账号"吴803"下属的会员账号收受下线陈某某、宋某某等人的网络投注，从中获利。被告人吴某共计收受网络投注1263809元。

---

① 案件文书号（2014）沈河刑初字第1042号，网址：http://www.court.gov.cn/zgcpwsw/ln/lns-syszjrmfy/sysshqrmfy/xs/201412/t20141211_4686124.htm，最后访问日期：2016年6月12日。

② 案件文书号（2013）资刑初字第188号，网址：http://www.court.gov.cn/zgcpwsw/hun/hn-syyszjrmfy_4100/yyszyqrmfy/xs/201404/t20140402_683648.htm，最后访问日期：2016年6月12日。

本院认为，被告人吴某以营利为目的，违反国家规定，利用地下"六合彩"接受投注，扰乱市场秩序，情节特别严重，其行为已构成非法经营罪。被告人吴某利用地下"六合彩"接受投注，其行为侵犯的客体是国家彩票发行的专营秩序，即市场经济秩序，并非社会管理秩序，故检察机关指控其犯开设赌场罪的罪名不能成立，本院不予采纳。

最高人民法院、最高人民检察院《关于办理赌博刑事案件具体应用法律若干问题的解释》中规定，"以营利为目的，在计算机网络上建立赌博网站，或者为赌博网站担任代理，接受投注的"，按开设赌场论。以上 3 个案例，同样是为"地下六合彩"网站接受投注并从中获利，定罪各不同，争议在于法官对于何为赌博网站、何为"担任代理"的认识有所不同。

（二）新型违法行为定罪不足

随着网络购物的兴起和繁荣，刺激产生新型的严重违法行为，如"假买、假评价、假包裹"的严重不诚信行为和利用虚假交易实现信用卡或准信用卡的套现行为。以淘宝商家为主要群体的电商为吸引更多顾客，急切希望能提高商家信用度，由此催生一个新的灰色群体——"刷单"群，该群体通过虚假交易为电商做虚假评价，或完善虚假物流信息并赚取佣金。该群体不仅欺骗消费群体，也容易成为诈骗团伙的犯罪目标，通过发布虚假的"刷单"招聘信息实施的诈骗行为层出不穷。对于组织"刷单"或"刷单"情节严重的行为，予以刑法惩处，实有必要。另外，随着网络交易和第三方支付绑定银行卡（信用卡）快捷支付的普及，不少卖家与买家制造虚假交易，买家通过信用卡（准信用卡①）支付后，卖家将款项返还买家并从中抽取手续费。在网络交易平台普及之前，虽然也有信用卡套现行为，即通过 POS 机进行虚假交易套现，但由于套现成本较高，该类行为并不普遍；而网络交易不再需要传统的 POS 机，套现成本大大降低，使套现行为随之激增，不仅冲击社会主流的诚信价值观，而且吸取大量银行或金融机构的资金，从而扰乱金融秩序，其法益侵害性值得刑法介入并特别规制。

（三）电信犯罪的定性问题

随着电信诈骗犯罪的畸形发展，专门利用电信网络（包括合法电信通道及"伪基站"等非法电信通道）群发诈骗信息、广告信息、垃圾信息等的行为逐渐割裂开来甚至异化为一种独立的犯罪"职业"，其中以"伪基站"犯罪

---

① 不少第三方支付平台推出"准信用卡支付宝"业务，即用户可以先消费，账单期后再还款，如支付宝的"蚂蚁花呗"、京东支付的"京东白条"均具此类功能。

最为猖獗。犯罪人通过"伪基站"占用运营商的 GSM 频段，将一定范围内的手机信号强制切换至自己的区域，伪装成正常的基站与用户手机通讯，不仅可以大规模地向用户发送信息，还可以篡改发送信息的号码冒充"10086"、"95588"等向用户发送虚假信息，甚至还可以拦截并获取用户手机发送的账号密码等重要信息。此外，随着网络科技的进步，人们的通信与交往空间不断延伸、拓展，跨境电信犯罪也愈演愈烈。作为电信诈骗的空间扩展形式，跨境电信诈骗在仅十年里从无到有、从少到多、从台湾地区到大陆蔓延至东南亚甚至非洲、南美洲，近年来日益高发并呈现技术升级、分工细致、并发洗钱、抢劫犯罪等新特点。① 总体而言，电信犯罪从作为诈骗犯罪的附庸手段，日益走向集团化和专业化。

首先需要明确的是，网络时代的电信犯罪应当属于网络犯罪。随着科技进步发展和智能时代的到来，通讯网络与信息网络实际已经呈现一体化，通讯设备如手机等也日趋智能化，在信息网络中的地位与电脑 PC 端无异；通过"伪基站"发送的短信绝大部分包括网络链接（后续的犯罪活动如诈骗等往往以该链接为窗口），用户通过移动网络即可实现由电信网络向信息网络的切换。因此，《刑法修正案（九）》第 287 条之一规定的"利用信息网络为实施诈骗等违法犯罪活动发布信息的行为"应当包括利用"伪基站"等电信通道或网络为实施诈骗等违法犯罪活动发布信息的行为。早在 2014 年最高人民法院、最高人民检察院、公安部、国家安全部就已出台《关于依法办理非法生产销售使用"伪基站"设备案件的意见》（公通字〔2014〕13 号）并规定，非法生产、销售、使用"伪基站"违法犯罪行为，可依法以非法经营罪、破坏公用电信设施罪、诈骗罪、虚假广告罪、非法获取公民个人信息罪、破坏计算机信息系统罪、扰乱无线电通讯管理秩序罪、非法生产销售间谍专用器材罪 8 项罪名依法追究刑事责任。课题组认为，上述意见中的 8 项罪名在司法实践中自《刑法修正案（九）》颁布实施之后当然地扩充为 9 项罪名，即还包括非法利用信息网络罪。

二、网络经营犯罪的刑事政策具体完善

（一）合理认定网络赌博犯罪的相关概念

本书认为，六合彩虽不是典型的对局型赌博游戏，但民间普遍认为其是赌博，因此"地下六合彩"网站可认为是赌博网站，因此，为"地下六合彩"

---

① 参见沈威、徐晋雄：《网络时代跨境电信诈骗犯罪的新发展与防治对策研究——以两岸司法互助协议之实践为切入点》，载《第十一届中国法学青年论坛报告论文集》（2016 年 11 月）。

网站接受投注并从中获利的行为可以认定为开设赌场罪；此外，最高人民法院、最高人民检察院《关于办理赌博刑事案件具体应用法律若干问题的解释》中的"担任代理"并不要求被告人具有网站管理意义上的代理者身份，也不需要该被告人所拥有的账号能够开设出下线会员账号，只要有能够操纵赌博网站的会员账号并接受其他人投注的行为（俗称"操盘"），并以此作为盈利手段的，都可认定为"担任代理"。

（二）新增虚假交易罪

建议新增虚假交易罪，刑罚设定参照信用卡诈骗罪，其罪状包括：（1）以牟利为目的，通过虚假交易，为他人套现提供便利，情节严重的；（2）通过虚假交易，向银行等金融机构或平台套现，情节严重的；（3）以牟利为目的，利用信息网络，进行虚假交易行为或为该行为提供便利，为网络交易平台商家提高信誉度，情节严重的。

第五节　网络金融犯罪的刑事政策应对

因网络与金融二者的创新结合所孵化的网络金融产业蓬勃发展，同时也带来日益严重的网络金融犯罪问题。网络金融犯罪并非独立于网络财产犯罪、网络经营犯罪或网络交易犯罪之外的另一网络犯罪类型，而是与上述几类犯罪存在内容上的重合，但由于此类犯罪的重要性和特殊性，因而有必要专门论述。

网络金融的刑事风险既多且大。首先，网络的及时性与广泛性，造成网络金融犯罪波及的范围极其广大，理论上网络金融犯罪的损害甚至可以瞬间波及全球。其次，因为金融行业的特殊性，网络金融的风险承担主体为多方，可能包括金融平台、资金托管平台、用户、监管者、信息发布方等，整个网络金融生态环境中，每一主体均有可能触发某一类或几类犯罪。

一、网络金融犯罪的刑事风险及其类型

随着网络金融市场的蓬勃发展，如何防控网络金融的刑事风险也成为一个难题，这就要求我们正确认识网络金融犯罪，明确网络金融行业的行为在何种情况下将踩及刑法红线并构成犯罪。网络金融主要涉及第三方支付、众筹、P2P（个人对个人信贷）、基金销售等业务，可能碰触的刑法底线除传统的盗窃、诈骗等，还包括洗钱罪、非法吸收公众存款罪、集资诈骗罪、擅自发行股票、公司、企业债券罪等。

（一）传统犯罪的异化

此类犯罪包括盗窃、诈骗、赌博等。随着支付手段的更新，第三方支付、移动支付等互联网支付方式纷纷涌现，也成为网络盗窃或诈骗的重要作案工具。不法分子通过黑客技术、木马病毒、钓鱼网站窃取用户隐私信息，进行资金划转、精准诈骗或恶意营销。此外，上述支付平台附有的红包功能甚至被犯罪人滥用并进行赌博等非法活动。①

（二）洗钱犯罪

第三方支付等互联网支付平台目前不仅能作为一个通道实现银行账户余额之间的转移，也能作为一个金融账户直接实现资金结算，而该转移或结算过程在监管体制并不完善的情况下，传统的识别资金流向、监测资金活动等反洗钱工作难以真正落实。行为人可以将自己的非法所得直接汇入互联网支付平台的账户中，然后通过网络交易的"过滤净化"，将非法所得转化成现实"合法"的财产。其通过互联网支付平台，行为人可以屏蔽银行对资金流向的识别，干扰交易的可追溯性，而监管者却很难确认交易的真实背景，无法对资金流向真正有效跟踪，极易引发洗钱风险。② P2P网络借贷平台在传统的识别资金流向、监测资金活动等方面同样具有先天弱势，因此也极易成为洗钱犯罪的又一"乐园"。

（三）非法集资犯罪

众筹、P2P等网络金融服务平台③可能涉及非法吸收公众存款犯罪、集资诈骗犯罪等。2014年7月至2015年12月，钰诚国际控股集团下属金易融（北京）网络科技有限公司上线运营"e租宝"，以高额收益为诱饵，虚构融资租赁项目，持续采用借新还旧、自我担保等方式非法集资，实际吸收资金

① 参见腾讯研究院犯罪研究中心：《2015年移动支付网络黑色产业链研究报告》，网址：ht-tps：//mp. weixin. qq. com/s? ＿ ＿ biz ＝ MjM5MTA0NjU3Ng ＝ ＝ &mid ＝ 403211210&idx ＝ 1&sn ＝ 575da0d7c9a42caefc798ea072b8aeb5&scene ＝ 0&uin ＝ MTQ0MTU5Mjc4MA％3D％3D&key ＝ &devicetype ＝ webwx&version ＝ 70000001&lang ＝ zh ＿ CN&pass ＿ ticket ＝ 9TPZLw7Kfi8WsBqg8Qsu1h9％2F0EYjUu1pRHlrVqEK5pKb9eJwRtTZ％2BbBGtU13dq1s，最后访问日期：2016年6月12日。

② 参见张建、郭大磊：《互联网金融面临洗钱和擅自发行股票两大风险》，载《检察日报》2015年9月2日，第03版。

③ 所谓众筹（Crowd funding）是指为满足融资人获取项目发展资金、企业或个人贷款，以及其他需求，允许其借助在线网络平台面向社会公众个人或机构募集小额资金的统称。参见盛学军、刘志伟：《证券式众筹：监管趋势与法律进路》，载《北方法学》2015年第4期。

500多亿元，涉及投资人约90万人。[①] "e租宝"非法集资案因其手法创新，涉案金额大，牵连面广，引发重大的社会关注。有关非法集资问题，我国已有两个专门的司法解释或指导意见，即2011年1月4日起施行的最高人民法院《关于审理非法集资刑事案件具体应用法律若干问题的解释》（法释〔2010〕18号，以下简称《解释》）与2014年3月25日最高人民法院、最高人民检察院、公安部印发的《关于办理非法集资刑事案件适用法律若干问题的意见》（以下简称《意见》），主要对非法吸收公众存款罪与集资诈骗罪进行界定。

一是非法吸收公众存款罪。根据《解释》，非法吸收公众存款需同时具备4个条件："（一）未经有关部门依法批准或者借用合法经营的形式吸收资金；（二）通过媒体、推介会、传单、手机短信等途径向社会公开宣传；（三）承诺在一定期限内以货币、实物、股权等方式还本付息或者给付回报；（四）向社会公众即社会不特定对象吸收资金。"对网络金融而言，其融资模式的本质是"通过互联网向众人筹集小额资金为某个项目或企业融资，有'密集筹资'、'大众集资'之称，始终无法回避'向不特定的对象'筹资及公开宣传的方式"[②]。目前的网络众筹实践中，一般的规范运作，严格审核项目发起人资质，对募集资金进行严格监管，采用预售＋团购模式到期返还商品或服务的众筹模式是比较常见且安全的，比如阿里巴巴旗下的淘宝众筹。其他的众筹模式如股权众筹，则很容易与私自募股混淆，踏及法律红线。对P2P而言，则是要明确平台本身不得提供担保，不得归集资金搞资金池，回归其资金供需撮合的本质，否则就涉嫌非法吸收公众存款。

二是集资诈骗罪。根据《解释》，集资诈骗行为与非法吸收公众存款行为有类似之处，区别在于是否具有非法占有的目的，对网络金融服务平台而言，捏造虚假投资项目、通过虚假宣传吸收资金，应该认定为"具有非法占有目的"；对运营负责人而言，有《解释》中规定行为的，如"（一）集资后不用于生产经营活动或者用于生产经营活动与筹集资金规模明显不成比例，致使集资款不能返还的；（二）肆意挥霍集资款，致使集资款不能返还的；（三）携带集资款逃匿的；（四）将集资款用于违法犯罪活动的；（五）抽逃、转移资金、隐匿财产，逃避返还资金的；（六）隐匿、销毁账目，或者搞假破产、假倒闭，逃避返还资金的；（七）拒不交代资金去向，逃避返还资金的"，均应

---

① 参见吴红、毓然：《最高检报告点名e租宝案》，网址：http://finance.qq.com/a/20160313/025955.htm，最后访问日期：2016年6月12日。

② 上海市浦东新区人民检察院课题组：《网络金融犯罪治理研究》，载《山东警察学院学报》2016年第1期。

认定为"具有非法占有目的"。

（四）证券类犯罪

互联网众筹、P2P、互联网基金销售等金融业务的发展也可能引发诸如擅自发行股票、公司、企业债券罪、内幕交易、泄露内幕信息罪、编造并传播证券交易虚假信息罪、诱骗投资者买卖证券罪、操纵证券交易价格罪等证券相关犯罪。通过网络金融平台实现资金筹集的公司，毋庸置疑可能成为此类犯罪的主体，而互联网众筹、P2P 或基金销售平台由于其法律性质不明确，则无法明确可否属于这类犯罪的主体。例如，我国《刑法》第181条规定，证券交易所、期货交易所、证券公司、期货经纪公司的从业人员，证券业协会、期货业协会或者证券期货监督管理部门的工作人员编造并且传播影响证券、期货交易的虚假信息，扰乱证券、期货交易市场，或故意提供虚假信息或者伪造、变造、销毁交易记录，诱骗投资者买卖证券、期货合约，造成严重后果的都构成犯罪，该犯罪主体包括单位。问题的关键在于互联网众筹、P2P、互联网基金销售等金融平台是否属于"证券交易所、期货交易所、证券公司、期货经纪公司"？然而，事实上缺乏相关的解释和标准指导司法实践。

二、网络金融犯罪的刑事政策具体完善

2015 年 7 月 18 日，中国人民银行、工业和信息化部、公安部、财政部、国家工商总局、国务院法制办等部委联合发布《关于促进网络金融健康发展的指导意见》[1]，意见提及在发展网络金融时，要重视反洗钱和防范金融犯罪。目前我国的网络金融尚在起步，但发展迅猛，各类网络金融平台如雨后春笋。作为新兴产业，其蓬勃发展无疑有益于我国的经济和社会发展，相关部门也正是在促进网络金融发展的立场上出台了上述意见。

对此，刑法不需要也不应当在应对网络金融犯罪问题上过于能动：一方面，网络金融秩序监管的职责应当由相关金融行业的监管主体（如央行、银监会、证监会、保监会等）承担，公安司法机关不需要越俎代庖地去提前监管。另一方面，由于非法集资类犯罪本身存在的制度正当性危机[2]，过分地运用计划经济思路下的传统罪名，无异于会阻碍新兴金融产业的发展，从而缺乏

---

[1] 网址：http://www.gov.cn/xinwen/2015-07/18/content_2899360.htm，最后访问日期：2016 年 6 月 12 日。

[2] 从金融交易主义的立场上看，非法集资类等金融市场准入类犯罪的立法目的在于强化国家对金融秩序的垄断，残留着浓厚的计划经济的气息，与市场经济的发展趋势不相符合。参见姜涛：《互联网金融所涉犯罪的刑事政策分析》，载《华东政法大学学报》2014 年第 5 期。

刑法介入的妥当性。

因此，在网络金融犯罪应对的策略上，应始终坚持刑法谦抑性立场，不仅在刑事立法方面，即确定新型犯罪的问题上要采取审慎态度，而且在刑事司法方面，即现有罪名涵摄的问题上也要保持收缩而非扩张的态势。对网络金融的总体政策应以引导为主，为金融创新活动设置合理的试错机制，尽可能减少个人以刑事责任的方式来承担相应试错的不利后果的风险①。否则，在鼓励创新的大旗下，挥动杀伐惩处的斧钺，不仅会直接引发公众对个案的质疑，也会间接促发对金融领域内刑事责任归属正当性的深层次的追问。

需要注意的是，尽管我们强调刑法应当谦抑、被动，但这并不意味着在网络金融犯罪问题上刑法无能为力。事实上，刑法可以通过对金融交易的平台或中间人的规制，实现有效的风险规制。为保障网络金融的健康和长远发展，国家亦有必要严格监管网络金融平台，明确网络金融平台的相关刑事风险，即要确定第三方支付、众筹、P2P、基金销售等网络金融平台的地位和义务。一是明确第三方支付平台的反洗钱法律主体地位。第三方支付平台应该负责类似商业银行对交易信息资料的获取、资金活动的监测分析、客户身份和可疑交易识别等日常反洗钱工作。二是明确众筹、P2P、基金销售等网络金融平台的证券交易平台地位，将其视同《刑法》第181条规定的"证券交易所、期货交易所、证券公司、期货经纪公司"。众筹、P2P、基金销售等平台要接受证券期货监督管理部门的监管，严格审批众筹、资金借贷或基金销售等项目，做好相关信息披露工作，否则就应承担其相应的法律责任乃至刑事责任。

---

① 同样的观点，参见毛玲玲：《发展中互联网金融法律监管》，载《华东政法大学学报》2014年第5期。

第十一章 内容型网络犯罪的刑事政策应对

除了第九章和第十章的对象型网络犯罪和工具型网络犯罪外，还有一类网络犯罪，它并非以网络作为犯罪对象或单纯的犯罪工具。在这类网络犯罪中，计算机技术所形成的网络空间本身是其滋生的独有温床和土壤。离开了网络，这类犯罪要么无法生存，要么无法爆发出令人关注的危害性。[①] 可以说这类犯罪有别于前两类网络犯罪，按照第一章对网络犯罪的区分，我们将之称为内容型网络犯罪。在讨论完前两类网络犯罪后，有必要对内容型网络犯罪予以关注和讨论。

第一节 内容型网络犯罪概述

一、内容型网络犯罪的界定

（一）内容型网络犯罪的概念

内容型网络犯罪是指将网络作为犯罪空间而非单纯将网络作为犯罪对象、犯罪工具的网络犯罪。理解这个概念需要注意两点：

第一，内容型网络犯罪不同于对象型网络犯罪和工具型网络犯罪。一方面，内容型网络犯罪的犯罪对象并不是计算机信息系统。这就区别于以计算机信息系统为犯罪对象的对象型网络犯罪；另一方面，内容型网络犯罪并非单纯将网络作为犯罪工具，而是将网络作为犯罪空间，这也不同于工具型网络犯罪。

第二，即便通过第一点的界定，由于工具型网络犯罪和内容型网络犯罪之间的交叉融合关系，事实上对二者作绝对完整和清晰的划分是难以实现的。这其中的实质原因在于"犯罪工具"和"犯罪空间"并非绝对没有交集。在网络（空间）中实施犯罪，实际上也是对网络（工具）的利用。比如，利用网络窃取网银资金是典型的将网络作为犯罪工具，但是犯罪行为却发生在网络空

---

① 参见于志刚：《网络犯罪的代际演变与刑事立法、理论之回应》，载《青海社会科学》2014 年第 2 期。

间，对这类网络犯罪归类就存在困难。

鉴于本书并未按照具体罪名一一展开对策性研究①，考虑本章与第十章的衔接，为避免研究和论述上的重复，我们采取以下原则处理：若某类典型犯罪处在工具型和内容型网络犯罪的重合处，则本书会将其置于我们所认为最为合适的类型之中加以论述。因此，若相关犯罪已在前述章节中得到论述，则本章便不再做赘述。

（二）内容型网络犯罪的种类

根据上述内容型网络犯罪的概念，本章所研究的内容型网络犯罪从外延上看，主要涉及网络知识产权犯罪、网络色情犯罪和网络传谣犯罪等。

所谓网络知识产权犯罪指的是在网络空间中实施的侵犯知识产权的犯罪行为。根据我国刑法典，其所涉及的罪名包括假冒注册商标罪，销售假冒注册商标的商品罪，非法制造、销售非法制造的注册商标标识罪，假冒专利罪，侵犯著作权罪，销售侵权复制品罪和侵犯商业秘密罪，生产、销售伪劣商品罪，非法经营罪等。

所谓网络色情犯罪指的是在网络空间中实施的色情犯罪行为。根据我国刑法典，其所涉及的罪名包括组织卖淫罪，协助组织卖淫罪，引诱、介绍卖淫罪，制作、复制、出版、贩卖、传播淫秽物品牟利罪，传播淫秽物品罪，组织播放淫秽音像制品罪，组织淫秽表演罪等。

所谓网络传谣犯罪指的是在网络空间中实施的传谣犯罪行为。根据我国刑法典，其所涉及的罪名包括诽谤罪，损害商业信誉、商品声誉罪，虚假广告罪，编造、故意传播虚假恐怖信息罪，编造、故意传播虚假信息罪，编造并传播证券、期货交易虚假信息罪，煽动颠覆国家政权罪，煽动分裂国家罪，煽动民族仇恨、民族歧视罪，战时造谣扰乱军心罪，战时造谣惑众罪等。

二、内容型网络犯罪案件特征统计

如第七章所述，内容型网络犯罪共涉及 51 个犯罪案件②，合计有 82 个罪名样本。从这 82 个样本总体来看，包括了网络知识产权犯罪 38 个（假冒注册商标罪 1 个，侵犯商业秘密罪 1 个，侵犯著作权罪 23 个，销售假冒注册商标

---

① 当然，这种研究本身也并不一定科学——因为内容型或工具型网络犯罪，通常是线下传统犯罪在网络中的异化，因而若要一一展开，则势必将整个刑法典的分则部分全部论述，如此，既无必要，其意义亦不大。

② 这 51 个网络犯罪案件包括 21 个网络知识产权犯罪案件、26 个网络色情犯罪案件和 4 个网络传谣犯罪案件。

的商品罪 10 个，销售侵权复制品罪 3 个），网络色情犯罪 40 个（传播淫秽物品牟利罪 7 个，贩卖淫秽物品牟利罪 1 个，复制、传播淫秽物品牟利罪 2 个，传播淫秽物品罪 23 个，组织淫秽表演罪 1 个，介绍卖淫罪 5 个，协助组织卖淫罪 1 个），网络传谣犯罪 4 个（诽谤罪 1 个，损害商业信誉罪 1 个，编造、故意传播虚假恐怖信息罪 1 个，虚假广告罪 1 个）。通过分析这些样本，发现内容型网络犯罪案件有如下特征：

（一）初犯比例较高

51 个内容型网络犯罪案件共涉及 82 个犯罪人。通过考察有无前科这一变量发现，有前科背景的有 5 人（约 6.1%），而没有前科背景的有 77 人（约 93.9%），这说明在内容型网络犯罪的犯罪主体中初犯比例较高。

（二）犯罪形势严峻

51 个内容型网络犯罪案件的法院受案数按照年份的排序统计如下：2007 年受案 1 件，2008 年受案 1 件，2009 年受案 1 件，2011 年受案 4 件，2012 年受案 8 件，2013 年受案 9 件，2014 年受案 27 件。如图 11 - 1 - 1 所示，虽然缺少 2010 年受案数，但是大体上可以看出 2007 年至 2014 年法院办理内容型网络犯罪案件数量呈现上升趋势，即内容型网络犯罪呈扩大态势。[①]

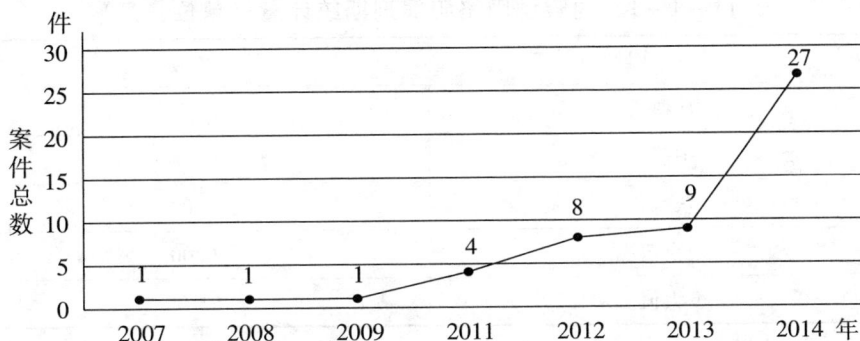

图 11 - 1 - 1　2007 ~ 2014 年内容型网络犯罪案件受案走势

---

① 每类内容型网络犯罪形势如下：（1）网络知识产权犯罪案件受案情况按年份统计如下：2009 年受案 1 件，2011 年受案 3 件，2012 年受案 4 件，2013 年受案 4 件，2014 年受案 9 件。尽管缺少 2010 年数据，但大致可以看出，网络知识产权犯罪案件受案数量呈上升趋势，即网络知识产权犯罪呈扩大态势。（2）网络色情犯罪案件受案情况按年份统计如下：2007 年受案 1 件，2008 年受案 1 件，2011 年受案 1 件，2012 年受案 4 件，2013 年受案 5 件，2014 年受案 14 件。尽管缺少 2009 年和 2010 年数据，但大致可以看出，网络色情犯罪案件受案数量呈上升趋势，即网络色情犯罪呈扩大态势。（3）由于网络传谣犯罪案件样本都是 2014 年的，所以单就网络传谣犯罪案件样本而言，没法说明其犯罪形势。

（三）罪量认定存在不足

内容型网络犯罪案件中部分案件在罪量认定上存在如下问题：其一，存在降格认定问题。我国相关司法解释已经对相关犯罪的罪量做了细化规定，以司法解释为基准，在 51 起内容型网络犯罪案件中存在 2 起应认定加重犯却没有认定的案件。换言之，内容型网络犯罪案件中存在降格认定的情形，即本应认定为加重犯却认定为基本犯。其二，罪量认定存在困难。比如，在李某某等传播淫秽物品牟利案[①]中，由于涉案网站是免费注册网站，存在会员多次和重复注册的情况，因而如何认定注册会员数就存在困难。

（四）轻刑适用比例较高

如表 11-1-1 所示，通过分析 82 个样本，可以发现刑期均值为 17.11 个月，中值为 12 个月，众数为 6 个月，极小值为 0 个月，极大值为 62 个月。值得注意的是不管是均值、中值还是众数都小于 36 个月。通过把刑期分为轻刑（刑期在 36 个月以下，含 36 个月）和重刑（刑期在 36 个月以上），可以发现判处轻刑的有 76 个（92.7%），判处重刑的有 6 个（7.3%），前者约是后者的 13 倍，显然，占绝大多数的是轻刑。这说明这些内容性网络犯罪的轻刑适用比例较高。

表 11-1-1　内容型网络犯罪刑期统计量（单位：月）

刑期统计量	数值
均值	17.11
中值	12.00
众数	6.00
极小值	0.00
极大值	62.00

（五）缓刑适用比例不低

与轻刑适用相伴的是缓刑适用问题。根据《刑法》，缓刑仅适用于被判处拘役、3 年以下有期徒刑的犯罪分子，通过分析发现，在 82 个有效样本中满足拘役、3 年以下有期徒刑的样本共有 76 个，其中判处缓刑的样本共有 42 个（约 55.26%），未判处缓刑的有 34 个（约 44.74%）。可见内容型网络犯罪案

---

① 案件字号为（2007）穗中法刑一终字第 105 号，网址：http://www.pkulaw.cn/case/pfnl_117569464.html? match = Exact，最后访问日期：2016 年 6 月 12 日。

件的缓刑适用比例不低。

第二节 惩治内容型网络犯罪存在的问题

本节以网络知识产权犯罪、网络色情犯罪和网络传谣犯罪为视角，结合前述内容型网络犯罪案件统计特征，审视刑法惩治内容型网络犯罪所存在的问题。

一、惩治网络知识产权犯罪存在的问题

（一）法益保护范围较窄

我国刑法在知识产权保护上采取了特殊保护和一般保护两种方式。特殊保护指的是刑法设专门的章节来保护知识产权，具体而言，在《刑法》第三章第7节通过设立特殊罪名来规制部分典型、多发、危害性严重的侵害知识产权的犯罪行为。这包括假冒注册商标罪，销售假冒注册商标的商品罪，非法制造、销售非法制造的注册商标标识罪，假冒专利罪，侵犯著作权罪，销售侵权复制品罪和侵犯商业秘密罪。换言之，刑法特殊保护商标权、专利权、著作权和商业秘密权。而一般保护则是指刑法通过一般罪名来保护知识产权，这些一般罪名包括生产、销售伪劣商品罪、非法经营罪等。很明显，部分没有纳入特殊保护的知识产权可以通过这些一般罪名受到保护。[①]

但这种罪名体系存在片面保护的问题。具体而言，商标权、专利权、著作权和商业秘密权虽然受到了特殊保护，但这种保护是不全面的，即刑法仅保护这些知识产权的部分内容，而非保护这些知识产权的全部内容。拿侵犯著作权罪的法益来说，著作权是《刑法》第217条所保护的法益，但该条所保护的著作权内容却是有限的，即仅包括复制权、发行权和署名权。在虚拟网络中这种有限保护显得过于狭隘，比如，作为著作权内容的信息网络传播权的被害性一点都不逊于复制权、发行权和署名权，而《刑法》第217条对之却未明示保护。虽然2004年"两高"《关于办理侵犯知识产权刑事案件具体应用法律若干问题的解释》（以下简称《侵犯知识产权刑事案件解释》）第11条已经将信息网络传播权置于发行权下予以保护，在一定程度上解决了这个问题。但是为何一个独立的信息网络传播权要置于发行权下保护呢？这显然缺乏合理性。

---

① 参见于志刚主编：《网络空间中知识产权的刑法保护》，中国政法大学出版社2014年版，第15~16页。

除此之外，需要注意的是技术措施。"技术措施是版权人在数字时代保护自己利益的技术手段。"① 有学者指出，在司法实践中存在大量侵害技术措施的行为，而刑法对之的制裁却出现了空白。②

（二）行为评价有失偏颇

"外挂"、"私服"一直是知识产权保护所关注的问题。虽然"外挂"和"私服"到目前为止还没有明确的定义，但一般认为，"私服"是指"未经网络游戏软件著作权人或其授权的网络游戏软件运营商的授权，通过非法途径获得网络游戏软件的服务器端安装程序或其源程序之后，私自架设网络游戏服务器的行为"③。而"外挂"这个语词在日常生活中使用很广泛，比如，空调室外机涉及"外挂"问题，逃过网吧实名登录的免刷软件也有时被称为"外挂"软件，当一个人超出正常状态做某事，也可能会被别人说是开了"外挂"。但这里所说的"外挂"专指网络游戏外挂。

刑法学界对"外挂"有诸多定义，有学者总结出四种外挂的定义，④ 有学者总结出五种外挂的定义，⑤ 有学者梳理了六种外挂的定义，⑥ 等等。总结来说，"外挂"在定义上有三个层次，即最广义外挂、广义外挂和狭义外挂三种。最广义外挂是将外挂视为一种能增强功能的软件，⑦ 准确地说应该叫插件（plug‑in），这显然并非仅针对网络游戏外挂而言。广义外挂定义，如"外挂程序是故意编制的、以对网络游戏或者包含网络游戏在内的一系列程序产生直接或间接影响的，并非网络游戏本身客户端程序的程序"⑧。广义外挂定义显然是针对网络游戏外挂而言的，以这个定义为基础，可以对外挂进行分类。⑨ 狭义外挂定义，如"行为人故意编制的，通过破坏网络游戏的技术保护措施，复制利用他人源代码，修改、伪造游戏数据等手段，用以提供网络游戏本身并

---

① 王迁：《版权法保护技术措施的正当性》，载《法学研究》2011 年第 4 期。

② 参见于志刚主编：《网络空间中知识产权的刑法保护》，中国政法大学出版社 2014 年版，第 9 页。

③ 万立雪、冷雪石：《网络游戏中的著作权纠纷解析——以对战平台和私服为切入点》，载《云南师范大学学报》（哲学社会科学版）2009 年第 2 期。

④ 参见寿步、黄毅峰等：《外挂程序的定义特征和分类》，载《电子知识产权》2005 年第 8 期。

⑤ 参见于志刚主编：《网络空间中知识产权的刑法保护》，中国政法大学出版社 2014 年版，第 83 ~ 84 页。

⑥ 参见王燕玲：《论网络游戏中"外挂"之刑法规制》，载《法律适用》2013 年第 8 期。

⑦ 参见陈惠珍：《试析"私服""外挂"的危害性》，载《法治论丛》2004 年第 3 期。

⑧ 寿步、黄毅峰等：《外挂程序的定义特征和分类》，载《电子知识产权》2005 年第 8 期。

⑨ 具体分类可参见寿步、黄毅峰等：《外挂程序的定义特征和分类》，载《电子知识产权》2005 年第 8 期；或者参见于志刚主编：《网络空间中知识产权的刑法保护》，中国政法大学出版社 2014 年版，第 85 页。

不具有的功能或者扩展游戏客户端功能，从而违反游戏规则、影响游戏的公平性和平衡性的程序"①。这个定义相对于广义外挂而言，进一步缩小了外挂的范围。将外挂分三个层次认识的意义在于，最广义外挂定义可提示外挂并不限于网游外挂，广义外挂定义有助于进一步认识外挂的分类，狭义外挂定义则有助于提示需要予以规制的外挂（行为）的范围。我们这里是在狭义上使用外挂的概念。

1. 司法实践中对外挂、私服行为存在定性不一的问题，部分判决在认定罪名时说理不够。就外挂而言，法官们常对外挂违法行为侵犯著作权的何种内容争论不休。比如，在谈某某等非法经营案②中，二审法院正是认为擅自制作网游外挂出售牟利的行为并未侵犯著作权人的复制发行权，而仅侵犯了修改权，从而否定被告构成侵犯著作权罪。当然，否定外挂侵犯著作权人的复制发行权并不意味着否定行为人构成犯罪，事实上，法官在否定行为人构成侵犯著作权罪后常会对之判处其他罪名，如非法经营罪。与之类似，在阳某非法经营案③中，该案被告认为自己制作外挂行为属于复制软件行为，但法官却对之予以否定。相反的观点则认为擅自制作网游外挂出售牟利的行为侵犯了著作权人的复制发行权，应成立侵犯著作权罪。④ 私服案件也存在定性不一的问题，比如申某某非法经营案⑤和蔡某某等侵犯著作权案⑥，这两个案件都是有关私服的案件，但是法官的判决完全不同，即同是通过架设私服、通过销售点卡等方式牟利的行为，一个判的是非法经营罪，另一个判的是侵犯著作权罪。值得注意的是，两份判决并未具体说明此罪与彼罪的界分，具体而言，为什么判非法经营罪而不是侵犯著作权罪，或者为什么判侵犯著作权罪而不是非法经营罪，在判决书中并未具体予以说明。

2. 理论上部分观点有失偏颇。有观点认为制售外挂行为是侵犯著作权罪

---

① 于志刚主编：《网络空间中知识产权的刑法保护》，中国政法大学出版社 2014 年版，第 86 ~ 88 页。

② 案件字号为（2007）一中刑终字第 1277 号，网址：http://www.pkulaw.cn/case/pfnl_117529599.html?match=Exact，最后访问日期：2016 年 6 月 12 日。

③ 案件字号为（2013）嘉刑初字第 447 号，网址：http://wenshu.court.gov.cn/content/content?DocID=7f17d6c0 - c61f - 4d60 - 9b18 - 6d65911d6f96，最后访问日期：2016 年 6 月 12 日。在行为人的行为同时符合侵犯著作权罪和非法经营罪时应如何处理的问题上，该案法官未给出令人信服的理由。

④ 参见罗鹏飞：《擅自制作网游外挂出售牟利的法律适用》，载《人民司法》2008 年第 12 期。

⑤ 案件字号为（2012）洪法刑初字第 152 号，网址：http://www.pkulaw.cn/case/pfnl_1970324854699026.html?match=Exact，最后访问日期：2016 年 6 月 12 日。

⑥ 案件字号为（2012）宁刑初字第 543 号，网址：http://www.pkulaw.cn/case/pfnl_1970324838828185.html?match=Exact，最后访问日期：2016 年 6 月 12 日。

中的复制发行行为，制售外挂和单独销售外挂不应认定为非法经营罪。① 但这种说法值得商榷，具体而言：

第一，论者认为当前互联网非法出版活动在我国并未上升至刑事违法层面，而仅处在行政违法层面。② 但这个观点并不成立，因为《关于审理非法出版物刑事案件具体应用法律若干问题的解释》（1998 年 12 月 17 日发布，法释〔1998〕30 号）第 11 条、第 15 条的规定可以说已经明确将非法出版活动纳入刑法规制，互联网非法出版活动和非法出版活动是种属关系，所以互联网非法出版活动在我国并非仅处于行政违法层面。论者似乎这么认为，即由于《互联网出版管理暂行规定》没有附属刑法规定，所以互联网非法出版活动就处在行政违法层面。但一来这种逻辑不对，二来《互联网出版管理暂行规定》已经被废止，取而代之的是《网络出版服务管理规定》。由于《网络出版服务管理规定》第 51 条存在附属刑法的规定，所以根据论者的逻辑也应认为互联网非法出版活动在我国可为刑法规制。

第二，论者认为构成非法经营罪的前提是"违反国家规定"，结合《刑法》第 96 条对"违反国家规定"的界定，《互联网出版管理暂行规定》和《关于开展对"私服"、"外挂"专项治理的通知》都非国家规定，所以制售外挂、单独销售外挂难以构成非法经营罪。③ 但这个观点也不成立，因为《互联网出版管理暂行规定》（现行有效的是《网络出版服务管理规定》）是依据《出版管理条例》和《互联网信息服务管理办法》等法律法规制定的，而这两个规定属于行政法规，制售外挂、单独销售外挂显然也违反了《出版管理条例》和《互联网信息服务管理办法》的规定，怎么能说没有"违反国家规定"呢？

第三，对于最高人民法院、最高人民检察院、公安部《关于办理侵犯知识产权刑事案件具体应用法律若干问题的解释（二）》［以下简称《侵犯知识产权刑事案件解释（二）》］第 2 条第 3 款，论者认为"其中隐含的意思就是不再适用非法经营罪等其他罪名"。在论者看来，"如果说在尚未规定和明确著作权犯罪及其适用原则的情况下，用非法经营罪等'口袋'性质的罪名套用侵犯著作权的行为具有一定的历史必然性和现实合理性，那么在已经规定侵犯著作权罪和明确其适用原则的背景下，仍然坚持非法经营罪在著作权刑事保

---

① 参见俞小海：《网络游戏外挂行为刑法评价的正本清源》，载《政治与法律》2015 年第 6 期。
② 参见俞小海：《网络游戏外挂行为刑法评价的正本清源》，载《政治与法律》2015 年第 6 期。
③ 参见俞小海：《网络游戏外挂行为刑法评价的正本清源》，载《政治与法律》2015 年第 6 期。

护领域的误用，无疑显得不合理"①。但这种解读是片面的，因为上述司法解释说的很清楚，非法出版、复制、发行他人作品，按照侵犯著作权罪定罪处罚的前提是"侵犯著作权构成犯罪的"，换言之，没有侵犯著作权的，就不属于上述解释规定的情形，不能以侵犯著作权罪定罪处罚，②如果此时符合侵犯著作权罪之外有关罪名的犯罪构成，则完全可以这些罪名定罪处罚。

第四，论者认为互联网出版的本质是复制发行，即便承认制售外挂和单独销售外挂可被认定为互联网出版活动，其最终仍应回归于复制发行这一本质，即行为人侵犯的是版权人的著作权。③但这种说法是有问题的，一个很好的反驳例子是，国家工作人员利用职务便利窃取公共财物的行为本质上是盗窃行为，但构成犯罪的一般以贪污罪而非盗窃罪定罪处罚。

综上，应当承认当制售外挂和单独销售外挂行为侵犯著作权构成犯罪时，应以侵犯著作权罪定罪处罚。这是因为根据《侵犯知识产权刑事案件意见》第 12 条的规定，非法出版、复制、发行他人作品，侵犯著作权构成犯罪的，按照侵犯著作权罪定罪处罚，不认定为非法经营罪等其他犯罪。但是，该意见并没有说非法出版、复制、发行他人作品不构成侵犯著作权罪时就不能以其他罪处罚。也就是说，当行为人非法出版、复制、发行他人作品不构成侵犯著作权罪，但是构成非法经营罪等其他罪名的，完全可以非法经营罪等其他罪名予以处罚，而非对之以无罪论处。所以，不应否定制售外挂和单独销售外挂行为可能构成非法经营罪。

事实上，对于私服，也存在观点认为网游私服不属于非法经营。④诚然，行为人架设私服，通过点卡等方式销售牟利侵犯著作权的，按照规定，应成立侵犯著作权罪，不认定为非法经营罪。但是这并不能否定架设私服，通过销售点卡等方式牟利的行为是非法经营行为。当行为人的行为因为证据等问题而无法构成侵犯著作权罪时，倘若其符合非法经营罪的犯罪构成，则应当以非法经营罪定罪处罚，而不应无罪释放。

（三）犯罪目的的去与留

在《刑法》第三章第 7 节侵犯知识产权罪中有两个罪名要求行为人主观必须具有营利目的，这两个罪名就是侵犯著作权罪和销售侵权复制品罪。如果

---

① 俞小海：《网络游戏外挂行为刑法评价的正本清源》，载《政治与法律》2015 年第 6 期。

② 参见张军主编：《解读最高人民法院司法解释之刑事卷》（上），人民法院出版社 2011 年版，第 462 页。

③ 参见俞小海：《网络游戏外挂行为刑法评价的正本清源》，载《政治与法律》2015 年第 6 期。

④ 参见苏彩霞：《网络游戏私服的刑法定性》，载《国家检察官学院学报》2013 年第 4 期。

说销售侵权复制品要求营利目的还能理解，因为既然是"销售"，不管是在现实世界中销售还是在网络上销售，都免不了要考虑"营利"，那么如何理解侵犯著作权罪要求"以营利为目的"呢？围绕这一问题学界形成了两派观点。

一派主张保留该主观要素（保留说），保留说认为"以营利为目的"这一要素具有合理性：第一，设置"以营利为目的"这一要素是刑法谦抑性的体现。第二，TRIPS 协议虽未明确要求"以营利为目的"，但却要求"具有商业规模的蓄意"。第三，"以营利为目的"是平衡保护创作人的著作权与繁荣文化的需要。第四，营利并不限于直接营利，还包括间接营利。"以营利为目的"的认定可以通过扩大解释来解决。《侵犯知识产权刑事案件意见》对"以营利为目的"的认定解释就是一个很好的例子。[①] 第五，"我国刑法中关于侵犯著作权犯罪以营利为目的的规定与其重罪重罚的特点有关，也与我国刑法注重犯罪的定性与定量相结合的立法技术有关"[②]。

与之相反，另一派则主张删去这一构成要件要素（删去说），该派认为在网络时代仍要求侵犯著作权罪"以营利为目的"是难以理解的：第一，网络改变了人们侵犯著作权的主观目的。利用网络实施侵犯著作权的目的已呈现多元化趋势。[③] 网络的虚拟性、便捷性使得人们可以出于刺激、炫技、报复等目的轻而易举地完成侵犯他人著作权的行为。第二，设置"以营利为目的"要素徒增检察机关的证明难度，所以有必要删去"以营利为目的"这一构成要件要素。[④] 第三，部门法协调的需要。考虑到著作权法已经不再要求侵犯著作权须以营利为目的，刑法也有必要删去这一要素。第四，TRIPS 协议未明确要求侵犯著作权罪须以营利为目的。[⑤]

我们认为，保留说中提及的"关于侵犯著作权犯罪以营利为目的的规定与其重罪重罚的特点有关"的观点值得注意，但是该说似未充分考虑网络对

---

① 参见郝方昉：《关于构成侵犯著作权罪应否需要"以营利为目的"的理性思考——兼评〈关于办理侵犯知识产权刑事案件适用法律若干问题的意见〉中的相关规定》，载《西南科技大学学报》（哲学社会科学版）2011 年第 3 期。

② 卢建平：《在宽严和轻重之间寻求平衡——我国侵犯著作权犯罪刑事立法完善的方向》，载《深圳大学学报》2006 年第 5 期。

③ 参见邵培樟：《侵犯著作权犯罪之主观要件设置的反思与重构——数字网络环境下著作权刑法保护之有限扩张》，载《湖北社会科学》2014 年第 4 期。

④ 参见赵秉志等：《侵犯知识产权犯罪的立法完善问题研究》，载赵秉志主编：《刑法评论》（总第 24 卷），法律出版社 2014 年版，第 158～160 页。

⑤ 参见郝方昉：《关于构成侵犯著作权罪应否需要"以营利为目的"的理性思考——兼评〈关于办理侵犯知识产权刑事案件适用法律若干问题的意见〉中的相关规定》，载《西南科技大学学报》（哲学社会科学版）2011 年第 3 期。

侵犯著作权的影响。事实上，诚如删去说所言，利用网络实施侵犯著作权的目的已经多元化，因而在网络背景下"以营利为目的"这一要素会不适当地限缩侵犯著作权罪的犯罪圈。当前，若保留"以营利为目的"这一主观要素，那么可行的出路则是对该要素作扩大解释，而未来立法若删去"以营利为目的"，则需要综合考虑刑罚配置、立法技术以及犯罪圈大小等问题。

（四）罪量认定存在偏差

1. 罪量认定有待商榷

司法实践中存在未能严格依据司法解释认定罪量的情形。比如，《侵犯知识产权刑事案件解释（二）》第1条规定复制品数量合计在500张（份）以上的是侵犯著作权罪中的"有其他严重情节"，复制品数量合计在2500张（份）以上的是侵犯著作权罪中的"有其他特别严重情节"。但在我们实证的案件中存在复制品数量达3500份却未被认定为"有其他特别严重情节"的情形。

2. 罪量评价障碍

我国侵犯知识产权罪的罪量规定以及相关司法解释难以满足信息时代规制知识产权犯罪对罪量的需求。

具体而言，假冒注册商标罪的罪量是情节（特别）严重，相关司法解释将之细化为两个考量因素，即违法所得数额和非法经营数额。销售假冒注册商标的商品罪的罪量是销售金额数额较大（巨大）。非法制造、销售非法制造的注册商标标识罪的罪量是情节（特别）严重，相关司法解释将之细化为注册商标标识数量、违法所得数额和非法经营数额3个考量因素。假冒专利罪的罪量是情节严重，相关司法解释将之细化为违法所得数额、非法经营数额和直接经济损失3个考量因素。侵犯著作权罪的罪量是违法所得数额较大（巨大）或有其他（特别）严重情节，对于有其他（特别）严重情节，相关解释或意见将之细化为非法经营数额、传播作品的数量、传播作品的实际被点击数和注册会员数4个考量因素。侵犯商业秘密罪的罪量是造成重大损失和造成特别严重后果，而相关追诉标准的规定又将违法所得数额、破产作为立案追诉标准。可见，除了侵犯著作权罪的相关解释或意见结合网络因素细化罪量外，其余侵犯知识产权罪的罪量及其解释或规定都仍然停留在满足现实世界规制侵犯知识产权罪对罪量的需求之上。

二、惩治网络色情犯罪存在的问题

2015年《刑法修正案（九）》新增了拒不履行信息网络安全管理义务罪、非法利用信息网络罪和帮助信息网络犯罪活动罪。这3个罪名虽不是针对网络色情犯罪，但却完善了规制色情犯罪的罪名体系，突出了预防控制理念，有助于规制网络色情犯罪，其中新增的拒不履行信息网络安全管理义务罪，有助于网络服务提供者加强对网络色情信息的监管；新增的非法利用信息网络罪有助于打击利用信息网络设立色情网站、通讯群组，发布制作或销售淫秽物品或其他色情信息；新增的帮助信息网络犯罪活动罪有助于打击网络色情犯罪帮助行为。尽管如此，惩治网络色情犯罪依然存在如下问题：

（一）罪量细化和认定问题

1. 罪量细化问题

《刑法修正案（九）》增设的拒不履行信息网络安全管理义务罪第 1 款规定："网络服务提供者不履行法律、行政法规规定的信息网络安全管理义务，经监管部门责令采取改正措施而拒不改正，有下列情形之一的，处三年以下有期徒刑、拘役或者管制，并处或者单处罚金：（一）致使违法信息大量传播的；（二）致使用户信息泄露，造成严重后果的；（三）致使刑事案件证据灭失，情节严重的；（四）有其他严重情节的。"

有学者指出，拒不履行信息网络安全管理义务罪在罪量设计上存在实质性标准不足的问题。具体而言：其一，就"致使违法信息大量传播"而言，"由于网络传播的快捷特点，在一两秒内就可能产生大量信息在网络间传播的结果，但是这种结果与造成实质的社会危害后果并不必然等同，如实践中很多虚假信息并不会使人相信，不会误导公众，难以造成社会秩序混乱"。其二，就"致使刑事案件证据灭失，情节严重的"而言，"'刑九'一审稿表述为'致使刑事犯罪证据灭失、严重妨害司法机关依法追究犯罪的'这种规定虽然规制范围有限，但相对明确，有实质的判断标准，易于操作。而二审稿修改为'致使刑事案件证据灭失，情节严重的'，显然在扩大打击范围的同时，立法明确性又相对不足"。其三，兜底条款的设计，"使得整个法条显得过于模糊，有违背罪刑法定原则之嫌，可能会导致刑事责任认定的随意性"。该论者认为有必要对该条第 3 项重新规定"严重妨害司法秩序"的限制条件，并将第 4 项修改为"其他严重危害国家安全和社会秩序，情节严重的"。①

2. 罪量认定问题

（1）罪量认定有待商榷

司法实践中存在未能严格依据司法解释认定罪量的情形。比如，对于传播淫秽物品牟利罪而言，依据《淫秽电子信息刑事案件解释》第 1 条和第 2 条的规定，传播淫秽视频 100 个以上就是"情节严重"。但在我们所收集调查和

---

① 参见陆旭：《网络服务提供者的刑事责任及展开——兼评〈刑法修正案（九）〉的相关规定》，载《法治研究》2015 年第 6 期。

实证分析的案件中，存在着传播淫秽物品超过 100 个却未被认定为"情节严重"的情形。

（2）罪量认定存在困难

依据《淫秽电子信息刑事案件解释》第 1 条和第 2 条的规定，以牟利为目的，以会员制方式出版、贩卖、传播淫秽电子信息，在注册会员达 200 人以上时才会构成制作、复制、出版、贩卖、传播淫秽物品牟利罪，当注册会员达 1000 人以上时就应认定"情节严重"，当注册会员达 5000 人以上时就应认定"情节特别严重"。尽管该解释对网络因素加以强调，即从注册会员数的角度对罪量进行细化。但问题是，在会员多次、重复注册时应如何认定注册会员数？事实上，这种认定很难，因为此种情形下很难进行查重、筛选。比如在李某某等传播淫秽物品牟利案①中，涉案网站的注册会员达 101703 名，但是二审法院认定这些注册会员存在会员多次和重复注册的情况。由于难以查重、筛选，该法院最终否定了被告人"情节特别严重"。

（二）法定刑设计不足

我国《刑法》为制作、复制、出版、贩卖、传播淫秽物品牟利罪设计了 3 档法定刑，并且最高刑罚可达到无期徒刑，而《刑法》为传播淫秽物品罪仅设计了 1 档法定刑，并且最高刑罚仅为 2 年有期徒刑。就传播淫秽物品牟利罪和传播淫秽物品罪而言，在文字表述上，二者仅仅是"牟利"的差别，何以在主观上有无"牟利"目的，在刑罚上就有无期徒刑和 2 年有期徒刑之别？就利用网络传播淫秽物品而言，由于网络的虚拟性和聚焦性，以牟利为目的传播淫秽物品的法益侵害性和不以牟利为目的传播淫秽物品罪的法益侵害性相差并不太大。而巨大反差的刑罚设计会导致刑法在规制传播淫秽物品行为方面"不公平"。另外，传播淫秽物品罪仅规定了 1 档法定刑，这就意味着不管传播多少淫秽物品，只能在该档法定刑中进行量刑并且最高刑罚只能是 2 年，这显然难以做到罪刑相适应。

三、惩治网络传谣犯罪存在的问题

（一）类推解释问题突出

1. 诽谤罪

《网络诽谤刑事案件解释》第 1 条第 2 款规定："明知是捏造的损害他人

---

① 案件字号为（2007）穗中法刑一终字第 105 号，网址：http：//www. pkulaw. cn/case/pfnl_117569464. html？match = Exact，最后访问日期：2016 年 6 月 12 日。

名誉的事实，在信息网络上散布，情节恶劣的，以'捏造事实诽谤他人'论。"刑法学界对该条款的规定存在争议，即行为人没有捏造事实，只是在信息网络上散布他人捏造的事实，这是否符合《刑法》第246条所规定的诽谤罪的构成要件？通说认为上述情形不符合诽谤罪的构成要件，因为构成诽谤罪需要行为人既捏造又散布。反对论者认为上述情形符合诽谤罪的构成要件，因为诽谤罪的构成要件行为是单一行为，即散布捏造的事实。具体而言：第一，"捏造事实诽谤他人"不可能解释为"捏造事实并诽谤他人"，进而难以解释为"捏造事实并散布事实"。因为"诽谤"一词已经包含了"捏造事实"或者"利用捏造的事实"的含义。第二，从语法上将"捏造事实诽谤他人"解释为"利用捏造的事实诽谤他人"或"以捏造的事实诽谤他人"并非没有可能。类似地，比如《刑法》第236条中的"以暴力……强奸妇女"完全可以表述为"暴力强奸妇女"。倘若法条表述为"暴力强奸妇女"就完全可以用"以暴力……强奸妇女"来替代。基于此，可以将"捏造事实诽谤他人"解释为"利用捏造的事实诽谤他人"或"以捏造的事实诽谤他人"。① 我们认为，反对论者的理由值得商榷：

第一，从文字上看，所谓"诽谤"是指"无中生有，说人坏话，毁人名誉"②。根据词典的这个解释，说人坏话，毁人名誉，不管是自己捏造事实并利用或是利用他人捏造的事实，其实都属于无中生有，所以，认为"诽谤"一词已经包含了"捏造事实"或者"利用捏造的事实"的含义是没有问题的。但据此认为"捏造事实诽谤他人"不可能解释为"捏造事实并诽谤他人"却是有问题的。因为从动词并列的角度看，"捏造事实"和"诽谤他人"完全可以并列，其次，正如后面所提到的两者并列其实突出强调的正是"不实"的来源，即"不实"是行为人自己捏造的，而非在他人捏造后自己再加以利用。

第二，"以暴力……强奸妇女"替换成"暴力强奸妇女"，从词义上看，含义没有改变，这种替换是完全可以的。之所以这种替换是可以的，是因为暴力是强奸的手段、方法、工具，而汉语里"以"字就是凭借的意思，表达的正是对手段、方法、工具的凭借、利用之意。所以不管是将"暴力强奸妇女"说成是"以暴力……强奸妇女"，还是将"以暴力……强奸妇女"说成是"暴力强奸妇女"，都是可以的，其在含义上表达的都是一个意思。但是，这不能类比到"捏造事实诽谤他人"和"以捏造的事实诽谤他人"上，因为"捏造

---

① 参见张明楷：《网络诽谤的争议问题探究》，载《中国法学》2015年第3期。
② 中国社会科学院语言研究所词典编辑室编：《现代汉语词典》（第6版），商务印书馆2012年版，第377页。

事实"并非"诽谤"的手段、方法、工具。具体而言，"捏造事实"有两层含义：第一，捏造事实，强调行为，表达"不实"的来源，即捏造；第二，捏造事实，即捏造（的）事实，强调结果，表达捏造的后果，即"不实"。倘若认为是在第二层含义上使用捏造事实，那么"捏造事实诽谤他人"就不符合语法规则，而应在前面添加"以""利用"之类的语词才妥当。既然原文中并没有"以""利用"之类的词修饰"捏造事实"，那么就不应当将"捏造事实诽谤他人"理解成"以捏造的事实诽谤他人"。更何况，倘若"捏造事实诽谤他人"和"以捏造的事实诽谤他人"可以互换，就会导致忽视了上述"捏造事实"的第一层含义，即"不实"的来源。同是"诽谤"，在语词前添加"捏造事实"与不添加"捏造事实"的区别恰恰是"不实"的来源。换言之，"诽谤"所利用的"不实"究竟是行为人自己捏造的，还是他人捏造的？而"不实"的来源是诽谤罪犯罪圈的阀门，"捏造事实诽谤他人"和"以捏造的事实诽谤他人"替换的直接结果就是扩大了诽谤罪的犯罪圈，原本限定"诽谤"来源的"捏造事实"，经过这一替换后，就消失踪迹了。

第三，将"捏造事实诽谤他人"替换成"以捏造的事实诽谤他人"不符合立法原意。从立法原意看，"捏造事实的行为与散播行为必须同时具备才构成本罪。如果只是捏造事实与个别亲友私下议论，没有散播的，或者散播的是客观事实而不是捏造的虚假事实的，都不构成本罪"①。可见，《刑法》第246条所规定的诽谤罪处罚的对象是捏造并散布谣言的人，并不处罚未捏造事实但是却加以散布的人。倘若认为"捏造事实诽谤他人"是指"以捏造的事实诽谤他人"显然就不符合立法本意。

第四，司法解释从侧面也反映出构成《刑法》第246条所规定的诽谤罪须捏造事实并且诽谤他人。暂且不论《网络诽谤刑事案件解释》第1条第2款设置合理与否，该条款中的"以'捏造事实诽谤他人'论"说明前述的在信息网络上散布他人捏造的损害他人名誉的事实不符合《刑法》第246条所规定的诽谤罪的构成要件。不然又为何要说"以……论"？这岂不是说明二者的不同？换言之，"实际上该解释是以司法解释进行了'法律拟制'，将原本不属于诽谤罪的行为按诽谤罪定罪处罚。根据《立法法》的规定，犯罪和刑罚的法律规范的规定属于国家立法机关的权限，只能由法律作出规定，司法解

---

① 全国人大常委会法制工作委员会刑法室编：《中华人民共和国刑法条文说明、立法理由及相关规定》，北京大学出版社2009年版，第504页。

释只能对审判和检察工作中的具体应用法律的问题做出解释，无权进行法律拟制"①。

综上，应当认为行为人没有捏造事实，只是在信息网络上散布他人捏造的事实并不符合《刑法》第246条所规定的诽谤罪的构成要件。进而，《网络诽谤刑事案件解释》第1条第2款扩大诽谤罪的适用有司法代替立法之嫌。事实上，《网络诽谤刑事案件解释》第1条第2款还会引起法益保护的不平衡问题。我国《刑法》第221条规定了损害商业信誉、商品声誉罪。尽管有学者认为该罪的实行行为是散布，②但通说一般认为该罪的构成要件行为是捏造并散布，这与诽谤罪的构成要件行为相同。然而司法解释为诽谤罪"法律拟制"了新的构成要件行为（散布），却未为损害商业信誉、商品声誉罪"法律拟制"新的构成要件行为（散布），势必会导致罪名间的不平衡现象。举例来说，自然人甲明知是捏造的损害自然人乙名誉的事实，在信息网络上散布，情节恶劣的，以"捏造事实诽谤他人"论，而自然人甲明知是捏造的损害单位丙商业信誉的事实，在信息网络上散布，情节恶劣的，却不以损害商业信誉、商品声誉罪论处，这显然会导致法益保护的不平衡。同时，《网络诽谤刑事案件解释》第1条第2款未规定在现实世界中散布明知是捏造的有损他人名誉的事实是诽谤罪的构成要件行为，这种区分网络世界和现实世界的解释思路，虽然有利于打击网络诽谤犯罪，但是却会导致惩处犯罪的不平衡问题。

2. 起哄闹事型寻衅滋事罪

《网络诽谤刑事案件解释》第5条第2款规定："编造虚假信息，或者明知是编造的虚假信息，在信息网络上散布，或者组织、指使人员在信息网络上散布，起哄闹事，造成公共秩序严重混乱的，依照刑法第二百九十三条第一款第（四）项的规定，以寻衅滋事罪定罪处罚。"该条款将相关网络传谣行为规定为起哄闹事型寻衅滋事罪。值得注意的是，该条款相对于《刑法》第293条第1款第4项存在两点变化：一是将网络传谣起哄闹事解释为在公共场所起哄闹事；二是将《刑法》第293条第1款第4项中的"公共场所秩序"替换为"公共秩序"。围绕该条款，学者们的争论涉及如下问题：

（1）网络空间是否存在《刑法》所规定的公共场所？

一派观点认为网络空间是公共场所，因为在信息社会"公共场所"概念应当作符合信息社会变化的解释，所以《刑法》第293条第4项规定的"公

---

① 高铭暄、张海梅：《网络诽谤构成诽谤罪之要件——兼评"两高"关于利用信息网络诽谤的解释》，载《国家检察官学院学报》2015年第4期。

② 参见张明楷：《刑法学》（第4版），法律出版社2011年版，第741页。

共场所"可以扩张解释至信息网络空间。① 另有学者从程序法和实体法角度论证网络空间可以被视为公共场所。② 另一派观点则认为网络空间不是公共场所。有学者认为，现实场所以及物质设施是公共场所不可缺少的基本内涵和前提。③

我们认为，现实性是现实场所的特点，但不应据此否定网络空间中存在场所。从文义上看，所谓场所是指活动的处所。④ 也就是说场所具有两个特点：其一，要有人的行为活动；其二，要是个地方。网络空间完全符合这两个特点：一方面，网络空间存在人的活动，具体而言，在网上人们可以办理业务、进行视频、网络聊天等；另一方面，网络空间能够为人们提供各种服务平台，这些服务平台就是人进行活动的地方。据此，可以认为网络空间中存在场所，这种理解符合时代的发展，并未超出"场所"可能具有的含义，是可以接受的。反对派突出强调场所的现实性，但这仅仅是针对现实场所而言的；对网络空间里的场所而言，场所则具有虚拟性。另外，网络空间并非都存在公共场所。全国人大法工委刑法室认为："'公共场所'，是指具有公共性的特点，对公众开放，供不特定的多数人随时出入、停留、使用的场所。"⑤ 也就是说公共性是公共场所的特性，离开了公共性，公共场所便不可以称为"公共"。而网络空间有公共和私密之分：网络公共空间对公众开放，供不特定的多数人随时出入、停留、使用；而网络私密空间非经一定的步骤、程序是无法进入的。所以，我们认为网络空间中存在场所，但是并不是所有的网络空间都存在公共场所，只有网络公共空间才存在公共场所。

（2）从"公共场所秩序"到"公共秩序"，是扩张解释？还是类推解释？

一种观点认为，该司法解释是一种相对合理的扩张解释，没有违反罪刑法定原则。⑥ 另一种观点认为，该司法解释是类推解释。⑦

我们认为，将"公共场所秩序"替换成"公共秩序"，不是扩大解释。

---

① 参见曲新久：《一个较为科学合理的刑法解释》，载《法制日报》2013年9月12日，第7版。

② 参见于志刚：《网络犯罪的发展轨迹与刑法分则的转型路径》，载《法商研究》2014年第4期。

③ 参见李晓明：《刑法："虚拟世界"与"现实社会"的博弈与抉择——从"两高""网络诽谤"司法解释说开去》，载《法律科学》2015年第2期。

④ 参见中国社会科学院语言研究所词典编辑室编：《现代汉语词典》（第6版），商务印书馆2012年版，第149页。

⑤ 全国人大常委会法制工作委员会刑法室编：《中华人民共和国刑法条文说明、立法理由及相关规定》，北京大学出版社2009年版，第602页。

⑥ 参见曲新久：《一个较为科学合理的刑法解释》，载《法制日报》2013年9月12日，第7版。

⑦ 参见陈兴良：《寻衅滋事罪的法教义学形象：以起哄闹事为中心展开》，载《中国法学》2015年第3期。

"扩大解释，是指刑法条文的字面通常含义比刑法的真实含义窄，于是扩张字面含义，使其符合刑法的真实含义的解释技巧。"① 扩大解释的关键在于"扩大解释所得出的结论，没有超出刑法用语可能具有的含义，即在刑法文义的'射程'之内进行解释。"② 从"公共场所秩序"与"公共秩序"语词上看，由于前者比后者多了"场所"二字，所以前者的外延要比后者狭窄。我国学者指出，刑法第六章的保护法益是社会管理秩序，第六章第一节的保护法益是公共秩序，该节之下的寻衅滋事罪的保护法益是社会秩序，而起哄闹事型寻衅滋事罪的保护法益是公共场所秩序。③ 可见，"公共秩序"是"公共场所秩序"的上位概念，④ 二者是种属关系。据此，侵害了公共场所秩序也就是侵害了公共秩序，但是侵害了公共秩序却未必会侵害公共场所秩序。《网络诽谤刑事案件解释》第5条第2款将立法规定的"公共场所秩序"置换成"公共秩序"，显然拓宽了起哄闹事型寻衅滋事罪的保护法益，超出了"公共场所秩序"可能具有的含义。换言之，这种解释已不是扩大解释，它使起哄闹事型网络寻衅滋事罪的保护法益发生了实质性变化。

事实上，更值得思考的是网络空间中是否存在起哄闹事。"起哄闹事"是由"起哄"和"闹事"两个词语组成。所谓"起哄"，按照《现代汉语词典》的解释，是指（1）（多指许多人一起）胡闹，捣乱；（2）许多人向一两个人开玩笑。⑤ 显然寻衅滋事罪里的"起哄"不可能指许多人向一两个人开玩笑，而应指胡闹、捣乱。所谓"闹事"是指生事捣乱，破坏秩序。⑥ 据此，"起哄闹事"就是指（一般是许多人一起）胡闹，生事捣乱，破坏秩序。在具体判断是否"起哄闹事"时实际上就是判断是否胡闹，生事捣乱，破坏秩序。换言之，判断是否"起哄闹事"不光要考察能够体现胡闹、生事捣乱的自然意义状态下的行为，还要结合具体的时空考察行为的后果有没有破坏秩序。但正如学者所言："能够造成信息网络空间'公共场所'秩序混乱的行为，应当是

---

① 张明楷：《刑法学》（第4版），法律出版社2011年版，第45页。

② 张明楷：《罪刑法定与刑法解释》，北京大学出版社2009年版，第119页。

③ 参见陈兴良：《寻衅滋事罪的法教义学形象：以起哄闹事为中心展开》，载《中国法学》2015年第3期。

④ 参见于志刚、郭旨龙：《信息时代犯罪定量标准的体系化构建》，中国法制出版社2013年版，第273页。

⑤ 参见中国社会科学院语言研究所词典编辑室编：《现代汉语词典》（第6版），商务印书馆2012年版，第1023页。

⑥ 参见中国社会科学院语言研究所词典编辑室编：《现代汉语词典》（第6版），商务印书馆2012年版，第937页。

《刑法》第 285 条、第 286 条所规定的非法侵入、破坏计算机系统的犯罪行为。"① 据此，单纯的网络传谣显然难以造成信息网络空间"公共场所"秩序混乱，进而难以称为起哄闹事。②

综上，我们认为，虽然网络空间存在公共场所，但是单纯的网络传谣毕竟难以符合起哄闹事的特征，此外将"公共场所秩序"替换为"公共秩序"会导致起哄闹事型寻衅滋事罪的保护法益发生实质性变化，据此，上述司法解释存在类推之嫌。

（二）犯罪对象界限不明

为了打击编造、故意传播虚假恐怖信息的行为，《刑法修正案（三）》增设了编造、故意传播虚假恐怖信息罪，即"编造爆炸威胁、生化威胁、放射威胁等恐怖信息，或者明知是编造的恐怖信息而故意传播，严重扰乱社会秩序的，处五年以下有期徒刑、拘役或者管制；造成严重后果的，处五年以上有期徒刑"。但随着信息时代的发展，利用信息网络散布非恐怖虚假信息的违法犯罪行为明显增多，为有力打击利用信息网络散布非恐怖虚假信息的行为，《刑法修正案（九）》增设了编造、故意传播虚假信息罪，即"编造虚假的险情、疫情、灾情、警情，在信息网络或者其他媒体上传播，或者明知是上述虚假信息，故意在信息网络或者其他媒体上传播，严重扰乱社会秩序的，处三年以下有期徒刑、拘役或者管制；造成严重后果的，处三年以上七年以下有期徒刑"。

有学者指出，险情、疫情、警情均可以为虚假恐怖信息所部分涵盖。而编造、故意传播虚假恐怖信息罪的法定刑明显高于编造、故意传播虚假信息罪，基于从重处断的原则，容易导致部分虚置编造、故意传播虚假信息罪。③ 且不论编造、故意传播虚假信息罪是否会被虚置，这里首要的问题是如何区分"虚假恐怖信息"和"虚假的险情、疫情、灾情、警情"？在《刑法修正案（九）》出台前，最高人民法院《关于审理编造、故意传播虚假恐怖信息刑事案件适用法律若干问题的解释》（2013 年 9 月 18 日发布，法释〔2013〕24 号，以下简称《虚假恐怖信息刑事案件解释》）第 6 条对"虚假恐怖信息"做

---

① 曲新久：《一个较为科学合理的刑法解释》，载《法制日报》2013 年 9 月 12 日，第 7 版。

② 还有学者指出，起哄闹事不同于网络传谣，它们之间存在如下区别：第一，起哄闹事的起哄具有言语的刺激性和煽动性，而谣言则具有欺骗性；第二，起哄闹事的闹事具有当场性和当面性，而网络传谣却不具有这个特点；第三，起哄闹事与公共场所秩序所遭受破坏之间具有共体性和共时性，而网络传谣无法造成网络空间特定公共场所秩序的混乱。参见陈兴良：《寻衅滋事罪的法教义学形象：以起哄闹事为中心展开》，载《中国法学》2015 年第 3 期。

③ 参见袁彬：《全媒体时代虚假信息犯罪的刑法治理——兼议〈刑法修正案（九）〉的立法选择》，载《内蒙古社会科学》（汉文版）2014 年第 3 期。

了解释，即"以发生爆炸威胁、生化威胁、放射威胁、劫持航空器威胁、重大灾情、重大疫情等严重威胁公共安全的事件为内容，可能引起社会恐慌或者公共安全危机的不真实信息"。也就是说，以发生重大灾情、重大疫情为内容，可能引起社会恐慌或者公共安全危机的不真实信息就是虚假恐怖信息。根据此解释思路且基于该解释中的"等"字，那是否意味着以发生重大险情、重大警情为内容，可能引起社会恐慌或者公共安全危机的不真实信息就是虚假恐怖信息呢？这里的险情、疫情、灾情、警情是否重大又依据什么来认定呢？这些问题都需要解答。

（三）罪量细化存在质疑

《网络诽谤刑事案件解释》第2条规定："利用信息网络诽谤他人，具有下列情形之一的，应当认定为刑法第二百四十六条第一款规定的'情节严重'：（一）同一诽谤信息实际被点击、浏览次数达到五千次以上，或者被转发次数达到五百次以上的；（二）造成被害人或者其近亲属精神失常、自残、自杀等严重后果的；（三）二年内曾因诽谤受过行政处罚，又诽谤他人的；（四）其他情节严重的情形。"

有学者指出："因其不周密的设计，也会导致一个人是否构成犯罪或是否符合'诽谤罪'的标准并不完全由犯罪人自己的行为来决定，而是夹杂进其他人的行为推动（如'点击'或'转发'等），甚至最终构罪与否要看他们实际点击或转发的次数。尤其应当引起注意的是，假如有一个人想治罪于最初发布网络信息行为人的话，只要'恶意'拼命点击或转发就可以了。这是否有'客观归罪'或'他人助罪'之嫌？因此，《网络诽谤刑事案件解释》所导致的司法操作上的漏洞不仅不符合刑法基本原理，甚至易被别有用心的他人所利用，从而引发出新的社会矛盾。""一个人是否构成犯罪如果由他人或第三方的行为来决定，不符合我国刑法罪责相当、罪责自负和主客观相统一的基本原则，也违背了犯罪构成的基本原理。"该学者提出的解决方案是增加规定"如果发现有人恶意点击、浏览或者转发的，对其形成的不客观数据应予扣除，并依法追究恶意点击、浏览或者转发人的法律责任。"[①]

（四）案件认定存在质疑

有学者通过实证指出：（1）在裁判理由上，在当前司法实践中网络诽谤案件的认定偏重于从客观方面认定，而忽视对主观明知的认定。具体而言，裁判理由主要是从"内容是否属实"等客观方面考量。样本案例显示，未认定

---

① 李晓明：《诽谤行为是否构罪不应由他人的行为来决定》，载《政法论坛》2014年第1期。

诽谤罪的裁判理由基本集中于"内容不属实""情节尚不严重""证据不足"等客观方面，其比率高达 90.32%。这足以揭示法官在网络诽谤罪认定中的客观化倾向。（2）在裁判依据上，由于《网络诽谤刑事案件解释》未对"明知"进行具体列举，而仅仅对"情节严重"进行列举，致使诽谤罪的判断处于模糊或不明确状态。法官面对海量网络信息的"迷惑"和认定标准的"缺位"，不得不尽量避免对行为人主观状态的探求，转而以较易把握的客观方面作为裁判理由，甚至作出对政府官员或公众人物有利的解释或推定，导致司法实践中出现罪刑不均衡、同案不同判的现象。也就是说，法官客观化认定趋向，致使涉及公权案件有扩大之嫌，不利于言论自由的发展。对此，论者提出要借鉴域外经验，移植"真实恶意"原则。①

第三节　内容型网络犯罪刑事政策建构

一、适度从严的刑事政策立场

宽严相济是我国的基本刑事政策，在此前提下，结合前述内容型网络犯罪案件特征和惩治内容型网络犯罪存在的问题，我们认为，应当适度从严规制内容型网络犯罪。具体而言，坚持适度从严政策主要是考虑如下几点：第一，前文数据表明当前我国内容型网络犯罪呈扩大态势。第二，我国当前在应对内容型网络犯罪方面存在法网不严密、惩治力度不够等问题。具体而言，前文提到惩治内容型网络犯罪存在法益保护范围狭窄、部分构成要件要素限制刑法规制范围、部分概念不明确、类推问题突出、存在降格认定罪量等问题。第三，决策依据。就网络知识产权犯罪而言，2011 年 11 月 9 日国务院常务会议明确提出："要修订完善打击侵权和假冒伪劣的法律、法规和规章。研究修改刑法，降低侵权和假冒伪劣行为的刑事责任门槛，加大刑事处罚力度；提高罚款数额，建立对营利性故意侵权和假冒伪劣行为的惩罚性赔偿制度；加大侵权人举证责任，切实解决权利人举证难问题。完善检验和鉴定标准，改善检验检测技术条件，提高执法监管能力。"②就网络色情犯罪而言，国家互联网信息办公

---

① 参见徐娟：《介入与限制：双层空间下网络诽谤罪的司法认定——以"真实恶意"的影响为中心》，载《预防青少年犯罪研究》2016 年第 2 期。

② 《温家宝主持召开国务院常务会研究部署进一步做好打击侵犯知识产权和制售假冒伪劣商品工作》，网址：http://www.sipo.gov.cn/yw/2011/201310/t20131023_840337.html，最后访问日期：2016 年 6 月 12 日。

室强调，对传播淫秽色情及低俗信息的行为要依法依规从严惩处，绝不姑息。[①] 就网络传谣犯罪而言，国家互联网信息办网络新闻协调局、工业和信息化部通信保障局负责人就整治网络谣言的有关情况接受媒体采访时强调，将依法严厉惩处利用互联网造谣传谣行为，依法追究造谣者的法律责任，绝不容忍利用互联网造谣传谣，损害公共利益，侵害公民合法权益，破坏社会和谐稳定。[②] 这表明决策层要求适度从严规制网络知识产权犯罪、网络色情犯罪和网络传谣犯罪。

二、适度从严刑事政策实现路径

适度从严刑事政策的实现需要从扩大犯罪圈和加大惩处力度上着力，具体可以从立法和司法两个维度展开。

（一）在立法上，扩大犯罪圈，严格法定刑配置

1. 在立法上扩大犯罪圈的路径

第一，增设罪名。增设新罪名可以直接扩大刑法对内容型网络犯罪的治理范围。《刑法修正案（九）》新增了拒不履行信息网络安全管理义务罪、非法利用信息网络罪和帮助信息网络犯罪活动罪。这 3 个罪名的设立实际上是扩展了刑法打击网络犯罪的范围和提前了刑法介入的时间，体现了刑法从严治理网络犯罪的态度。另外，《刑法修正案（九）》增设的编造、故意传播虚假信息罪也表明网络传谣犯罪的犯罪圈在扩大。

第二，增减构成要件要素。由于犯罪的成立离不开构成要件，所以犯罪圈的大小自然会受构成要件要素影响。据此，严密法网可以通过增减犯罪构成要件要素来实现。比如，犯罪目的作为主观要素原本是限制犯罪圈的，倘若将之删去便会扩大犯罪圈。再如，犯罪行为也影响犯罪圈的大小，在罪名不变的情况下，通过增设新的犯罪行为，也可以收到扩大犯罪圈之效。

2. 在立法上严格法定刑配置的途径

在立法上加大对犯罪惩处力度的突出表现就是提高法定刑。提高法定刑的方式有多种：其一，通过增设新刑种的方式提高法定刑；其二，对于原来只有一档法定刑的罪名，可以通过设置多档法定刑的方式提高法定刑；其三，对于原来已有多档法定刑的罪名，可以通过提高法定最高刑的方式提高法定刑。

---

① 参见韩元俊：《国信办将严打网络淫秽色情及低俗信息》，网址：http://news.qq.com/a/20140128/010154.htm，最后访问日期：2016 年 6 月 12 日。

② 参见刘燕：《对网络谣言要零容忍》，网址：http://www.qstheory.cn/special/2011dd/2011wlyy/wlyy4/201204/t20120418_151823.htm，最后访问日期：2016 年 6 月 12 日。

（二）在司法上，扩大刑事法网，严格量刑

1. 在司法上扩大刑事法网的路径

第一，降低起刑点。降低起刑点，也就是降低入罪门槛。比如，《侵犯知识产权刑事案件解释》第5条规定未经著作权人许可，复制发行其文字作品、音乐、电影、电视、录像作品、计算机软件及其他作品，复制品数量合计在1000张（份）以上的是侵犯著作权罪中的"有其他严重情节"，复制品数量合计在5000张（份）以上的是侵犯著作权罪中的"有其他特别严重情节"。而《侵犯知识产权刑事案件解释（二）》降低了这一起刑点，具体而言，复制品数量合计在500张（份）以上的是侵犯著作权罪中的"有其他严重情节"，复制品数量合计在2500张（份）以上的是侵犯著作权罪中的"有其他特别严重情节"。再如，《淫秽电子信息刑事案件解释》规定以牟利为目的，利用互联网络、移动通讯终端制作、复制、出版、贩卖、传播淫秽电影、表演、动画等视频文件20个以上的就构成制作、复制、出版、贩卖、传播淫秽物品牟利罪。而《淫秽电子信息刑事案件解释（二）》规定，倘若内容含有不满14周岁未成年人的淫秽电子信息，则只需制作、复制、出版、贩卖、传播淫秽电影、表演、动画等视频文件10个以上的就构罪。

第二，减少模糊性。刑法条文不明确就会导致司法者在具体适用时无法适从。司法者对条文理解把握不准就会减少对不明确条文的适用，这就限制了刑法对犯罪的规制。因此，提高明确性有助于严密刑事法网。比如，《虚假恐怖信息刑事案件解释》第6条对"虚假恐怖信息"做了解释，即"以发生爆炸威胁、生化威胁、放射威胁、劫持航空器威胁、重大灾情、重大疫情等严重威胁公共安全的事件为内容，可能引起社会恐慌或者公共安全危机的不真实信息"。

第三，对核心概念扩大解释。对核心概念做符合时代发展的解释有助于刑事法网的扩张。比如，《侵犯知识产权刑事案件意见》扩大解释"以营利为目的"，除销售外，以在他人作品中刊登收费广告、捆绑第三方作品等方式直接或者间接收取费用的；通过信息网络传播他人作品，或者利用他人上传的侵权作品，在网站或者网页上提供刊登收费广告服务，直接或者间接收取费用的；以会员制方式通过信息网络传播他人作品，收取会员注册费或者其他费用的；其他利用他人作品牟利的情形，都认为是"以营利为目的"。

第四，丰富罪量认定标准和方式。我国刑法在立法时常添加"情节（特别）严重""后果（特别）严重"等罪量，这种罪量设计虽有一定的模糊性，但是却能够灵活地适应司法实践，给司法解释留有余地。而所谓丰富罪量认定标准和方式正是就司法解释细化"情节（特别）严重""后果（特别）严重"

等罪量而言的。比如，《侵犯知识产权刑事案件意见》已不限于从非法经营数额上来认定侵犯著作权罪的罪量，传播作品的数量、传播作品的实际被点击数和注册会员数已经成为新的罪量认定标准。另外，《侵犯知识产权刑事案件意见》还采取叠加式的罪量认定方式，如"数额或者数量虽未达到第（一）项至第（四）项规定标准，但分别达到其中 2 项以上标准的一半"也认为是侵犯著作权罪的"其他严重情节"。

2. 在司法上严格量刑的途径

第一，规定酌定从重处罚情形。通过司法解释规定酌定从重处罚情形，可以使法官在遇到此类情形时加重处罚犯罪，这实际上是加大惩处犯罪的力度。比如，《虚假恐怖信息刑事案件解释》第 3 条规定了编造、故意传播虚假恐怖信息，严重扰乱社会秩序，具备司法解释规定的情形，就应在 5 年以下有期徒刑范围内酌情从重处罚。

第二，依法认定罪量和从宽量刑情节。就罪量而言，司法解释常常对立法中规定较为笼统的罪量予以细化；就从宽量刑情节而言，我国有法定从宽量刑情节和酌定从宽量刑情节。倘若司法者不依法认定罪量、忽视量刑情节的适用条件，故意从宽处理、放纵犯罪，显然就难以有效规制犯罪。

三、适度从严政策下的以宽济严

最高人民法院在《关于贯彻宽严相济刑事政策的若干意见》中指出，"贯彻宽严相济刑事政策，要根据犯罪的具体情况，实行区别对待，做到该宽则宽，当严则严，宽严相济，罚当其罪"，"既要注意克服重刑主义思想影响，防止片面从严，也要避免受轻刑化思想影响，一味从宽"。据此，需要辩证地看待"严"和"宽"。在坚持从严惩处政策的同时应当注意以宽济严，即静态以宽济严和动态以宽济严。

（一）静态以宽济严

静态以宽济严就是从静态的法律规定上体现以宽济严。在实现路径上具体可从如下方面着手：（1）设计合理的罪状。罪状具有过滤机制，可以将不符合罪状的行为排除在刑法之外。据此，合理设计罪状可以调控刑事法网的疏密。比如，《虚假恐怖信息刑事案件解释》为防止打击面扩大，规定构成编造虚假恐怖信息罪不仅要编造恐怖信息而且要传播被编造的恐怖信息，规定构成故意传播虚假恐怖信息罪主观须明知。（2）合理调整罪量因素。司法解释为了让司法者更好地适用刑法常常对罪量予以细化，特别是就"违法所得数额较大""重大损失"等数额类罪量而言，司法解释常过于具体细化到某一数字。虽然这些数字因其明确性而有利于追诉犯罪，但长远看也会因其缺乏弹性，加之经济发展、通货膨胀等原因，而不适当地扩大犯罪圈。为防止这些数字未来会不适当地扩大刑事法网，有必要适时对之予以合理调整。（3）配置合理的起刑点。区别对待是宽严相济刑事政策的具体体现，贯彻区别对待有助于以宽济严。据此，司法解释在设计起刑点时应当体现区别对待。比如，司法解释规定以牟利为目的，利用互联网络、移动通讯终端传播淫秽电影、表演、动画等视频文件 20 个以上的就构成传播淫秽物品牟利罪。但是不以牟利为目的，利用互联网络、移动通讯终端传播淫秽电影、表演、动画等视频文件须40 个以上的才构成传播淫秽物品罪。

（二）动态以宽济严

动态以宽济严就是从动态的司法适用上体现以宽济严。在实现途径上具体可以从如下方面着力：（1）入罪上以宽济严。我国《刑事诉讼法》第 173 条第 1 款、第 2 款规定："犯罪嫌疑人没有犯罪事实，或者有本法第十五条规定的情形之一的，人民检察院应当作出不起诉决定。对于犯罪情节轻微，依照刑法规定不需要判处刑罚或者免除刑罚的，人民检察院可以作出不起诉决定。"据此，检察官在具体办案时倘若遇到《刑事诉讼法》第 173 条规定的情形就应当或可以作出不起诉的决定。此外，《刑法》第 13 条规定，情节显著轻微、危害不大的，不认为是犯罪。因而法官在具体办理案件时，倘若发现行为人所实施的犯罪情节显著轻微、危害不大的，就不应当认为是犯罪。（2）量刑上宽严适度。对于具有自首、立功等法定量刑情节的犯罪人，法官可依法给予从宽处理；对于具备认罪态度较好、积极退赃等酌定从宽量刑情节的犯罪人，法官可酌情给予从宽处理。如前文所述，内容型网络犯罪初犯比例较高，法官在具体适用刑罚时就可以考虑初犯因素酌情进行处理。

四、内容型网络犯罪刑事政策具体展开

前文提到我国在惩处内容型网络犯罪方面存在诸多问题，结合上述适度从严刑事政策实现路径以及以宽济严的内容，有必要从网络知识产权犯罪、网络色情犯罪和网络传谣犯罪三个方面具体展开内容型网络犯罪刑事政策。

（一）网络知识产权犯罪刑事政策展开

1. 网络知识产权犯罪的刑事立法具体完善

（1）增设非法提供侵害技术措施的装置、技术服务罪

前述提到司法实践中存在大量侵害技术措施的行为，有学者指出，有必要将破坏技术保护措施的行为予以犯罪化。其理由如下：第一，破坏技术保护措施具有严重的社会危害性，它会给权利人和版权产业带来巨大损害，长远看会

严重损害国家利益。第二，将破坏技术保护措施行为犯罪化符合国际著作权立法潮流。[①] 有学者提出不管是直接规避技术措施的行为还是间接规避技术措施的行为都有入罪必要。[②] 我们认为并不是所有的规避技术措施的行为都有入罪的必要。

第一，技术措施虽然保护版权人的利益，但是技术措施并非都用来保护版权。一般而言，受保护的技术措施分为"版权保护措施"和"接触控制措施"。"版权保护措施"是指防止他人未经许可以复制、传播等方式利用作品，侵犯复制权等版权专有权利的技术措施。换言之，"版权保护措施"可以间接保护版权专有权利，规避"版权保护措施"将导致版权存在被侵害的危险。而"接触控制措施"是指防止他人未经许可阅读、欣赏文学艺术作品或运行计算机软件等"接触"作品内容的技术措施。除非"接触控制措施"同时具有防止他人未经许可可对作品进行复制、传播等的功能，否则"接触控制措施"仅防止他人对作品进行"接触"，而不可能间接保护版权专有权利。[③] 这也就是说当行为人避开不能间接保护版权专有权利的"接触控制措施"时，将不会导致版权存在被侵害的危险，即此类行为并不涉及对知识产权法益的侵害。[④] 虽然依照相关法律此类行为也属于违法行为，但是刑法具有谦抑性，这类行为事实上完全可以由刑法之外的法律规制。因而，从类别上看，需要纳入刑法规制的应是规避具有间接保护版权专有权利功能的技术措施的行为。

第二，规避技术措施的流程常常涉及这几个行为：制作用于规避技术措施的手段（制作行为），提供用于规避技术措施的手段（提供行为），获取用于规避技术措施的手段（获取行为）和利用有关手段规避技术措施（利用行为）。需要注意的是，在间接规避技术措施的行为中，单纯的制作而不传播或利用，其危害性有限，可考虑刑法之外的法律予以规制。单纯的获取行为，倘若不是为了后续的规避行为而获取技术措施，其危害性也有限，亦无刑法规制必要。唯有提供行为，其涉及传播规避技术措施的手段，加之网络可以使之在大范围内传播，危害性甚大，因而确有刑法规制的必要。

---

① 参见赵秉志等：《侵犯知识产权犯罪的立法完善问题研究》，载赵秉志主编：《刑法评论》（总第 24 卷），法律出版社 2014 年版，第 169～172 页。

② 这里的间接规避技术措施的行为是指不直接避开或破坏技术措施，而是或者为之后的规避行为或帮助行为做准备（制造、进口用于避开、破坏技术措施的装置或者邮件），或者为他人的规避行为提供帮助（向他人提供用于避开、破坏技术措施的装置、部件或者技术服务）的行为。参见苏彩霞：《规避著作权技术措施行为刑法规制的比较与思考》，载《政治与法律》2012 年第 12 期。

③ 参见王迁：《版权法保护技术措施的正当性》，载《法学研究》2011 年第 4 期。

④ 参见王迁：《论提供规避技术措施手段的法律性质》，载《法学》2014 年第 10 期。

第三，从罪名规制上看，直接规避技术措施的行为可作为侵犯著作权罪的预备行为予以规制。因为此类行为常常是行为人实施侵犯版权行为的手段行为，单独设立罪名并无必要。同样，行为人为侵害版权制作或非法获取规避技术措施的手段，也可以作为预备行为进行规制，没有单独设立罪名的必要。至于他人提供规避技术措施的手段，倘若具有共同故意，则可通过共同犯罪原理将之作为侵犯著作权罪的共犯处理。但倘若行为人不具有共同故意，依照现行刑法，则无法予以规制；此外，行为人虽具有共同犯罪故意，但正犯并不构成犯罪，结合共犯从属性原理，其行为也难以为刑法所规制，据此，有必要设立罪名规制这些行为。所以，我们赞同相关论者所提出的增设非法提供侵害技术措施的装置、技术服务罪的建议。[①] 只是，这里需要规制的技术措施仅仅指具有间接保护版权专有权利功能的技术措施。

在罪状和法定刑的具体设计上，可规定单位和自然人都是犯罪主体，主观方面需要存在故意，无须以营利为目的，[②] 罪量上需达到情节严重，同时设置多档法定刑。当然本罪并非规制所有的"提供"行为，而仅规制"非法提供"，换言之，获得许可或法律允许的提供自不应为本罪规制。

（2）扩大侵犯著作权罪的保护范围

前述提到现行侵犯著作权罪的保护范围较窄，虽然司法解释对之做了扩大解释，但这仅仅是救急，长远看应通过立法对侵犯著作权罪进行修改。一方面，明确保护信息网络传播权，将非法的信息网络传播行为明确纳入《刑法》第217条的罪状中。这样将复制权、发行权还原其应有的内涵，有助于部门法概念上的协调。同时，应适时增加保护著作权的其他方面内容，从而更全面地保护著作权法益。另一方面，删去"以营利为目的"。网络时代侵犯著作权的主观目的已经多元化，若还固守"以营利为目的"会不适当地限制刑法对侵犯著作权行为的打击。因而有必要删去"以营利为目的"，但是删去"以营利为目的"后，应当考虑降低侵犯著作权罪的第一档法定刑，从而更好地与民法、行政法保护相衔接。

（3）完善侵犯知识产权罪的罪量

侵犯商业秘密罪入罪需要"造成重大损失"，然而最高人民检察院、公安

---

① 参见于志刚主编：《网络空间中知识产权的刑法保护》，中国政法大学出版社2014年版，第638～640页。

② 有学者提出主观应"以营利为目的"（参见于志刚主编：《网络空间中知识产权的刑法保护》，中国政法大学出版社2014年版，第639页），我们不同意这种观点，特别是在网络时代背景下增加"以营利为目的"会不适当地限缩犯罪圈，毕竟利用网络实施侵犯知识产权罪的目的已经呈现多元化趋势。

部《关于公安机关管辖的刑事案件立案追诉标准的规定（二）》第 73 条却规定因侵犯商业秘密违法所得数额 50 万元的便可以追诉。立法规定的罪量是"重大损失"，在实际追诉时罪量却变成了"违法所得数额"，这种不一致的规定已然反映了侵犯商业秘密罪的罪量设置存在问题。出现立法规定无法满足司法实践需要的症结就在于刑法立法只从"重大损失"（结果）的角度规定罪量，而未再从其他角度设置罪量，或者说刑法对侵犯商业秘密罪并未设置如"情节严重"这类相对模糊但能给司法解释留有余地的罪量。综观整个侵犯知识产权罪，下述罪名的罪量设置也存在这个问题：销售假冒注册商标的商品罪、销售侵权复制品罪、侵犯商业秘密罪。这些罪名的罪量未给司法解释留有解释的空间，限制了刑法对相关知识产权犯罪的打击。因而，在侵犯知识产权罪的罪量设置上宜采用相对概括的罪量，比如情节严重，这样就留有解释空间，以便司法机关适时作出解释。

2. 网络知识产权犯罪的刑事司法具体完善

（1）建构合理的罪量体系

第一，丰富罪量认定标准。现行侵犯知识产权罪的罪量标准有违法所得数额、非法经营数额、注册商标标识数量、经济损失、破产、传播作品的数量、传播作品的实际被点击数和注册会员数等。这些罪量标准中只有传播作品的数量、传播作品的实际被点击数和注册会员数考虑了网络知识产权犯罪的特点。这说明侵犯知识产权罪的罪量细化规定更多的是满足现实世界打击侵犯知识产权罪的需要。因而，为满足信息时代打击网络知识产权犯罪的罪量需求，有必要在侵犯知识产权罪量细化方面更多地融入网络因素，丰富罪量认定标准。有学者统计了计算机网络犯罪文件定量标准，[①] 我们认为，可以借鉴之。比如，传播的人次、直接链接的数量、群组成员数量、投放广告数量，等等，这些都可以用来细化知识产权犯罪的罪量，从而满足打击网络知识产权犯罪的需要。

第二，依法认定罪量要素。我国刑法对网络知识产权犯罪明确规定了罪量要素，相关司法解释或意见已经明确了侵犯知识产权罪的起刑点和升刑点。既然司法解释或意见已经细化了罪量认定标准，那么法官就理当依据刑法并结合相关司法解释定罪量刑。

（2）行为定性应以案件事实为基础，增强说理

就刑法所规制的外挂行为而言，根据司法解释，行为人制售外挂或者单独销售外挂或者使用外挂符合侵犯著作权罪构成要件的，应以侵犯著作权罪论

---

① 参见于志刚、郭旨龙：《信息时代犯罪定量标准的体系化构建》，中国法制出版社 2013 年版，第 51～52 页。

处，但不构成侵犯著作权罪时，倘若行为符合非法经营罪等其他罪的，则应以非法经营罪等其他罪定罪处罚。行为人架设私服，通过点卡等方式销售牟利也适用这个规则。至于案件的定性问题，这需要以案件事实为基础。不应笼统地认为制售外挂行为就是侵犯著作权罪中的复制发行行为，而应结合案件事实分析行为人的行为是否以及究竟侵害了版权人的何种权利，倘若并没有侵害复制发行权，则不应判处侵犯著作权罪。除了定性要以案件事实为基础外，法官还应加强说理，对适用此罪而非彼罪应给予充分的理由。

（二）网络色情犯罪刑事政策展开

1. 网络色情犯罪的刑事立法具体完善

针对传播淫秽物品罪法定刑设计没有梯度以及刑度过低的问题，我们认为，应设计有梯度衔接的法定刑，即对传播淫秽物品罪规定多档法定刑。现行《刑法》规定情节严重才构成传播淫秽物品罪，据此，可以在此基础上增加规定加重犯。在刑度上，应当提高传播淫秽物品罪的法定刑，一方面将第 1 档法定最高刑提高到 3 年有期徒刑，另一方面将第 2 档法定最高刑规定为 10 年有期徒刑。

2. 网络色情犯罪的刑事司法具体完善

（1）经验总结罪量。尽管司法机关已经意识到网络因素对定量标准提出了新要求，而且已经出台了多个符合信息时代的司法解释。但是，司法解释对一些罪量的细化规定在司法实践中存在查证障碍，如上文所述，注册会员数的查证上存在多次和重复注册的障碍，这些"法律空子"事实上不利于有效打击网络色情犯罪。我们认为，未来在制定网络犯罪的相关司法解释时除了应考虑网络因素外，还应当充分考虑司法查证的可行性，如可以规定注册次数，从而避免注册会员数在查证上的障碍，进而减少"法律空子"，严密网络犯罪的刑事法网。

（2）细化新设罪名的罪量。我们认为，罪量设计不必过于具体琐细，否则会过分限制司法实践中裁判者适应社会变化的司法裁量空间。上文提到有论者提出拒不履行信息网络安全管理义务罪在罪量设计上存在实质性标准不足的问题，实际上该论者是希望在罪量上增加法益考量，不过在解决方式上，该论者选择立法修正的方式。我们认为，不必通过立法修正的方式，事实上通过司法解释也能解决这个问题。由于拒不履行信息网络安全管理义务罪在罪量设计上并不是封闭的，加之《刑法修正案（九）》刚刚出台不久，而拒不履行信息网络安全管理义务罪是新设的罪名，为了司法实践更好地适用该罪名，未来需要出台相关司法解释对该罪的罪量予以细化，上述论者的相关担心，通过司法解释完全可以解决。此外，不光是拒不履行信息网络安全管理义务罪，新设立的非法利用信息网络罪、帮助信息网络犯罪活动罪等新设罪名的罪量在未来都需要司法解释予以细化。

（3）准确认定罪量。我国刑法对网络色情犯罪的相关罪名明确规定了罪量要素。"两高"也已出台多个司法解释细化有关罪量。既然司法解释已经细化了罪量认定标准，那么法官就理当依据《刑法》并结合相关司法解释定罪量刑。

（三）网络传谣犯罪刑事政策展开

1. 网络传谣犯罪的刑事立法具体完善

如前所述《网络诽谤刑事案件解释》第 5 条第 2 款存在类推解释之嫌。对此，《刑法修正案（九）》已经增设新的罪名来规制严重扰乱社会秩序的网络传谣行为，即编造、故意传播虚假信息罪。除此以外，网络传谣犯罪还需要进行如下立法完善：

（1）修改诽谤罪的罪状。如前所述为了打击未捏造事实但却散布有损他人名誉的事实的网络诽谤行为，《网络诽谤刑事案件解释》规定了第 1 条第 2 款。但是该条款存在司法代替立法之嫌。同时，司法解释仅仅规定在信息网络上散布明知是捏造的损害他人名誉的事实是诽谤罪的构成要件行为，但是未规定在现实生活中散布明知是捏造的损害他人名誉的事实是诽谤罪的构成要件行为。考虑到立法平衡问题，我们认为，在立法修正时无须区分是在网上散布还是在网下散布，只要是散布明知是捏造的损害他人名誉的事实就是诽谤罪的构成要件行为。

（2）修改损害商业信誉、商品声誉罪的罪状。在修改诽谤罪的构成要件行为后，有必要同时修改损害商业信誉、商品声誉罪的构成要件行为，将明知是捏造的损害他人商业信誉、商品声誉的事实而予以散布的犯罪行为纳入损害商业信誉、商品声誉罪的罪状中来，从而使得法益保护得到平衡。

2. 网络传谣犯罪的刑事司法具体完善

（1）明确"虚假恐怖信息"和"虚假的险情、疫情、灾情、警情"的界限

如前文所述，《虚假恐怖信息刑事案件解释》已经对"虚假恐怖信息"做了解释，即以发生爆炸威胁、生化威胁、放射威胁、劫持航空器威胁、重大灾情、重大疫情等严重威胁公共安全的事件为内容和后果（可能引起社会恐慌或者公共安全危机）两个维度对"虚假恐怖信息"进行了阐释。需要注意的是，从后果维度界定"虚假恐怖信息"时，这里的后果指的是一种可能性，即并不要求后果确实发生。从内容维度看，"虚假恐怖信息"与"虚假的疫情、灾情"确实存在某种重合。换言之，该解释已部分涉及"虚假恐怖信息"

与"虚假的疫情、灾情"的界分，但是未明确给出"虚假恐怖信息"与"虚假的险情、警情"的区分标准。

值得思考的是，后果维度的可能性判断的依据是什么？换言之，我们依据什么来判断存在引起社会恐慌或者公共安全危机的可能性？我们认为，事实上这种可能性的判断是很模糊的，发生重大疫情或重大灾情一般都会伴有社会恐慌或公共安全危机，二者可谓是一个硬币的两面，倘若这种理解正确的话，那么在《虚假恐怖信息刑事案件解释》对"虚假恐怖信息"的阐释的两个维度中，具有实质意义的仅仅是内容维度，而这将会导致在媒体上传播虚假的重大疫情或重大灾情就是传播虚假恐怖信息。所谓的"虚假恐怖信息"与"虚假的疫情、灾情"的界分到最后仅仅变成了疫情和灾情的级别之分，即重大与否的区分。但这里依然存在问题。比如，警情，倘若认为以发生重大警情为内容，可能引起社会恐慌或者公共安全危机的不真实信息就是虚假恐怖信息，那么就需要认定什么是重大警情。但由于各地方各领域的"警情"级别不太一致，认定警情重大与否就会存在不统一问题。基于此，有必要出台相关司法解释对上述问题予以解释。

（2）正确认定网络诽谤犯罪

其一，正确认定点击数、浏览次数和被转发次数。如前文所述，《网络诽谤刑事案件解释》用点击数、浏览次数和被转发次数细化诽谤罪的罪量"情节严重"，我们认为，这是必要的和符合信息时代发展要求的，这也有助于统一司法认定，避免认定的随意性。至于前述质疑者所担心的第三人的行为会对行为人构成犯罪产生影响的问题，有学者指出，我国《刑法》并不完全否定"他人的行为"对行为人定罪的影响，典型的立法例是《刑法》第129条丢失枪支不报罪。《刑法》规定构成丢失枪支不报罪在罪量上需要达到"造成严重后果"的程度。而"'造成严重后果'是由他人的行为介入引起的，但是，这个结果的出现使丢失枪支不报者的行为的社会危害性达到了严重的程度，行为人的行为构成丢失枪支不报罪。如果没有出现严重后果则不构成丢失枪支不报罪。可见'他人的行为'对丢失枪支不报罪的成立与否产生了影响"[①]。据此，我们认为，前述质疑者的意见并不能否定罪量细化的合理性。质疑者所提出的问题其实是如何正确计算和认定点击数、浏览次数和转发次数的问题。事实上，在具体计算点击数、浏览次数和转发次数时当然应扣除恶意点击数、浏览次数和转发次数。司法机关在通过点击数、浏览次数和转发次数认定诽谤罪时

---

① 高铭暄、张海梅：《网络诽谤构成诽谤罪之要件——兼评"两高"关于利用信息网络诽谤的解释》，载《国家检察官学院学报》2015年第4期。

应结合具体案件，不应机械理解。一方面，须查明行为人发布的帖子的点击数、浏览次数和转发次数，对其中恶意点击、浏览或转发的次数应予扣除；另一方面，应注意考察行为人的主观方面。不应认为只要点击数、浏览次数和转发次数达到司法解释规定的要求就构成犯罪，对于那些没有主观故意的行为人不应纳入刑法处罚。①

其二，"真实误信"排除诽谤罪的适用。前文提到有学者指出网络诽谤案件存在客观化认定的问题。该论者通过样本案例分析得出未认定诽谤罪的裁判理由基本集中于"内容不属实""情节尚不严重""证据不足"等客观方面，其比率高达90.32%，并由此认为这足以揭示法官在网络诽谤罪认定中的客观化倾向。但这个论证其实并不成立，因为重视网络诽谤案件客观方面的认定并不能就说网络诽谤案件存在客观化认定的问题。而且司法认定的顺序本来就是由客观到主观，如果在客观上不存在犯罪行为，那么就无须再探究主观。也就是说，当"情节尚不严重""证据不足"等客观方面足以否定诽谤犯罪行为存在时就没有必要再探究行为人的主观。此外，论者还认为司法解释未对"明知"进行具体列举，而仅仅对"情节严重"进行列举，致使诽谤罪的判断处于模糊或不明确状态。但这个说法也不成立，因为即使司法解释对"明知"的情形进行列举，其也无法穷尽所有情形。

尽管该论者的论证存在问题，但是论者借"真实恶意"原则提出的应重视主观认定的问题，还是值得注意的。特别是当证实行为人的言论内容为虚假事实时，如果根据行为人所提供的证据材料，行为人有理由相信其为真实时，那么此时是否该追究行为人诽谤罪的刑事责任？这就涉及"真实误信"的问题。我们认为，"真实误信"应排除诽谤罪的适用。换言之，"如果有合理事实或者证据证明行为人相信由自己表述于外部的事实是真实的，也就是对于其言论内容发生认识错误的，应阻却故意，不能成立本罪"②。

总而言之，应从客观和主观两个方面正确地认定网络诽谤犯罪。在客观方面应将不符合诽谤罪构成要件的行为排除在诽谤罪之外，在认定情节严重时，要正确认定点击数、浏览次数和被转发次数；主观方面应注意明知的认定，特别是行为人"真实误信"时，不应成立诽谤罪。

---

① 参见最高人民检察院法律政策研究室：《〈关于办理利用信息网络实施诽谤等刑事案件适用法律若干问题的解释〉解读》，载《人民检察》2013年第23期。

② 闫二鹏：《形式解释视域下言论自由的刑法边界》，载《兰州学刊》2013年第7期。

第十二章　网络犯罪的国际刑事司法应对

第一节　网络犯罪的国际刑事司法概述

一、网络犯罪国际刑事司法合作现状

晚近以来，在全球范围内，网络犯罪现象愈演愈烈——不仅传统型网络犯罪仍然频繁发生，而且不断推陈出新地产生诸如网络洗钱、网络恐怖主义等新型复杂网络犯罪类型，由此而对世界各国的领土主权和国家安全带来了严重的威胁和挑战。面对如此严峻的网络犯罪发展态势，各国自20世纪末便开始相继制定了打击网络犯罪的法律法规，对网络色情、网络盗窃、网络诈骗、传播计算机病毒等网络犯罪进行积极的防控和规制。诸如，美国于1996年通过了《通讯庄重法》（Communication Decency Act，CDA）、《家庭在线隐私法》（Family Online Privacy）、《儿童在线保护法》（Child Online Protection Act，CO-PA）；德国在1997年通过了《信息与通讯服务保护法》（ Act on Information and Communication Services），并根据发展信息和通讯服务的需要对《刑法》《传播危害青少年文字法》《著作权法》和《报价法》做出相应的修改，并予以进一步补充与发展；英国则在1996年之前，便通过《禁止滥用电脑法》《色情出版物法》《青少年保护法》《录像制品法》处罚与打击网络犯罪行为。

网络犯罪与传统的犯罪类型相比，更具快速可传播属性，其可以在极其短暂的时间内同时发生于多个国家甚至蔓延至全球。由于国家之间的刑事司法管辖以及国际合作机制尚不完善，不可避免地形成刑事司法管辖权冲突等各种司法合作障碍。为了积极解决国家间刑事司法合作中遇到的各种难题，国际非政府间有关机构与组织在促进国与国之间网络犯罪司法合作机制的形成中，起到了积极的推动作用。例如，联合国相关机构一直致力于遏制网络犯罪的研究，

并通过制定国际法律共同标准，协调各国网络犯罪司法合作机制的具体内容。① 再如，本书前述章节已较为深入论述的《网络犯罪公约》中的"在国内层面采取的措施"与"国际合作"等，便涉及国际刑事司法合作协调等重要内容，该公约也是第一次在国际法层面对国内网络犯罪刑事司法管辖以及国际司法合作应对机制进行较为系统而全面的规定。

因此，遏制网络犯罪无法仅凭某一国或者两国的努力，就可以有效解决网络犯罪国际刑事司法合作中遇到的诸多困难。加强国际合作，积极打击与控制网络犯罪，有效遏制网络犯罪的恶性蔓延，必须要从多个角度入手，一方面要加强各个国家国内网络犯罪司法制度的进一步完善，另一方面也要加强各个国家与地区之间的国际刑事司法合作，促进网络犯罪国际司法合作综合应对机制的发展与完善，也即明确国家间、地区间网络犯罪联动机制的合作范围与合作途径。如何妥善协调各国域内的刑事司法规范，并通过有效而迅速的国际司法合作机制，在收集网络数据信息、保存与披露网络数据内容、解决刑事司法管辖权冲突、完善引渡机制等诸多方面形成长效的国际合作应对机制，是本章着重解决的问题之所在。

当然，也应当看到，加强与完善网络犯罪国际司法合作应对机制，仍面临着多重理论"瓶颈"与现实挑战。首先，国际网络犯罪刑事司法管辖体系尚不健全。由于网络犯罪的犯罪行为地与犯罪结果地相互分离，如前所述，网络犯罪传播速度快，传播范围广，当网络犯罪已经发生、影响于多国法域范围内，在刑事证据调查上，成功取证的概率很小。跨国网络犯罪调查取证的前提是，犯罪所在国之间需要已经签订相关司法协助公约，以便犯罪相关各国之间进行相关的调查取证和协助等工作。实践中，由于世界上很多国家与地区目前尚未加入相关国际公约，无法成功进行跨国取证。其次，联合国 2013 年 1 月 23 日《关于网上犯罪问题及会员国、国际社会和私营部门采取的对策的全面研究报告》，对国际司法合作的具体内容进行了简要的论述与说明："据报告，对引渡和司法协助请求这些正式机制作出回应的时间约为数月，这一时限给收集易于消失的电子证据带来了挑战。60% 的非洲、美洲和欧洲国家，以及 20% 的亚洲和大洋洲国家报告已有处理紧急请求的渠道。不过，尚不清楚这些渠道对回应时间的作用。虽然各国很少有关于使用非正式合作机制的政策，但

---

① 参见联合国第八届预防犯罪和罪犯待遇大会通过的《关于预防和控制与计算机相关犯罪手册》（International review of criminal policy － United Nations Manual on the prevention and control of computer － related crime），网址：https：//en. wikisource. org/wiki/International_ review_ of_ criminal_ policy_ －_ Nos. _ 43_ and_ 44，最后访问日期：2016 年 6 月 12 日。

对于约三分之二的报告国，可以采用这种合作模式。非正式合作及便利非正式合作的各项举措，诸如'昼夜服务'网络，在缩短回应时间方面具有重要的潜在作用。不过，这些举措未得到充分利用，其处理的案件数量占报告国家执法机构遇到的网上犯罪案件总数的约3%。"①

二、跨国网络犯罪的基本特征

（一）全球性

我们身处信息传播速度快、传播范围广的网络信息时代，当网络信息整合了网络空间中的全部影像、声音、文本、交易等大量信息后，即使上述信息处理的实际距离非常遥远，我们仍然可以通过网络空间，实现实时的数据交流，我们生活的地球也正在随着网络空间的不断拓展，减少了地域与国别为我们生活带来的种种不便，日益改变着我们全人类的传统生存模式和基本生活方式。

网络科技的高速发展与全面革新，网络信息化同网络全球化相互融合，网络犯罪也由此转变为跨国家、跨地区的犯罪现象，网络犯罪所造成的巨大危害在全世界范围内蔓延，几乎严重威胁着每一个普通公民的生命财产安全，乃至各个国家或地区的公共安全。各国立法实践与司法实践往往落后于网络犯罪的不断演变，打击网络犯罪的力度也因随着网络犯罪的全球性蔓延，而显得力不从心。从本质上来看，网络犯罪得益于网络技术的使用以及互联网技术在全球范围内的推广。由此网络犯罪的危害范围突破了国别地域的限制，更具全球性与辐射性特征。

质言之，网络犯罪的行为与结果往往会突破传统刑事法律规范的边界，从而引发一系列跨国家、跨地区的刑事司法管辖权冲突问题。传统意义上的国界线无法区隔网络空间的国别归属，跨国网络犯罪可以轻易横跨全球各个国家与地区，从而造成严重的社会危害和公共安全危机。

（二）去领土化

网络信息科技被广泛应用于生活的方方面面，网络犯罪案件数量也随之增多，其最明显的特征就在于网络犯罪在虚拟空间中，不受各国国界、领土范围等空间因素所限制，每一个人、每一个国家都可能遭受到来自世界其他国家或者地区的网络侵害。当网络技术不断革新，并且不断为全人类带来生活与工作等多方面舒适与便捷的同时，网络犯罪也随之因此不断衍生出更为复杂的、更

---

① 《关于网上犯罪问题及会员国、国际社会和私营部门采取的对策的全面研究报告》，来源于联合国文件中心，网址：https：//documents－dds－ny.un.org/doc/UNDOC/GEN/V13/803/38/PDF/V1380338.pdf? OpenElement，最后访问日期：2016年6月12日。

具广泛危害性的新型网络犯罪模式。国际社会在打击跨国网络犯罪过程中，由于各国在认定网络犯罪刑事司法管辖权的问题上，存在较多理论争议与立法实践冲突，致使网络犯罪的"去领土化"特征所引起的不良效应无法得到有效的遏制。

具体而言，网络犯罪的"去领土化"特征一方面表现为网络犯罪主体与客体的"无国界性"，另一方面则表现为展开国际刑事司法合作的"广泛性"。首先，网络犯罪的"去领土化"特征表现在随着跨国网络犯罪类型的不断发展与变化，网络犯罪的主体也逐渐由单一国家的某一个行为主体或犯罪集团，发展为横跨不同国家与地区的跨国有组织犯罪集团模式。这种行为主体的"去领土化"体现为他们通常在犯罪集团内部有着明确的分工，相互协作，最终形成较大区域间的网络犯罪集团。其次，网络犯罪行为客体的"去领土化"，体现为网络犯罪对全球范围内的经济、政治、国土安全均造成了严重的危害后果。网络犯罪的行为人通常运用技术手段隐藏自己的真实身份，将网络终端设置在各个不同国家或地区，使犯罪实施不受任何制度限制。最后，针对网络犯罪的"去领土化"趋势，有效遏制网络犯罪的各国家与地区所造成的严重危害后果，国际刑事司法合作也由各国家独自打击网络犯罪的模式，扩展至国家间的刑事司法合作，以保证打击与防控跨国网络犯罪的进一步蔓延。

（三）犯罪行为地和犯罪结果地分离

传统的刑事司法管辖权理论以犯罪行为地或结果地作为确定管辖权的基础与前提，相较之下，跨国网络犯罪中，网络犯罪的行为地与结果地往往相互分离，在时间与空间中，网络犯罪的行为通常需要由不同阶段的具体行为所构成。亦即网络犯罪行为地可以解构为如下几种情况：网络犯罪行为实施地，网络犯罪行为传输经过地，网络犯罪行为最终到达地。对此，在本章第二节中将进行较为深入的阐述，在此不予赘述。网络犯罪结果地，则通常情况下是指网络犯罪行为实际造成危害后果的所在地。网络犯罪的危害后果往往会波及几个不同国家、地区，是否应当依据网络犯罪的危害后果作为确定网络犯罪刑事司法管辖权的联结点，以及依据结果地作为联结点是否具有合理性，也将在本章第二节中进一步予以探讨。为了避免属地管辖原则可能导致的管辖权过度扩张，应当综合考虑网络犯罪受害国的危害程度，并结合便于诉讼、最密切联系等原则，确定以何种因素作为确定网络犯罪刑事司法管辖权的联结点。

三、网络犯罪国际刑事司法合作的制度保障

伴随科技发展与智能终端的广泛应用，互联网的科技应用早已经融入了普通人的生活与工作之中。网络犯罪，究其根本，除却对象型网络犯罪外，典型

犯罪类型仍然以网络为表征呈现于外。因此，国际刑事司法合作与协助交流，仍然以国内规制典型犯罪类型的制度规范为基础，在国与国之间求同存异，寻求司法合作的制度可能，从而有效遏制网络犯罪的进一步蔓延。

当前，网络犯罪的国际司法合作尽管在各个国家之间仍然存在较大的分歧与争议，但已然具备一定的制度基础及司法合作的现实可能。为了更为便捷与迅速地搭建起国家间治理网络犯罪的制度平台，国际社会近些年逐步通过了相应的框架性协议。比如，《阿拉伯国家联盟打击信息技术犯罪法律框架》《英联邦关于计算机和计算机犯罪示范法》《上海合作组织国际信息安全领域的协议》《刑事司法与预防犯罪北京宣言》等。① 再如，欧盟为了遏制网络犯罪的严峻态势，于 2013 年 1 月成立了欧盟网络犯罪治理中心。这个中心旨在保护欧盟成员国公民，免受网络犯罪的侵害，并通过展开积极的国家间司法合作，有效治理网络犯罪。中国、俄罗斯以及巴西等国家也一直致力于完善与构建国际间司法合作联合治理网络犯罪的制度基础。不同国家希望通过平衡网络自由与国家主权的紧张关系，实施有效的网络监管，也即国际司法合作的基础首先应当是对各个国家司法主权的尊重。也正因如此，在进行网络犯罪的国际司法合作之中，各个国家之间因为无法真正达成共识而往往面临着各种挑战。

四、网络犯罪国际刑事司法合作的时代背景与实务困境

面对互联网的 2.0 时代，伴随着"云端"等科学技术成为互联网发展重要阶段的到来，计算机软件、计算机数据以及计算机应用程序将大量存储于云端。这些数据与信息、程序将通过云端，应用于世界各地的每一台计算机终端。"云端，最终意味着将有大量的黑客通过云技术实施网络攻击，对更大范围的网络用户带来严重的危害。"② 随着云端等网络科技的进一步发展与普及，大数据时代的发展与应用也成为当今网络犯罪面临的重大课题。因此，网络数据的安全、网络空间的安全将不断提升国家安全决策体系，网络空间安全的话语权也必然成为网络犯罪国际刑事司法合作的重要战略基础。诸如，欧盟委员会在 2013 年发布了《欧盟网络安全战略：公开、可高和安全的网络空间》。这是欧盟在网络安全领域的第一个综合型政策文件，评估了欧盟当前面临的网

---

① 参见胡红梅、谢俊：《网络犯罪的国际治理何去何从》，网址：http://www.itmsc.cn/archives/view - 60842 - 1. html，最后访问日期：2016 年 6 月 12 日。

② Cameron Chapan, *The History of the Internet in a Nutshell*, http://sixrevisions.com/resources/the - history - of - the - internet - in - a - nutshell/, last visit time 12/6/2016.

络安全现状，并确立了网络犯罪对策解决的指导性原则，确定了具体的行动
纲领。①

同年，联合国《关于网上犯罪问题及会员国、国际社会和私营部门采取
的对策的全面研究报告》中指出："对研究报告调查表所作出答复的国家称，
30%～70%的网上犯罪行为具有跨国性，因此涉及跨国调查、主权、管辖权、
域外证据及须开展国际合作的问题。如果犯罪的要素或实质性影响发生在另一
国领土内，或者犯罪的部门作案手法是在另一国境内实施的，网上犯罪便具有
了跨国性质。虽然欧洲所有国家都认为，国家法律为将域外网上犯罪行为进行
刑事定罪并予以起诉提供了充分的框架，但世界其他区域约三分之一到一半的
国家报告称本国框架不够充分。"②

网络犯罪的无国界性，决定了网络犯罪的国际刑事司法合作不断面临着各
种不同类型、不同领域的重大挑战。网络犯罪的虚拟性与去领土化，给网络犯
罪行为人提供了足够隐蔽的空间，使各个国家与地区之间在惩治网络犯罪时存
在一系列法律问题与国际刑事司法合作问题。当网络犯罪发生于两个或两个以
上的国家或者地区时，司法实践时常面对的问题就是，本国依据现有的相关法
律规定进行审查，则该网络犯罪行为已经构成犯罪，但是，在另外一个受害国
家或地区的法律之中，可能尚未对此进行明确的规定。即在治理网络犯罪过程
之中，单凭个别国家的努力尚不能达到有效治理网络犯罪，遏制网络犯罪蔓延
的使命，仍然要求国际社会在网络犯罪治理中必须协同一致，主权国家之间，
必须在协调国际法与国内法的冲突中，做出一定的妥协与让步，并最终建立起
有效的网络犯罪治理行动机制。

较之国际社会在应对与防控网络犯罪方面遇到的现实困境，我国在打击与
遏制网络犯罪的国际司法合作中，同样遭遇到来自理论与实践的多重挑战。首
先，网络空间主权理论带来的困难与挑战。网络犯罪的去领土化，导致网络犯
罪的治理与防控，往往需要各主权国家间采取统一的法律行动，相互协作，搁
置争议，解决矛盾。我国与其他主权国家对跨国网络犯罪进行刑事司法合作
中，其他主权国家为了维护自身的利益，往往无法与我国进行更为深入的刑事
司法合作，事实上阻碍了打击跨国网络犯罪的进程。以刑事管辖权冲突解决为
例，无论是在确定管辖权联结点时，还是在引渡、外国刑事判决的承认与执行

① 参见雷小兵、黎文珠：《〈欧盟网络安全战略〉解析与启示》，载《信息安全与通信保密》
2013年第11期。

② 参见联合国文件中心，网址：https: //documents - dds - ny. un. org/doc/UNDOC/GEN/V13/
803/38/PDF/V1380338. pdf? OpenElement，最后访问日期：2016年6月12日。

过程中，其他主权国家为了保障国家利益与国际地位，无法展开广泛而深入的国际刑事司法合作，最终延缓了网络犯罪刑事司法合作的进程。对此，将在本章第二、三节的相关内容中，展开更为细致而全面的探讨，在此不再赘述。其次，网络技术革新带来的困难与挑战。我国尚处于经济、文化、科技的改革与发展过程当中，我国网络技术的发达程度较之发达国家、地区的科技发展程度，仍然存在一定的现实差距。我国在网络信息技术共享方面，亟待需要同发达国家展开技术合作，共享打击网络犯罪的科技平台，从源头有效遏制网络犯罪的发生。而令人堪忧的是，掌握科技核心的发达国家往往并不愿意共享相关核心技术，致使我国在信息科学技术方面，无法同其他国家展开多层次、多角度的国际刑事司法合作。最后，扩大国际刑事司法合作范围带来的困难与挑战。我国在打击跨国网络犯罪，展开国际刑事司法合作的过程中，仍然需要进一步扩大国际刑事司法合作的主体范围，积极制定相关遏制跨国网络犯罪的双边条约、多边条约。否则，无论是在刑事司法管辖权冲突解决的问题上，还是在引渡等国际刑事司法协作的问题上，都无法真正建立起平等的对话机制，更无法搭建起网络空间治理的国际合作平台。网络犯罪的去领土化、无国界性，更加要求我国应当尽快在尊重各国虚拟空间主权基础之上，制定协同一致、具有高度可操作性的规范体系，并积极组织成立全球性的防控网络犯罪机构，联合惩治跨国网络犯罪，以便在该机构的组织与协调下形成更为立体而深入的国际司法合作机制。

第二节　网络犯罪的国际刑事司法管辖

一、国际刑事司法管辖权的理论梳理

（一）基本内涵

如上所述，网络犯罪的跨国性特征，导致司法实践中存在大量的国际司法管辖权冲突。解决国际司法管辖权冲突，传统的法律原则通常有属地管辖原则、属人管辖原则、保护管辖原则和普遍管辖原则等。属地管辖原则从维护国家领土主权出发，以国别地域为评价要素，凡在本国领土范围内实施的违法犯罪行为，无论行为人是本国人还是外国人，都主张使用本国法律予以规制。[1]

---

[1]　参见［英］詹宁斯、瓦茨：《奥本海国际法》（第9版），王铁崖译，中国大百科全书出版社1995年版，第328页。

属人管辖原则，则主张以行为人的国籍作为评价要素，凡是本国公民，无论其在本国领域内或领域外实施违法犯罪行为，都适用本国法律予以规制。外国人即使在本国领域内实施违法行为，也不能适用本国法律。① 保护管辖原则是指凡是侵害本国国家利益或者国民利益的违法行为，无论该行为人是本国人还是外国人，无论该行为发生在本国领土之内还是本国领土之外，都一律适用本国法律予以规制。② 普遍管辖原则是指无论行为人的国籍为何，无论行为发生在哪一个国家境内，也不论行为侵害了何种国家、公民的权益，与该行为有关联的国家都可以主张刑事司法管辖权。③

如《关于网上犯罪问题及会员国、国际社会和私营部门采取的对策的全面研究报告》中所述，国际法对此类网络犯罪行为在刑事司法管辖权方面规定了基本属地管辖权形式和属人管辖权两种形式，其中一些管辖权适用的准据原则也载于网络犯罪多边条约之中。在许多国家的法律体系中，相关条款反映的基本观念，往往并不要求"全部"犯罪事实均在本国境内发生，即可认定属地管辖权。确定是否可以适用属地管辖原则解决刑事司法管辖权争端，应当首先确定属地管辖的联结点。我们这里所指称的联结点，是指判定适用何种确定管辖权原则的连接性因素。这些因素通常情况下包括案件当事人的住所地、居住地或者案件发生的行为地、结果地。属地管辖联结点的认定，可参照网络犯罪行为的基本要素或危害影响，或者犯罪所用计算机系统或数据的位置即可确定。如果产生了刑事管辖权冲突，一般通过各国间的正式和非正式协商解决。目前没有任何必要对推定的"网络空间"领域确定其他形式的管辖权。而且，属地管辖权形式和属人管辖权形式几乎总能确保网络犯罪至少与一个受害国家有充分的关系。综上所述，绝大多数国家在适用管辖原则解决网络犯罪司法管辖权问题时，均采用多种管辖原则相结合的方式以确定自己的管辖权范围。

作为网络犯罪刑事司法应对的重要组成部分，网络犯罪国际司法合作首先通过解决国际刑事司法管辖权冲突实现。依据《网络安全法》第75条的相关规定，"境外的机构、组织、个人从事攻击、侵入、干扰、破坏等危害中华人民共和国的关键信息基础设施的活动，造成严重后果的，依法追究法律责任；国务院公安部门和有关部门并可以决定对该机构、组织、个人采取冻结财产或者其他必要的制裁措施"。结合我国《刑法》第6条至第9条的有关规定，凡

---

① 参见江国青：《演变中的国际法问题》，法律出版社2002年版，第313页。
② 参见江国青：《演变中的国际法问题》，法律出版社2002年版，第32～33页。
③ 参见［法］安德列·伯萨尔德：《国际犯罪》，黄晓玲译，商务印书馆1997年版，第111页。

在中华人民共和国领域内犯罪的，除法律有特别规定的以外，都适用本法。凡在中华人民共和国船舶或者航空器内犯罪的，也适用本法。犯罪的行为或者结果有一项发生在中华人民共和国领域内的，就认为是在中华人民共和国领域内犯罪。中华人民共和国公民在中华人民共和国领域外犯本法规定之罪的，适用本法，外国人在中华人民共和国领域外对中华人民共和国国家或者公民实施违法犯罪行为，可以适用本法，但是按照犯罪地的法律不受处罚的除外。对于中华人民共和国缔结或者参加的国际条约所规定的罪行，中华人民共和国在所承担条约义务的范围内可以主张司法管辖权。综上所述，无论是《网络安全法》的相关规定，还是我国《刑法》的具体规定，采用的均是以属地管辖为基础，我国网络犯罪刑事司法管辖权争端解决的基本原则是以属地管辖原则为主，属人管辖等其他原则为辅。

（二）理论困境

网络犯罪的无国界性，突破了不同国度法律空间的界限，也因此，无论是在管辖理论层面，还是在国家之间管辖权确定的司法实践中，上述传统的管辖权理论存在形形色色的争议和对立。

第一，传统属地管辖原则遭遇的理论困境。如前所述，面对网络犯罪的跨国特征，传统意义上的属地管辖原则无法解释与界定网络犯罪中犯罪行为地等内容。有学者认为，由于网络犯罪通过信息与数据穿越国境进行传播，从法律技术层面，无法真正做到在各个国家之间划定明确的司法管辖界限。[1] 与犯罪行为无国界性相对应的问题是，当网络犯罪的行为地涉及不同的国家与地区时，网络犯罪的结果地必然也分布于世界各地。按照传统意义上的属地管辖原则，则必然导致行为地与结果地所在的国家或者地区的法院，均有主张刑事司法管辖权的权利，也随之造成管辖权冲突。以英国伦敦法院判决的"沃底恩"网络色情案为例，行为人沃迪恩是通过设置在美国的网络服务器，实施了英国最大规模的网络传播色情活动，进而被判处 18 个月的监禁（因病而缓期执行）。本案的判决理由是：色情片是从英国国内的网站上下载的，也就是，英国是该网络犯罪的结果地之一。[2] 从这个案件判决的结论来看，英国当时依据的是犯罪危害发生地来界定犯罪的结果地，按照这样一个判断标准，也不可避免地导致同一案件可能由多个国家主张管辖权，如何进一步确定管辖权归属，同样存在理论与现实的障碍。

---

① 参见杨正鸣主编：《网络犯罪研究》，上海交通大学出版社 2004 年版，第 107 页。

② 参见李晓明：《"计算机犯罪"对传统刑事法的挑战及对策研究》，载赵秉志主编：《新千年刑法热点问题研究与适用》（上册），中国检察出版社 2001 年版，第 291 页。

第二，传统属人管辖原则遭遇的理论困境。由于属人管辖原则是指主张管辖权的国家有权对其本国公民的管辖权，不以犯罪行为地作为管辖权冲突的界定标准。该原则使一国的管辖权因此可以跨越国界，以保护本国公民的基本权益为主张管辖权的理由。这里，当属人管辖理论遭遇网络犯罪的跨地区性与无国界性特征等问题的挑战时，由于网络犯罪发生地与行为人的国籍国都有可能主张行使管辖权，必然引起国家间的管辖权冲突。质言之，网络犯罪的全球化使得属人原则与属地原则也会发生管辖权冲突，甚至使行为人最终面临双重处罚或者多重处罚的局面。

第三，保护管辖原则遭遇的理论困境。保护管辖原则是针对外国人或者无国籍人，在本国领域以外，对本国国家或者本国公民犯罪而主张行使管辖权的原则。该原则最终是为了保护本国国家利益以及本国公民的基本权益，对发生在本国领域以外的，同时侵害到了本国国家利益或者国民利益的犯罪行为行使管辖权。按照保护管辖原则解决管辖权冲突时，仍然需要尊重犯罪行为地、犯罪结果地所在国的法律。即当犯罪行为地、犯罪结果地所在国的法律不认为是犯罪的，任何国家不得以保护本国国家或者公民权益为理由，对行为人主张行使管辖权。正因如此，该原则也遇到难以整合的理论"瓶颈"。网络犯罪影响到不同的国家与地区，各国对同一犯罪行为的规定各不相同，网络犯罪类型的不断演变，各种新型网络犯罪类型不断出现的同时，各国国内法律对其进行规制的方式无法得到统一，因此，当国家之间因为网络犯罪导致刑事司法管辖权发生冲突，如果采用保护管辖原则解决冲突，可能最终由于无法统一认定侵害国家利益的标准，而不能真正解决刑事司法管辖权冲突。

第四，普遍管辖原则遭遇的理论困境。普遍管辖原则以国际条约为行使的法律基础，并且主要针对国际恐怖主义犯罪、海盗罪以及战争罪等国际犯罪。因此，倘若国际条约并未明文规定某种类型的网络犯罪属于国际条约的规制对象，那么，任何一个国家都无权以本国的法律对该网络犯罪行为主张行使普遍管辖权。当前国际条约对网络犯罪的规定现状尚处发展阶段，随着网络技术与网络犯罪类型不断变化，网络犯罪类型也会随之增多，完善网络犯罪国际刑事多边合作条约体系，加强国家间的网络犯罪刑事司法应对联动机制，以有效、迅速惩治网络犯罪，是突破网络犯罪司法管辖理论困境的必由之路。

（三）理论革新

为了更为有效解决网络犯罪刑事司法管辖权冲突，国际社会开始通过整合传统管辖权理论，进而衍生出各类网络犯罪刑事司法管辖权的学理观点。这些理论观点之中较具代表性的理论有，新主权理论、管辖权相对理论以及网址管辖理论、实害管辖理论等。上述新的管辖权理论，一方面对传统的管辖权理论进行了融合与发展；另一方面，由于各种新的管辖权理论也存在不同的理念，而有着理论适用方面的局限性。

1. 新主权理论

新主权理论又名"激进的独立管辖权说""虚拟世界主权独立说"。该理论的核心内容是，网络空间虽然独立于真实的社会生活空间，网络空间的主权不属于世界上任何一个国家，也不得由任何一个国家侵犯。网络社会的行为准则应当由网络自身形成的制约机制进行规范，也就是说，以网络自我决断取代国家的司法管辖与法律救济。主张新主权理论的学者认为，在一国法律规范与网络行为准则之间，无法形成有效的关联与衔接。一方面，以某一个国家的国内法律规制网络犯罪，并主张行使管辖权，理论上是无法自圆其说的。另一方面，网络世界的虚拟性与无国界性，导致网络社会的行为影响力，往往跨越所在国的地理空间以及法律效力，从而超出主权国家管控。然而，该理论饱受诟病之处则在于，网络空间无法脱离现实社会而真正独立存在，以网络自我决断取代国家司法规制，否定国家的司法管辖权，是不可能也是不现实的。正如有学者指出，该理论形成于网络犯罪刑事司法管辖理论研究的初期，因此，脱离国家主权观念，片面强调网络空间的自治，是行不通的。[①] 随着网络空间的发展与科技的不断进步，只有不断规范网络行业的道德准则与技术标准，并不断修改、完善国家的法律规范体系，以国家的强制力保障网络空间的健康运行，而非否定国家公力救济，并主张网络自治取代公立救济，才可以有力规范网络行为，制裁网络犯罪。

2. 管辖权相对理论

管辖权相对理论，也被称为"第四国际空间理论"，该理论主要体现为以下几个方面：其一，将网络空间视为新的管辖区域，如同公海、国际海底区域和南极一样，并建立起系统的管辖原则。其二，管辖权适用的标准是，主张管辖权的国家，以行为人进入该国家可以控制的网络空间范围和程度为限。其三，网络空间内发生争端的当事人，以与其最具关联性的法院作为裁判场所，通过网络的虚拟审判，解决争端。[②] 该理论本质上仍然是主张网络空间独立管辖说，势必同样带来国家无权对网络空间行使刑事司法管辖的状况，也就无从提及运用该理论解决管辖权冲突之可能。该理论忽视了网络空间与社会生活空间的实质关联关系，依靠网络技术无法从本质上突破管辖权冲突的障碍，反而

---

① 参见张新平：《试论网络犯罪刑事管辖权》，载张智辉主编：《刑法问题与争鸣》（第 6 期），中国方正出版社 2002 年版，第 25 页。

② 参见王德全：《试论 Internet 案件的司法管辖权》，载《中外法学》1998 年第 2 期。

可能为他国干涉别国主权与司法管辖提供了理由。因此，该理论由于欠缺理论与实践的可操作性，而无法得到广泛认同。

3. 网址管辖理论

网址，作为确定网络犯罪行为发生地以及结果地的重要因素，可以迅速查明与确认网络犯罪的刑事管辖权归属。通过网址确定管辖权归属，仍然需要将网络地址转换为与之相关的，具体的地理位置，方可进一步确定拥有管辖权的国家，因此，通过网址进一步确定其网络服务器所在位置，也是该理论确定管辖权归属的理论前提之一。但是，该理论仅仅通过网址确定管辖权，往往会导致被网络犯罪侵害的国家无权主张管辖。并且，虽然网址在网络中的具体位置是可以准确认定的，但是，无法就此推断使用此网址的行为人也是同一个人，倘若行为人本人的信息是无从考证的，就无法准确认定网址与行为人之间的关联关系。在这层意义上，有学者据此认为该管辖理论因无法全面运用到不同类型的网络犯罪之中，故而无法全面解决管辖权冲突的问题。[①]

4. 实害管辖理论

实害管辖理论认为，应当以犯罪行为对本国国家或者公民的实际"侵害或影响之关联性"作为标准解决国家间的刑事司法管辖权冲突。凡是与网络犯罪案件存在关联性的国家均享有管辖权；反之，不存在可以推定的关联性，则无权主张管辖权。该理论中所谓的"关联性"，指该网络犯罪行为已经造成本国国家或者该国公民实际的侵害，该关联既包括直接关联，也包括间接关联。[②] 这种"侵害或者影响的关联性"，不一定是指本国国家或者公民是该网络犯罪行为的直接受害者，只要有证据可以表明，他们仅仅是受到了影响，就可以认定为具有关联性。[③]

运用该理论解决网络犯罪管辖权冲突的优势就在于，该理论以网络犯罪对受害国家法益侵害的范围与程度，确定犯罪行为地与犯罪结果地，有效地避免了未受到实质侵害的国家主张管辖权。并且，该理论对于阐释抽象越境问题时，存在更多的解释空间。网络信息往往通过互联网这个平台，迅速跨越不同的国家与地区。假设被越境国都来主张行使管辖权，那么，时常会有很多国家主张管辖权。按照实害管辖理论的理论要旨，单纯的网络信号穿越国家与地区之间，无法实质上对被越境国造成法益侵害，只有遭受到实质侵害的国家或者地区才享有管辖权。

---

① 参见于志刚：《网络刑法原理》，元照出版有限公司 2007 年版，第 86 页。

② 参见于志刚：《虚拟空间中的刑法理论》，中国方正出版社 2003 年版，第 421 页。

③ 参见赵秉志、于志刚：《计算机犯罪及其立法和理论之回应》，载《中国法学》2001 年第 1 期。

5. 有限扩大的属地管辖理论

有限扩大的属地管辖理论，顾名思义，该理论是在传统的属地管辖理论体系基础之上，进行理论整合与内涵限缩。其理论主要由以下几个内容组成：其一，网络犯罪的服务器在本国的领土、领空、领水等空间内，如网络在线洗钱的行为人、网络诈骗的行为人，其实施犯罪的终端设备所在地以及网络色情服务的终端设备所在地，应在主张行使管辖权一国的本国领域之内。其二，网络犯罪所侵入的局域网，或者被侵入的网络终端设备地应在主张行使管辖权的国家领土、领空等四种空间内。诸如，网络侵犯知识产权的网站或者终端设备所在地，应当在该国领土内。其三，网络犯罪的行为人获取犯罪信息的终端在主张管辖权国家的本国领土、领空等四种空间之内，诸如网络盗窃、网络诈骗等犯罪结果的信息显示终端应在该国领域范围之内。[①]

6. 传统管辖权一体适用理论

在上述理论形成的过程之中，也有学者坚持认为，网络犯罪的类型无非就是传统犯罪类型的衍生品，网络空间无法独立于现实社会生活空间而存在，也因此，无须将网络犯罪的理论研究独立于既有的法治体系。因为，网络犯罪的行为地与结果地，最终仍然要同现实社会进行衔接与转换。概言之，网络犯罪的管辖权理论，仍然可以参照传统管辖权理论进行论述与探讨。[②] 从理论层面来看，依照传统管辖权理论的确可以有效确定一国主权范围内，针对该国国家或者公民实施违法犯罪行为时刑事司法管辖权的最终归属。但是，网络的无边界性仍然会导致刑事司法管辖权的积极冲突。根据我国《网络安全法》第75条等相关条文的规定可知，我国网络犯罪的刑事管辖权正是以传统管辖权理论为基础，兼顾考量网络犯罪对受害国法益侵害程度与范围，确定网络犯罪的行为地与结果地，有利地保护了我国的公共安全及公民的人身财产权益，并从而降低了网络犯罪司法管辖权冲突可能带来的负面影响。

二、域外刑事司法管辖立法实践

在网络管辖权争议的问题上，国际社会主要通过起草、签订并付诸实施网络空间刑事司法管辖权的相关双边或者多边国际、区域性决议与文件的方式去积极消弭对立和矛盾。鉴于上文对国际网络犯罪刑事政策业已备述，因而下文将以英国、美国、德国、日本等的立法实践为例，分析并阐释域外在解决网络刑事司法管辖权冲突时通常采用的具体方法与措施。

---

① 参见屈学武：《因特网上的犯罪及其遏制》，载《法学研究》2000 年第 4 期。

② Herbert Kronke, *Which Court Decides*, *Which law applies*? Kluwer Law International, 1998.

（一）英国

英国关于网络犯罪的主要立法成果就是《1990 年计算机滥用法》，该法规定了三种网络犯罪类型：未经授权进入计算机资源罪，以进一步实施或者准备实施其他犯罪为目的的违法侵入计算机资源罪，非法修改计算机资源罪。该法第二部分第 4 条至第 9 条规定了以上三种犯罪的管辖权归属。该法第 1 条和第 3 条规定了未经授权进入计算机资源罪和非法修改计算机资源罪，并规定了英国刑法对这两种犯罪可以主张管辖权的条件：其一，网络犯罪的构成要件以及相关证据事实，应当发生于英国领土之内。其二，行为人实施犯罪行为时，应当在英国境内。其三，至少有一个确定英国司法管辖的联结点存在。确定该联结点的要素包括：那些未经允许和授权，擅自侵入计算机资源的行为人，应当在英国境内。或者行为人准备获取计算机信息实施犯罪行为时，该行为人在英国境内。再如，非法修改计算机资源罪，要求行为人在实施导致未授权修改的行为时，其身处英国境内；或者未授权修改计算机的犯罪事实发生于英国境内，都可以作为确定管辖权连接点的要素。针对以计算机网络为工具，进而意图实施其他犯罪行为的犯罪类型，该法认为，即使此种行为发生在英国领土之外，但是如果依照本法第 2 条构成犯罪的话，英国仍然对其可以行使管辖权。①

最为经典的判例是 2009 年谢波德和怀特尔案中，被告通过设置于美国加利福尼亚州的服务器，在互联网上公开发布带有侮辱性质的种族歧视言论，身处英格兰和威尔士地区的网络用户，可以通过互联网看到这些种族歧视言论。英国皇家法院认为，尽管被告认为其服务器并不在英格兰和威尔士境内，因此英国并不具有刑事司法管辖权，但是，该行为已经触犯了英国《1986 年公共秩序法》第 19 条的有关规定。英国皇家法院的裁判理由是，《1986 年公共秩序法》并没有规定只有犯罪行为发生在英国境内，英国法院才可以主张管辖权，被告的种族歧视言论已经在英国产生不良影响，违反了该法禁止公众传播带有或者可能引起种族仇恨的言论。虽然，最后两个被告离开了英国境内，并向美国寻求庇护，英国皇家法院仍然对此案进行了缺席审理。美国拒绝了两名被告的政治庇护，并将他们遣返回英国境内。2009 年 7 月 10 日，他们分别被判处 4 年 10 个月和 2 年 4 个月的监禁刑。②

---

① Computer Misuse Act 1990, section 4 to section 9, http：//www. legislation. gov. uk/ukpga/1990/18/enacted, last visit time 12/6/2016.

② *Two guilty of inciting racial hatred against Jews*, http：//www. cps. gov. uk/news/latest_ news/101_09/index. html, last visit time 12/6/2016.

2011 年 11 月，为了应对网络犯罪发展的新形势，英国政府正式发布了国家网络安全战略（CSS）。该国家网络安全战略要求英国政府应当从 2011 年至 2015 年投入至少六亿五千万英镑的资金用于网络安全的构建，而网络安全投入的增加幅度，将依据英国政府有关部门在网络安全治理中职能的范围进行相应调整。同时，由于网络犯罪行为人的技术日益发展，网络犯罪安全解决对策也必须进行相应的提升。[①] 这是英国政府在切实推进国际刑事司法合作政策中较为坚实的一步。

（二）美国

美国联邦政府及各州在确定司法管辖权归属等方面，都有自己独立的制度规范体系。美国各州的刑法以及联邦刑法均对网络犯罪进行了明确的规定，各州的立法内容是相互独立的。以下，以美国联邦刑法中关于网络犯罪管辖权的具体规定为例，予以进一步说明。

美国联邦刑法以属地管辖原则为主，以属人管辖原则为辅。其具体内容如下：第一，联邦刑法适用于不属于任何州的联邦领土，如美国域外领地。第二，属于联邦的领土，也包括那些位于一个州内，但不属于该州管辖的土地，如军事基地、军港、国家公园等。第三，联邦刑法适用于在公海上或者在外国领水、领空中的美国籍船只和航空器上。第四，联邦刑法也适用于在公海上或者外国领土上的美国公民。第五，联邦刑法适用于规制那些对总统、副总统、国会两院领导人、政府高级官员以及外国派驻美国的外交官员等人实施侵害行为的犯罪。第六，联邦刑法有权规制那些虽然不是美国籍公民，但在他国领土上实行了侵害美国政府合法权益的犯罪行为。第七，各州无权管辖或者各州之间在司法管辖权上存有争端的刑事案件，可以适用联邦刑法。[②]

按照美国联邦刑法关于刑事司法管辖权的上述规定，实行网络犯罪的行为地或者结果地，只要有一项发生在美国联邦领土、公海或者美国船只、航空器上，依照属地管辖原则，美国联邦均对其享有管辖权。在公海上或者他国领土上的美国公民，如果实施了网络犯罪，美国联邦刑法同样可以主张享有管辖权。外国人在他国领土上，通过实施网络犯罪行为，侵害了美国政府的利益，美国联邦刑法同样享有管辖权。通过网络犯罪行为，侵害美国总统、副总统、国会两院领导人、政府高级官员以及外国派驻美国的外交官员生命财产安全，美国联邦刑法同样可以主张享有管辖权。简言之，美国联邦政府在解决刑事司法管辖权冲突中，以属地管辖原则为最主要的法律依据。美国政府在相当长一

---

①　参见张彬彬：《英国网络安全现状研究》，载《网境纵横》2014 年第 12 期。

②　参见储槐植：《美国刑法》，北京大学出版社 1996 年版，第 23～24 页。

段时间内，无论是联邦调查局还是司法部，在解决国际刑事司法管辖冲突问题上，仍然持谨慎的态度。直至近期，美国司法部刊登了一起由数十名罗马尼亚公民参与实施的国际网络诈骗刑事案件，该案件发生在美国境内，并以美国公民为主要侵害对象，连续 10 年之间，给美国公民带来了上千万美元的损失。美国政府自 2011 年 6 月 17 日开始，对涉案的罗马尼亚籍公民提起了诉讼。针对这项大规模的有组织网络犯罪行为，美国司法部决定联合罗马尼亚政府，共同展开专项惩治行动，一方面由美国政府对 21 名罗马尼亚籍的刑事犯罪行为人提起公诉，另一方面其他相关涉案人员，如果在罗马尼亚境内，则由罗马尼亚政府提起诉讼。截至目前为止，这项诉讼仍然在持续进行中。① 这个案件之所以在美国网络犯罪历史上占有一席之地，就在于此次打击有组织的网络犯罪活动，积极展开同罗马尼亚政府的网络犯罪刑事司法合作，对美国今后的国际刑事司法合作而言，是一次重要的司法实践经验。尽管在这个案件中，美国政府仍然以属地管辖原则为主，但由于美国政府能在坚持其司法管辖原则基础之上，同时联合他国政府，共同惩治网络犯罪，因而可以说，这将成为美国政府寻求广泛国际刑事司法合作的代表性案例。

（三）德国

德国刑法规定了九类网络犯罪类型，但是，并未对网络犯罪的刑事司法管辖权进行明确的规定。亦即网络犯罪的刑事司法管辖权原则，仍然应当按照德国刑法总则有关刑法效力的规定予以适用。按照德国刑法关于刑法空间效力范围的规定，网络犯罪行为地、结果地，或者行为人意图产生危害后果的地点，只要有一处处于德国领土内，或者虽然该地点不在德国领土范围内，但是处于悬挂德意志联邦共和国国旗或者国徽的船舶、航空器内，德国刑法依然可以主张享有管辖权。在他国实施侵害德国公民合法权益的网络犯罪行为，按照该国法律应当处罚或者不予处罚的，可以适用德国刑法。对在他国实施的并非侵害德国公民的网络犯罪行为，按照当地的法律应当处罚或者不予处罚的，犯罪时为德国人或者犯罪后成为德国人的，或者犯罪时为外国人，在德国国内被逮捕，按照其所犯罪的类型，符合德国引渡法律的规定，但并未提出引渡请求，或者引渡请求被拒绝或者不能被引渡的，适用德国刑法予以规制。② 德国在面对网络刑事司法管辖权争端时，仍然主要采取属地管辖原则。一名澳大利亚籍的新纳粹分子在澳大利亚的互联网服务器上，公开否认了大屠杀的现实。当这

---

① *Major Achievements in the Courtroom*：*International Internet Fraud Scheme*，http：//www. justice. gov，last visit time 12/6/2016.

② 参见皮勇：《网络犯罪比较研究》，中国人民公安大学出版社 2005 年版，第 89～90 页。

名澳大利亚人进入德国境内时，德国刑法依照保护管辖原则，按照德国刑法对该澳大利亚人主张刑事管辖权，并对其进行逮捕、审判、定罪和判处刑事处罚。[①] 由此可以看出，德国刑法在网络犯罪管辖权问题上，同英国法律、美国法律相比，认定范围面较广，可以主张行使司法管辖权的情况也较多。

（四）日本

在网络犯罪刑事司法管辖权问题上，日本刑法与德国刑法在认定原则与法律规范方面，存在诸多相似之处。日本刑法规定了八种网络犯罪类型，但是对网络犯罪的刑事司法管辖权却并没有做出特别规定。因此，日本网络犯罪的司法管辖权冲突解决原则，适用日本刑法关于刑法空间效力范围的具体规定。

日本刑法第1条至第4条之二规定了日本刑法的空间效力，即日本刑法适用于本国内实施违法犯罪行为的人，在日本籍的船舶以及航空器实施犯罪行为的人，也同样适用日本刑法。日本国公民在日本外实施属于日本刑法第3条规定的十六类犯罪中的网络犯罪，适用日本刑法予以规制。日本公务员触犯该刑法第4条规定三类犯罪，即伪造电磁记录有关的犯罪、使用电子计算机诈骗罪等，也适用日本刑法。如果网络犯罪发生在日本国以外的地域，但是该网络犯罪属于日本参加的国际条约规制之下的情形，应当适用日本刑法。由于日本刑法并未以犯罪行为地与结果地作为确定管辖权的要素，因此，在面对网络犯罪行为地与结果地不在同一国度时，与美国联邦刑法的管辖权争端解决原则不同，日本刑法可能由此无法主张行使管辖权。[②]

（五）新加坡

在处理网络犯罪刑事司法管辖权冲突时，新加坡更倾向以属地管辖原则为主，这一点体现在新加坡《不当使用计算机令》的具体规定中，该法授权新加坡法院对在新加坡领土内或者在其领土以外实施的网络犯罪行为均具有刑事司法管辖权，并且，以下述内容作为界定刑事司法管辖权的认定要素：其一，实施网络犯罪时，该行为人在新加坡境内。其二，案发时，实施网络犯罪的工具、数据信息等处在新加坡境内，新加坡法院也可以主张享有管辖权。《不当使用计算机令》明确规定如下网络犯罪类型：未经授权下载电脑信息资料；运用电脑试图实施网络犯罪或者帮助实施网络犯罪；未经授权修改他人的电脑信息资料；未经授权使用或者截取电脑服务；未经授权阻止或者妨碍他人使用

---

① 参见［德］乌尔里希·齐白：《全球风险社会与信息社会中的刑法》，周遵友、江溯等译，中国法制出版社2012年版，第336页。

② 参见皮勇：《网络犯罪比较研究》，中国人民公安大学出版社2004年版，第90~91页。

电脑；未经授权披露电脑的密码。①

（六）中国香港特区

香港于 1994 年 12 月制定了《刑事司法管辖权条例》，这一条例以处理国际诈骗案所涉及的司法管辖权问题为主要内容。香港《电脑相关罪行跨部门工作小组报告书》认为，只要实施网络犯罪的行为人或者被使用的电脑在香港境内，香港特区的法院就可以主张具有刑事司法管辖权。香港政府以此为契机，在《2002 年刑事司法管辖权条例（修订第 2（2）条）命令》中增加了三类罪行。根据规定可知，同上述几个国家的立法实践相比，香港法院以网络犯罪的行为人以及行为地（被使用的电脑）为判断管辖权的要素，即香港法院在判断刑事司法管辖权归属问题时，仍然主要采用属地管辖的原则。

综合分析并比较上述立法与司法实践，我们可以看出，网络犯罪的刑事司法管辖权争端解决的法律基础，仍然是以各个国家或者地区国内法律规范为主要依据。换言之，各国几乎都为了扩大本国主张网络刑事司法管辖权的可能性，采取了扩大本国司法管辖权的立法体例。比如，通过扩大本国属地管辖权原则的适用范围，进而将本国的领土范围扩展至网络空间。当然，如此一来，各国都可以在打击网络犯罪中做出最为迅速的刑事司法应对行动，并以此尽可能控制网络犯罪对本国的公民或者国家带来的消极影响以及危害范围。但同时，各国的网络刑事司法管辖权过度膨胀，甚至进而出现了争抢刑事司法管辖权的状况，则必然不利于广泛开展国际间的刑事司法合作。概言之，国际社会仍然尚未建立司法管辖权争端解决的基本原则与认定准则，当各国家之间出现网络刑事司法管辖权冲突时，仍然无法按照具体的、国际通行的管辖权确定原则解决争端与矛盾。如何为网络犯罪的国际刑事司法合作另辟蹊径，就成为当今各国打击与整治网络犯罪的重要一环。

三、国际刑事司法管辖权的认定要素

通过对上述国际司法管辖权相关理论内涵与制度规范的梳理与比较，可得出如下结论：各个国家或地区在确定网络犯罪管辖权时，普遍的做法是，通过确定网络犯罪的行为地与结果地，将其作为确定管辖权归属联结点的认定要素与认定标准。面对网络犯罪，结合前述各国立法实践与司法实践，行为人的犯罪行为往往是同时发生在不同领域，犯罪结果也往往会遍及多个国家或地区。只有在犯罪行为地与结果地不便确定，或者有多个国家同时主张同犯罪行为地

① 参见于志刚：《虚拟空间中的刑法理论》，中国方正出版社 2003 年版，第 373～374 页。

与结果有直接关联时，个别国家可能会以行为人作为认定管辖权归属的联结点，确定本国是该行为人的国籍国，并进一步主张具有管辖权。但是，从目前的国际司法实践来看，无论是以行为地还是结果地，抑或是以行为人作为确定管辖权归属的认定要素，其检验标准是：网络犯罪危害后果与主张管辖权国家的密切联系程度，质言之，网络犯罪的危害后果与实行行为之间的相关性作为确定网络刑事司法管辖权归属的联结点。正如有学者指出，与当事人有关的任何因素如果能够成为法院行使管辖权的根据都必须具备两个条件：一是该因素自身有时间和空间上的相对稳定性，至少是可以确定的；二是该因素与管辖区域之间存在一定的关联度。[①]

（一）以网络犯罪行为地认定管辖权

以美国刑事司法审判为例，为了确定网络犯罪的刑事司法管辖权归属，美国法院早期的司法实践是，主张以"滑动范围"作为认定网络犯罪管辖权的准则。从近来的审判实践来看，美国法院认为应当以行为人是否为有目的地利用某国的法律而实施犯罪为认定管辖权的标准。[②] 在欧洲，各国法院普遍以网络犯罪的危害影响范围与程度作为确定网络犯罪刑事司法管辖权归属的认定要素。以丹麦为例，丹麦法院在处理一起通过网络散布种族主义案件时，认定尽管行为人是通过美国的网络服务器散布诽谤性言论，并且行为人认为自己的行为在美国是符合美国宪法关于言论自由规定的。但是，丹麦法院认为该行为仍然事实上严重危害了丹麦公民的基本权益。因此，丹麦法院认为自己对该案仍然具有刑事司法管辖权。[③]

通常情况下，网络犯罪行为可以被划分为三个阶段：（1）网络犯罪行为实施地。行为人通过网络服务终端设备在某一特定时空条件下，进行联网、访问、远程控制或者下载、上传、设置 URL、转发等具体实施行为。实施该行为所在地，即为网络行为实施地。通常情况下，网络犯罪的具体实施需要借助计算机终端、ICP 服务器等完成。行为人实施网络犯罪行为的必要工具是使用终端计算机，ICP 服务器则是犯罪行为在网络空间得以完成的终点，也是犯罪危害结果开始产生影响的起点。以网络行为实施地作为确定网络犯罪刑事管辖权的认定要素，一方面符合网络犯罪行为的科技特征，另一方面便于侦查机关

---

①　参见王德全：《试论 Internet 案件的司法管辖权》，载《中外法学》1998 年第 2 期。

②　参见罗伯特·L. 霍格、克里斯托夫·P. 博姆：《因特网与其管辖权——国际原则已经出现但对抗也隐约可见》，何乃刚译，载《环球法律评论》2001 年第 1 期。

③　参见罗伯特·L. 霍格、克里斯托夫·P. 博姆：《因特网与其管辖权——国际原则已经出现但对抗也隐约可见》，何乃刚译，载《环球法律评论》2001 年第 1 期。

收集证据，具备现实可能性与可操作性。（2）网络犯罪行为传输经过地。网络犯罪行为人具体实施犯罪的操作指令以及数据信息，往往经过网络终端设备、IAP 服务器、ICP 服务器以及其他节点计算机设备、网络设备上进行传播。这里主要以"抽象过境行为"为代表。即网络犯罪行为人在互联网上以信号或者数据传输方式跨越了某国的国境或者某几个国家的国境，最为著名的判例是，几名联邦德国的学生通过互联网进入美国国防部为克格勃窃取军事机密。这几名学生从西德登录到日本，然后再从日本登录到美国一所大学，再从这所大学登录到美国国防部的军用计算机信息系统并进而窃取军事机密。[①] 本案中行为人的犯罪行为在网络空间中同时跨越几个国家，所有的过境国都是犯罪行为地，即从联邦德国登录电脑终端设备，发送网络信号，途径西德、日本和美国，最终攻击美国国防部网站，如果这一系列的"抽象过境"行为都具有刑事违法性，那么，过境国都可以主张行使刑事管辖权，从而产生刑事司法管辖权冲突。即仅仅依靠行为地确认管辖权，仍然无法解决管辖权冲突。倘若按照抽象过境行为是否给经过的国家造成了实质损害作为认定标准，或许可以更进一步补充确定管辖权归属。（3）网络犯罪行为最终达到地。即指网络指令与数据信息最终达到目的地服务器，完成相应的操作（复制或者存储）。在通常意义上，网络犯罪行为最终到达地，也就是网络犯罪结果地。

（二）以网络犯罪结果地认定管辖权

在网络犯罪刑事司法管辖权认定中，如果采用网络犯罪结果地作为联结点，通常以被害人发现网络犯罪行为的终端设备、ICP 服务器为设备和技术参考要素，并结合行为人主观是否有目的利用该结果地为标准，附加判断被害人是否发现网络犯罪行为的终端所在地作为认定准则。我们认为，虽然行为人主观目的，即行为人试图在某一国家的网络空间实施犯罪行为，的确属于可以较为迅速地确定网络犯罪结果地的准则之一，但也同时因为行为人主观认知需要更多的客观证据加以证明，而事实上在认定行为结果地的司法实践中，仍然可能面对更多的挑战。此外，以主观目的来确定网络犯罪结果地也难以适用于过失犯罪。我国最高人民法院于 2000 年 11 月 22 日通过的《关于审理涉及计算机网络著作权纠纷案件适用法律若干问题的解释》第 1 条规定：网络著作权侵权纠纷案件由侵权行为地或者被告住所地人民法院管辖。侵权行为地包括了实施被诉侵权行为的网络服务器、计算机终端等设备所在地。对难以确定侵权行为地和被告住所地的，原告发现侵权内容的计算机终端等设备所在地可以视

---

① 参见梅杰、许榕生：《黑客——游荡在 internet 上又一"幽灵"》，载《电脑报》1995 年 12 月 29 日，第 4 版。

为侵权行为地。结合《网路安全法》第75条的相关规定，跨国网络犯罪的"攻击、侵入、干扰、破坏"等犯罪行为，应当在我国境内"造成严重后果"，由此可见，我国法律基本采纳了以网络犯罪行为结果地作为确定管辖权的认定要素。

（三）以行为人和受害人认定管辖权

以行为人作为认定管辖权的联结点，也就是采用了属人管辖原则。以受害人，即行为相对人作为管辖权联结点，则是采用了保护管辖原则。采用行为人确定管辖权归属，可以更为直接地、快速地遏制网络犯罪的进一步蔓延。通常情况下，网络犯罪带来的危害范围广，蔓延速度快，因此，若由网络犯罪行为人所在国主张刑事司法管辖权，对行为人进行严厉的刑罚处罚，遏制网络犯罪，是该国维护国际秩序的有力举措。若由受害人所在国主张刑事司法管辖权，则体现了受害国对本国国家和公民利益的重视与负责。

四、国际刑事管辖权争议的消弭之道

通过对上述国家和地区立法、司法的考察，可以发现多数的做法依然是以属地管辖为基本原则，以各种标准去探求网络犯罪的行为实施地和结果发生地，同时结合具体案情，辅之以属人管辖和保护管辖。在各种管辖原则相互协调的基础上，对于跨国的网络犯罪，各国采取彼此协商合作的态度，不断推进地区和全球范围内的国际司法合作，是当前解决刑事司法管辖权争议的可行之道。

长远来看，通过各国间的协商合作可以最终达至网络空间的全球治理。正如前述内容所倡导的，我国应当始终坚持网络空间主权原则，不断地在网络空间内实现再主权化，避免其沦为法外之地，实现主权的有效管辖。同时，应当认识到网络技术本身的中立性、网络空间的全球性，因此，尽管我们的立场是实现网络空间的主权化，但实现的路径并不是传统的主权者在疆域内的单独治理，而是各国平等参与下的全球共治，如此则国际刑事管辖权的争议迟早会销声匿迹。

第三节　网络犯罪的国际刑事司法合作

网络犯罪的国际刑事司法合作，一方面包括解决国际刑事司法管辖权冲突，另一方面也包括诸如引渡、调查取证、刑事判决的承认与执行等国际司法协助的有关内容，各国不断在国际刑事司法合作中求同存异，达成共识，为建

立起更为广泛而有效的国际刑事司法合作付出了积极的努力。

早在 1997 年 3 月，经济合作和发展组织的 29 个成员国就在法国巴黎开会，批准了允许执法机构监控国际互联网的计划，该计划为成员国政府的国内立法提供了法律依据，并奠定了国家之间展开司法合作的现实基础。同年 11 月 26 日，欧盟委员会在布鲁塞尔通过旨在维护互联网安全的行动计划，要求各国加强对互联网的管理，坚决抵制网络犯罪行为，推动网络产业的蓬勃发展。欧盟要求成员国采取相应的措施，设立欧洲网络热线，制定互联网行为准则，建立筛选内容与分级制度等。该计划于 1998 年开始实施。1997 年 11 月 9 日通过的《八国集团（G8）司法与内政部长会议公报》中，规定了打击网络科技犯罪的十大原则与十个行动准则。2000 年 5 月 29 日通过的《欧盟理事会关于打击网络儿童色情的决定》中，规定了在遏制儿童色情犯罪活动时，欧盟各成员国应进行最为广泛、迅速的国际刑事司法合作，包括设立 24 小时全天候可用的联络点。2001 年 9 月 6 日通过的《欧盟议会关于通过改善信息基础设施的安全以及打击计算机犯罪以创建一个更加安全的信息社会的战略的建议》中，明确了各国海关加强跨国家、跨地区的刑事司法合作以积极打击网络犯罪。但由于上述国际文件均未能规定制裁跨国网络犯罪的具体规则，以及国际司法合作的具体内容，因此，欧盟委员会于 2001 年 11 月 23 日通过了《网络犯罪公约》。此后，2005 年 2 月 24 日，欧盟通过了《欧盟理事会关于惩治攻击信息系统行为的框架决议》，也对网络犯罪的国际刑事司法合作进行了相应的规定。

联合国《关于网上犯罪问题及会员国、国际社会和私营部门采取的对策的全面研究报告》指出，国际司法合作形式包括引渡、司法协助、互相承认外国判决，以及警方与警方的非正式接触。由于电子证据易于消失的性质，因此要在网上犯罪方面开展刑事事项上的国际合作，则须获得及时回应，并有能力请求开展专门的调查行动，诸如保存计算机数据。尽管该研究报告并未将刑事管辖权冲突解决机制纳入国际司法合作范围内，但从广义上来看，国际刑事司法合作应当以解决国家与地区之间的刑事司法管辖权冲突为首要任务，并在此基础之上，不断完善国际刑事诉讼管辖权转移、引渡、外国生效刑事判决的承认与执行等国际刑事司法协助之内容。

司法实践中，如果产生网络犯罪刑事司法管辖权争端的国家之间存有司法互助协议时，可以根据协议的规定，判断应由哪一国行使管辖权，并作出是否移交的决定，并安排国际刑事诉讼管辖权转移的具体事宜。有学者认为，在这种情况下，订立司法互助协议的各方，可以根据"主要犯罪地原则"或者

"犯罪后果最严重地原则"确定管辖权归属。[1] 因此，国际刑事诉讼管辖权转移作为一项重要的国际刑事司法内容，具有十分重要的理论与实践地位。

一、国际刑事诉讼管辖权转移及条件

当一国将本应由其管辖的刑事案件委托他国进行刑事管辖时，就会发生刑事诉讼管辖权转移。一国将刑事案件移转给他国的过程，就是向他国让度管辖权的过程。刑事诉讼移转管辖制度的设置，是在理论上弥补引渡制度可能存在的适用缺陷[2]，由于引渡制度的具体内容将在下文中进行详细论述，在此不予赘述。1972 年西欧和北欧国家签订的《关于刑事诉讼移管的欧洲公约》规定，符合以下条件方可进行国家之间的刑事诉讼移转：（1）嫌疑犯是被请求国的常住居民。（2）嫌疑犯是被请求国的国民，或者被请求国是他的原籍国。（3）嫌疑犯正在或将要在被请求国服徒刑。（4）被请求国正在以同样的罪行或其他罪行对嫌疑犯提起刑事诉讼。（5）转移诉讼有利于查明真相，特别是最重要的证据在被请求国。（6）在被请求国执行判决，有利于被判刑人重新做人。（7）在被请求国进行刑事诉讼能保证嫌疑犯出庭。（8）请求国作出的判决，即使要求引渡，也不能执行，但在被请求国能保证执行判决。

各个国家之间在解决网络犯罪刑事管辖权冲突时，如果不能引渡，或者是拒绝引渡时，刑事诉讼管辖权转移是解决管辖权争端的方法之一。刑事诉讼移转管辖可以在本国不方便行使管辖权时，将网络犯罪的管辖权转移给其他国家进行管辖，其目的仍然是为迅速搁置网络刑事管辖权争议，迅速打击网络犯罪。

二、引渡的国际刑事司法合作与原则

引渡是指一国应另一国的请求，将当时在其管辖范围内而被该请求方指控犯有某种罪行或者已经被判刑的人，移交给该请求方以便起诉或执行刑罚的活动。[3] 引渡作为国际犯罪中国家与地区之间展开司法合作的最主要途径之一，在网络犯罪刑事司法合作中占有十分重要的位置。比如，《欧洲引渡公约》及其两个附加议定书，以及 2002 年 6 月 13 日《欧盟理事会关于成员国之间欧盟逮捕令和移交程序的框架决议》，均对网络犯罪国际引渡司法协助进行了明确的规定。

---

① 参见许秀中：《网络与网络犯罪》，中信出版社 2003 年版，第 492 页。
② 参见成良文：《刑事司法协助》，法律出版社 2003 年版，第 118 页。
③ 参见刘亚军：《引渡新论：以国际法为视角》，吉林人民出版社 2004 年版，第 9 页。

　　网络犯罪中，如果引渡的要求与传统引渡条约的具体条款保持一致，则不会发生冲突与矛盾。只有在当被请求国以各种事由拒绝引渡的场合，才会产生相应的问题。比如，若被请求国认为，提供引渡将有损于本国的主权、安全与公共秩序，可能拒绝引渡。由于网络犯罪深入国家的政治、经济、金融等领域，通常情形下，涉及国家主权与领土完整，与国家利益息息相关，以国家利益作为理由，被请求国拒绝引渡的情况很可能发生。再如，双重犯罪原则是国际刑法中公认的引渡原则。若被请求国认为被请求引渡的网络犯罪在被请求国不作为犯罪处罚，可以根据双重犯罪原则拒绝引渡。另外，被请求国也可能会因为尚未加入有关引渡的国际条约，或者国内法中没有相关的引渡条款而最终拒绝引渡。在刑罚规定方面，如果被请求引渡的网络犯罪行为未达到可以引渡的刑罚最低标准，被请求引渡国也可能拒绝引渡。最后，被请求引渡人是该被请求国的公民时，被请求国也会拒绝引渡。

　　在上述各种被请求国拒绝引渡的情况下，尤以尚未签署双边引渡条约为理由拒绝引渡为代表，实践中被请求国以"条约前置主义"为引渡的先决条件。但是，一个国家很难同世界上其他国家都签订双边引渡条约，实行"条约前置主义"的国家只与自己签订了双边引渡条约的国家展开引渡合作。正因如此，各个国家应当积极修订本国的国内法律规范，进一步规定没有双边引渡条约时，也可以按照具体情况，展开引渡合作。以英国为例，英国新颁布的《2003年引渡法》中规定，不应把条约规定或者预先的制度安排作为适用引渡法的先决条件，以"认可的方式"来提出引渡请求。在得到英国国务大臣的认可、承认以后，由有关的权力机关或者外交官提出引渡请求。再如，美国于1996年修订了《合众国法典》，加入了一种在没有双边引渡条约关系情况下也可以实现引渡的规定。加拿大《1999年引渡法》在第10条规定，获得加拿大司法部长同意以后，即使与有关国家不存在引渡协定，外交部长与请求引渡国达成引渡司法协定后，可以在本国进行引渡。

　　由本书前述章节对《网络犯罪公约》中引渡的"双重犯罪原则"之规定内容可知，引渡制度的"双重犯罪原则"是要求请求引渡国与被请求引渡国双方的本国法律均认为引渡行为人的行为构成犯罪，并且，该行为人之行为必须达到一定的危害程度。但司法实践中，往往由于网络犯罪在各国国内的刑罚标准尚未统一，有些国家可能尚未将网络犯罪作为一种犯罪行为予以规制，而最终无法实现引渡。《网络犯罪公约》中规定引渡的刑罚标准为2年以上的有期徒刑，以此为立法例，统一各国的刑事处罚标准，更有利于引渡的顺利实现。

三、外国生效刑事判决的承认与执行

外国生效刑事判决的承认与执行，也是网络犯罪国际刑事司法协助重要的组成部分。外国生效刑事判决的承认是外国生效刑事判决执行的先决条件，但是，承认外国生效刑事判决并不必然执行该外国生效刑事判决。外国生效刑事判决的承认与执行在国际司法合作中，仍然需要尊重双重犯罪原则，并同时尊重公共秩序保留原则。前者要求外国生效判决针对的网络犯罪行为在请求国与被请求国均应认定为犯罪，后者要求对外国生效刑事判决的承认与执行不能违反本国的公共秩序。最后，若该网络犯罪行为已经在国内或者国外接受了刑事审判，则不得再进行重复审判。

四、我国刑事司法合作具体完善

国际刑事司法管辖权转移、引渡以及外国生效刑事判决的承认与执行等作为国际刑事司法协助的主要内容，仍然需要以国际刑事司法管辖权冲突的顺利解决作为前提。因此，将国际刑事司法管辖权冲突解决机制同国际刑事司法管辖权转移等内容相结合，就形成了系统而完整的国际刑事司法合作知识体系和运作机制。以前文国际刑事司法管辖权立法和实践作为参考，结合我国遏制网络犯罪的刑事政策的基本立场和核心理念，可从如下两个方面入手完善并发展我国刑事司法合作的具体路径。

一方面，为了更好地展开网络犯罪国际刑事司法合作，我国应在打击跨国网络犯罪方面保持同国际社会接轨。网络犯罪电子证据本身存在一定的特殊性，加之跨国网络犯罪中犯罪行为地、结果地的确定，均需依靠信号、数据等电子数据实现，网络犯罪电子证据的相关认定规则就显得尤为重要。跨国调查取证的基础，也需要以本国对相关网络犯罪的电子证据有明文规定为前提。因此，完善我国《刑事诉讼法》中电子证据的相关规定，是开展国际刑事司法合作的必由路径之一。

另一方面，跨国网络犯罪的国际刑事司法合作，需要建立在公正有序的规范体系基础之上，只有国家、地区之间形成了相互平等协商应对网络犯罪的国际司法合作机制，并由此形成规范性的常态合作平台，才能真正从根本上解决刑事管辖权冲突等国际司法合作难题。我国应将解决刑事管辖权争议的具体措施，以及引渡的具体标准等国际刑事司法合作内容，作为我国同他国签订有关国际公约的重要内容与组成部分，从而促进我国与国际、区域在网络犯罪规制上的一致性与和谐化，在维护我国网络安全和利益的同时，实现网络空间和秩序的国际治理。

附录 主要参考文献①

一、中文著作类

1. 于志刚、于冲：《网络犯罪的裁判经验与学理思辨》，中国法制出版社 2013 年版。

2. 王健主编：《网络法的域外经验与中国路径》，中国法制出版社 2014 年版。

3. 彭兰：《中国网络媒体的第一个十年》，清华大学出版社 2005 年版。

4. 刘颖悟：《三网融合与政府规制》，中国经济出版社 2005 年版。

5. 皮勇：《网络安全法原论》，中国人民公安大学出版社 2008 年版。

6. 赵秉志、于志刚：《计算机犯罪比较研究》，法律出版社 2004 年版。

7. 中国社会科学院语言研究所词典编辑室编：《现代汉语词典》（2002 年增补本），商务印书馆 2002 年版。

8. 许秀中：《网络与网络犯罪》，中信出版社 2003 年版。

9. 张明楷：《刑法学》（第 4 版），法律出版社 2011 年版。

10. 马克昌：《中国刑事政策学》，武汉大学出版社 1992 年版。

11. 高铭暄、王作富：《新中国刑法的理论与实践》，河北人民出版社 1998 年版。

12. 储怀植：《刑事一体化》，法律出版社 2004 年版。

13. 曲新久：《刑事政策的权力分析》，中国政法大学出版社 2002 年版。

14. 梁根林：《刑事政策：立场与范畴》，法律出版社 2005 年版。

15. 中共中央文献编辑委员会：《彭真文选（1941－1990）》，人民出版社 1991 年版。

16. 储槐植：《刑事一体化与关系刑法论》，北京大学出版社 1997 年版。

17. 卢建平：《刑事政策与刑法变革》，中国人民公安大学出版社 2011 年版。

18. 梁根林：《刑事制裁：方式与选择》，法律出版社 2006 年版。

---

① 本部分参考文献顺序以参引先后为序。

19. 黎宏：《单位刑事责任论》，清华大学出版社 2001 年版。

20. 于志刚、于冲：《网络犯罪的罪名体系与发展思路》，中国法制出版社 2013 年版。

21. 黄太云：《刑法修正案解读全编》，人民法院出版社 2011 年版。

22. 翁里、徐公社等：《转型期犯罪侦查的理论与实践》，法律出版社 2010 年版。

23. 谢晖：《法律信仰的理念与基础》，山东人民出版社 1997 年版。

24. 卓泽渊：《法的价值论》，法律出版社 1999 年版。

25. 赵震江、付子堂：《现代法理学》，北京大学出版社 1999 年版。

26. 陈兴良：《罪刑法定主义》，中国法制出版社 2010 年版。

27. 张明楷：《罪刑法定与刑法解释》，北京大学出版社 2009 年版。

28. 皮勇：《网络犯罪比较研究》，中国人民公安大学出版社 2005 年版。

29. 杨正鸣主编：《网络犯罪研究》，上海交通大学出版社 2004 年版。

30. 马克昌主编：《犯罪通论》，武汉大学出版社 2003 年版。

31. 黎宏：《刑法学》，法律出版社 2012 年版。

32. 张志铭：《法律解释操作分析》，中国政法大学出版社 1999 年版。

33. 孙国祥、魏昌东：《反腐败国际公约与贪污贿赂犯罪立法研究》，法律出版社 2011 年版。

34. 全国人大常委会法制工作委员会刑法室编：《中华人民共和国刑法条文说明、立法理由及相关规定》，北京大学出版社 2009 年版。

35. 陈兴良主编：《刑法总论精释》，人民法院出版社 2011 年版。

36. 中国社会科学院语言研究所词典编辑室编：《现代汉语词典（修订本）》，商务印书馆 1996 年版。

37. 于志刚主编：《网络空间中知识产权的刑法保护》，中国政法大学出版社 2014 年版。

38. 张军主编：《解读最高人民法院司法解释之刑事卷》（上），人民法院出版社 2011 年版。

39. 中国社会科学院语言研究所词典编辑室编：《现代汉语词典》（第 6 版），商务印书馆 2012 年版。

40. 于志刚、郭旨龙：《信息时代犯罪定量标准的体系化构建》，中国法制出版社 2013 年版。

41. 江国青：《演变中的国际法问题》，法律出版社 2002 年版。

42. 于志刚：《网络刑法原理》，元照出版有限公司 2007 年版。

43. 于志刚：《虚拟空间中的刑法理论》，中国方正出版社 2003 年版。

44. 储槐植：《美国刑法》，北京大学出版社 1996 年版。

45. 成良文：《刑事司法协助》，法律出版社 2003 年版。

46. 刘亚军：《引渡新论：以国际法为视角》，吉林人民出版社 2004 年版。

二、中文论文类

1. 顾冠群、冯径：《现代计算机网路发展》，载《东南大学学报》1999 年第5 期。

2. 杨鹏：《计算机网络的发展现状及网络体系结构涵义分析》，载《计算机科学》2007 年第 3 期。

3. 王元卓等：《网络大数据：现状与展望》，载《计算机学报》2013 年第6 期。

4. 刘鹏等：《大数据：正在发生的深刻变革》，载《中兴通讯技术》2013 年第 4 期。

5. 钟瑛：《我国互联网发展现状及其竞争格局》，载《新闻与传播研究》2006 年第 4 期。

6. 汪向东：《三网融合中的规制政策：国际发展趋势与评论》，载《中国信息界》2006 年第 14 期。

7. 陈结淼：《关于我国网络犯罪刑事管辖权立法的思考》，载《现代法学》2008 年第 3 期。

8. 陈永生：《计算机网络犯罪对刑事诉讼的挑战与制度应对》，载《法律科学》2014 年第 3 期。

9. 熊志海：《网络证据的特殊性及研究价值》，载《河北法学》2008 年第6 期。

10. 刘颖、李静：《加拿大电子证据法对英美传统证据规则的突破》，载《河北法学》2006 年第 1 期。

11. 陈兴良：《宽严相济刑事政策研究》，载《法学杂志》2006 年第 1 期。

12. 卢建平等：《刑事政策的概念与方法》，载《中南大学学报》2004 年第 1 期。

13. 曲新久：《刑事政策之概念界定与学科建构》，载《法学》2004 年第2 期。

14. 陈兴良：《刑事法治视野中的刑事政策》，载陈兴良主编：《中国刑事政策的检讨》，中国检察出版社 2004 年版。

15. 高铭暄：《宽严相济刑事政策与酌定量刑情节的适用》，载《法学杂志》2007 年第 1 期。

16. 黄京平：《宽严相济刑事政策的时代含义以及实现方式》，载《法学杂志》2006 年第 4 期。

17. 刘艳红：《我国应该停止犯罪化的刑事立法》，载《法学》2011 年第 11 期。

18. 皮勇：《新刑诉法实施后我国网络犯罪相关刑事程序立法的新发展》，载《法学评论》2012 年第 6 期。

19. 邹本娜：《浅议僵尸网络攻击》，载《电脑编程技巧与维护》2009 年第 2 期。

20. 安德智：《僵尸网络的攻击原理及其对策》，载《计算机安全》2007 年第 5 期。

21. 皮勇：《论欧洲刑事法一体化背景下的德国网络犯罪立法》，载《中外法学》2011 年第 5 期。

22. 王玥：《欧盟关于信息系统攻击的框架决议评鉴》，载《信息网络安全》2007 年第 12 期。

23. 宋玉萍：《全球化与全球治理——以欧洲委员会〈网络犯罪公约〉为例》，载《新疆社会科学》2013 年第 1 期。

24. 于志刚：《"信息化跨国犯罪时代"与〈网络犯罪公约〉的中国取舍——兼论网络犯罪刑事管辖权的理念重塑和规则重建》，载《法学论坛》2013 年第 2 期。

25. 申柳华：《德国刑法计算机犯罪修正案研究》，载《北航法律评论》2013 年第 1 辑。

26. 皮勇：《〈网络犯罪公约〉中的证据调查制度与我国相关刑事程序法比较》，载《中国法学》2003 年第 4 期。

27. 刘佳：《泄密门对云计算形成挑战，移动终端成为黑客新战场》，载《第一财经日报》2012 年 1 月 5 日，第 C02 版。

28. 于志刚、李源粒：《大数据时代数据犯罪的制裁思路》，载《中国社会科学》2014 年第 10 期。

29. 鲁楠：《全球化时代比较法的优势与缺陷》，载《中国法学》2014 年第 1 期。

30. 郎平：《全球网络空间规则制定的合作与博弈》，载《国际展望》2014 年第 6 期。

31. 周文：《欧洲委员会控制网络犯罪公约与国际刑法的新发展》，载《法学评论》2002 年第 3 期。

32. 余长林：《知识产权保护与发展中国家的经济增长》，载《厦门大学学报》2010 年第 2 期。

33. 唐岚：《"伦敦会议"探讨网络空间合作》，载《世界知识》2011 年第 24 期。

34. 黄志雄：《2011 年"伦敦进程"与网络安全国际立法的未来走向》，载《法学评论》2013 年第 4 期。

35. 杨彩霞：《国际反网络犯罪立法及其对我国的启示——以〈网络犯罪公约〉为中心》，载《时代法学》2008 年第 3 期。

36. 邬贺铨：《大数据时代的机遇与挑战》，载《求是》2013 年第 4 期。

37. 钟瑛、张恒山：《大数据的缘起、冲击及其应对》，载《现代传播》2013 年第 7 期。

38. 张文龙：《全球信息秩序中的网络犯罪及其治理》，载《学术交流》2015 年第 3 期。

39. 陈力朋等：《互联网普及对中国刑事犯罪率的影响——基于省级面板数据的实证分析》，载《中国刑事法杂志》2014 年第 6 期。

40. 政武：《巴黎法院对"雅虎案"裁定的法律思考》，载《互联网周刊》2001 年第 2 期。

41. 孙尚鸿：《虚拟网络无边界，有形管辖制其道——从雅虎案探析跨国网络服务商的管辖权问题》，载《中国检察官》2010 年第 5 期。

42. 崔聪聪、巩姗姗：《全球网络安全与犯罪公约制定的基本问题》，载《重庆邮电大学学报》（社会科学版）2015 年第 1 期。

43. 鲁传颖：《主权概念的演进及其在网络时代面临的挑战》，载《国际关系研究》2014 年第 1 期。

44. 刘杨钺、杨一心：《网络空间"再主权化"与国际网络治理的未来》，载《国际论坛》2013 年第 6 期。

45. 刘建伟：《国家"归来"：自治失灵、安全化与互联网治理》，载《世界经济与政治》2015 年第 7 期。

46. 沈逸：《后斯诺登时代的全球网络空间治理》，载《世界经济与政治》2014 年第 5 期。

47. 李恒阳：《"斯诺登事件"与美国网络安全政策的调整》，载《外交评论》2014 年第 6 期。

48. 喻海松：《〈关于办理危害计算机信息系统安全刑事案件应用法律若干问题的解释〉的理解与适用》，载《人民司法》2011 年第 19 期。

49. 喻海松：《〈关于办理网络犯罪案件适用刑事诉讼程序若干问题的意见〉的解读》，载《刑事审判参考》（第 96 集），法律出版社 2014 年版。

50. 陆栋：《跨地域网络案件的刑事立案管辖问题研究》，中国社会科学院创新工程 2016 年子项目——《网络犯罪的刑事立法与刑事司法前沿问题》（文集）。

51. 伊晓婷：《网络诽谤犯罪立案管辖之困境与价值抉择》，载《行政与法》2014 年第 12 期。

52. 邵禹、张验军：《网络犯罪案件引发的思考——以大连地区审查逮捕的网络犯罪案件为例》，载《中国检察官》（经典案例）2013 年第 5 期。

53. 沈威、徐晋雄：《网络时代跨境电信诈骗犯罪的新发展与防治对策研究——以两岸司法互助协议之实践为切入点》，载《第十一届中国法学青年论坛报告论文集》（2016 年 11 月）。

54. 魏红：《论网络犯罪对刑事侦查与证据制度的冲击》，载《贵州大学学报》（社会科学版）2008 年第 5 期。

55. 唐刚：《计算机证据的收集与固定》，载《中国刑事警察》2007 年第 3 期。

56. 张自超：《大数据时代下职务犯罪侦查模式的变革探究》，载《第十一届中国法学青年论坛报告论文集》（2016 年 11 月）。

57. 彭曼：《浅谈网络犯罪的电子证据调查和保护》，载《重庆科技学院学报》（社会科学版）2012 年第 7 期。

58. 曲新久：《论社会秩序的刑法保护与控制》，载《政法论坛》1998 年第 4 期。

59. 曲新久：《论个人自由的刑法保护与保障》，载《政法论坛》1999 年第 5 期。

60. 曲新久：《个人自由与社会秩序的对立统一以及刑法的优先选择》，载《法学研究》2000 年第 2 期。

61. 郝艳兵：《风险社会下的刑法价值观念及其立法实践》，载《中国刑事法杂志》2009 年第 7 期。

62. 陈兴良：《风险刑法理论的法教义学批判》，载《中外法学》2014 年第 1 期。

63. 张明楷：《"风险社会"若干刑法理论问题反思》，载《法商研究》2011 年第 5 期。

64. 劳东燕：《风险社会与变动中的刑法理论》，载《中外法学》2014 年第 1 期。

65. 陈兴良：《刑法教义学与刑事政策的关系：从李斯特鸿沟到罗克辛贯通》，载《中外法学》2013 年第 5 期。

66. 梁根林：《罪刑法定视域中的刑法适用解释》，载《中国法学》2004年第 3 期。

67. 陈兴良：《刑法谦抑价值蕴含》，载《现代法学》1996 年第 3 期。

68. 梁根林：《非刑罚化——当代刑法改革的主题》，载《现代法学》2000年第 6 期。

69. 张明楷：《网络时代的刑法理念——以刑法的谦抑性为中心》，载《人民检察》2014 年第 9 期。

70. 陈兴良：《"风险刑法"与刑法风险：双重视角的考察》，载《法商研究》2011 年第 4 期。

71. 皮勇：《我国网络犯罪刑法立法研究——兼论我国刑法修正案（七）中的网络犯罪立法》，载《河北法学》2009 年第 6 期。

72. 于志刚：《网络思维的演变与网络犯罪的制裁思路》，载《中外法学》2014 年第 4 期。

73. 卢建平、姜瀛：《犯罪"网络异化"与刑法应对模式》，载《人民检察》2014 年第 3 期。

74. 梁根林：《预备犯普遍处罚原则的困境与突围》，载《中国法学》2011年第 2 期。

75. 于志刚：《论共同犯罪的网络异化》，载《人民论坛》2010 年第 29 期。

76. 王霖：《网络犯罪参与行为刑事责任模式的教义学塑造》，载《政治与法律》2016 年第 9 期。

77. 于志刚：《网络犯罪与中国刑法应对》，载《中国社会科学》2010 年第 3 期。

78. 米铁男：《共犯理论在计算机网络犯罪中的困境及其解决方案》，载《暨南学报》2013 年第 10 期。

79. 陈洪兵：《中立的帮助行为论》，载《中外法学》2008 年第 6 期。

80. 王华伟：《网络服务提供者的刑法责任比较研究》，载《环球法律评论》2016 年第 4 期。

81. 李世阳：《论网络服务提供者的刑事责任——立足于刑法第 286 条之一的解释》，中国社会科学院创新工程 2016 年子项目——《网络犯罪的刑事立法与刑事司法前沿问题》（文集）。

82. 李晓明：《刑法"虚拟世界"与"现实社会"的博弈与选择》，载《法律科学》2015 年第 2 期。

83. 曲新久：《一个较为科学合理的刑法解释》，载《法制日报》2013 年 9月 12 日，第 7 版。

84. 于志刚：《"双层社会"中传统刑法的适用空间》，载《法学》2013 年第 10 期。

85. 郭旨龙：《信息时代犯罪主观罪过的认定》，载《西部法学评论》2015 年第 1 期。

86. 周光权：《明知与刑事推定》，载《现代法学》2009 年第 2 期。

87. 劳东燕：《认真对待刑事推定》，载《法学研究》2007 年第 2 期。

88. 梁根林：《但书、罪量与扒窃入罪》，载《法学研究》2013 年第 2 期。

89. 孙春雨：《关于犯罪数额的几个问题》，载《法学杂志》2006 年第 3 期。

90. 王璐：《网络诽谤入罪量化标准信度分析》，载《南开法律评论》2014 年第 9 期。

91. 王明森：《开设网络赌场"情节严重"的标准是否适用于实体赌场犯罪》，载《人民法院报》2013 年 2 月 21 日，第 7 版。

92. 于志刚：《网络、网络犯罪的演变与司法解释的关注方向》，载《法律适用》2013 年第 11 期。

93. 孙铁成：《计算机犯罪的罪名及其完善》，载《中国法学》1998 年第 1 期。

94. 黄泽林、陈小彪：《计算机犯罪的立法缺陷与理论回应》，载《人民检察》2005 年第 9 期。

95. 赵秉志、于志刚：《计算机犯罪及其立法和理论之回应》，载《中国法学》2001 年第 1 期。

96. 皮勇：《我国新网络犯罪立法若干问题》，载《中国刑事法杂志》2012 年第 12 期。

97. 《全国政法工作会议：要严厉打击网络犯罪》，载《中国信息安全》2013 年第 1 期。

98. 陆旭：《网络服务提供者的刑事责任及展开——兼评〈刑法修正案（九）〉的相关规定》，载《法治研究》2015 年第 6 期。

99. 于志刚：《网络犯罪的代际演变与刑事立法、理论之回应》，载《青海社会科学》2014 年第 2 期。

100. 张明楷：《非法获取虚拟财产的行为性质》，载《法学》2015 年第 3 期。

101. 于志刚：《论网络游戏中虚拟财产的法律性质及其刑法保护》，载《政法论坛》2003 年第 6 期。

102. 陈云良、周新：《虚拟财产刑法保护路径之选择》，载《法学评论》

2009 年第 2 期。

103. 张建、郭大磊：《互联网金融面临洗钱和擅自发行股票两大风险》，载《检察日报》2015 年 9 月 2 日，第 3 版。

104. 盛学军、刘志伟：《证券式众筹：监管趋势与法律进路》，载《北方法学》2015 年第 4 期。

105. 上海市浦东新区人民检察院课题组：《网络金融犯罪治理研究》，载《山东警察学院学报》2016 年第 1 期。

106. 姜涛：《互联网金融所涉犯罪的刑事政策分析》，载《华东政法大学学报》2014 年第 5 期。

107. 毛玲玲：《发展中互联网金融法律监管》，载《华东政法大学学报》2014 年第 5 期。

108. 王迁：《版权法保护技术措施的正当性》，载《法学研究》2011 年第 4 期。

109. 万立雪、冷雪石：《网络游戏中的著作权纠纷解析——以对战平台和私服为切入点》，载《云南师范大学学报》（哲学社会科学版）2009 年第 2 期。

110. 寿步、黄毅峰等：《外挂程序的定义特征和分类》，载《电子知识产权》2005 年第 8 期。

111. 王燕玲：《论网络游戏中"外挂"之刑法规制》，载《法律适用》2013 年第 8 期。

112. 陈惠珍：《试析"私服""外挂"的危害性》，载《法治论丛》2004 年第 3 期。

113. 罗鹏飞：《擅自制作网游外挂出售牟利的法律适用》，载《人民司法》2008 年第 12 期。

114. 俞小海：《网络游戏外挂行为刑法评价的正本清源》，载《政治与法律》2015 年第 6 期。

115. 苏彩霞：《网络游戏私服的刑法定性》，载《国家检察官学院学报》2013 年第 4 期。

116. 郝方昉：《关于构成侵犯著作权罪应否需要"以营利为目的"的理性思考——兼评〈关于办理侵犯知识产权刑事案件适用法律若干问题的意见〉中的相关规定》，载《西南科技大学学报》（哲学社会科学版）2011 年第 3 期。

117. 卢建平：《在宽严和轻重之间寻求平衡——我国侵犯著作权犯罪刑事立法完善的方向》，载《深圳大学学报》2006 年第 5 期。

118. 邵培樟：《侵犯著作权犯罪之主观要件设置的反思与重构——数字网络环境下著作权刑法保护之有限扩张》，载《湖北社会科学》2014 年第 4 期。

119. 赵秉志等：《侵犯知识产权犯罪的立法完善问题研究》，载赵秉志主编：《刑法评论》（总第 24 卷），法律出版社 2014 年版。

120. 张明楷：《网络诽谤的争议问题探究》，载《中国法学》2015 年第 3 期。

121. 高铭暄、张海梅：《网络诽谤构成诽谤罪之要件——兼评"两高"关于利用信息网络诽谤的解释》，载《国家检察官学院学报》2015 年第 4 期。

122. 于志刚：《网络犯罪的发展轨迹与刑法分则的转型路径》，载《法商研究》2014 年第 4 期。

123. 李晓明：《刑法："虚拟世界"与"现实社会"的博弈与抉择——从两高"网络诽谤"司法解释说开去》，载《法律科学》2015 年第 2 期。

124. 陈兴良：《寻衅滋事罪的法教义学形象：以起哄闹事为中心展开》，载《中国法学》2015 年第 3 期。

125. 袁彬：《全媒体时代虚假信息犯罪的刑法治理——兼议〈刑法修正案（九）〉的立法选择》，载《内蒙古社会科学》（汉文版）2014 年第 3 期。

126. 李晓明：《诽谤行为是否构罪不应由他人的行为来决定》，载《政法论坛》2014 年第 1 期。

127. 徐娟：《介入与限制：双层空间下网络诽谤罪的司法认定——以"真实恶意"的影响为中心》，载《预防青少年犯罪研究》2016 年第 2 期。

128. 苏彩霞：《规避著作权技术措施行为刑法规制的比较与思考》，载《政治与法律》2012 年第 12 期。

129. 王迁：《论提供规避技术措施手段的法律性质》，载《法学》2014 年第 10 期。

130. 最高人民检察院法律政策研究室：《〈关于办理利用信息网络实施诽谤等刑事案件适用法律若干问题的解释〉解读》，载《人民检察》2013 年第 23 期。

131. 闫二鹏：《形式解释视域下言论自由的刑法边界》，载《兰州学刊》2013 年第 7 期。

132. 雷小兵、黎文珠：《〈欧盟网络安全战略〉解析与启示》，载《信息安全与通信保密》2013 年第 11 期。

133. 李晓明：《"计算机犯罪"对传统刑事法的挑战及对策研究》，载赵秉志主编：《新千年刑法热点问题研究与适用》（上册），中国检察出版社 2001 年版。

134. 张新平：《试论网络犯罪刑事管辖权》，载张智辉主编：《刑法问题与争鸣》（第 6 期），中国方正出版社 2002 年版。

135. 王德全：《试论 Internet 案件的司法管辖权》，载《中外法学》1998年第 2 期。

136. 屈学武：《因特网上的犯罪及其遏制》，载《法学研究》2000 年第 4 期。

137. 张彬彬：《英国网络安全现状研究》，载《网境纵横》2014 年第 12 期。

138. 梅杰、许榕生：《黑客——游荡在 internet 上又一"幽灵"》，载《电脑报》1995 年 12 月 29 日，第 4 版。

三、中文译著与译文类

1. ［美］维克多·迈尔·舍恩伯格、肯尼斯·库克耶：《大数据时代：生活、工作与思维的大变革》，盛杨燕、周涛译，浙江人民出版社 2013 年版。

2. ［日］板仓宏：《电脑与刑法》，载《法学论坛》1982 年第 7 期。

3. ［日］高石义：《电脑犯罪的防止技术》，载《法学家》1985 年第 4 期。

4. ［德］汉斯·约阿希姆·施奈德：《犯罪学》，吴鑫涛，马君玉译，中国人民公安大学出版社 1990 年版。

5. ［德］乌尔里希·齐白：《全球风险社会与信息社会中的刑法》，周遵友、江溯等译，中国法制出版社 2012 年版。

6. ［日］大谷实：《刑事政策学》（新版），黎宏译，中国人民大学出版社 2009 年版。

7. ［英］安东尼·吉登斯：《现代性后果》，田禾译，译林出版社 2000 年版。

8. ［加］唐纳德·K. 皮雷格夫：《打击网络犯罪和网络恐怖主义中的国际合作》，卢建平等译，载《法学家》2003 年第 5 期。

9. ［德］乌尔里希·贝克：《风险社会》，何博闻译，译林出版社 2004 年版。

10. ［日］曾根威彦：《刑法学基础》，黎宏译，法律出版社 2005 年版。

11. ［德］汉斯·海因里希·耶塞克、托马斯·魏根特：《德国刑法教科书》，徐久生译，中国法制出版社 2001 年版。

12. ［英］詹宁斯、瓦茨：《奥本海国际法》（第 9 版），王铁崖译，中国大百科全书出版社 1995 年版。

13. ［法］安德列·伯萨尔德：《国际犯罪》，黄晓玲译，商务印书馆 1997 年版。

14. 罗伯特·L. 霍格、克里斯托夫·P. 博姆：《因特网与其管辖权——国际原则已经出现但对抗也隐约可见》，何乃刚译，载《环球法律评论》2001 年第 1 期。

四、外文著作及论文类

1. L. Lessig, P. L. Resnick, *Zoning Speech on the Internet*: *A legal and Technical Model*, Michigan Law Review, Vol. 98, 1999.

2. *Computer – Related Criminality*: *Analysis of Legal Policy in the OECD – Area*, Report DSTI/ICCP 84. 22 of 18 April 1986.

3. *E. U. Council Framework Decision 2001/413/JHA on combating fraud and counterfeiting of non – cash means of payment of 28. 5. 2001*, OJ L 149, 2. 6. 2001.

4. *Directive 2001/29/EC of the European Parliament and of the Council on the harmonization of certain aspects of copyright and related rights in the information society of 22. 5. 2001*, OJ L 167, 22. 6. 2001.

5. *Directive 2004/48/EC on the enforcement of intellectual property rights of 29. 4. 2004*, OJ L 195, 2. 6. 2004.

6. *Council Framework Decision 2004/68/JHA on combating the sexual exploitation of children and child pornography*, OJ L13, 20. 1. 2004.

7. *Directive 2006/24/EC on the retention of data of 15. 3. 2006*, OJ L105, 13. 4. 2006.

8. *E. U. Council Decision 2000/375/JHA to combat child pornography on the Internet of 29. 5. 2000*, OJ L 138, 9. 6. 2000.

9. S. Ghosh and E. Turrini eds., *Cybercrimes*: *A Multidisciplinary Analysis*, Springer – Verlag, 2010.

10. J. Liu et al. eds., *Handbook of Asian Criminology*, Springer Science + Business Mesia, 2013.

11. Adrian Cristian Moise, *Analysis of Directive 2013/40/EU on Attacks against Information Systems in the Context of Approximation of Law at the European Level*, Journal of Law and Administrative Sciences, Special Issue 2015.

12. Tanel Kerikmäe (ed.), *Regulating eTechnologies in the European Union*, Springer, 2014.

13. L. Paoli (ed.), *Oxford handbook of organized crime*, Oxford: Oxford University Press, 2014.

14. Lech J. Janczewski (ed.), *Cyber Warfare and Cyber Terrorism*, IGI Global, 2007.

15. Shannon L. Hopkins, *Cybercrime Convention*: *A Positive Beginning to a Long Road Ahead*, Journal of High Technology Law, Vol. 2, No. 1, 2003.

16. Amealie M. Weber, *The Council of Europe's Convention on Cybercrime*, Berkeley Technology Law Journal, Vol. 18, 2003.

17. Jonathan Clough, *The Council of Europe's Convention on Cybercrime: Defining "Crime" in a Digital World*, Criminal Law Forum, Vol. 23, 2012.

18. Francesco Calderoni, *The European Legal Framework on Cybercrime: Striving for an Effective Implementation*, Crime Law Soc Change, Vol. 54, 2010.

19. Martha Finnemore & Kathryn Sikkink, *International Norm Dynamics and Political Change*, International Organization, Vol. 52, NO. 4, 1998.

20. P. W. Singer & Allan Friedman, *Cybersecurity and Cyberwar: What Everyone Needs to Know*, New York: Oxford University Press, 2014.

21. Herbert Kronke, *Which Court Decides, Which law applies?* Kluwer Law International, 1998.

五、网络文献

1. 《中国互联网络信息中心第 37 次调查报告》，网址：http://www. cnnic. cn/gywm/xwzx/rdxw/2016/201601/W020160122639198410766. pdf。

2. 《中华人民共和国国民经济和社会发展第十个五年计划纲要》，网址：http://www. npc. gov. cn/wxzl/gongbao/2001－03/19/content_ 5134505. htm。

3. 《中国信息通信研究院："三网融合推广方案有哪些亮点"》，网址：http://www. cnii. com. cn/hygl/2015－10/08/content_ 1635453. htm。

4. 《国务院办公厅："温家宝主持召开国务院常务会议 决定加快推进电信网广播电视网互联网三网融合"》，网址：http://www. gov. cn/ldhd/2010－01/13/content_ 1509622. htm。

5. 《国务院办公厅印发〈三网融合推广方案〉》，网址：http://finance. people. com. cn/n/2015/0904/c1004－27544558. html。

6. 辛闻：《公安部公布网络犯罪十大典型案例》，网址：http://news. cpd. com. cn /n3559/c26248627/content. html。

7. 《高举邓小平理论伟大旗帜，把建设有中国特色社会主义事业全面推向二十一世纪》，网址：http://news. xinhuanet. com/zhengfu/2004－04/29/content_ 1447509. htm。

8. GA Res. 55/63，http://www. un. org/chinese/ga/55/res/a55r63. htm.

9. GA Res. 60/45，http://www. undemocracy. com/A－RES－60－45.

10. http://www. un. org/chinese/documents/ecosoc/2007/r2007－20. pdf.

11. *Additional Protocol to the Convention on Cybercrime*, http://conven-

tions. coe. int/Treaty/Commun/QueVoulezVous. asp？NT＝189&CM＝8&DF＝&CL＝ENG.

12. *Amended Proposal for a Directive of the European Parliament and of the Council on criminal measures aimed at ensuring the enforcement of intellectual property rights*，http：//www. eumonitor. nl/9353000/1/j4nvgs5kjg27kof_ j9vvik7m1c3gyxp / vi7jgt3fz8zd/f＝/10967_ 06. pdf.

13. *Convention on the Prevention of Terrorism of the Council of Europe*，http：// www. europarl. europa. eu/document/activities/cont/200803/20080305ATT22972 / 20080305ATT22972EN. pdf.

14. *Convention on the Prevention of Children against Sexual Exploitation and Sexual Abuse of the Council of Europe*，http：//www. crca. al/sites/default/files/publications/COE － Convention％ 20on％ 20the％ 20Protection％ 20of％ 20Children％ 20against％ 20Sexual％ 20Exploitation％ 20and％ 20Sexual％ 20Abuse％ 20％ 282007％ 29. pdf.

15. 欧洲委员会网站：http：//conventions. coe. int/Treaty/Commun/ChercheSig. asp？NT＝185&CM＝8&DF＝&CL＝ENG。

16. *Convention on Cybercrime*（*ETS No.* 185），Explanatory Report，http：// conventions. coe. int/Treaty/EN/Reports/Html/185. htm.

17. Commission of the European Communities，*Report from The Commission to the Council*：*Based on Article* 12 *of the Council Framework Decision of* 24 *February* 2005 *on attacks against information systems*，http：//db. eurocrim. org/db/en/ doc/1023. pdf.

18. Commission of the European Communities，*Proposal for a Directive of the European Parliament and of the council on attacks against information systems and Replacing Council Framework Decision* 2005/222/*JHA*，http：//www. eumonitor. nl/9353 000/1/j4nvgs5kjg27kof_ j9vvik7m1c3gyxp/vj6ipn4mzhxq/f＝/16967_ 10. pdf.

19. Judge Stein Schjolberg，*The Third Pillar for Cyberspace*：*An International Court or Tribunal for Cyberspace*，www. cybercrimelaw. net.

20. 《外交部条法司司长黄惠康在网络问题布达佩斯国际会议上的发言》，网址：http：//www. fmprc. gov. cn/chn//pds/wjb/zzjg/tyfls/xwlb/t977343. htm。

21. 《中国互联网状况》，网址：http：//news. xinhuanet. com/politics/2010 －06/08/c_ 12195221. htm。

22. 杨永前：《"构建和平安全、开放有序的和谐网络空间"——访中国外交部条法司司长黄惠康》，网址：http：//news. xinhuanet. com/world/2012 －

10/05/c_ 113280788. htm。

23. *NTIA Announces Intent to Transition Key Internet Domain Name Functions*，http：//www. ntia. doc. gov/press – release/2014/ntia – announces – intent – transition – key – internet – domain – name – functions.

24. 朝阳法院网：http：//cyqfy. chinacourt. org/public/detail. php？id＝2199。

25. 北大法宝网：http：//www. pkulaw. cn/。

26. 天公宣、胡越：《全国首例"手机病毒恶意扣费"案告破数十万人受害》，网址：http：//news. xinhuanet. com/legal/2011 – 05/23/c_ 121447288. htm。

27. 孙道萃：《学者：手机移动互联网犯罪挑战刑法》，网址：http：//news. jcrb. com/jxsw/201505/t20150507_ 1503358. html。

28. 中国裁判文书网：http：//www. court. gov. cn/zgcpwsw/。

29. 腾讯研究院安全中心《中国网络安全生态报告（2015）》，网址：http：//www. docin. com/p – 1515502859. html。

30. 中国法院网：http：//www. court. gov. cn/shenpan – gengduo – 77. html。

31. 《"自杀网站"震动韩国　网络时代呼唤法制》，网址：http：//news. china. com/zh_ cn/international/1000/20001218/60370. html。

32. 《自杀网聊群》，网址：http：//baike. baidu. com/link？url＝pA60TUk UIW – FkgTNjGcXAbVC9AASLTwUAO6fT – 5_ X_ zkrEyVy – 5pIJV KuwP-JaGjGW3ud – WA5g0129ArtiTS0L4Y_ 。

33. 杨婷：《"洗劫"支付宝账户余额　盗刷犯罪竟成产业链》，网址：http：//news. xinhuanet. com/fortune/2014 – 02/26/c_ 119517680. htm。

34. 腾讯研究院犯罪研究中心：《2015 年移动支付网络黑色产业链研究报告》，网址：https：//mp. weixin. qq. com/s？_ _ biz＝MjM5MTA0NjU3Ng＝＝&mid＝403211210&idx＝1&sn＝575da0d7c9a42caefc798ea072b8aeb5&scene＝0&uin＝MTQ0MTU5Mjc4MA%3D%3D&key＝&devicetype＝webwx&version＝70000001&lang＝zh_ CN&pass_ ticket＝9TPZLw7Kfi8WsBqg8Qsu1h9%2F0EYjUu1pRHlrVqEK5pKb9eJwRkTZ%2BbBGtU13dq1s。

35. 吴红、毓然：《最高检报告点名 e 租宝案》，网址：http：//finance. qq. com/a/20160313/025955. htm。

36. 《人民银行等十部门发布〈关于促进互联网金融健康发展的指导意见〉》，网址：http：//www. gov. cn/xinwen/2015 – 07/18/content_ 2899360. htm。

37. 《温家宝主持召开国务院常务会研究部署进一步做好打击侵犯知识产权和制售假冒伪劣商品工作》，网址：http：//www. sipo. gov. cn/yw/2011/201310/t20131023_ 840337. html。

38. 韩元俊：《国信办将严打网络淫秽色情及低俗信息》，网址：http：// news. qq. com/a/20140128/010154. htm。

39. 刘燕：《对网络谣言要零容忍》，网址：http：//www. qstheory. cn/special/2011 dd/2011wlyy/wlyy4/201204/t20120418_ 151823. htm。

40. 联合国第八届预防犯罪和罪犯待遇大会通过的 "关于预防和控制与计算机相关犯罪手册" （International review of criminal policy：United Nations Manual on the prevention and control of computer – related crime ），https：// en. wikisource. org/wiki/International_ rcvicw_ of_ criminal_ policy_ –_ Nos. _ 43_ and_ 44。

41. 联合国文件中心：https：//documents – dds – ny. un. org/doc/UNDOC/ GEN/V13/803/38/PDF/V1380338. pdf？OpenElement。

42. 胡红梅、谢俊：《网络犯罪的国际治理何去何从》，网址：http：// www. itmsc. cn/archives/view – 60842 – 1. html。

43. Cameron Chapan，*The History of the Internet in a Nutshell*，http：//sixrevisions. com/resources/the – history – of – the – internet – in – a – nutshell/.

44. *Computer Misuse Act* 1990，http：//www. legislation. gov. uk/ukpga/1990/ 18/enacted.

45. *Two guilty of inciting racial hatred against Jews*，http：//www. cps. gov. uk/news/latest_ news/101_ 09/index. html.

46. *Major Achievements in the Courtroom：International Internet Fraud Scheme*，http：//www. justice. gov.

后　记

本书是司法部 2014 年度国家法治与法学理论研究项目——"网络犯罪刑事政策的取舍与重构"的最终成果，该课题由赵国玲教授负责主持。具体撰写分工（以章节的先后）为：赵国玲，序；徐然，第一、二、三、五、八章；赵星，第一章；刘灿华，第三、四章；刘东根，第六章；涂欣筠，第七章；徐剑，第九、十一章；林毓敏，第十章；韩啸，第十二章。初稿完成后，赵国玲和徐然分别对全书逐一进行了校改，最后由赵国玲定稿。

我们之所以对网络犯罪问题产生并保持学术兴趣，是因为在已然高度网络化和数据化的今天，尽管我们早已习惯于现实世界和虚拟世界的来回自由切换，但是我们的刑事立法和司法体系却尚未能及时顺应这一不可逆的趋势，导致对层出不穷的新型网络犯罪和传统网络犯罪异化行为无法进行有效的规制。本书的初衷便是，合理有效地组织对网络犯罪的反应。这需要我们对网络犯罪的特点加以研究：网络犯罪的新型化，要求我们系统地对新型危害行为进行犯罪化；网络犯罪的严重化，要求我们配置足以威慑的刑罚；网络犯罪的数据化，要求我们及时制定电子证据收集和认证规则；网络犯罪的跨国化，要求我们积极参与到国际治理和规制的形成之中。所幸的是，遏制网络犯罪、保障网络安全已经成为某种国际共识。在本书撰写的过程中，中美两国在应对恶意网络活动、制定网络空间国家行为准则等方面达成一致，并决定建立打击网络犯罪及相关事项高级别联合对话机制。而在本书即将付梓之际，中美已经成功举行第三次打击网络犯罪及相关事项高级别联合对话。东西方两个大国之间有效的交流与积极的协作，将为全球网络空间治理奠定良好的合作氛围，我们期待一个治理良善的网络时代的来临。

有关网络犯罪应对及我国刑事政策建构的理论成果，近年来呈现出逐年递增的态势，而本书的形成，则有赖于对这些优秀理论作品的借鉴和汲取。除此之外，为了更为准确地描述我国刑事司法体系应对网络犯罪问题的现状，我们将社会科学领域中已经普遍得到认可的实证研究引入本书的写作之中。与法学研究中常见的思辨研究不同，实证研究的有效推进，并不主要取决于"埋首故纸""皓首穷经"的书斋学问，而是通过对现象的观察和归纳，发现问题并提供有效的问题解决方案。在整个课题研究中，对案例样本的筛选、抽样、描述和分析，耗费了我们相当多的时间和精力。尽管如此，我们并未在实证研究的道路上葳蕤不前，相反，我们坚信"准确的事实"是"有力的论证"的基础和前提，也因此相信所付出的实证研究之努力是有价值的。

　　我们怀着既期许又忐忑的心情，迎接本书的出版和面世。所谓期许，是我们对本书应有之理论价值和实践效益的内心期盼。我们希望作为一部以实证研究为特点的著作，能够有效突破当前网络犯罪理论研究格局，从而实现研究方法和成果的实证化与多元化，由此更好地服务于我国立法和司法体系的调整和转型。而所谓忐忑，是我们对本书能否达到上述目的的内心犹豫。由于我们研究能力有限，研究的方法、选择的样本、相应的结论等，难免存在疏漏和不足之处。并非出于自谦和客套的需要，我们真诚地以各位同仁先进的耳提面命和不吝赐教为盼。

徐　然　赵国玲

2017 年 3 月 21 日